计算机前沿技术丛书

从程序员到架构师

大数据技术金融级全场景应用实战

主编 | 王伟杰 赵世辉

参编 | 陈慧君 陈守当 何志杰 黄启成 赖海滨 李光宇
林博韬 刘 飞 苏毓仁 杨清强 曾志荣 张永育

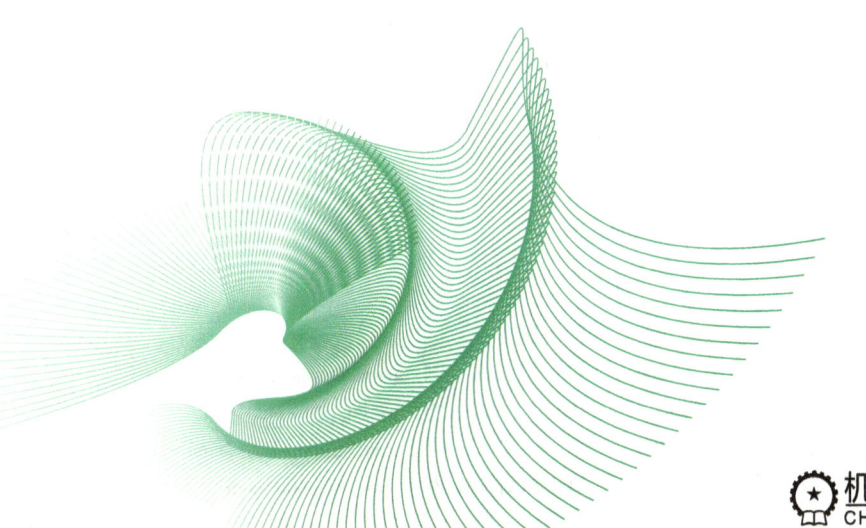

机械工业出版社
CHINA MACHINE PRESS

本书以功能更广更深、可靠性和安全性要求更高的金融级大数据平台为参照，介绍大数据平台的架构过程及各种大数据技术，不仅包含数据采集、数据集成、作业调度、数据加工、实时数据仓库、数据服务、数据可视化、数据挖掘等常见的应用场景，还加入了数据质量、数据安全、三态投产等广受关注的内容。本书以业务场景、技术选型、技术架构对主要章节进行划分，让读者在理解大数据业务需求的基础上，了解各种大数据技术，并能够选取合适的技术来构建大数据平台。

本书内容丰富，图文并茂，实战性强，适合大数据技术初学者，政府、金融机构的大数据应用决策和技术人员，以及 IT 经理、CTO、CIO 等快速学习大数据技术，并能快速提升读者的大数据平台架构能力。

图书在版编目（CIP）数据

从程序员到架构师：大数据技术金融级全场景应用实战 / 王伟杰，赵世辉主编. -- 北京：机械工业出版社，2025.3. --（计算机前沿技术丛书）. -- ISBN 978-7-111-77494-5

Ⅰ. F830.49

中国国家版本馆 CIP 数据核字第 2025VT0526 号

机械工业出版社（北京市百万庄大街22号　邮政编码100037）
策划编辑：赵小花　　　　　责任编辑：赵小花　马　超
责任校对：王荣庆　刘雅娜　　责任印制：郜　敏
北京富资园科技发展有限公司印刷
2025年4月第1版第1次印刷
184mm×260mm・16.75 印张・401 千字
标准书号：ISBN 978-7-111-77494-5
定价：99.00元

电话服务　　　　　　　　网络服务
客服电话：010-88361066　机　工　官　网：www.cmpbook.com
　　　　　010-88379833　机　工　官　博：weibo.com/cmp1952
　　　　　010-68326294　金　书　网：www.golden-book.com
封底无防伪标均为盗版　机工教育服务网：www.cmpedu.com

前 言
PREFACE

随着互联网和数字化技术的飞速发展,大数据成为热门的技术领域。特别是 2019 年国家明确将"数据"视为生产要素以来,大数据技术的发展更加迅猛,已经成为现代社会各行各业发展的"最大变量"。

掌握大数据技术,对于程序员来说,可以极大地提升职场价值和社会价值。然而,作者在学习 MapReduce 和 Spark 的时候,有多次从入门到放弃的经历。相关的技术教程很多,即使按照教程一步步学习,也往往不得其解,过了一段时间就忘掉了,需要从头再学。

现有的大数据技术非常多,如 Hive、MPP、Spark、Flink、Kafka、Hudi、Iceberg 等,这些技术往往很复杂,学习代价也很大。即使下定决心去学一种技术,也会因为不知道这种技术对未来工作有没有用,而带着质疑去学习,效果可想而知。

如果有这么一本书,像讲故事一样,描述用特定大数据技术解决一些业务问题的项目经历,在各种大数据使用场景中引领读者学习各种大数据技术的具体应用,那么读者就可以参照这些场景,并结合自己的实际工作,从应用出发,带着一些具体问题,研究对应的大数据技术,这样的学习是更有效的。这就是本书的意义所在。

下面对本书的结构脉络进行说明。

1. 大数据技术应用场景选取

本书以大数据技术应用场景进行章节划分,所述场景力求全面,而金融业在大数据技术运用的深度和广度上都有优势,且应用场景比较典型。在过去的十几年里,作者团队一直扎根金融大数据技术研发,对大数据技术体系的庞大和应用场景的复杂多样深有体会,且积累了大量实战经验。本书由团队中不同大数据领域的十几位技术负责人编写,囊括丰富的大数据应用场景,涉及常用的大数据技术。本书将这些场景分成五类。

1)数据处理类:将数据从业务系统采集到数据仓库,以及在数据仓库做批量加工或者流式加工。

2)数据使用类:数据加工完成以后,以数据服务、数据可视化图表的方式给到业务系统,并满足数据使用过程中的响应速度要求。

3)数据治理类:大数据所有端到端过程中的质量管理、元数据管理、安全管理。

4）数据运维类：大数据系统中的作业调度、跨环境部署、计算资源管理。

5）综合场景类：一些特殊的综合场景，如数据湖、流批一体、信创等。

除了在本集团落地以外，团队解决大数据应用问题的方案或产品也会输出到同行业其他公司和其他行业的公司。在与同行的交流当中，作者发现，虽然团队使用的有些技术架构不是最前沿的（因为金融业比较注重稳定性和安全性），但是几乎覆盖大数据能碰到的所有场景，所以本书所选的场景，应该可以满足大部分大数据技术人员的诉求。

2. 每个场景的编写脉络

本书每个场景基本都是按照如下脉络展开的。

1）描述业务需求。

2）分析业务需求对应要解决的技术问题，归纳出几个待解决的技术难点。

3）阐述每个技术难点的解决思路。

4）针对解决思路进行技术选型。

5）分析针对每一个难点的解决方案。

6）整合得到整体解决方案和技术架构。

7）阐述方案落地时的技术要点或注意事项。

8）介绍方案实际应用效果。

9）分析架构的优缺点、使用注意事项、不适合的场景（使用限制）。

以上内容基本是按照大数据架构师碰到特定业务问题时，从需求分析到方案落地，再到事后总结的整个历程编排的。读者阅读时，可以从架构师的角度进行思考，也能够习得架构师的一些实战经验。

本书基于场景进行大数据技术应用讲解，在以下几个方面可以帮助读者。

1. 学习新技术

开发人员学习新技术时，可能已经确定这项技术要用在哪里，比如，为了快速搜索一个有上千万条记录的大表，就去学习 Elasticsearch；也可能并不清楚这项技术的用途，比如，因为很流行用 Spark 作为大数据平台，所以就去学习。这两种情况里，前者往往通过相关教程或者官方文档就能上手使用，但是对于后者，开发人员在学习过程中可能经常会想，为什么要有某个功能？ 为什么会有 Shuffle？ 结果资料看完了，对技术如何使用还是云里雾里的。

阅读这本书，在应用场景中学技术，知道某项技术能解决什么问题，也就能理解它为什么那样设计，才能真正学会它。

2. 发挥数据的业务价值

技术人员都希望利用自己的技术能力提供业务价值，在大数据平台中，就是利用大数据技术挖掘数据的价值。但是实现这个目标并不容易，需要丰富的实战经验，对于新手来说，往往要花费不少时间进行诸多项目的历练。这时就可以参考本书，对照自己的任务需求找到类似的项目实施过程。

3. 提升自我价值

如果想成为一名架构师，需要在哪些方面有所提升？需要做些什么？答案可能是，列出几个甚至几十个维度，对照自己的不足逐个进行改进。作者认为，有一个更简单的答案：某个项目需要设计方案去实现某种相对较新的功能，如果能够给出可行方案，那就是完成了一项架构师工作。

对于一个新的项目需求，可以通过自己之前的项目经历去解决，本书的案例也能提供一些参考。希望本书能够帮助技术人员为公司解决更多的实际问题，提升自我价值。

4. 面试展示

面试的时候，通常面试官会了解一下候选人的具体项目或架构经历，很多候选人无法清楚展现自己解决问题的过程和其间发挥的作用。本书提供了大量的实战案例，并且每个案例都非常详细地阐述了从业务需求到技术落地过程中方方面面的考量，能为读者的项目经历展示提供一些参考，阅读中的思考过程也能帮助读者对大数据技术应用和项目实施进行梳理与总结。

需要注意的是，本书基于实战经历编写，注重业务需求描述和技术应用讲解，目的是让读者深入业务去理解技术，如果想具体学习某一项技术的使用方法，可以阅读相应的图书、官方文档等资料。

相信读者在了解以上编写思路后，在阅读本书时会更有针对性。接下来，请开启基于全场景应用实战学习大数据技术的历程吧。

编 者

目录 CONTENTS

前　言

第 1 部分　概述及数据处理

第 1 章　金融大数据应用概述 / 2
1.1　金融大数据技术发展历程 / 2
1.2　大数据技术分类 / 4
1.3　金融大数据技术应用场景 / 5

第 2 章　数据采集 / 7
2.1　数据采集业务场景 / 7
2.2　存储到 HDFS 的采集技术方案 / 8
　　2.2.1　前端渠道用户行为数据采集 / 8
　　2.2.2　服务端应用层数据采集 / 11
　　2.2.3　数据库层的采集 / 14
　　2.2.4　基于 HDFS 的数据采集整体架构 / 15
2.3　T+0 的采集技术方案 / 16
　　2.3.1　T+0 采集架构与基于 HDFS 的采集架构的不同点 / 16
　　2.3.2　T+0 采集架构在前端、后端以及数据库端的设计 / 17
　　2.3.3　T+0 数据采集整体架构 / 17
2.4　全域数据实时采集的技术挑战 / 18
2.5　实现全域数据实时采集的技术思路 / 19
　　2.5.1　数据库数据实时采集 / 19
　　2.5.2　基于 Flink 的采集平台和采集类型算子化 / 23
　　2.5.3　如何保证实时采集链路数据的一致性 / 24
2.6　全域数据实时采集的整体技术方案 / 25

目录

　　2.6.1　数据源层 / 27

　　2.6.2　数据采集层 / 27

　　2.6.3　数据存储层 / 27

　　2.6.4　如何选择合适的采集模式 / 28

2.7　本章小结 / 28

第 3 章　数据离线处理 / 30

3.1　数据离线处理业务场景 / 30

3.2　数据离线处理架构的主要难点 / 31

　　3.2.1　数据传输标准 / 31

　　3.2.2　可以快速自由组合大数据处理动作的架构 / 31

　　3.2.3　数据离线处理的整体技术架构 / 32

　　3.2.4　数据离线处理各环节的技术要点 / 33

3.3　企业级数据传输标准 / 33

　　3.3.1　标准文件定义 / 33

　　3.3.2　模型演进下的数据传输标准 / 35

3.4　快速自由组合大数据作业流的架构要点 / 37

　　3.4.1　大数据离线处理作业开发流程 / 37

　　3.4.2　大数据离线处理作业开发流程技术要点 / 38

3.5　数据离线处理整体架构要点 / 39

　　3.5.1　大数据开发人员是写代码还是写 SQL 语句 / 39

　　3.5.2　是否使用单一的计算引擎 / 39

　　3.5.3　如何解决事务的场景问题 / 40

　　3.5.4　整体架构 / 42

3.6　离线处理动作实现要点 / 43

　　3.6.1　数据卸载 / 43

　　3.6.2　数据传输 / 44

　　3.6.3　数据预处理 / 45

　　3.6.4　数据加载 / 47

　　3.6.5　数据加工 / 47

　　3.6.6　数据复制 / 48

3.7　本章小结 / 50

第 4 章 流式数据处理 / 52

4.1 流式数据处理业务场景 / 52
4.2 流式数据处理简介 / 52
    4.2.1 什么是流式处理 / 53
    4.2.2 流计算和实时计算有什么区别 / 53
    4.2.3 流处理引擎 / 53
    4.2.4 引擎选型思路 / 54
4.3 整体方案 / 55
4.4 方案难点和解决思路 / 56
    4.4.1 如何处理延迟与乱序数据 / 56
    4.4.2 如何实现维表关联 / 61
    4.4.3 计算结果存在哪里 / 64
    4.4.4 如何保证数据一致性 / 67
4.5 运维注意事项 / 70
    4.5.1 监控哪些指标 / 71
    4.5.2 优化并行度 / 72
    4.5.3 做好数据补偿的准备 / 73
4.6 本章小结 / 74

第 2 部分　数据使用

第 5 章 数据服务 / 77

5.1 数据服务业务场景 / 77
    5.1.1 构建联机同步数据服务的案例 / 77
    5.1.2 案例扩展 / 79
    5.1.3 数据服务的需求 / 81
5.2 规划的功能架构 / 81
5.3 建设思路 / 83
    5.3.1 服务访问代理层 / 83
    5.3.2 网关层 / 85
    5.3.3 服务管理层 / 86

5.3.4 数据服务 / 86

5.3.5 数据访问代理（查询引擎） / 87

5.4 整体架构和时序图示例 / 88

5.4.1 整体架构 / 88

5.4.2 时序图示例 / 89

5.4.3 注意事项 / 90

5.5 本章小结 / 90

第6章 数据加速 / 92

6.1 数据加速业务场景 / 92

6.2 技术选型 / 94

6.2.1 选型维度介绍 / 94

6.2.2 ClickHouse、Kylin、Elasticsearch 和 Doris 的对比 / 95

6.2.3 ClickHouse 和 Doris 的对比 / 96

6.2.4 ClickHouse 和 Kylin 的对比 / 97

6.2.5 选型结论 / 97

6.3 整体架构介绍 / 97

6.3.1 功能架构介绍 / 97

6.3.2 业务流程介绍 / 98

6.4 基于 ClickHouse 的实战介绍 / 100

6.4.1 基于 ClickHouse 的数据链路 / 100

6.4.2 ClickHouse 部署架构 / 100

6.4.3 部署规划 / 102

6.4.4 配置经验 / 105

6.5 基于 Kylin 的实战介绍 / 106

6.5.1 基于 Kylin 的数据链路 / 106

6.5.2 配置经验 / 107

6.6 本章小结 / 108

第3部分 数据治理

第7章 元数据管理 / 111

7.1 元数据管理的业务背景 / 111

7.1.1 元数据管理的目标 / 111

7.1.2　元数据管理的功能需求　/　112

7.2　详细设计思路和实现方案　/　113

7.2.1　元数据模型　/　113

7.2.2　元数据存储　/　115

7.2.3　元数据采集与登记　/　118

7.2.4　元数据设计与发布　/　120

7.2.5　数据权限管理　/　122

7.2.6　元数据应用　/　126

7.3　整体技术架构介绍　/　130

7.4　本章小结　/　131

第8章　数据安全管理　/　132

8.1　数据安全管理业务背景　/　132

8.1.1　需求讨论　/　132

8.1.2　数据安全流程　/　133

8.2　识别和脱敏的技术难点　/　134

8.2.1　如何快速扫描和识别成千上万张表　/　134

8.2.2　如何即时解析用户的 SQL 语句获取查询的表字段　/　134

8.2.3　如何保存识别出来的数据保密等级　/　134

8.3　识别大量数据　/　134

8.3.1　识别数据的主要步骤和思路　/　134

8.3.2　自动识别的技术方案　/　135

8.4　动态脱敏的技术方案　/　137

8.4.1　动态脱敏的主要流程　/　137

8.4.2　使用 Calcite 解析 SQL　/　138

8.4.3　动态脱敏接口设计　/　138

8.5　用 MySQL 保存识别出来的数据保密等级　/　139

8.6　本章小结　/　139

第9章　数据质量管理　/　141

9.1　数据质量管理业务背景　/　141

9.2　技术语言业务化　/　143

9.2.1　完善数据字典　/　143

9.2.2　元数据信息可视化　/　144

9.2.3 检核规则模板化 / 144

9.3 数据技术检核任务的自动化生成 / 145

    9.3.1 技术检核的难点 / 145

    9.3.2 技术检核任务的自动化 / 146

9.4 大数据文件的检核 / 147

    9.4.1 检核数据方法 / 147

    9.4.2 大文件快速检核技术实现方案 / 148

    9.4.3 方案的权衡点 / 148

9.5 端到端的架构 / 149

9.6 本章小结 / 150

第4部分　数据部署与运维

第10章　大数据作业调度 / 153

10.1 作业调度的技术难点 / 153

    10.1.1 架构设计 / 153

    10.1.2 作业编排 / 153

    10.1.3 资源管理 / 154

    10.1.4 作业监控运维 / 154

    10.1.5 非功能要求 / 154

10.2 作业调度整体架构 / 154

    10.2.1 经典两层作业调度架构 / 154

    10.2.2 早期分布式作业调度架构 / 155

    10.2.3 基于MQ/Redis的分布式作业调度架构 / 156

10.3 作业排程 / 157

    10.3.1 作业排程的主要步骤和思路 / 157

    10.3.2 基于Redis的智能化作业排程方案 / 158

10.4 作业资源管理 / 159

10.5 调度运维服务 / 161

    10.5.1 作业影响性分析 / 161

    10.5.2 故障诊断 / 161

10.6 调度非功能设计 / 162

    10.6.1 性能 / 162

    10.6.2 可靠性 / 163

10.7 业务使用效果及局限性总结 / 164

10.8　作业调度发展趋势与未来规划 / 164

10.9　本章小结 / 165

第11章　大数据计算资源管理 / 166

11.1　大数据计算资源管理业务场景 / 166

11.1.1　资源管理业务背景 / 166

11.1.2　资源类型 / 167

11.1.3　大数据平台资源规划 / 167

11.1.4　跨AZ资源管理 / 170

11.1.5　资源使用监控 / 170

11.2　资源管理技术实现思路 / 171

11.2.1　资源管理技术实现简介 / 171

11.2.2　基于Kubernetes的资源管理实现 / 173

11.2.3　基于YARN的Hadoop资源管理实现 / 174

11.3　资源管理解决方案设计 / 175

11.3.1　资源管理整体流程 / 175

11.3.2　资源管理整体实现架构 / 176

11.3.3　资源管理中灵活资源配置场景介绍 / 177

11.4　资源管理设计不足探讨 / 178

11.5　本章小结 / 178

第12章　三态投产 / 179

12.1　三态投产业务场景 / 179

12.1.1　大数据三态 / 179

12.1.2　常规软件投产 / 180

12.1.3　自研投产部署方案的技术难点 / 180

12.2　解决思路 / 180

12.2.1　要在三态中投产的大数据应用内容 / 181

12.2.2　导入导出的范围控制 / 182

12.2.3　导入导出的性能问题 / 182

12.2.4　制品和平台及其组件版本的兼容性 / 183

12.2.5　制品的数据完整性 / 184

12.3　整体方案介绍 / 185

12.3.1　整体架构 / 185

12.3.2 方案要点 / 186

12.4 本章小结 / 187

第5部分 综合应用场景

第13章 流批一体 / 189

13.1 流批一体业务背景 / 189

13.2 流批一体初步架构 / 189

    13.2.1 场景问题解决思路 / 189

    13.2.2 架构方案 / 192

    13.2.3 Lambda 架构 / 193

    13.2.4 存在的问题 / 194

13.3 流批同写一张表的架构 / 195

    13.3.1 什么是流批同写一张表 / 195

    13.3.2 技术选型 / 195

    13.3.3 Hudi 原理介绍 / 197

    13.3.4 架构方案 / 198

    13.3.5 要点和技术难点 / 199

    13.3.6 待解决的问题 / 203

    13.3.7 使用效果 / 203

13.4 处理层面的流批一体 / 204

    13.4.1 技术选型 / 204

    13.4.2 流批处理一体架构方案 / 206

    13.4.3 关于 Kappa 架构 / 207

13.5 选择什么样的流批一体架构方案 / 208

    13.5.1 3 种流批一体架构方案对比 / 208

    13.5.2 流批一体是否会取代流处理或批处理 / 209

13.6 本章小结 / 210

第14章 数据湖应用 / 211

14.1 什么是数据湖 / 211

14.2 为什么要建设数据湖 / 212

14.3 数据湖的规划设计 / 212

14.3.1　数据湖和数据仓库的区别与关系　/　212

14.3.2　数据湖架构规划　/　214

14.4　数据湖的技术选型　/　215

14.4.1　数据获取　/　216

14.4.2　数据存储　/　219

14.4.3　数据处理　/　221

14.4.4　访问分析　/　222

14.4.5　数据管理　/　223

14.5　数据湖的整体架构　/　225

14.5.1　技术架构　/　225

14.5.2　数据链路介绍　/　225

14.6　数据湖建设中的问题　/　226

14.7　本章小结　/　227

第15章　建设自主可控的信创大数据平台　/　229

15.1　建设大数据平台的业务背景　/　229

15.1.1　为什么要建设大数据平台　/　229

15.1.2　建设大数据平台的架构需求　/　230

15.1.3　待解决的架构问题　/　231

15.2　组件划分及设计　/　231

15.2.1　组件划分　/　231

15.2.2　各组件设计思路　/　232

15.2.3　组件间协同　/　235

15.3　信创适配　/　236

15.3.1　什么是信创　/　236

15.3.2　信创环境适配常见问题　/　237

15.3.3　适配工作　/　241

15.4　整体架构　/　244

15.5　本章小结　/　245

第16章　大数据发展趋势与未来规划　/　246

16.1　大数据领域新技术的发展　/　246

16.1.1　新型数据存储与计算架构　/　246

16.1.2　实时数据处理技术　/　246

16.1.3　数据治理和安全隐私保护技术　/　246
16.2　大数据与其他技术领域的融合发展　/　247
　　　16.2.1　大数据技术领域内部融合　/　247
　　　16.2.2　大数据与人工智能技术　/　247
　　　16.2.3　大数据与物联网技术　/　248
　　　16.2.4　大数据与云原生技术　/　248
16.3　技术人员的应对措施　/　249
　　　16.3.1　创新思维和跨界思维　/　249
　　　16.3.2　持续学习的态度　/　249
　　　16.3.3　关注技术的业务价值而不是技术本身　/　249
16.4　大数据开发中的几个误区　/　250
　　　16.4.1　重"技术"不重"业务"　/　250
　　　16.4.2　重"继承"不重"创新"　/　250
　　　16.4.3　重"功能"不重"非功能"　/　250
　　　16.4.4　技术上重"深度"不重"广度"　/　251

后记　/　252

PART 1
第 1 部分

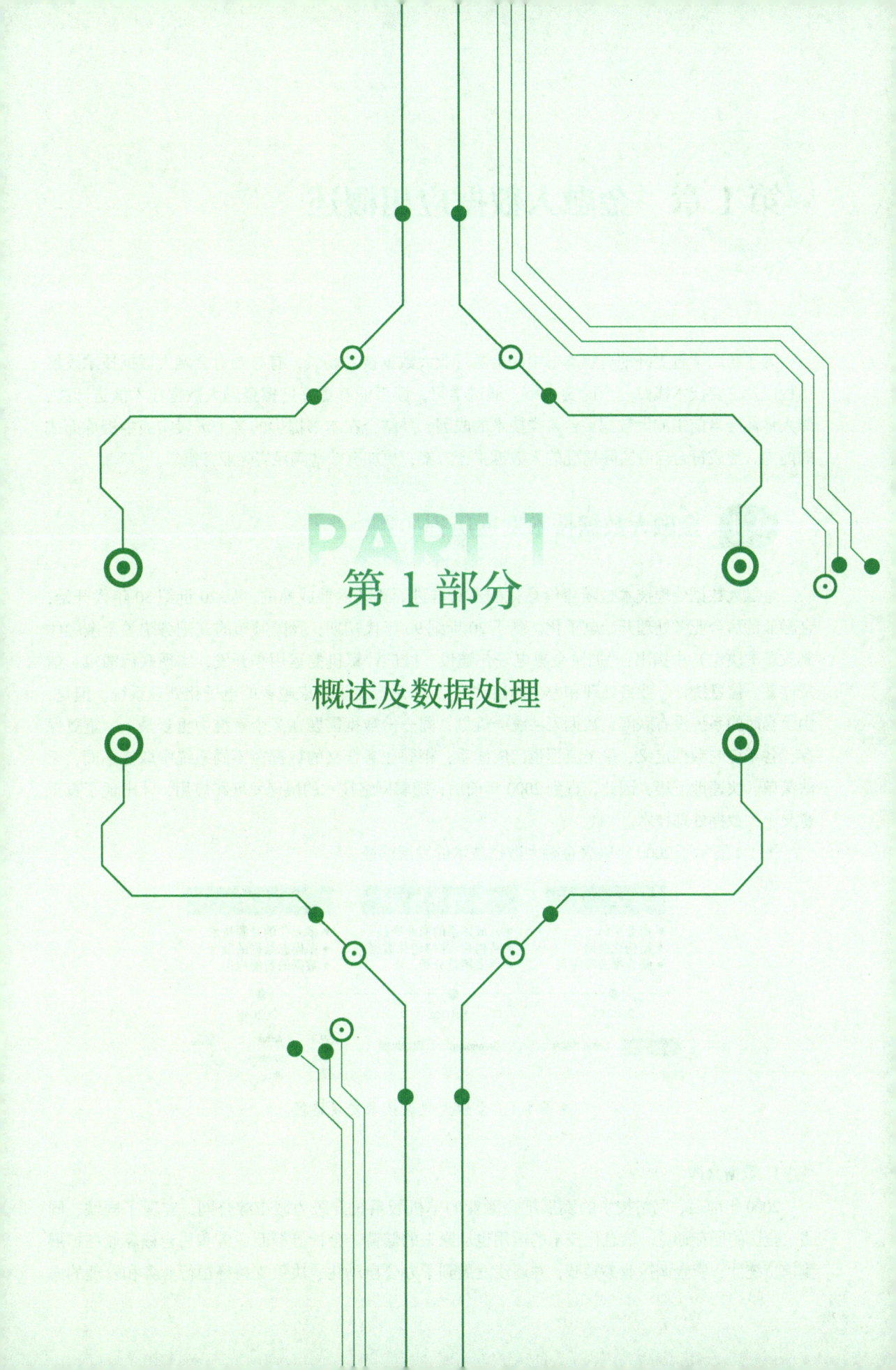

概述及数据处理

第 1 章 金融大数据应用概述

为了帮助读者更好地理解本书中的金融行业大数据技术场景，有必要对金融大数据技术发展历程以及主要技术栈做一个简要介绍。通过学习，读者能够更好把握金融大数据技术演进脉络，深入地体会当前主流大数据平台各类技术的成因，并结合在本书提供的各个场景实战中锻炼而成的能力，形成符合自身实际情况的大数据平台方案，更加有效地满足实际业务需求。

1.1 金融大数据技术发展历程

金融大数据处理技术是随着信息化的不断推进而逐渐发展成熟的。从 20 世纪 80 年代开始，金融业的后台业务处理开始电子化。到了 20 世纪 90 年代初期，我国颁布的《国务院关于金融体制改革的决定》中指出："加快金融电子化建设。推广计算机的运用和开发，实现联行清算、信贷储蓄、信息统计、业务处理和办公的自动化"，之后产生了越来越多的电子化处理系统。但是，由于当时的系统没有联网，数据无法统一规划，同一份数据需要在多个系统中重复录入、重复保存，各系统的数据定义、采集流程也自成体系，相同业务含义的数据在不同系统中取值不同，无法简单、快速地汇集，因此，直到 2000 年前后，随着网络技术的快速发展和应用，才出现了真正意义上的数据处理技术。

图 1-1 展示了 2000 年以来金融大数据技术的发展路径。

• 图 1-1 金融大数据技术发展路径

1. 数据仓库

2000 年前后，网络技术的发展把金融业的单机版系统升级为城市综合网，实现了同城、同省、全国的通存通兑。信息化技术的运用也从原来的储蓄、会计等柜面业务和后台核算业务扩展到信贷统计、资金调拨业务领域，并逐步发展到了办公自动化、决策支持等银行业务和管理的方方面面，实现了全系统的电子化和网络化。随着系统的增多，跨系统的数据交换和整合成为数据处理的主要任务。金融业开始建立专用的数据处理系统，通过一系列标准和规范来解决数据整合的问题。当时大型金融机构采用的主流数据处理产品是 Oracle Exadata 和 Teradata 等，处理的数据量在 TB 级，主要场景是完成跨部门、跨业务、跨时间、跨平台的数据仓库应用，支持各类数据的分发和管理类报表（如监管报表）。

2. 数据仓库+数据湖

到了 2010 年前后，随着分布式和并行数据处理技术的发展成熟，海量大数据处理技术开始走向"平民化"，即使普通的 x86 设备，也可以搭建类似 Teradata 的大规模并行处理系统。其中的典型技术包括 Greenplum 和 Hadoop（如国外商业版本的 CDH、HDP，以及华为 FusionInsight HD 等）。从此大数据处理不再依靠昂贵、封闭的设备，存储和加工成本的降低使数据量快速增长，金融业进入真正的"大数据时代"。

随着数据量的急剧增长以及非结构化数据（如图片、视频、语音等）的运用，传统数据仓库技术已经无法满足数据处理需求，数据湖技术应运而生。数据湖最初由存储厂商提出，其目的是满足企业以较低成本存储数据的要求。随着数据湖技术的发展，支持的大数据场景越来越多，特别是数据湖提出的"数据驱动"理念，改变了数据仓库"应用驱动"的模式，使数据湖成为金融场景创新的主要技术，其低廉的建设成本也使之成为中小型金融企业大数据平台的主流技术。这个时期，大数据承载的业务场景已经从原来的固定分析报表转向自主分析挖掘，一方面借助数据仓库的整合数据，可以对各类数据进行多维度的灵活分析；另一方面，数据科学家能够借助数据湖丰富的原始数据进行自由探索和创新，将大数据分析提升到了新的阶段。

对于很多大中型金融机构来说，数据仓库发展历史较长，积累了绝大部分高价值密度的数据，是大数据加工分析的主要环境。数据湖作为补充，更多承载的是创新性业务。所以这两条技术路线并行发展，并没有深度融合或相互替代。

3. 云原生大数据平台

到了 2020 年前后，云原生（Cloud-Native）技术的广泛应用加速了大数据技术的发展。云原生提供的存储与网络资源的灵活调度能力，使资源隔离和管理更加灵活高效，大数据技术组件可以高效利用底层基础设施，适应更加复杂的工作负载需求。此外，云原生技术的标准化特点也使更多数据种类（结构化和非结构化）和更多处理方式（批量和流式）的数据分析融合成为可能，实现更加复杂化、智能化的应用。这个时期，云计算技术也得到了飞速发展，该技术提供了存储计算分离和资源的动态伸缩能力，这对大数据技术至关重要，既满足了大数据应用多样化的部署需求，又可以降低大规模资源下的总体拥有成本。此外，这个阶段影响大数据技术发展的另一个因素是开源技术，一方面，开源技术为大数据提供了多样化的技术，满足了特色化的数据处理场景；另一方面，突破了很多的技术限制（如 MPP 数据库技术限制），解决了原有应用在时效性、访问效率等方面的难题。

云原生技术也让大数据开发和处理过程变得更加复杂。想要每一位开发或分析人员都掌握如此多的技术几乎是不可能的，必须借助体系化的大数据平台，以 PaaS 化的理念将这些技术进行有机集成，从而提升大数据的开发和处理效率。

那么，市面上可用的大数据技术有哪些？

1.2 大数据技术分类

从大数据技术发展历程可以看出，无论在哪个阶段，大数据技术都是围绕如何承载数据、挖掘数据价值发展的。虽然技术多样，但核心技术主要包括数据采集、数据存储、数据加工和数据分析四大类，如图1-2所示。

图1-2　大数据技术分类

1. 数据采集

数据采集是数据处理的起点，用于获取有用的信息，是大数据发展的关键技术。数据采集需要从各种源头获取结构化、半结构化或非结构化的数据，这些数据来自交易系统、用户行为等多元化渠道，数据也有批量、流式等多种形式，以上因素交织在一起，使数据采集技术变得非常复杂，包括数据接口采集、行为数据埋点采集、物联网数据采集、网络爬虫采集等。开源的数据采集技术有很多，如Apache Flume、Logstash、Fluentd、Apache Chukwa、Scrapy、Elastic Beats、Apache Flink CDC等。

2. 数据存储

数据采集之后，就要进行有效且持久的存储，以备数据分析和应用。面对不同规模、类型的数据，选择合适的存储技术是确保数据安全、可靠和高效访问的关键。金融业涉及的数据类型繁多，数据量庞大，并且要满足高可用性、高并发性和低延迟等要求，单一的存储技术很难应对，所以，一般会采用多种存储技术来共同完成。最为常见的是数据库和分布式文件系统相结合的模式：数据库用于存储结构化数据，提供高效的事务处理和复杂查询功能；分布式文件系统则用于存储非结构化数据，提供高吞吐量和可扩展的存储能力。

在大数据使用的关系数据库中，基于MPP架构的有Greenplum、Vertica、Apache Doris、Citus等，基于Hadoop的有Apache Hive、Apache HBase、Apache Cassandra等，它们在不同的场景和需求下提供了不同的功能与特性。

对于分布式文件系统，目前比较流行的有HDFS和对象存储，HDFS本身就是一项开源技术，开源的对象存储方案有Ceph、MinIO、OpenIO等。

3. 数据加工

数据加工的本质在于整合和转化数据资源，使之从原始、零散的状态转化为有价值的洞察与决策依据。如同石油，未被提炼之前仅仅是埋藏在地下的自然资源，价值并未得到充分体现，一旦经过精炼加工，不仅能成为汽车、飞机的主要燃料，还可以被加工成塑料、化妆品等高附加值产品。同样，大数据作为信息时代的"石油"，也需要经过处理和加工才能从中提取有价值的信息。数据经过清洗和预处理，去除错误或不完整的数据，将看似杂乱无章的数据转化为有价值的信息资产。通过加工整合数据，可以获得更全面的数据视图，更好地理解数据的本质和规律。数据加工可以利用 Hadoop 的计算框架：MapReduce、Spark、Apache Tez 等，也可以利用数据库提供的计算能力直接对数据库里面的数据进行加工，如果是实时加工，则可以使用的开源技术有 Apache Flink、Apache Kafka、Apache Spark Streaming、Apache Storm、Apache Samza 等。

4. 数据分析

想要从海量数据中挖掘有价值的信息，需要数据分析技术作为支撑。传统的数据分析技术受计算能力和分析方法的限制，难以应对 PB 级数据量及多样化数据类型。并且，在分析速度上，往往也无法满足实时分析的要求。所以数据分析技术中需要使用分布式计算实现对大规模数据的有效管理和高效处理。此外，在支持多样化数据分析方面，大数据分析技术需要具备强大的数据解析能力和灵活的数据模型支持，以便整合各类异构数据资源，从中发现深层次关系及模式。

数据分析最常用到的是 OLAP（On-Line Analytical Processing，联机分析处理），主流的 OLAP 引擎有基于 MPP 架构的 ClickHouse、Apache Presto、Apache Impala、Apache Doris 等，基于预计算的 Apache Druid、Apache Kylin 等，基于搜索引擎架构的 Elasticsearch、Apache Solr 等。

但是数据分析不能等同于 OLAP，因为数据分析还有包含数据挖掘、可视化报表等领域的场景，这些领域本身也是非常复杂的领域，本节就不再展开了。

本节举例的大数据技术，只是市面上开源技术的一小部分，还有大量的商业技术和开源技术没有包括其中。并且，一些大数据的应用，并不是单纯使用大数据技术就可以完成的，在后续的场景实战中，还需要用到一些微服务、容器等技术，这些通常也不会归纳为大数据技术。

本节简单介绍了大数据技术的分类，接下来介绍一下本书要覆盖的应用场景。

1.3 金融大数据技术应用场景

本书共介绍了十几个应用场景，这些场景并未按照数据采集、存储、加工、分析这样的技术分类，因为很多场景可能需要使用多个技术。本书提供的场景基本是按照数据处理、数据使用、数据治理、部署运维和综合类场景这 5 个部分来展开的。

第 1 部分为数据处理计算类场景，分别为数据采集、数据离线处理、流式数据处理。

第 2 部分为数据使用类场景，分别为给系统使用加工完数据的数据服务和利用数据分析工具的数据加速场景。

在完成整个数据研发的链条当中，会涉及一些治理相关的场景，也就是本书的第 3 部分——数据治理类场景，本书将会介绍元数据管理、数据安全管理和数据质量管理 3 个场景。

大数据程序研发完后，将会碰到一些部署运维类场景，包含大数据作业调度、大数据计算资源管理、三态投产，这就是本书的第 4 部分。

在完成前面四个部分的场景实战后，本书的第 5 部分将介绍一些综合类场景，包含流批一体、数据湖和建设自主可控的信创大数据平台。

本书的场景分类如图 1-3 所示。

```
场景分类
├── 一、数据处理
│   ├── 数据采集
│   ├── 数据离线处理
│   └── 流式数据处理
├── 二、数据使用
│   ├── 数据服务
│   └── 数据加速
├── 三、数据治理
│   ├── 元数据管理
│   ├── 数据安全管理
│   └── 数据质量管理
├── 四、部署运维
│   ├── 大数据作业调度
│   ├── 大数据计算资源管理
│   └── 三态投产
└── 五、综合类场景
    ├── 流批一体
    ├── 数据湖
    └── 建设自主可控的信创大数据平台
```

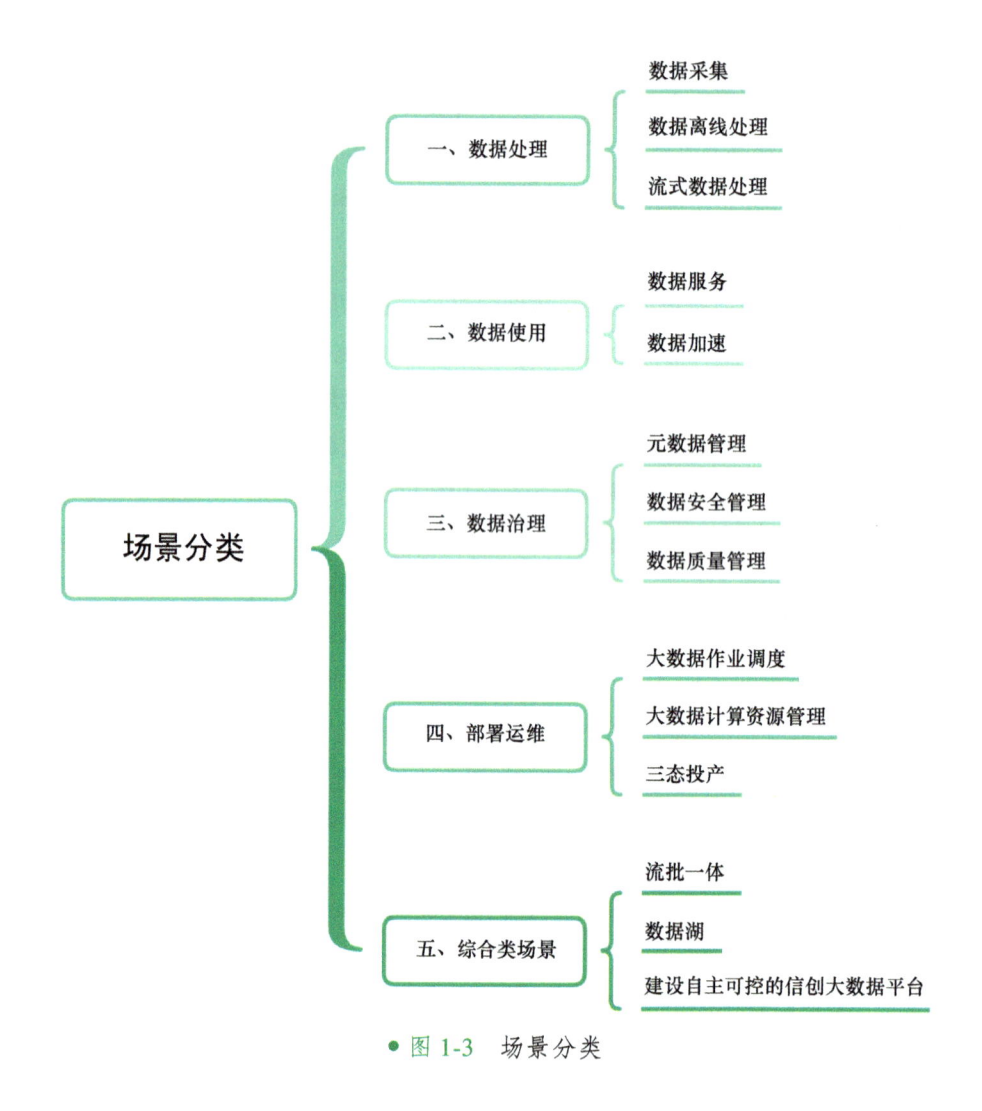

● 图 1-3 场景分类

这些场景在金融大数据领域都非常重要，涉及的技术也多种多样。通过对本书的学习，读者不仅能对金融大数据技术和应用有更深入、全面的理解，还能建立起一套适应大数据时代的开发体系和思维模式，同时提升在大数据领域的专业素养和技术能力，帮助解决实际工作中的问题。此外，通过场景案例分析和实践操作，能够拓宽技术和业务视野，培养思考和创新能力，在大数据领域中不断提升自身竞争力，以应对未来职业发展中的挑战。

第 2 章 数 据 采 集

在谈论数据采集时，读者的理解可能不一样。根据作者多年经验，有些互联网公司会用数据库点对点采集数据，所以其采集方式是数据库间的复制；有些银行不允许同时访问业务系统的数据库和数据仓库的数据库，这就要求业务系统将数据库的数据写入文件，再传递到数据仓库能访问的文件系统；而有些监管系统的需求则是将多个机构上传的数据文件归拢存放在一个地方，所以其采集系统既要有各机构上传情况的管理功能，又要有数据整合和加载到数据库的能力。

本章不讨论采集的定义，直接用一个作者碰到的场景介绍逐步迭代改进数据采集架构的过程。本章有 3 个架构方案，逐步迭代，由浅入深。

2.1 数据采集业务场景

某银行的手机 APP 中有一个理财栏目，用户可以在这个栏目浏览理财产品并下单购买，资金直接从用户个人储蓄卡中扣除。整个业务流程分为下列 3 个步骤。

（1）获取理财产品列表信息

用户在手机银行 APP 发起理财产品查询，请求发送到手机银行后端系统，手机银行后端系统调用理财系统"理财产品查询"交易码，获取可选的产品列表信息。

（2）理财产品下单购买

用户从产品列表中选择意向产品，并发起产品购买动作，请求经过手机银行后端系统被发送到理财系统，理财系统调用对私存款系统的交易码，对用户个人储蓄卡执行资金扣除动作。

（3）银行卡余额扣除通知

在用户的个人储蓄卡账户余额扣除或者资金入账时，余额变动消息将以短信的形式发送给用户。

为了提升理财产品销售额以及用户体验，业务部门提出了以下需求：根据用户在理财栏目的浏览行为、购买行为，构建用户画像，当用户有资金入账时，在余额变动的短信尾部增加理财产品推荐内容，用户根据推荐链接可以直接购买理财产品。

想要实现这个需求，至少需要获取以下数据：

1）用户在手机银行 APP 上的浏览行为数据。

2）用户余额变动消息。

3）用户实际下单购买的理财产品数据。

4）用户过往的理财数据。

从技术角度来说，上述数据可分为如下类型：

1）前端用户行为数据。

2）服务端应用层数据（如余额变动消息）。

3）数据库数据。

以上就是业务侧的需求。这个需求也是变化的，最初，用户画像初始需求要求的时效是 T+1，也就是要求画像需要基于前一天的数据构建（一般也叫批量采集）。之后，业务方希望时效可以改为 T+0。而后，因为更多的业务应用也需要建设采集场景，所以需要作者所在的项目组建设一个通用的采集平台。

因此，本章中的方案迭代了 3 次，首先，基于 HDFS 的采集方案，满足 T+1 的需求；然后，通过局部的改进，迭代为 T+0 的方案；最后，重新梳理了全域数据实时采集的需求，设计了第 3 套方案。

下面先介绍满足 T+1 需求的方案。

2.2 存储到 HDFS 的采集技术方案

2.2.1 前端渠道用户行为数据采集

前端渠道用户行为数据采集是对用户在网站、移动应用程序等多元化前端渠道上的各种行为进行捕获和记录，这包括页面访问、搜索、点击、购买、评论等行为。前端数据的采集，一般也称作数据埋点，也就是在前端代码当中，将每次用户行为的相关数据记录下来，并发送给服务端。对于这种类型的数据采集，需要考虑以下三点：

1）设计前端要采集数据的通用数据结构。

2）设计前端埋点的方式。

3）接收前端埋点数据的服务设计。

首先，设计前端要采集数据的通用数据结构。

1. 前端埋点数据结构

定义用户在页面上的行为数据规范格式如下：

```
{
  "event": "click",
  "time": "2023-06-17T12:34:56Z",
  "userId": "123456",
  "pageUrl": "https://www.example.com/home",
  "pageTitle": "首页",
  "referrerUrl": "https://www.google.com",
  "eventDetails": {
    "elementId": "signup-button",
    "elementClass": "btn btn-primary",
    "elementText": "注册"
  },
```

```
    "userDetails": {
      "browser": "Chrome",
      "browserVersion": "75.0.3770.100",
      "os": "Windows 10",
      "screenResolution": "1920x1080",
      "language": "zh-CN"
    }
}
```

其中 event 字段描述用户的行为事件类型，这里是"click"，表示用户进行了点击操作；time 字段表示点击事件发生的时间；userId 字段表示用户的唯一标识符；pageUrl 字段表示用户在操作时所处页面的 URL；referrerUrl 字段表示引导用户来到当前页面的前一个页面的 URL；eventDetails 字段表示描述事件详情的对象；userDetails 字段表示描述用户的设备或浏览器信息的对象。

接下来就是埋点的技术思路。

2. 前端埋点方式

前端埋点主要有以下 3 种技术。

（1）手动埋点

这是最原始的一种埋点方式，需要在业务代码中手动添加埋点逻辑。例如，当用户点击一个按钮或进入一个页面时，开发人员需要在相应的事件处理函数中插入埋点代码，如下：

```
button.onclick = function() {
    // 触发按钮点击事件
    track('button_click', { button_id: 'my_button' });
}

function track(event, element) {
  var data = {
    event: event,
    time: new Date().toISOString(),
    userId: userInfo.userId,
    pageUrl: window.location.href,
    pageTitle: document.title,
    referrerUrl: document.referrer,
    eventDetails: {
      elementId: element.id,
      elementClass: element.className,
      elementText: element.innerText
    },
    userDetails: userInfo.userDetails
  };

  // 发送 data 给服务器
  sendToServer(data);
}
```

这种方式的优点是精确度高，可以非常准确地获取到用户的行为数据；缺点是工作量大，每次业务变更都需要重新配置埋点。

（2）自动埋点

自动埋点也称全埋点技术，这种方式是通过一种自动化的机制来实现埋点，如使用 JavaScript 的事件冒泡机制，监听所有元素的点击事件，然后根据事件的元素和类型来收集相应的数据，如下：

```
document.body.addEventListener('click', function(e) {
    // 获取点击元素的标签名称和类名
    var tagName = e.target.tagName;
    var className = e.target.className;
    // 上报数据
    track('click', { tagName: tagName, className: className });
});
```

这种方式的优点是可以大大减少开发人员的工作量，而且可以实现全局的数据采集；缺点是可能会采集到大量的无用数据，导致数据过载，同时对于复杂的用户行为，可能无法准确采集。

（3）可视化埋点

可视化埋点也称为无痕埋点，这种方式通过可视化工具来实现埋点，开发人员只需要在工具中配置好事件和对应的数据，然后工具会自动生成埋点代码。例如，Google Analytics 工具就提供了可视化埋点的功能，开发人员可以在网页上直接选择要监控的元素，然后在后台设置相应的事件和数据，系统就会自动为这些元素添加埋点代码。这种方式的优点是减轻了开发人员的工作量，降低了技术门槛；缺点是由于依赖于可视化工具，因此其精确度和灵活性可能没有手动埋点高，并且如果要自研埋点工具，可视化开发的成本太大。

以上就是前端埋点的主要技术和实例，市面上大多数的商业埋点框架都是将这三种埋点方式结合起来使用，也就是既提供手动埋点方式，又提供可视化埋点以及自动埋点方式。

Google 的网站分析工具 Google Analytics 提供了一个 JavaScript 库（gtag.js 或 analytics.js）以及相关的 API，开发者需要在代码中手动调用这些 API 来追踪特定的用户交互。例如，开发者可以使用 gtag('event', 'click', { 'event_category': 'button', 'event_label': 'submit' })来追踪用户点击一个提交按钮的行为。另外，Google Analytics 也支持对基本的数据和用户行为自动采集，如页面浏览、用户设备和浏览器信息等。同时，Google Analytics 也推出了 Google Tag Manager，它会实现可视化配置的数据采集，可以让非技术人员（如市场人员或产品经理）也能进行数据追踪的配置。

作者在自己的项目当中并没有购买商业埋点产品，而是采用了自研框架，并且只提供了自动埋点和手动埋点的功能，并没有提供可视化埋点功能，因为作者认为其性价比不高。

接下来介绍接收前端埋点数据的服务设计。

3. 接收前端埋点数据的服务设计

后面会介绍服务端应用层数据采集的架构，这个接收前端埋点数据的设计和服务端应用层是类似的，这里先直接给出思路。在数据线开启一个服务，该服务提供一个 HTTPS 接口，接收前端 SDK 发送过来的埋点数据，将数据输出到日志文件中，通过 Flume agent 采集到 HDFS。前端数据采集架构如图 2-1 所示。

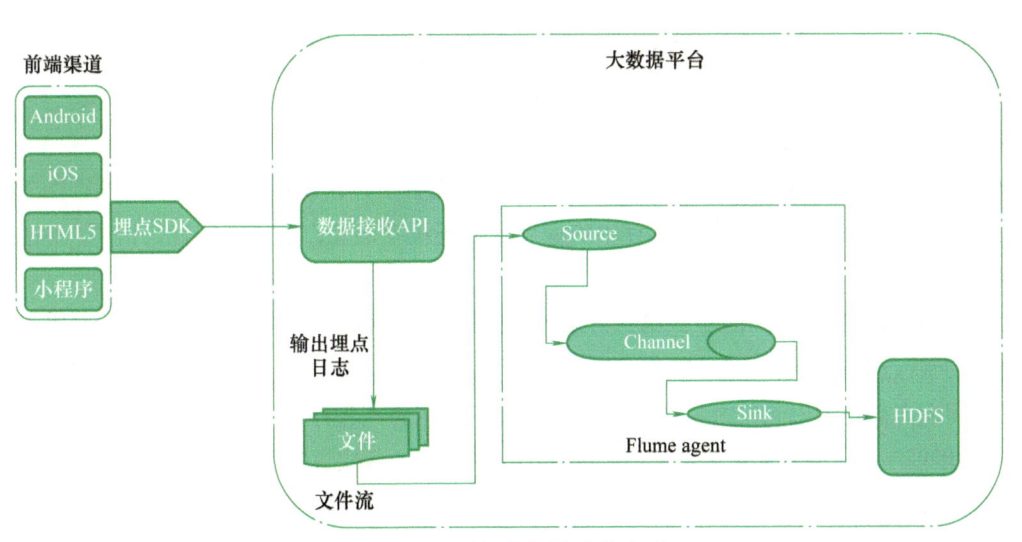

• 图 2-1　前端数据采集架构

注意，在埋点 SDK 和数据接收 API 之间是有网络代理和网关的，只是涉及安全设计，这里没有画出来。

接下来讨论服务端应用层数据采集的技术思路。

2.2.2　服务端应用层数据采集

服务端应用层数据采集是指从后端系统的应用程序（如 ERP、CRM、BI 等）采集数据。首先要考虑的是用同步采集还是异步采集。

如果是同步采集，则在应用逻辑里面调用上报埋点数据的接口，如图 2-2 所示。

这样设计的缺点是，若上报失败或者响应慢，则会影响正常的业务逻辑。一般来说，业务系统的 SLA 和数据仓库的 SLA 是不一样的，为了不让业务系统的可用性依赖数据线的系统，项目组可决定用异步的方式。

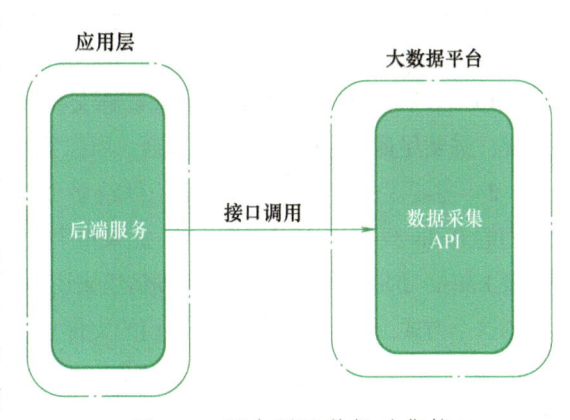

• 图 2-2　同步调用数据采集接口

1. 异步发送埋点数据的设计思路

异步方式有以下 4 种设计思路：

1）将埋点数据缓存到内存当中，而后开启一个异步运行的线程池，将缓存中的埋点数据发送给采集接口。

2）将埋点数据保存到如 Redis 的第三方缓存当中，开启一个独立的服务专门消费第三方缓存的数据，发送给采集接口。

3）将埋点数据直接打印到日志文件当中，而后用一个文件采集工具将缓存中的埋点数据发送给采集接口。

4）将埋点数据保存到一个如 Kafka 的消息队列当中，而后开启一个消费者，将队列中的数据发送给采集接口。

这 4 种思路的优缺点如下：

1）异步线程池的优点是不依赖于额外的中间件或者工具；缺点则是占用应用程序的资源，并且高可用性无法得到保证，如果内存中的埋点数据还没发送完，应用程序就宕机了，则会导致埋点数据丢失。

2）埋点数据保存到如 Redis 的第三方缓存或者如 Kafka 的消息队列的优点是不会占用应用程序的资源，缺点是需要额外的服务器。

3）将埋点数据输出到日志文件中的优点是既不占用应用程序的资源，又不需要额外的服务器，对应用程序的代码侵入也低；缺点则是需要引入一套工具来进行文件数据的采集。

整理出来的优缺点对比见表 2-1。

表 2-1 服务端埋点方式对比

优缺点	方式			
	异步线程池	保存到如 Redis 的第三方缓存	保存到如 Kafka 的消息队列	日志文件
优点	不依赖额外中间件或工具	不占用应用程序的资源	不占用应用程序的资源	不占用应用程序的资源，对应用程序的代码侵入低
缺点	占用资源、高可用性无法得到保证	需要额外的服务器	需要额外的服务器	需要引入一套文件采集工具

设计这个服务端埋点方式时需要考虑如下几点：

1）业务线（也称交易线，后面都称交易线）和数据线是分开的，通常两者的 SLA 要求也不一样，需要尽量减少两者之间的耦合。所以异步线程池的方式就不会被选择。

2）需要提供一个公用的采集组件给多个业务系统使用，为了确保业务系统间的隔离，它们之间的 Redis 或者 Kafka 就要独立。如果每个要接入采集组件的业务系统都要单独部署一套 Redis 或者 Kafka，那么对于业务系统的项目组来说，硬件和运维成本均太高，不够经济。而基于日志文件的这个方式，只需要部署一套公用的文件采集工具，性价比最高。

基于以上原因，项目组选择使用基于日志文件的埋点方式（但在上线之后新需求迭代的时候，方案变了，后面会介绍）。

2. 基于日志文件的埋点方式设计

在基于日志文件的埋点方式设计中，要考虑下列 3 个问题：如何确保对应用程序的代码侵入最低？使用什么工具采集日志文件里面的数据？采集后怎么保存数据？

（1）如何确保对应用程序的代码侵入最低

业务系统使用的是 Log4j，这次对业务项目组的需求就是将特定的一些日志输出到单独的日志文件，这只需要改动 Log4j 的配置文件和在埋点的地方添加日志输出特定信息的功能。整体的改动很小，并且，因为没有引入新技术或者新架构，所以对架构的影响几乎为 0。

（2）使用什么工具采集日志文件里面的数据

市面上用来做文件数据采集的开源工具有很多，如 Filebeat、Logstash、Fluentd 和 Flume 等。

网上有很多技术对比文章，这里不再罗列。

项目组最终选择 Flume，因为公司的技术栈是 Java，使用 Flume 已经很多年，自然而然地选择了它，并且 Flume 在数据传输过程中会进行持久化，而且有事务控制，数据丢失的概率会比其他工具要低（做数据采集的人，最怕的就是数据丢失，一是责任大，二是问题难以排查）。

（3）采集后怎么保存数据

埋点数据从业务系统的日志文件采集到数据线后，要如何存储？使用 Kafka？使用数据库？使用 NoSQL？还是使用文件？这里再次强调一下，数据线和交易线是分开的，团队不同，架构管理和运维要求都不一样。因此，采集最重要的目标时，就要确保从交易线采集过来的数据没有丢失地保存到数据线当中，至于数据线后续在离线处理过程中出现数据丢失的情况，因为只在数据线内，所以比较容易解决，不会影响业务。因此采集过来的数据会直接存储成文件。

刚好，Flume 原本的设计就可以支持 HDFS，因此服务端数据埋点的架构如图 2-3 所示。

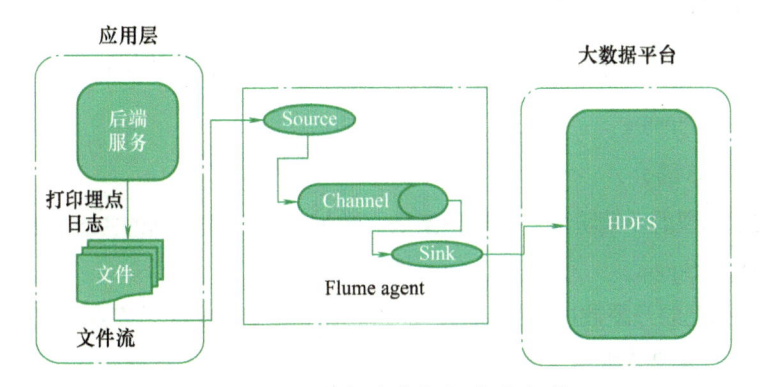

● 图 2-3 服务端数据埋点的架构

在这个架构当中，其实要研发的代码并不多，对于中间这一层 Flume agent，也只需要进行简单的配置就可以满足需求。

3. 应用文件（日志）数据采集示例

在这种采集方式中，应用系统将业务数据实时写到本地文件中，采用实时采集工具即可实现实时采集这个日志文件。以 Flume 为例，通过配置以下文件，即可实现文件流数据实时采集并发送到 HDFS。

```
# 定义 agent 名称
agent1.sources = source1
agent1.sinks = sink1
agent1.channels = channel1

# 定义数据源类型和目录路径
agent1.sources.source1.type = TAILDIR
agent1.sources.source1.filegroups = f1
agent1.sources.source1.filegroups.f1 = /root/*.log
agent1.sources.source1.channels = channel1

# 定义数据接收器类型和 HDFS 路径
```

```
agent1.sinks.sink1.type = hdfs
agent1.sinks.sink1.hdfs.path = hdfs://localhost:8020/user/flume/logdir
agent1.sinks.sink1.hdfs.fileType = DataStream
agent1.sinks.sink1.channel = channel1

#定义 channel 类型
agent1.channels.channel1.type = memory
agent1.channels.channel1.capacity = 1000
agent1.channels.channel1.transactionCapacity = 100
```

在这个示例中，配置采集的文件匹配规则是/root/*.log，在 Flume 程序启动后，会不断扫描/root 目录下的*.log 文件以确认是否有追加数据，如果有，则会立即发送到 HDFS。

以上就是服务端的数据采集，接下来讨论数据库层的采集。

2.2.3 数据库层的采集

该阶段对数据时效的需求是 T+1，因此只需要实现批量采集。对于批量采集，用得比较多的开源技术有 DataX 和 Sqoop。

1. DataX 和 Sqoop 简介

在大数据技术发展的早期阶段，批量采集是大数据平台获取数据的主要手段，这个阶段的代表性工具有 DataX 和 Sqoop。

DataX 是阿里巴巴的开源数据同步工具，它在大规模数据中实现了高效的 ETL（Extract，Transform，Load）操作。如图 2-4 所示，DataX 提供了丰富的数据源接入支持，并实现了易于扩展的插件体系，包括数据读取（Reader）和数据写入（Writer）。然而，DataX 的设计仍然停留在批处理模式，它无法满足实时数据处理和分析的需求。

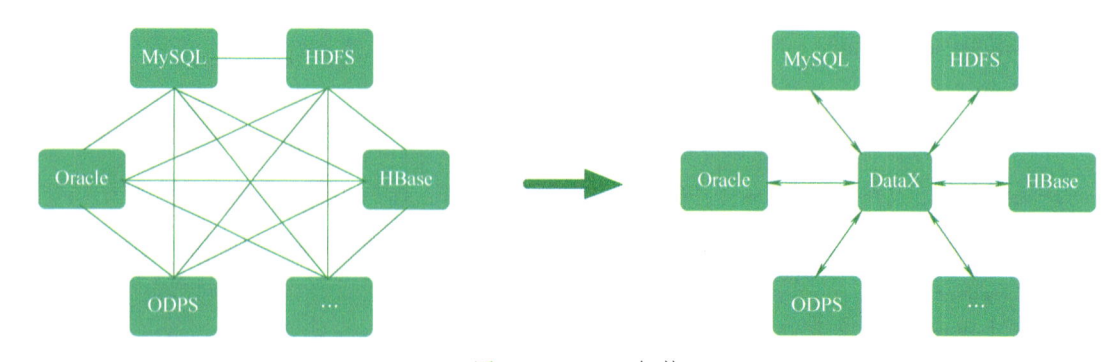

● 图 2-4 DataX 架构

Sqoop 是 Apache Software Foundation 的一个顶级项目，它提供了一种在 Hadoop 和传统数据库（如 MySQL、Oracle、PostgreSQL 等）之间高效传输数据的方法。如图 2-5 所示，Sqoop 能够导入单表数据到 Hadoop 的 HDFS 或者 Hive、HBase 等存储系统，同时也支持将数据从 Hadoop 导出到传统数据库中。然而，Sqoop 的工作模式也主要依赖批处理，与 DataX 一样，其无法满足实时数据处理的需求。

● 图 2-5　Sqoop 架构

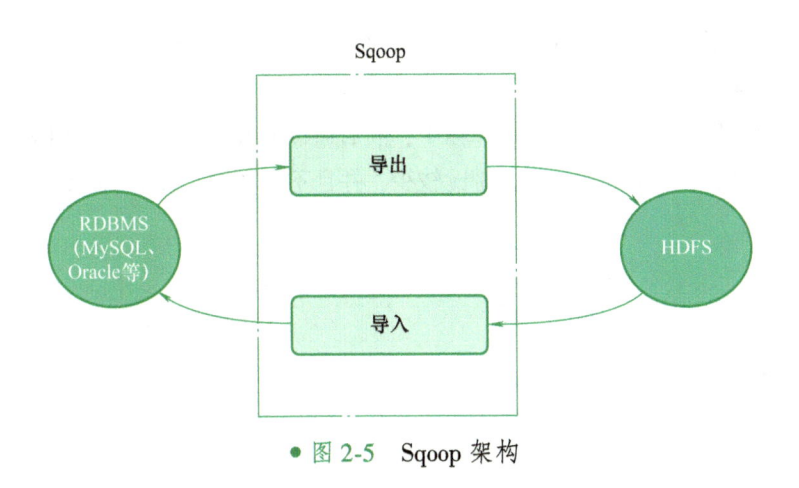

对比两者的特点，Sqoop 依赖于 Hadoop 生态，对 HDFS、Hive 支持友好，处理数仓大表的速度较快，但不具备统计和校验能力；而 DataX 无法分布式部署，可以在传输过程中进行过滤，并且可以统计传输数据的信息，因此更适用于复杂业务场景（表结构变更），同时对不同的数据源支持更好。

DataX 的缺点对项目组来说恰恰不是问题，因为公司有一个自研并且大规模使用的分布式调度系统。

2. 基于 DataX 的采集方案

对于数据库层的批量采集，如图 2-6 所示，通过调度系统定期触发 DataX 任务，将数据从应用层的数据库复制到 HDFS。

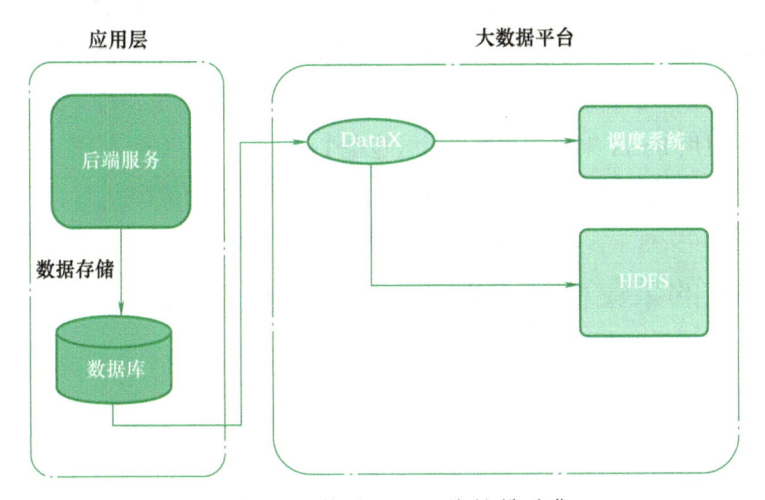

● 图 2-6　基于 DataX 的批量采集

2.2.4　基于 HDFS 的数据采集整体架构

基于 HDFS 的数据采集整体架构如图 2-7 所示，该架构的主要设计思路如下：
1) 前端埋点数据通过一个数据接收 API 打印到日志文件当中，后端应用的埋点数据直接打印到日志文件当中,而后通过 Flume 将日志文件的数据搬运到 HDFS 当中。注意,所有的敏感数据都必须脱敏才能打印到文件当中。

2)后端的业务数据直接保存到数据库当中,而后通过 DataX 定期复制到 HDFS 当中。

3)数据采集对前、后端的代码侵入都比较少,并且不会影响业务系统的高可用性。

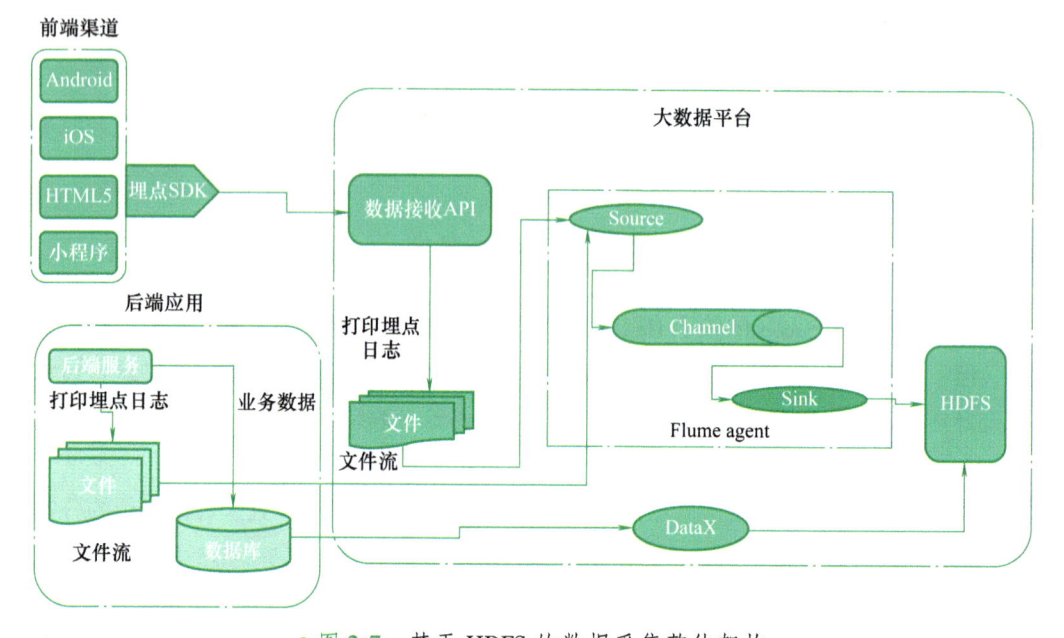

● 图 2-7 基于 HDFS 的数据采集整体架构

该架构的缺点就是时效性不够高。虽然埋点数据到日志文件是实时的,而且 Flume 从日志文件采集数据到 HDFS 也是实时的,这条采集链路算是实时的,但是采集数据保存到 HDFS 只是整个大数据加工环节的第一步,后续还要对 HDFS 里面的文件进行加工,对于文件的加工,一般时效是 T+1。并且这里用 DataX 来复制数据的时效也是 T+1。

之后业务部门要求画像的数据时效是 T+0,则又迭代到下面的架构。

2.3 T+0 的采集技术方案

T+0 采集架构和基于 HDFS 的采集架构相比有下列两点不同:
1)最终的存储不同。
2)数据库复制的方法不同。
以下会详细介绍一下两者的不同点。

2.3.1 T+0 采集架构与基于 HDFS 的采集架构的不同点

如果数据采集整体时效要求从 T+1 改为实时采集,除了采集这一阶段的时效要变化以外,最重要的一点就是,采集完的数据的加工架构也要有变化。

批量线的大数据加工一般是每天定时运行一些加工任务,在当时公司的架构当中,用得比较多的加工源还是数据文件。而如果用实时线,就必须要有连续不断的加工任务在运行,市面上目前通用的就是基于 Kafka+Flink 扩展的数据架构。当然,并不是说加工的源头只有 Kafka,数据的源头仍然可以是文件、关系数据库或者多种混合。这次的架构改动,就是将采集的最终存储(也就是加工的源头)从 HDFS 改为 Kafka。这是两个架构的第一个不同点。

第二个不同点,则是数据库复制的方式。批量采集只要求一天复制一次数据,而实时采集需要实时将数据库的改动同步到目标点。但是对于同一个数据库,并不是说需要同步的每张表都是要实时更新的,根据加工逻辑的不同和业务数据更新频率的不同,有些需要实时更新,而有些数据只需要每日同步一次。因此在 T+0 的这个需求当中,有些数据库表的改动需要实时同步到 Kafka,有些数据库表仍旧是批量更新。

2.3.2　T+0 采集架构在前端、后端以及数据库端的设计

根据以上不同点,T+0 对 3 种数据类型的架构需求如下。

1. 前端渠道用户行为 T+0 数据采集

前端仍然调用埋点的 SDK 来触发埋点操作,SDK 调用采集的数据接收 API,API 将接收到的埋点数据打印到日志文件当中,而后通过 Flume 采集到 Kafka。

2. 服务端应用层 T+0 采集

服务端的应用仍然将要采集的数据打印到日志文件当中,而后通过 Flume 将数据采集到 Kafka。

3. 数据库层的实时采集

数据库层,对于只需要每天更新一次的表,通过 DataX 同步到 MySQL;对于需要实时更新的表,通过一个增量订阅组件同步到 Kafka。这里使用的是阿里巴巴开源的 canal 组件。canal 的工作原理就是把自己伪装成 MySQL slave,接收并解析 MySQL master 发送过来的 binlog,再发送到存储端。

2.3.3　T+0 数据采集整体架构

T+0 数据采集整体架构如图 2-8 所示。从图中可以看出,数据采集对业务系统的侵入性仍然非常低。业务系统要改造的地方,就是在前端调用 JavaScript 的 SDK 埋入数据,在后端服务需要埋点的时候调用 Log4j 的接口打印日志到特定的文件,其他无须改造。

对于数据线这一端,需要:

1) 部署一个 API 服务用来接收前端的埋点数据。
2) 部署 Flume 从日志文件采集数据到 Kafka 中。
3) 部署 DataX 从业务数据库定时复制数据到数据线的 MySQL 中。
4) 部署 canal 从业务数据库实时采集数据到 Kafka 中。

这个架构已经满足了实时数据采集的需求。

后来,项目组的任务就是打造一个采集平台,以支持公司所有业务系统。

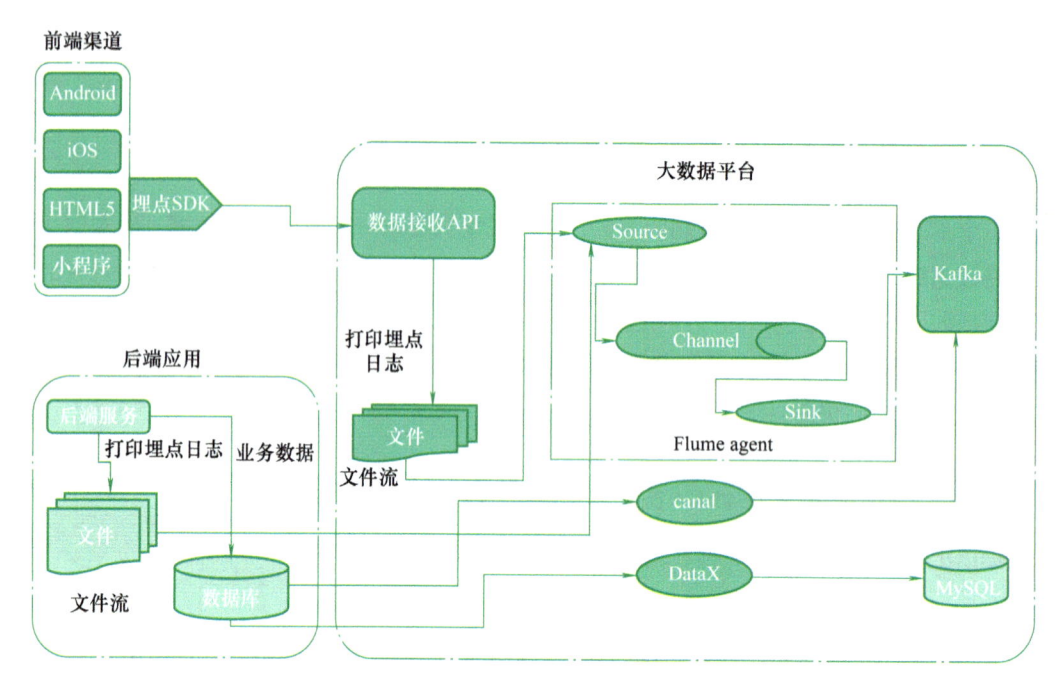

● 图 2-8　T+0 数据采集整体架构

2.4　全域数据实时采集的技术挑战

要提供一个全域数据实时采集平台，需要满足如下需求：

1）支持上游所有的关系数据库。
2）支持前端埋点。
3）支持服务端应用层埋点。
4）支持其他格式，如日志文件、Kafka、Redis 等的采集。
5）对业务系统侵入性低，包括代码和可用性。
6）交易线（也叫业务线）和数据线分离。

通过前面 T+1 和 T+0 的架构，已经满足了大部分需求。接下来归纳一下未完全解决的两个技术难点。

1）如何实现全域数据实时采集？早期的大数据采集主要关注结构化数据，源数据一般存储在数据库中，源系统的数据以日终批量文件的形式供给数据仓库。但是，随着数据实时性要求越来越高，就需要在靠近数据原始产生的地方尽快采集，数据流动经过的任何地方都可能需要支持数据的实时获取，这样就导致数据源存储的多样性。如图 2-9 所示，各个系统的后端服务、数据库以及消息队列等都需要支持数据实时采集。因此，设计数据采集系统时需要考虑数据来源的多样性，针对不同数据源选择最合适的采集模式，实现全域数据采集能力。

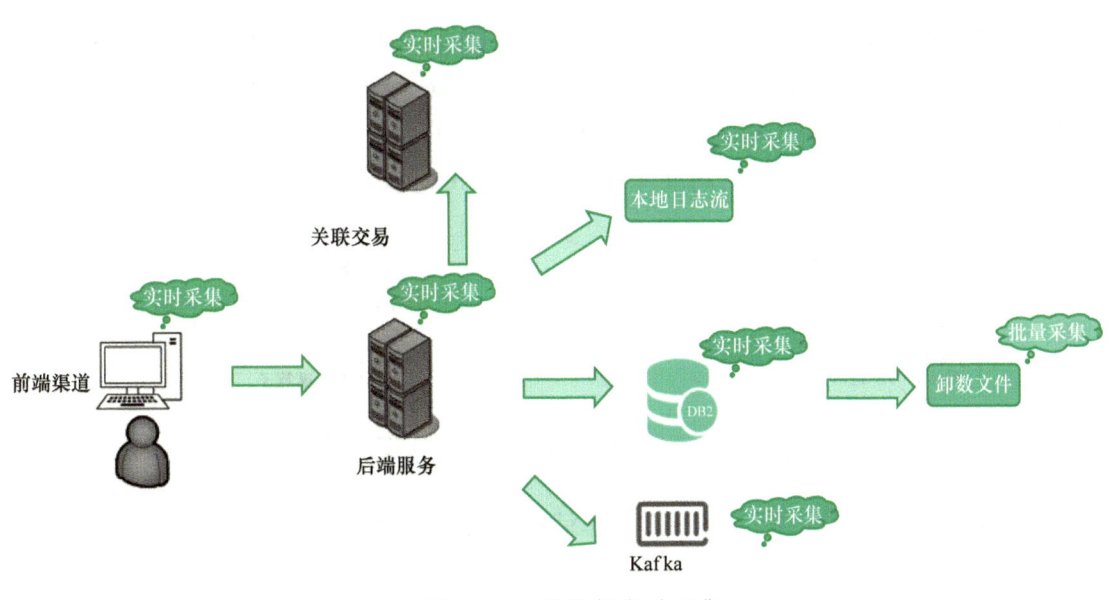

● 图 2-9　全域数据实时采集

2）如何保证实时采集链路数据的一致性？由于实时采集处理的是无边界的数据，而且采集过程需要数据抓取、数据解析、数据传输等多个环节，各个环节的异常都有可能导致数据不一致。所以，实时采集链路数据的一致性和准确性是用数方经常怀疑的地方，也是设计实时数据采集系统需要重点考虑并解决的问题。

2.5　实现全域数据实时采集的技术思路

如前面所述，数据需要在靠近数据原始产生的地方尽快采集，数据流动经过的任何地方都可能需要支持数据的实时获取，这样就导致采集需要支持的数据源的多样性。因此，需要构建全域数据实时采集能力来降低数据获取门槛，更好地服务各类业务场景。日志文件、前端和服务端应用层的采集在前面已经有了解决方案，这里需要考虑的第一个问题是，如何解决各类数据库的实时采集？

2.5.1　数据库数据实时采集

数据库数据实时采集是指从企业的数据库系统实时收集数据变化，如新增的记录、修改的记录、删除的记录等。在实际操作中，数据采集工具可以通过读取数据库的事务日志、触发器、数据复制等方式进行采集。其中，事务日志可以记录所有的数据变化，但需要处理大量的日志数据；触发器可以实时捕获数据变化，但可能影响数据库的性能；数据复制可以获取完整的数据副本，但需要额外的存储空间。现在业内常见的是基于事务日志实现数据库实时采集。

以往，银行数据库以 DB2 和 Oracle 为主；随着近几年数据库信创改造的推进，各种各样的国产数据库出现在银行业务系统中，比较常见的有 GoldenDB、TDSQL、OpenGauss、OceanBase、

TiDB 等。其中 GoldenDB 是中兴通讯基于 MySQL 进行分布式改造推出的数据库产品；TDSQL 是腾讯基于 MySQL 进行分布式改造推出的数据库产品；OpenGauss 是华为基于 PostgreSQL 进行分布式改造推出的数据库产品；OceanBase 是蚂蚁金服集团自研的数据库产品；TiDB 是国内初创企业 PingCap 自研的数据库产品。它们各自的采集方法如图 2-10 所示。

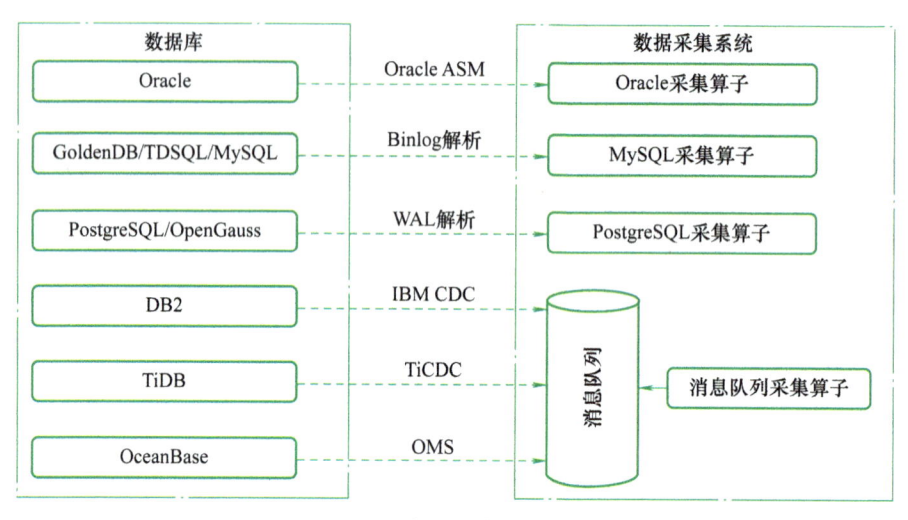

● 图 2-10 常见数据库采集架构

1. Oracle

Oracle 数据库中的 Redo 日志记录了数据库所有的写入操作，读取这些日志就能得知数据变化的详细情况。如图 2-11 所示，Oracle Automatic Storage Management（ASM）是 Oracle 数据库的一个内建的磁盘管理和文件系统模块，主要用于简化数据库文件的创建和管理。ASM 可以处理 Oracle 数据库中的所有文件类型，包括数据库文件、日志文件、控制文件、备份文件等。

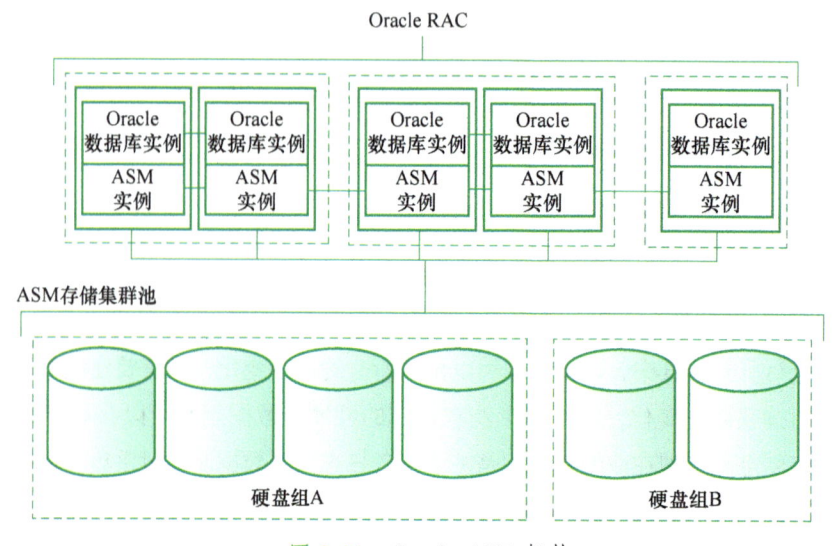

● 图 2-11 Oracle ASM 架构

通过 ASM 读取和分析 Redo 日志，可以实现 RedoLog 下载与 Oracle 实例解耦，从而最小化实时采集对数据库的影响。

2. MySQL 类数据库

MySQL 的 Binlog（Binary Log）是 MySQL 数据库中用于复制和恢复的一种日志文件。每当在 MySQL 数据库中发生数据更改（如插入、更新、删除等）时，相关的事件就会写入 Binlog 中。

基于 Binlog 的实时数据采集主要通过 MySQL 的主从复制协议读取和解析 Binlog，获取数据库的实时数据变化。当前开源工具，如 Debezium、canal 等，都支持通过这种方式实现 MySQL 系（开源 MySQL、GoldenDB、TDSQL 等）数据库数据实时采集。canal 采集架构如图 2-12 所示。

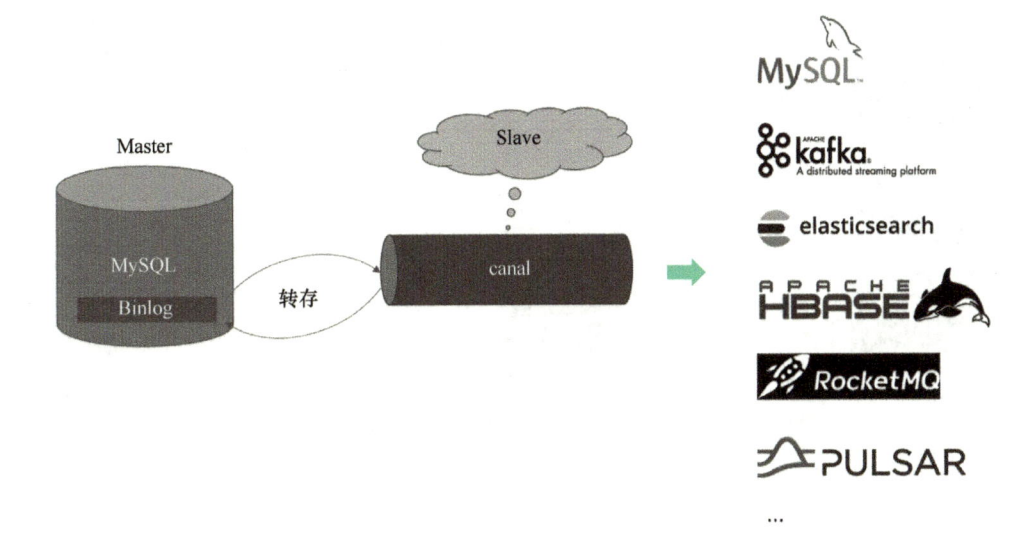

• 图 2-12 canal 采集架构

需要注意的是，由于 GoldenDB 和 TDSQL 没有将 MySQL 主从复制协议通过代理节点（也称计算节点）暴露出来，因此需要直连各个数据节点，这样才能实现数据库数据的实时抽取。

3. PostgreSQL 类数据库

Write Ahead Log（WAL）事务日志在 PostgreSQL 数据库中保存了所有的操作记录。为了支持数据复制，PostgreSQL 在 9.4 版本中引入了逻辑解码功能，此功能通过 API 读取并解码 WAL 中行级别的变更信息。开发者可以创建一个称为"复制槽"的持久化结构，并指定适当的解码插件，逻辑解码便会利用这些复制槽得知从哪里开始读取数据变更。接着，开发者可以通过对复制槽的轮询，获取最新的数据变更详细信息，其中数据变更的最小粒度为事务。

在实时数据采集领域，已经有一些开源工具，如 decoderbufs、wal2json、pgoutput、Debezium 等，它们都支持 PostgreSQL 数据库数据实时采集。这些工具内部处理了复制槽的轮询和数据解码，开发者只需要对这些工具进行适当的配置，并处理得到的数据。

4. TiDB

TiDB 是一个分布式的 NewSQL 数据库，支持横向弹性扩展，并且保证了强一致性和高可用性。TiDB 采用了 Multi-raft 复制算法来保证数据一致性和分片之间的高可用性。

对于 TiDB 的实时数据采集，其原理和实践主要依赖于 TiDB 自身的 Change Data Capture（CDC）服务。

TiDB CDC（简称 TiCDC）是一个用于捕捉 TiDB/TiKV 变更的日志，提供开放数据协议（Open Data Protocol）的事件，将 TiDB 的数据变化复制到下游的系统组件。CDC 支持将数据变更导出到多种类型的下游，包括 MySQL 协议兼容的数据库、TiDB、Kafka 以及其他可能的数据格式文件等。TiCDC 部署架构如图 2-13 所示。

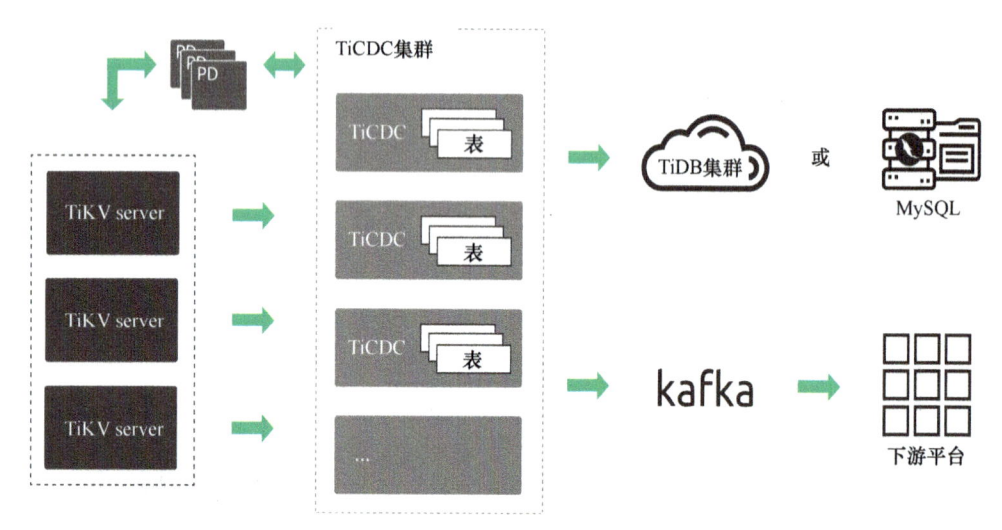

• 图 2-13　TiCDC 部署架构

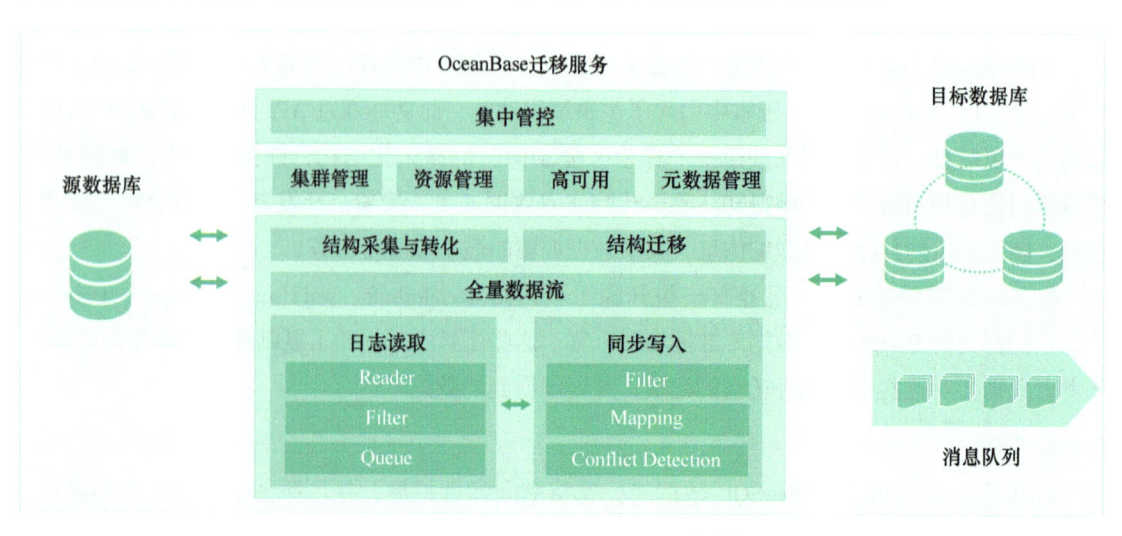

5. OceanBase

OceanBase 是一款由蚂蚁金服集团自主研发，具有完全自主知识产权的关系数据库。为支持 OceanBase 数据复制，OceanBase 推出 OceanBase 迁移服务（OceanBase Migration Service，OMS），通过 OMS 可以实现同构或异构数据源与 OceanBase 数据库之间进行数据交互的服务，具备在线迁移存量数据和实时同步增量数据的能力。OceanBase OMS 架构如图 2-14 所示。

• 图 2-14　OceanBase OMS 架构

2.5.2 基于 Flink 的采集平台和采集类型算子化

在介绍完一些常见数据库的实时采集思路后，接下来就要考虑如何将不同数据源的采集组件通过一个平台组织管理起来。如果不组织起来，就会导致大量分散的采集系统各做各的，配置、运维和问题排查都是问题。

Flink 是一个开源的大数据处理框架，它提供了一种流批一体的数据处理模式。在 Flink 中，批处理只是流处理的一种特例，即有界流的处理。这种流批一体的模式，既能满足批量数据处理的高效性，又能满足实时数据处理的低延迟。

Flink CDC 是基于 Flink 的一个开源项目，它能够实时地捕获并处理各种数据库的变化数据。与传统的数据库复制工具不同，Flink CDC 不仅能实时地复制数据，还能在数据流中进行各种复杂的数据处理和分析，如过滤、转换、聚合等。Flink CDC 架构如图 2-15 所示。

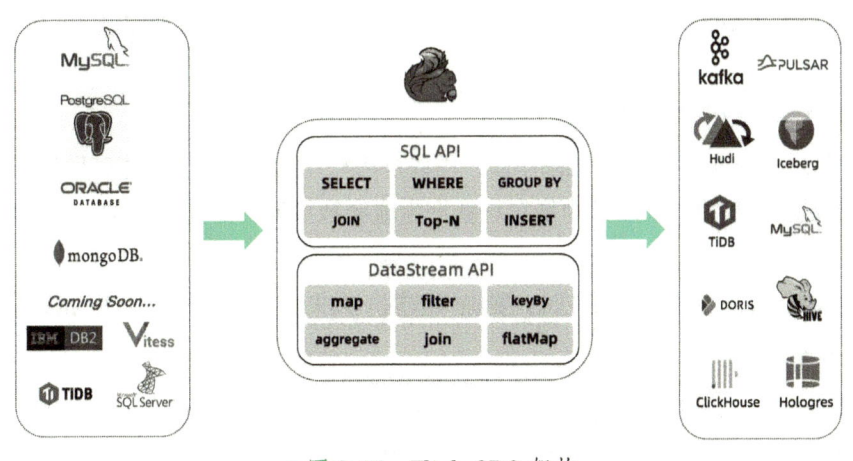

● 图 2-15 Flink CDC 架构

这里的一个思路就是，将所有类型的采集组件都基于 Flink CDC 实现。对于各种数据类型，思路如下。

1. 前端埋点数据

把之前做的数据接收 API 基于 Flink CDC 改造成一个 http connector，而后 sink（通过 sink 操作输出）到 Kafka。关于 http connector 可参考：https://github.com/WolfForgan/Flink-connector-netty。

2. 日志文件

之前的方案是通过 Flume agent 发送到 Kafka，现在改为通过 Flume agent 发送到前一节点的 Flink 的 http connector，最后在 Flink 中 sink 到 Kafka。

3. 后端埋点数据

提供两种方式，一种方式是使用后端 SDK，类似前端那样，通过 SDK 调用 http connector；另一种方式是，仍然输出到日志文件当中，而后通过前面的日志文件的思路进行采集。

4. 消息队列

Flink 提供了很多给消息队列使用的 Source 算子。

5. Oracle

因为 Oracle OGG 是商业化软件，价格较高，而 flink-sql-connector-oracle-cdc 是基于 LogMiner 的，对数据库的性能影响比较大，所以这里的思路是自己写一个插件，通过 Oracle ASM 采集 Redo 日志。

6. MySQL

使用连接到 MySQL 的 Flink CDC。

7. PostgreSQL

使用连接到 PostgreSQL 的 Flink CDC。

8. DB2、OceanBase 和 TiDB

分别通过 IBM CDC、OMS 和 TiCDC 采集到消息队列，而后使用消息队列算子。

在可以支持各类型的采集组件并统一管理后，就要解决一致性的问题了。

2.5.3 如何保证实时采集链路数据的一致性

随着实时数据业务使用场景的逐渐丰富，用数方逐渐开始关心实时采集链路数据的一致性问题。实时采集链路数据的一致性指的是在从数据生成到数据消费的全过程中，保证数据不丢失、不重复、不乱序。

在实现实时采集链路数据一致性时，要确保数据不丢失、不重复和不乱序的确存在许多挑战。

1. 保证数据不丢失

在实时数据采集过程中，可能会出现网络中断、系统崩溃或者软件错误等问题，导致正在处理或传输的数据丢失。这就需要采集系统具备数据的持久化功能以及故障恢复机制，能够在发生故障时恢复数据，或者在网络断开并恢复后，可以从断点开始传输数据。然而，如何设计有效的持久化策略以及故障恢复机制，是一个非常复杂的问题。

2. 保证数据不重复

在大规模分布式环境中，为了保证数据的高可用性和容错性，通常会对数据进行多个备份。当一个节点处理失败或者网络出现问题时，当前节点会重试或者其他节点接手并继续处理。但这种机制可能导致数据被重复处理和传输。因此，需要有一种机制来识别和排除重复数据，这就需要采用如唯一标识符或者时间戳等方式对数据进行标记。但在高并发情况下，确保数据的唯一性标记和正确排除重复数据是非常具有挑战性的。

3. 保证数据不乱序

在分布式系统中，保证数据的顺序性是一个很大的挑战。由于网络延迟和处理速度的差异，数据可能会在处理或者传输过程中出现乱序。这就需要设计一种机制，来保证数据的顺序性。一种可能的方式是在数据中加入时间戳或者序列号，但是这种方式也有其局限性——如何选择合适的时间戳或序列号，以及如何处理时钟偏差等问题，都是具有挑战性的。

像 Kafka、Flink 等流处理引擎通常为用户的应用程序提供 3 种数据处理语义：最多一次、至少一次和精确一次。

1）最多一次（At-most-Once）：这种语义理解起来很简单，用户的数据只会被处理一次，不管成功还是失败，不会重试也不会重发。

2）至少一次（At-least-Once）：这种语义下，系统会保证消息或事件至少被处理一次。如果发生错误或者丢失，那么会从源头重新发送一条数据，然后它会进入处理系统。所以同一个事件或者消息会被处理很多次。

3）精确一次（Exactly-Once）：表示每一条数据只会被精确地处理一次。

接下来看一下 Flink 是如何实现至少一次和精确一次的。

1）至少一次：Flink 通过 checkpointing 机制来实现至少一次。当 Flink 的 Job 处理数据的时候，它会定期将各个 Operator 的状态保存下来。如果发生错误，则 Flink 可以从最近的 checkpoint 恢复过来，并且重新处理那些在错误发生后处理的数据。

2）精确一次：Flink 通过 checkpointing 以及 Two-Phase Commit 协议实现精确一次。在 Flink 中，source、transformation 和 sink 都会参与到 checkpointing 中，Flink 会确保 checkpoint 时所有的数据都被处理，并且 sink 已经准备好将数据输出。当 checkpoint 完成后，所有的 sink 会一起输出数据，因此可以保证精确一次。

注意，要实现精确一次，不仅需要处理程序自身支持，还需要整个系统，包括消息队列和存储系统都能够支持这样的过程。例如，针对用户行为、交易报文这类数据，就无法实现精确一次。

如果想要进一步提升端到端的数据一致性，当前主要思路是将实时流处理和批处理结合起来，既处理实时数据流，又定期进行批处理，以提供一个兜底策略。

实时流处理主要处理的是最新产生的数据，它可以提供较低的延迟，但可能会因为系统故障或网络问题导致数据丢失或处理失败。在这种情况下，批处理就可以作为一个兜底策略，对丢失或失败的数据进行补偿处理。

例如，可以使用 Flink 的 DataStream API 进行实时数据流的处理，同时使用 DataSet API 进行定期的批处理。通过这种方式，既能保证处理的实时性，又能通过批处理来保证数据的完整性和准确性。

这种流批一体的处理方式，不仅可以提高数据的一致性，还可以提高系统的鲁棒性，提供更高的可靠性。但同时，也需要更复杂的设计和更高的维护成本，需要根据实际业务需求和场景进行选择与设计。

2.6 全域数据实时采集的整体技术方案

结合前面介绍的数据采集技术发展历程、全域数据实时采集建设思路以及如何实现实时采集链路数据的一致性等内容，得出如图 2-16 所示的全域数据实时采集整体技术方案。

在这个技术方案中，根据数据流向，总共分为 3 层，分别是数据源层、数据采集层以及数据存储层。

● 图2-16 全域数据实时采集整体技术方案

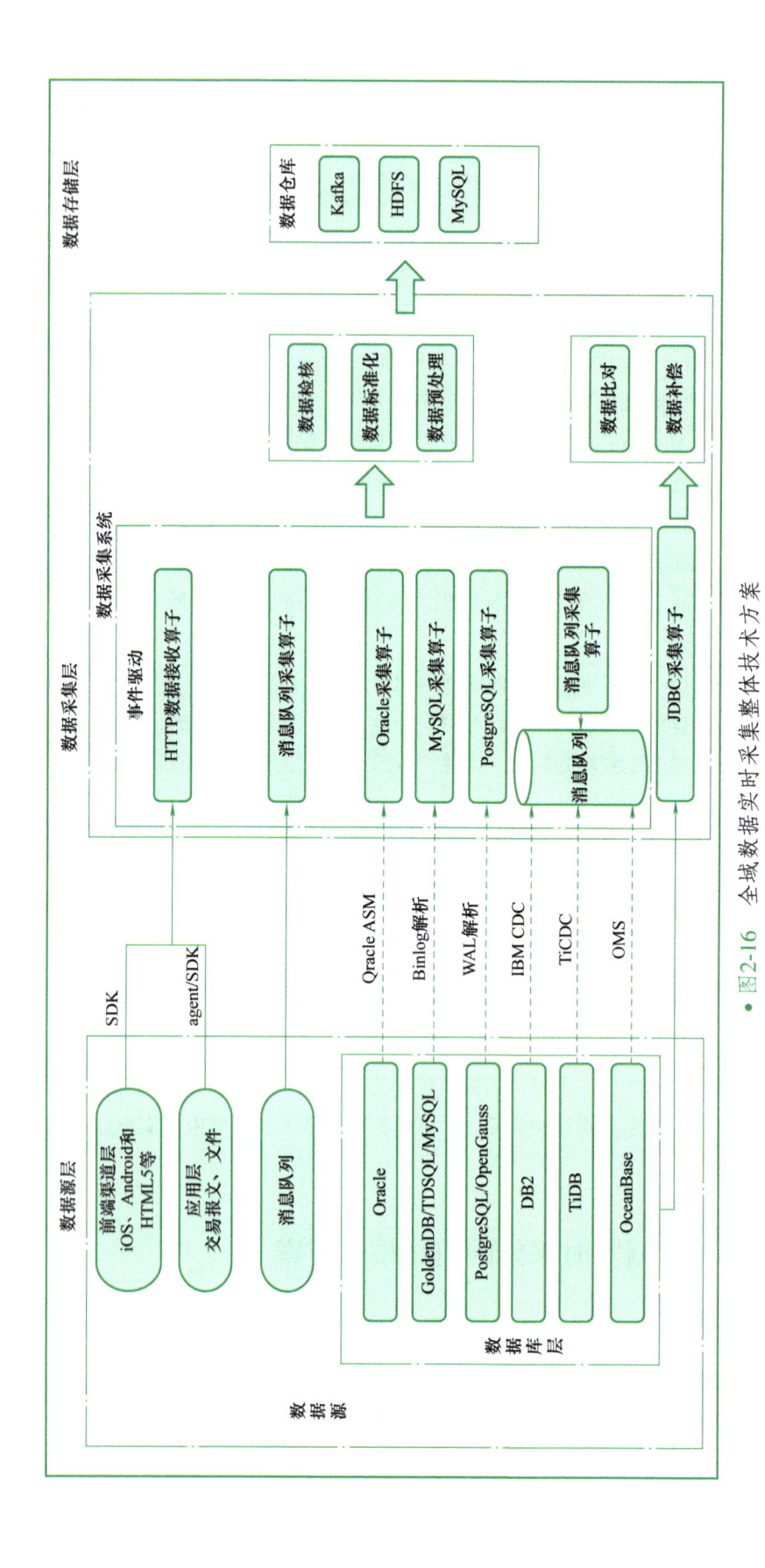

2.6.1 数据源层

数据源层主要包括各种需要实时采集的数据源，如前端渠道、后端应用、消息队列、数据库等，覆盖金融行业所有实时数据采集场景。

2.6.2 数据采集层

数据采集层基于 Flink 实现，主要包括针对各类数据源提供的 Flink Source 算子、数据检核、数据标准化、数据预处理、数据比对、数据补偿等功能模块。

虽然实时数据采集系统需要支持的数据源种类比较多，不同数据源所采用的采集机制不同，但是从技术原理上讲，需要实现的 Flink Source 算子基本上都属于以下两个基本架构之一。

1. 事件驱动

事件驱动是指数据源本身或者通过集成外部 SDK 的方式具备主动对外发出实时数据的能力，实时数据采集系统（工具）只需要接收/截取数据源主动发送出来的数据（消息）。

采用 SDK 的事件驱动架构对源端具有一定的侵入性，而且数据的生产具有一次性的特点。如果异常情况下数据丢失，则数据源一般不具备二次生产的能力，这样最终会导致数据丢失。

2. 数据轮询

数据轮询模式是需要采集工具主动不断轮询数据源才能获取实时数据的采集模式。这种情况下，采集工具利用数据源对外暴露的接口，按照一定的时间间隔周期性主动抓取数据。

在 Source 算子运行后，对于每条数据，需要运行下列模块以保证一定程度的数据质量。

1）数据检核模块主要进行数据的质量检核，包括技术性检核和业务检核。技术检核校验数据的字段类型、字段长度是否与登记的元数据一致；业务检核会根据业务配置的规则进行检核。

2）数据标准化模块主要负责将同一类数据按照统一的格式保存，如所有的数据库结构数据采用统一的名称规范和内容格式规范。

3）数据预处理模块会针对数据内容进行简单的预处理操作，如为每条消息增加自增序列或者时间戳字段，方便后续对数据进行排序。

技术思路在前面介绍过，为了进一步保证数据一致性，可以采取批量和实时结合的方法。以下这两个模块就是定期或者手动触发的模块。

1）数据比对模块主要是将统一时间范围内批量采集的数据与流式采集的数据进行比对，以发现数据的差异，校验流式采集数据的准确性。

2）数据补偿模块主要是根据数据比对模块的比对结果进行处理，如果发现流式采集链路数据丢失，则针对性进行数据重新采集，将缺失的数据补充发送到流式采集链路。

2.6.3 数据存储层

数据存储层主要用于接收流式或者批量采集的数据，批量数据一般存储在 HDFS，实时数据一般存储在 Kafka。在数据量不大的情况下，数据也可以直接存储到关系数据库中，如 MySQL 等，方便下游用数方使用。

2.6.4 如何选择合适的采集模式

本章已经介绍前端渠道用户行为数据实时采集、应用层数据实时采集、消息中间件数据实时采集、数据库数据实时采集等采集模式，对这几种采集模式进行对比，见表2-2。

表 2-2 各类采集模式对比

	前端渠道用户行为数据实时采集	应用层数据实时采集	消息中间件数据实时采集	数据库数据实时采集
对源系统的侵入性	高，需要集成 SDK	低，需要集成 agent	中，需要主动发送消息到消息队列	低，开通数据库采集权限即可
适用场景	用户行为数据	交易行为数据	系统间异步交互数据	系统建模后的业务数据
数据一致性保障	低	中	中	高

如何选择合适的采集模式？

1）考虑业务场景用数需求。一些业务场景需要特定类型的数据，如需基于用户行为构建客户画像，从前端渠道采集用户行为数据比较合适；如需基于系统间相互交互的交易报文数据分析服务质量，则采用应用层数据实时采集比较合适。

2）在满足业务场景用数需求的前提下，尽量选用对源系统影响比较小的采集模式。

2.7 本章小结

1. 使用效果

作者所在团队从 2020 年 5 月份开始向全集团推广实时数据采集系统，已经接入 100 多个源系统，采集数据覆盖前端行为数据、后端应用之间的交易报文数据、应用日志、数据库变动数据、消息队列数据等，每日记录数 70 亿条左右，峰值吞吐量为 400MB/s，平均每日接入数据量约为 13TB，支撑了实时监管报送、实时零售、渠道运营指标实时监控、各类实时大屏应用等的运行，业务效果显著。

2. 未来发展方向

未来，实时数据采集系统可向以下几个方向演进。

1）更先进的流批一体采集框架：当前，流处理和批处理往往是分开的，但这两者在一些场景下具有非常高的互补性。例如，流处理可以提供低延时的实时响应，而批处理则可以提供大规模的数据处理能力。因此，未来流式采集和批量采集势必更加紧密融合，如在同一个作业中同时运行流处理和批处理任务，以最大限度地利用它们的优点。

2）更强的数据一致性保证：数据一致性是数据采集的重要需求，特别是在分布式环境下。未来，实时数据采集系统需要提供更强的数据一致性保证，如支持更严格的一致性模型，提供更高效的一致性协议，以及更强大的一致性检测和修复工具。

3）注重业务效果，提升数据获得感：在金融企业，用户不关心数据采集系统底层使用的是什么工具，对数据采集系统的需求并不仅仅停留在数据的实时性、准确性和完整性等基础属性上，他们更关心的是这些数据能否帮助他们更好地实现业务目标，也就是数据的价值感和实用性。因此，未来的实时数据采集系统需要更深入地理解业务场景，提供更符合业务需求的数据采集服务。例如，通过自适应的数据采集策略，既能满足低延时的实时需求，又能保证大规模数据处理的效率；通过数据治理手段，明确已经采集的数据的价值等。

第 3 章 数据离线处理

前一章介绍了数据采集的实践内容，本章将介绍数据离线处理。常见的大数据计算框架，如 MPP、Spark 等，都可以用来做离线处理，以实现对大规模数据集的高效分布式处理。当前很多公司会围绕 Hive、Spark，甚至 MapReduce（现在用的人少很多）来建设离线处理的作业。本章不会介绍这些框架的原理或者技术架构，因为相关图书和文章很多，本章主要围绕离线处理场景会碰到的问题，讨论解决思路。先简单介绍一下整个数据离线处理业务场景。

3.1 数据离线处理业务场景

企业决策通常将报表作为事实依据，需要数据分析师从不同的数据源中收集数据并分析。这些数据可能来自不同的机构、数据库、文件或 API。为了进行数据分析，需要将这些数据整合到一起，以便进行统一的分析和处理。

数据离线处理主要环节如图 3-1 所示，包含数据卸载、数据传输、数据预处理、数据加载、数据加工、数据复制环节，各环节介绍如下。

● 图 3-1 数据离线处理主要环节

1）数据卸载：将数据从指定数据源中卸出，形成特定格式的若干文件，包含数据传输标准中约定的数据文件、数据定义文件和控制文件。

2）数据传输：通过一个文件传输工具将数据文件从一个地方传输到另一个地方，这里不展开。

3）数据预处理：包含数据清洗以及对原始数据进行初步加工和转换，以便适应下游的数据分析算法。数据清洗包含数据去重、纠错、填充默认值、清除脏数和数据格式化等。

4）数据加载：将数据文件连同相关元数据信息一并解析并写入指定数据源。其中数据传输标准在数据卸载、传输、加载和复制时生效。数据传输不包含在数据集成的范畴内。

5）数据加工：在一个数据集中，对数据进行关联、聚合等计算，根据业务目标产出新的数据集。

6）数据复制：将数据从源端系统复制一份至目标系统，在这一过程中要保证数据的一致性、完整性。

本章主要讲述如何设计一套架构，以便支持上述数据离线处理主要环节。

3.2 数据离线处理架构的主要难点

在整个链条当中，需要解决 4 个主要架构难点：数据传输标准、可以快速自由组合大数据处理动作的架构、数据离线处理的整体技术架构、离线处理各环节的技术要点。

3.2.1 数据传输标准

若公司规模很大，则无法强制规定在所有系统中使用一样的数据库、业务定义和数据存储格式，而且目前还没有一个数据库、文件系统或其他产品能够包揽所有的业务场景。即使有，已有的系统改造迁移成本很高，一般企业也不会花费如此大的成本，让开发团队重写业务系统的数据结构，只为统一数据格式。也就是说，从数据源头上就无法强制统一，那能解决的途径是在系统边界之间定义企业级数据传输标准，按规范跨机构、跨系统传输数据。

在数据传输过程中，必须保证数据的一致性、完整性，同时传输的数据集应当有一套标准，以便于预处理时拦截脏数、完成数据清洗，便于复制到其他数据源，以及将不同定义的数据整合到一套数据源或存储系统中，便于加工。

3.2.2 可以快速自由组合大数据处理动作的架构

在上一节介绍数据离线处理主要环节时，将预处理放在加载前面，这是传统处理顺序。

数据离线处理并非严格按照图 3-1 所示数据链路一步步地将数据传递至目标数据源，它强调的是一套通用 ETL（Extract Transform Load）工具和方法论，其中 E 代表数据抽取；T 代表数据转换，也就是预处理；L 代表数据加载，即将数据加载到目标数据源中。在实践过程中，未必需要遵循数据卸载、预处理、加载这样的顺序。

先从狭义上来讨论一下 ETL 和 ELT。

如图 3-2 所示，ETL 代表数据从源端数据源抽取出来，进行预处理，完成数据格式的转换、默认值填充和数据清理等工作，将数据落入数据缓冲层，接着再将缓冲层的数据加载至目标数据源中，在缓冲层中的数据完全符合目标数据源所能接受的格式，当数据加载至目标数据源之后，就可以立即进行分析计算。

● 图 3-2 ETL 示例

如图 3-3 所示，ELT 代表数据从源端数据源抽取出来，接着就直接加载至目标系统中，在目标系统之上采用计算引擎或者一些数据处理框架进行预处理，对预处理后的数据在有需时才进行二次加工计算，也就是说，ELT 在数据可用之前，就已经将数据加载至目标系统了。

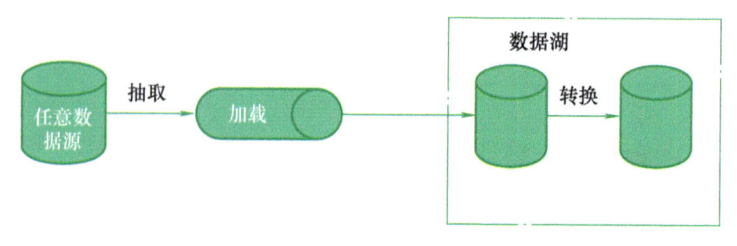

● 图 3-3　ELT 示例

二者区别在于数据在哪里进行预处理。ETL 是数据仓库的典型架构，数据在加载至数据仓库之前就已经是可用的状态了；ELT 是数据湖的典型架构，数据在加载至目标系统后，再进行预处理和加工，海量数据中未必所有数据都要马上进行计算，而是有需要时才取出计算。

除了 ETL 这 3 个环节以外，还有传输、复制、加工这些环节，这几个动作应该是可以根据业务需要随意组合的。一个离线处理的业务链条，可以是直接将数据从源端复制到目标端，再在目标端上直接进行加工，也可以是在完成加工后，先将数据卸载，再传输给目标系统。

这里的需求是，大数据开发人员可以基于这套架构快速生成大数据作业，既可以灵活定制各个动作的顺序，又符合数据仓库规范。那么，如何设计一套可以将各环节随意组合的架构？

3.2.3　数据离线处理的整体技术架构

在海量数据离线处理的场景中，首先需要对数据进行很好的分区和块划分，并且可以随意添加资源。为了实现高效处理，可以利用多线程或多进程并发处理不同的数据分区和块，同时需要管理并发任务以处理失败的情况。

然而，如果业务需求要求更快地交付数据，那么单机 I/O 可能会成为处理效率的瓶颈。无论是网络 I/O 还是本地硬盘读写 I/O，面对海量数据时都可能变得不够高效。在这种情况下，可以考虑横向扩展程序，将数据均匀分布在多台机器上，并将程序部署在这些机器上。为了充分利用数据的本地性优势，需要做好数据本地性优先的任务调度，并开始并行处理数据。同时，需要一个管理服务来监控和维护这些分布在不同机器上的处理任务。

如果业务运行良好并达到了所需的时效性，但又有新的需求需要进行数据关联和聚合计算，则事情会变得复杂。可以在现有的程序架构下按业务目标处理这些数据，但随着外部需求不断变化，加工方式也在不断变化，这可能会导致开发成本不断增加，直到无法接受为止。因此，通用分布式计算引擎应运而生。目前常用的通用分布式批量计算引擎包括 MapReduce 和 Spark，还有一些数据源也具备计算分析能力，如 Hive 和 MPP。

在使用通用分布式计算引擎和这些数据源时，可以不再关心集群资源管理、任务调度和复杂的底层计算算法等业务处理之外的事情，只需要描述数据处理逻辑和数据处理方式。对于这些计算引擎来说，有些可以通过代码实现，有些可以通过 SQL 实现；对于 Spark 来说，甚至可以结合代码和 SQL 来实现数据处理。

然而，这并不是说通用计算引擎和具备计算引擎的数据源是仅有的解决方案。在简单的加工场景下，不需要依赖计算引擎，而是完全可以通过 Shell、Python 和 Perl 等结合 Linux 管道来实现高效的加工处理。

既然现在可以选择的方案这么多，那么如何制定数据离线处理的技术架构？

3.2.4 数据离线处理各环节的技术要点

前面提到，数据离线处理有数据卸载、传输、预处理、加载、加工、复制等环节。各个环节都有一些注意事项。比如数据复制。在数据加工后，会遇到数据迁移的问题。处理过的数据需要被传递给下游系统，如何传递？这就需要进行数据复制。数据复制是在异构数据源之间进行数据传输的过程，其中会完成数据的标准化，以适应不同类型的数据库。

假设上游业务系统使用的是 MySQL 数据库，而下游系统使用的是 Hive 数据库。由于两个数据源和数据文件的定义都不同，因此需要找到一种方法来进行数据迁移。MySQL 到 Hive 的迁移可以视为一个组合问题。在一个企业中，可能会有更多不同的组合方式。如果为每一对数据源都开发一个数据迁移程序，那么数据源之间的组合就会形成一个庞大的笛卡儿积。每当企业新增一个数据源，可能就需要为此开发大量的数据迁移程序。

那么，如何解决数据源之间的数据迁移问题？数据复制有这个问题，其他环节呢？

以上就是数据离线处理要解决的几个架构难点。下一节将讨论数据传输标准。

3.3 企业级数据传输标准

在数据传输过程中，必须保证数据的一致性、完整性，同时传输的数据集应当有一套标准，以便于预处理拦截脏数、完成数据清洗，便于复制到其他数据源，以及将不同定义的数据整合到一套数据源或存储系统中，便于加工。

因此，传输过程必须包含原始数据本身，除了保证传输过程中的校验以外，还需要附带一个对完整原始数据求得的校验和，如在互联网下载文件时常看到的 MD5 码。接收到数据之后，还需要告诉接收方怎样正确地解析数据，因此还需要附带一份描述数据格式的元数据说明。一套明确、规范的数据传输标准会包含以下几个基本要素。

1）原始数据文件。
2）数据定义文件：描述数据文件格式。
3）数据控制文件：包含传输数据量与"校验和"信息。

3 份文件完整地描述了数据本身、元数据，以及数据的完整性、一致性。在企业级规范中，需要为一些属性和定义预设默认值或推荐值。

3.3.1 标准文件定义

传输标准约定了 3 种文件，以下给出各文件的定义和示例（注意，这里仅阐述主要思路，并非绝对标准）。

1. 原始数据文件

原始数据文件分为定长和不定长两种模式。

（1）定长模式

定长意味着每个字段值都按照其设定的字节数填充，不得超长，也不可短于设定长度，不足则进行填充，对于字符型，左对齐，右补空格；对于数值型，右对齐，左补空格。这样的话，可读性良好且易于取出有意义的值。在定长模式下，分为无字段分隔符定长和有字段分隔符定长，长度的定义为有多少个字节数，有字段分隔符的数据可读性较好，无字段分隔符的数据更为紧凑。编码会影响设定的长度，如使用 UTF-8，中文字符需要使用 3 个字节。定长模式只会以字节数切分，因此需要按照选定编码合理设定长度。

（2）不定长模式

不定长意味着每个字段值的字节数不固定，对于数值类型，最大长度不超过其数据类型所定义的位数，如 NUMBER 类型，设定数据长度为（10,2），意味着该类数值最大长度为 10，整数位占 8 位，小数位占 2 位；对于字符类型，最大长度不超过其定义的字节数，如字符串设定长度为 50，则按字节数 50 来校验。不定长模式必须设定字段分隔符。不定长模式中的数据长度相对定长模式的严格要求而言，是对上游系统的弱约束。解析不定长模式的核心是其字段分隔符，解析程序以此切分字段值，此后才是取值进行数据长度的检核。

一般要求优先以定长模式供数，因为其数据紧凑，格式要求严格，易于传输和解析校验。在无法按定长模式供数时，再以不定长模式供数。

2. 数据定义文件

数据定义文件的定义需要有一套规范，包含描述文件编码、定长/不定长、字段分隔符、行末分隔符、字段类型、字段长度和日期格式等元数据的标准定义，根据此规范生成具体的数据定义文件。数据定义文件贯穿数据传输和数据预处理过程，每一步都以此为准。

```
<fixed>false</fixed>
<separator>|#|<separator>
<lineSep>|#|\n<lineSep>
<encode>UTF-8</encode>
<fields>
  <fieldNum>3<fieldNum>
  <field>
    <name>order_id</name>
    <type>NUMBER</type>
    <length>10,2</length>
  </field>
  <field>
    <name>username</name>
    <type>STRING</type>
    <length>50</length>
  </field>
  <field>
    <name>create_date</name>
    <type>DATE</type>
```

```
    <format>yyyy-MM-dd</format>
  </field>
</fields>
```

以上数据定义文件以 XML 文件格式为例，定义了数据文件以不定长模式解析（fixed 设置为 false），字段分隔符（separator）为"|#|"，行末分隔符为"|#|\n"，编码为"UTF-8"，有 3 个字段（fieldNum），字段名（name）分别为"order_id""username"和"create_date"，对应字段的类型为 NUMBER、STRING 和 DATE（type），针对日期类型，有指定的格式"yyyy-MM-dd"（format）。

3. 数据控制文件

数据控制文件的生成，意味着文件传输的结束。读取数据控制文件中的数据量与校验和信息，与原始数据文件进行比对，完成初步的数据预处理。数据控制文件仅在数据文件生成、传输和数据预处理时生效，在预处理后，不再向下游系统传递。以下为数据控制文件示例：

```
<!--单位 byte -->
<size>65535<size>
<md5>...</md5>
```

3.3.2　模型演进下的数据传输标准

随着系统的迭代，模型也会向前演进（Schema Evolution），如新增一个字段、调整一个字段的精度和长度。如果数据集成不能接受模型变更，就意味着一旦上游系统有不可不变的理由，涉及的数据链路将不得不重新构建，原来系统越复杂，重新开发的成本就越高。那么怎么才能实现模型演进？

数据是逐步向下游业务传递的，模型演进也是逐步向下游影响的，当然也可以一步到位，但实现就相对复杂。

1. 怎么确认模型是否发生演进

为了追踪系统的模型演进，这些演进历史应当被记录下来，因此数据定义文件应当被解析并存储至中间件，每次发生数据传输时，新到的数据文件应与上次做对比，确认模型是否发生变更。

2. 模型演进的限制

如果允许将一个字段的精度下调，那么存量的高精度数据应当如何存储？如果允许无条件修改字段类型，那么存量数据该怎么转换？因此，在解析数据定义文件之前，必须对模型演进有一定的限制。此外，除了存量数据，下游系统也可能依赖这份模式，所以修改必须有效地通知给影响范围内的系统。

也就是说，模型演进中最重要的是兼容性，包括数据兼容性以及业务兼容性，原来的数据可以安全地转换为新类型/新精度的数据，新模型需要保持对下游业务的兼容性，以及能够确认模型演进后的业务影响范围，这涉及企业管理模型，不再赘述。

3. 安全的模型演进

明确哪些模型演进是安全的，哪些是危险的，对约束上游系统的模型演进至关重要。DDL 模型演进示例见表 3-1，增加字段以及扩大精度是相对安全的，而其他的 DDL 操作几乎都是危险的演进。

表 3-1　DDL 模型演进示例

模型演进	安全与否	模型演进	安全与否
增加字段	安全	修改字段：NOT NULL 转 NULLABLE	危险
删除字段	危险	修改字段：调整字段顺序	危险
修改字段：精度/类型范围扩大	安全	修改注释：新增或修改字段/表注释	安全
修改字段：精度/类型范围缩小	危险	修改列名	危险
修改字段：NULLABLE 转 NOT NULL	危险	修改表属性	危险

扩大精度或类型范围通常是安全的，如将 DECIMAL(10,2) 扩大为 DECIMAL(31,16)，INT 扩大为 LONG。这里隐含的类型转换会根据数据源特性的不同而略有不同，类型转换演进示例见表 3-2，Y 代表安全，N 代表不安全。

表 3-2　类型转换演进示例

原类型	转 INT	转 FLOAT	转 DOUBLE	转 LONG	转 DECIMAL	转 STRING	转 DATE	转 TIME	转 DATETIME
INT	Y	N	N	Y	N	N	N	N	N
FLOAT	N	N	Y	N	N	N	N	N	N
DOUBLE	N	N	Y	N	N	N	N	N	N
LONG	N	N	N	Y	N	N	N	N	N
DECIMAL	N	N	N	N	N	N	N	N	N
STRING	N	N	N	N	N	N	N	N	N
DATE	N	N	N	N	N	N	Y	N	N
TIME	N	N	N	N	N	N	N	Y	N
DATETIME	N	N	N	N	N	N	N	N	Y/N

其中，DATETIME 转 DATETIME 应根据保留精度来确定，扩大精度安全，缩小精度则危险，如"yyyy-MM-dd HH:mm:sss"缩小为"yyyy-MM-dd HH:mm:ss"是危险的行为。

以上标注"危险"和 N 的转换，未必是不可自动操作的，还需要进一步细分，如 DECIMAL 类型将精度范围扩大，那么这是安全的；如果精度范围缩小，那么是危险的。对于 STRING 转 STRING 的情况，如果其长度增加，那么是安全的；如果长度缩短，就是危险的。安全转换的核心要义在于，字段类型、长度或精度是否在向着扩大的范围演进，扩大则安全，缩小则危险。

安全的演进屈指可数，因此前期业务表设计应充分研讨，尽可能减少模型演进。同时，安全就意味着绝对安全吗？并不是，如向"$table_name_source"表增加字段，而下游系统使用"INSERT INTO $table_name_result SELECT * FROM $table_name_source"这个含通配符"*"的数据加工语句，就会从"$table_name_source"表多抽出一个字段，而"$table_name_result"表没有字段可以对应接收新增字段的值，就会导致加工失败。因此安全的前提是，需要针对数据链路中的业务系统开发出一定的编程规约，对数据的加工必须是清晰、准确的。

数据传输标准的难点不在于技术，而是一套企业级的数据管理规范，这里主要阐述了一些规范的要点。

3.4 快速自由组合大数据作业流的架构要点

这个难点的解决思路则是用产品方案，而非技术方案。

针对这个难点，可设计一个集成开发的可视化配置界面，该界面的设计思路如下：

1）提供一个 DAG 编辑图，用户可以通过拖拽左侧预定义组件来增加离线处理环节。

2）用户可以通过连接线管理各环节之间的关系。

3）每个环节提供配置页面，让用户填写作业的一些自定义配置或者自定义脚本。

4）用户将所有作业保存成一个离线处理的作业流，通过一个调度平台来运行。

离线处理自定义界面如图 3-4 所示。

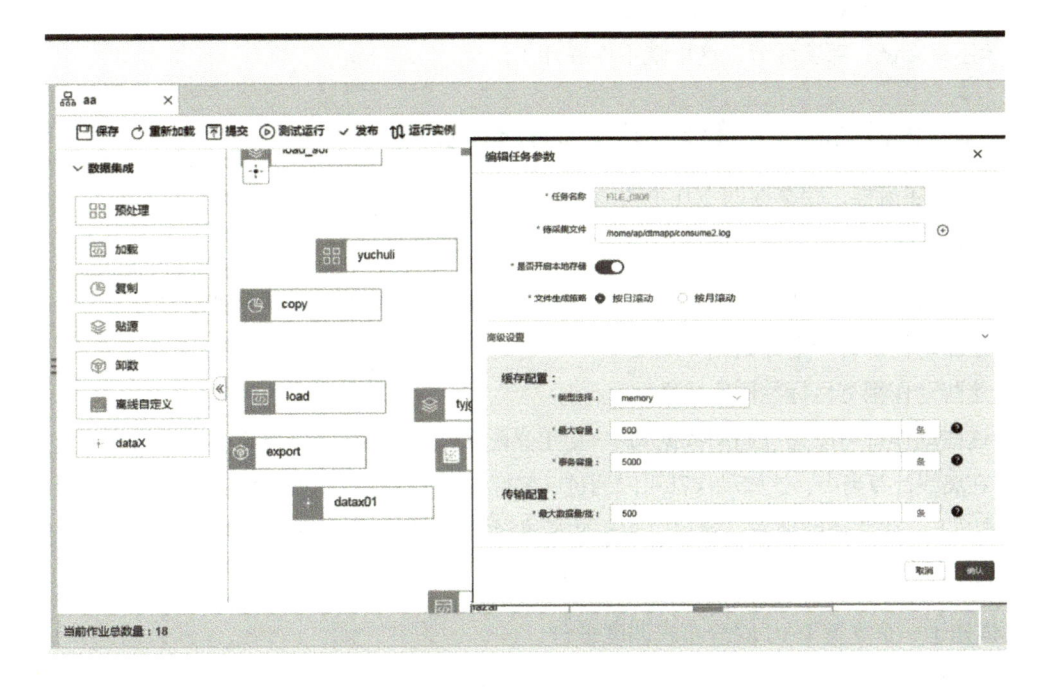

● 图 3-4　离线处理自定义界面

接下来通过一个例子来介绍一下开发流程。

3.4.1　大数据离线处理作业开发流程

假设现在有一个离线处理的需求，通过分析，整个处理链路如下：

1）每日从一个 MySQL 数据库卸载数据到文件目录中。

2）配置一个传输作业，当检测到某个目录有更新时，将更新的文件复制到数据仓库的目录中。

3）配置一个预处理作业，当某个目录有新文件时，执行预处理。

4）配置一个加载作业，将数据载入到 MPP 数据库中。

5）自定义一个加工作业，统计 MPP 数据库里面某个表，将结果保存到另一个表中。

6）将 MPP 统计表的结果复制到一个专门存放统计数据的 MySQL 数据库中。

当大数据开发人员要实现这个需求时，需要在这个界面下完成如下动作：

1）新建一个作业流，进入这个作业流的 DAG 编辑界面。

2）分别将卸数、预处理、加载、离线自定义、复制的算子拉进 DAG 中。

3）双击各个算子，分别在算子的配置页面里面填写一些参数信息。例如，对于卸数，要填写源数据表、过滤条件、卸载时间、存放目录、传输的目标目录等信息；对于离线自定义，填写要加工执行的 SQL 语句。

4）关联各个算子的依赖关系。

5）配置这个 DAG，也就是整个作业流的调度信息。

6）保存整个 DAG，也就是保存作业流。

后续还有测试、部署环节，这里就不再展开了。

3.4.2 大数据离线处理作业开发流程技术要点

要实现上述流程，要掌握如下几个要点。

1. 处理环节标准化

数据卸载、传输、预处理、加载、加工、复制这些动作有下列一些共同点：

1）这些动作都有一个源数据库或文件。

2）这些动作都有目标数据库或文件。

3）这些动作都可以通过通用数据脚本+自定义配置或者通用程序+自定义配置的方式定义。

4）在离线计算当中，这些动作都可以通过一些标准的条件触发，如文件修改、信号、时间等。

通过以上这些共通的地方，就可以将一些标准动作做成 DAG 的算子，用户通过组合算子形成一个作业流（这个概念和 Flink 里面的算子类似。）

2. 依托于一个支持 DAG 的分布式调度平台

前面提到，对于这样一个大数据链路需求，其实就是将它转化为一个作业流，这个作业流里面有多个作业。编辑这个 DAG 其实就是在编辑整个作业流的内容（作业流调度配置、算子选择、算子自定义代码、算子自定义配置等）。

为了实现这样的功能，可自研分布式调度平台，在该平台上预定义一些作业模板，如预处理、加载、复制等，而后让用户根据作业模板组合出一个作业流。

整个链条的组合已经没有问题了，接下来的难点就是如何实现各个处理动作的算子。要实现这些算子，需要先考虑通过什么计算引擎来完成每个动作，选择完计算引擎后，再考虑每个算子的实现要点。

3.5 数据离线处理整体架构要点

前面提过，市面上的离线计算引擎有很多，如 Spark、Hive、MapReduce、MPP 等，甚至 MPP 还有很多选择。

做技术选型之前，先考虑如下几个问题：
1）大数据开发人员是写代码，还是写 SQL 语句？
2）对于计算引擎，是只提供一个，还是提供多个？
3）如何解决事务的场景问题？

3.5.1 大数据开发人员是写代码还是写 SQL 语句

通过 SQL、代码、可视化拖拽或配置方式来处理数据，各有优势。代码方式更加灵活，可视化方式更简单，但这并不意味着 SQL 方式没有存在的空间。

事实上，简单高效才是决定技术趋势的关键。在数据加工领域，SQL 已经成为事实上的标准。无论是面向开发人员还是数据分析人员，SQL 都是最简单、最直观地表达数据加工逻辑和分析意图的工具之一，而且开发成本和门槛都很低。

ANSI SQL 语法在经过漫长的发展之后已经接近成熟。这意味着，业务开发人员可以保持 SQL 代码不变，通过不断优化执行引擎来满足日益增长的数据时效性需求，而无须承担业务迁移成本。

传统的 RDBMS（如 Oracle、MySQL 等）和数据仓库领域的 Hive、MPP 等，以及计算引擎 Spark、Flink 等都支持 SQL。尽管它们的语法略有不同，但都与 ANSI SQL 接近。即使开发人员或数据分析人员从一种数据源转移到另一种数据源进行开发和分析，也只需要经过简单的培训就能快速适应新的 SQL 语法并开展生产实践。市面上也有一些商业的计算引擎，在介绍产品卖点的时候，是否支持 ANSI SQL 都是一个关键的因素。

在构建数据加工工具时，针对不同水平的开发人员，可以同时提供多种加工方式，其中 SQL 是通用的选择。针对常见的或固化的加工场景，如切片表、拉链表算法等，可以提供可视化的配置和简单拖拽或选配方式来构建加工作业。对于更加灵活和定制化的加工需求，可以提供开发框架供用户使用。

这是团队在做技术选型时定下的第一条原则，即支持 3 种开发方式：SQL、简单配置以及基于开发框架的代码开发。

3.5.2 是否使用单一的计算引擎

Spark 是目前流行的通用计算引擎，它具有出色的计算性能、很强的通用性、基于 RDD 的编程模型、丰富的图计算和机器学习算法支持，以及活跃的开源社区支持。尽管 Spark 已经非常强大，仍需要考虑其他计算引擎的必要性，考虑点如下。

1）Spark 是一种通用计算引擎，虽然它在许多场景下的性能表现优秀，但在某些特定情况下，它可能不如经过特定优化的数据源计算引擎。一些商业数据源声称其性能远超 Spark，但这需要根据实际业务场景进行测试评估，以确定企业在哪些场景下应该使用哪种计算引擎。

2）此外，在处理简单文本时，不一定需要使用 Spark。编程语言本身或其第三方库包通常可以提供足够的支持来实现高效的数据处理。例如，Python、Perl 和 Shell 结合 UNIX/Linux 管道可以高效地处理数据。

3）数据架构也会影响使用哪种计算引擎。例如，在存算分离架构中，元数据管理、存储和计算是分开的。数据以特定格式存储在特定路径，并维护元数据信息。计算引入通用引擎，执行用户加工程序，然后根据元数据信息进行加工。对于图 3-5 所示存算分离架构示例，存储采用 HDFS 或 S3，计算使用 Spark，而数据及其元数据由 Hive 维护。所有计算均由 Spark 执行，甚至业务查询负载也由 Spark 承担。

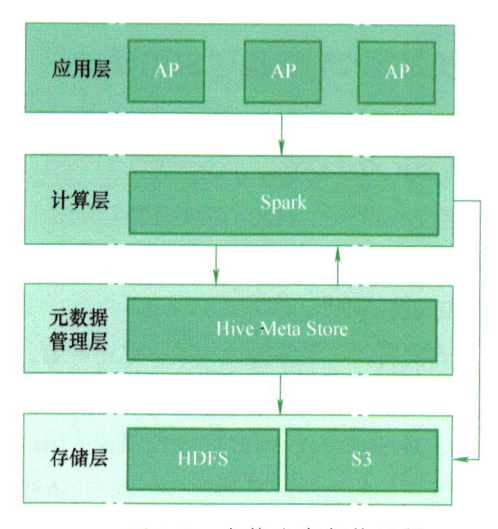

● 图 3-5　存算分离架构示例

在存算一体架构下，存储和计算是一体的，通常使用 MPP 实现。一个大 MPP 集群可完成数据存储、元数据维护以及数据处理。

4）开发成本也是选择计算引擎和计算方式的重要因素。对于数据开发能力较强的应用，可以接受 SQL 或自行开发程序处理数据。然而，对于开发能力较弱的应用，可能只能接受 SQL 方式。企业内大多数应用的开发能力，以及招聘和培训成本，也是选择因素，但这些并没有统一衡量的标准。

基于这些方面，考虑提供的计算引擎有 Spark、Hive 和 MPP。

3.5.3　如何解决事务的场景问题

前面提到过，项目需要支持多种计算引擎。这里需要考虑两种情况：支持事务的情况和不支持事务的情况。下面先说支持事务的情况。

1. 使用事务避免脏读

在传统关系数据库中，数据加工需要考虑事务隔离，避免脏读，但允许不可重复读和幻读。先简单介绍一下这几个概念。

（1）脏读

脏读是指可能读取到其他事务未提交的数据。如果其他事务失败后回滚，则加工事务的结果就不准确。

（2）不可重复读

不可重复读是指在同一事务的不同时刻按同样的查询读取同一批数据的值可能不同。

（3）幻读

幻读指的是不同事务分别对同一范围的数据进行操作时，其中一个事务在这个范围内增减了数据，而另一个事务在增减数据事务的前后分别查询了一次，两次查询得到的数据数量不一致，第二次查询时可能看到了第一次查询中不存在的记录，或少了记录，看起来就像出现幻觉一样。

不可重复读与幻读的区别在于，不可重复读强调的是数据的值不同，幻读强调的是查询范围内的数据发生增减。

对于数据加工而言，通常不会对同一范围的数据进行多次查询，如有必要，也可通过临时表的方式缓存数据，例如：

```
CRETAE TMP TABLE $tmp_table_name SELECT $col FROM $table_name;
#... 基于临时表的数据处理...
```

用以上方法可以接受不可重复读与幻读，可将数据库隔离级别设定为 READ COMMITED，既能满足一般业务查询所需的隔离级别，又能满足加工的要求。

在分布式数据库内进行数据处理未必需要额外的事务逻辑。例如 MPP 架构的数据库，它支持分布式事务，也支持分布式数据处理，可以选择使用其事务来保证加工的准确性。Hive 0.13 及其之后的版本支持事务表，因此可以选择使用事务表，但要根据系统架构而定。为了稳定支持 Hive 事务表而部署一套 ZooKeeper，维护代价就有些高了。

接下来讨论不用引擎自带的事务能力的情况。

2. 用幂等性重启作业来保证最终一致性

若没有事务，数据处理一旦失败，部分数据写入数据库，就产生了脏数，难以追回。这时怎么保证下游系统获取的始终是正确的处理结果？

首先要认识到，批量计算处理的是有界的数据集，要处理的范围是确定的，对于迟到数据也有明确约束，即超时多久应当视作失效，如凌晨两点要处理昨天的数据，那么在凌晨两点甚至更早之前的迟到数据就应当放弃，至少不应该进入昨天的数据集中。

既然处理范围是明确的，那么数据处理过程中或在数据源中就为数据加上技术字段以明确这批数据的范围，常见的技术字段有业务日期和批次号，如标记一批数据是 2023-06-17 当日，第 0001 批次。那么，即使没有事务支持，当数据加工将结果数据集写入目标系统中时，部分加工失败，部分成功，也可以通过幂等性加重启的机制予以恢复。

```
ALTER TABLE $table_name DROP PARTITION (biz_date='$biz_date', batch_no='$batch_no');
#... 数据加工...
```

例如上面的 SQL 语句，在加工时就会将目标系统中对应业务日期和批次号的分区数据清理掉，接着进行加工和写入。当部分加工失败时，则中止所有加工任务，再进行重启，同样地先清理数据，再加工。这样似乎运行正常了，但其间还是产生了脏数，下游系统要是这时进行查询，还是会有影响，因此需要引入调度系统，加工作业成功后才向下游系统通知数据可用。

一些分布式数据源是不支持事务的，或者支持事务的代价很高，采用幂等性加重启的机制是一种更为合理的选择。

3.5.4 整体架构

考虑前面 3 个要点后，最终得出的项目架构思路是，引入 Spark、MPP、Hive，同时支持 Python、Perl 和 Shell 脚本。因为 MPP 公司已经有自研的产品，所以这里不再介绍 MPP 的选型。

整体架构如图 3-6 所示，接下来分层进行介绍。

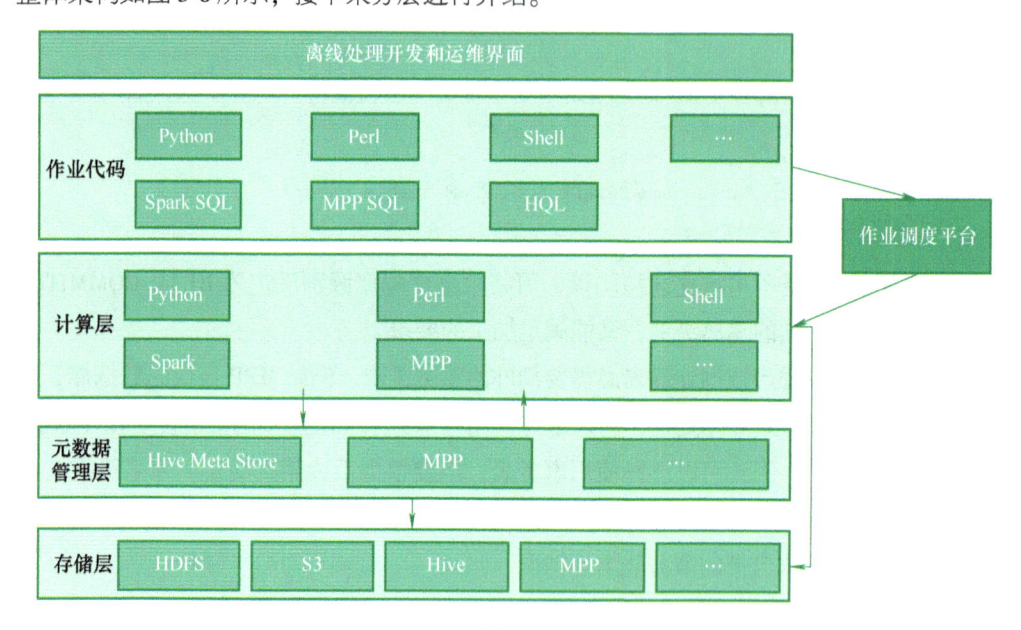

● 图 3-6　数据加工整体架构

1. 离线处理开发和运维界面

大数据开发人员在这个界面上创建和管理作业，并且上传作业的代码、编写作业的 SQL 和配置。作业有以下 3 种类型。

（1）SQL

如果用户选择的作业是通过 Spark SQL、MPP 或者 Hive 来运行的，则在作业开发界面上编写 SQL。

（2）配置

前面提到过，团队提供一些作业模板给用户，这些模板是基于通用需求，用 Python、Perl、Shell、Spark 等技术编写好的公共组件，用户选择这些组件后，只需要做一下简单配置就可能实现一个加工作业。

（3）代码

用户也可以自己上传代码包。

无论用户选择上面哪一种类作业，最终保存的都是代码包以及调度配置。代码包保存在作业代码这一层，而作业调度配置保存在作业调度平台。

2. 作业代码

这一层其实就是保存所有代码包的存储层，也可以理解为大数据作业制品库。

3. 计算层

作业调度平台调度运行作业时，就是调用计算层的程序，如通过 Spark 计算引擎运行 Hive 作业或者 Spark 作业，通过 MPP 运行 MPP 的作业等。一般来说，计算层、元数据管理层和存储层对大数据开发人员来说都不可见。

4. 元数据管理层

Hive 和 MPP 都有专门的元数据管理层，这里专门归纳一层出来，是为方便后期的运维。当前的现状是不同的数据源引擎之间的元数据并不共享，但在数据湖的背景下，统一元数据是其中一种发展趋势，可打破存储引擎之间面临的数据孤岛问题，减少数据同步带来的数据冗余。可引入 IceBerg 这样的开放表结构来统一元数据，将计算引擎和存储引擎作为插件实现。在作者所在的公司中，同时存在数据仓库和数据湖，二者的元数据差异较大，改造的存量影响也较大，因此考虑的是在湖上建仓的方案，并不强求数据仓库和数据湖的元数据统一。

5. 存储层

所有数据最终都会存放在这一层，一般数据源会将存储引擎作为插件引入，可以同时支持 HDFS、S3 等。不过，因为数据格式不同，所以数据无法做到各种计算引擎直接共享。目前的趋势是，用户逐渐使用统一的格式，如 ORC 或 Parquet，文件格式往上就是表结构格式，采用 IceBerg、Hudi 等。作者所在的公司也在做这种研发，尝试在一种数据格式上支持多种计算引擎和常用数据源之间开放共享。

大数据开发人员可以根据各自项目的需要，在不同的层选择不同的技术以最终组装出一个合适的场景。例如团队提供很多通用 Perl 脚本，这些脚本内嵌 MPP SQL，通过计算层的 MPP 完成预处理动作。如果大数据开发用户想完成一些常见加工，只需要在作业中选择这些 Perl 组件并加上一些配置，就可以完成加工工作。

整体架构搭建完成后，接下来就要考虑各个处理环节的技术要点。

3.6 离线处理动作实现要点

3.6.1 数据卸载

数据卸载是数据复制中的特例，特指将数据从数据源中卸载为文件，当文件卸载完成后，就交由数据传输。数据卸载应产出 3 份文件，即企业级数据传输标准中的原始数据文件、数据定义文件和数据控制文件。

数据卸载时，为了实现更高的效率，通常采用数据源本身的卸数工具，如 MySQL 的

mysqldump、ClickHouse 的 clickhouse-client。对于一些没有合适卸数工具的数据源，则只能选择通用技术，如以 JDBC 方式连接并通过数据复制组件将数据按传输标准卸载。

数据源卸数工具通常要比 JDBC 方式快得多，但各个数据源卸数工具的产出格式各有不同。卸数工具一般只会生成对应的数据文件，如果裸用卸数工具，则无法按照数据传输标准高效地产出，即生成数据文件后，还需要经过一遍数据标准化转换和数据计数。因此卸数工具也需要一定的封装，要求：

1）数据传输标准中的 3 份文件；
2）一次生成目标文件。

数据卸载的功能模块分为控制器、卸数工具、Reader、转换模块和 Writer。数据卸载流程如图 3-7 所示。

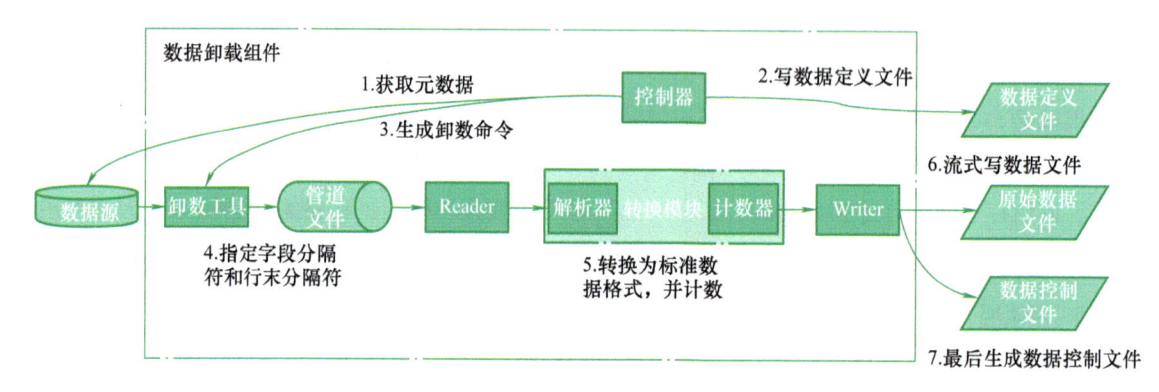

● 图 3-7　数据卸载流程

1）确定要卸载的源、库、表和字段列表后，由控制器向对应数据源发起元数据查询。
2）查询的内容按规范生成数据定义文件。
3）发送指令给卸数工具。
4）卸数工具按特定字段分隔符、行末分隔符切分数据（避免存在换行符的跨行记录），将数据指定写入一个命名管道（Linux 系统下）。
5）特定 Reader 逐行读取该管道文件，通过指定的解析器将每行记录拆解为标准化数据，经由转换模块的数据计数器记录数据量。
6）最终由数据复制中的特定 Writer 插件写为标准的原始数据文件。
7）当所有数据都完成卸载后，Writer 则读取转换模块中数据计数器的值，以及计算原始数据文件的大小，生成数据控制文件。

整个卸载数据的过程进行的是流式处理，且数据只处理了一遍。

3.6.2　数据传输

卸载完的 3 个数据文件要从业务系统的目录传输到数据仓库的目录，一般来说，满足断点续传的能力要求即可。作者所在的公司是一家金融科技公司，因此对于文件传输，有如下的要求。

1. 加密

任何两台服务器之间的通信都必须加密，文件传输也是一样的。这样，在其中任何一台服务器被攻击后，也无法通过报文或网络解析获得敏感信息。

2. 断点续传

断点续传可确保网络出现问题之后文件不需要重新传输。

3. 压缩

减少对带宽的占用，提高传输速度。

4. 校验

校验传输的文件，防止木马文件攻击。

因为作者所在的公司有一个自研的文件传输工具，其特性如图 3-8 所示，所以离线的所有数据文件都需要通过该文件传输工具传输。

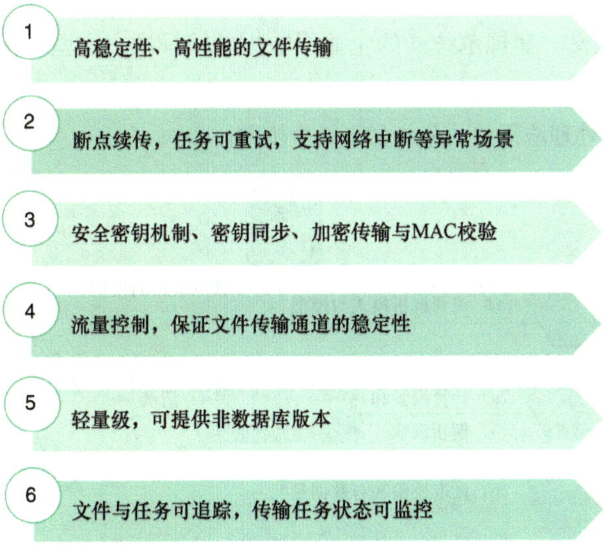

1. 高稳定性、高性能的文件传输
2. 断点续传，任务可重试，支持网络中断等异常场景
3. 安全密钥机制、密钥同步、加密传输与MAC校验
4. 流量控制，保证文件传输通道的稳定性
5. 轻量级，可提供非数据库版本
6. 文件与任务可追踪，传输任务状态可监控

● 图 3-8　自研文件传输工具特性

3.6.3　数据预处理

数据预处理面向结构化数据、半结构化数据和非结构化数据，产出相同格式数据或转换为目标文件格式。对数据进行预处理，使之符合下游数据集成步骤要求。对于一些简单的格式转换，可以借助 Shell、Perl 和 Python 实现，当然也可以通过通用计算框架（如 Spark）实现。

采集或卸载自不同业务系统的数据，其数据格式有所不同，常见的问题如下。

1）换行符随操作系统不同而不同，在 Windows 系统下，为"\r\n"；在 UNIX 类系统下，为"\n"。

2）存在重复数据，业务唯一索引重复。

3）存在缺失值，特定字段的数据缺失。

4）大小写不敏感，部分数据对大小写不敏感，为方便下游处理，需要将数据统一转换为小写或大写。

5）数据不完整，如数据列不完整、缺失部分列，以及必填字段为空等。

6）数据精度不匹配，目标系统特定字段的精度较低，而原始数据的精度较高，需要进行截断。

7）数据长度不匹配，目标系统特定字段的长度较短，而原始数据的长度较长，需要进行截断。

8）日期类格式不一致，如目标系统要求日期格式为 yyyy-MM-dd，而原始数据为 yyyy/MM/dd。

9）数据类型不匹配，原始数据无法转换为目标系统要求的数据类型。

诸如此类的问题还有很多，有些问题是可以通过数据预处理独立解决的，而有些则无法解决，取决于下游业务系统对数据的约束。

前面介绍了如何定义一套规范统一的企业级数据传输标准，这里则需要结合这套标准清洗数据。

如图 3-9 所示，预处理流程总共分为如下 4 个步骤。

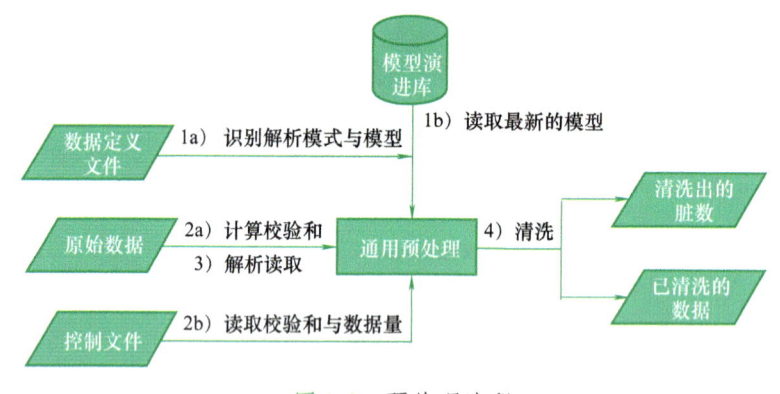

● 图 3-9　预处理流程

1）预处理工具读取数据传输标准文件中的定义，根据数据定义文件确定如何解析数据文件；并且读取模型演进库中的模型，方便之后的校验。

2）根据文件中的数据量与校验和，确定数据的一致性和完整性，一旦数据不完整或不一致，则拒绝处理，并通过调度组件自动通知上游系统。同时，在通用预处理中，需要根据数据定义文件，与模型演进库中的对应库表进行比对，当存在模型演进时，拦截不合理的模型演进，对于合理的演进则将数据定义文件完整解析为模型记录并插入模型演进库中。

3）在确认数据一致且完整后，则根据解析模式，逐条取出原始数据。

4）对取出的数据进行规范清洗，当有脏数时，则将脏数写到一份文件中，同时将清洗后的数据写到另一份文件中，清洗后的数据将继续向下游传递。当脏数数据量过大，达到一定阈值时，则认为数据质量不佳，应及时拦截并中断处理。

3.6.4 数据加载

数据加载也是数据复制组件中的特例,是指将原始数据文件加载至指定数据源。在数据经过预处理组件后,传输标准中的 3 份文件就只剩下原始数据文件了,其中关键的数据定义文件在数据预处理时就加载至模型演进库了,因此数据加载时从模型演进库中取元数据即可。

同样,数据加载时,为了实现更高的效率,通常采用数据源本身的加载工具,如 MySQL 的 mysqldump 和 ClickHouse 的 clickhouse-client,若没有合适工具,则采用通用技术(如 JDBC 方式)加载。

各数据源加载工具要求的文件格式略有不同,需要一定的转换,加载流程如图 3-10 所示。

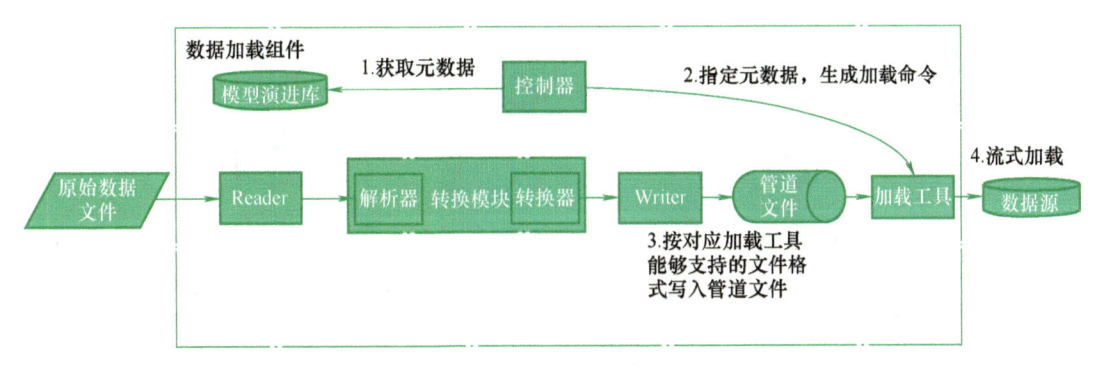

● 图 3-10 数据加载流程

1)控制器从模型演进库中获取元数据。
2)控制器指定元数据,生成加载命令给加载工具。
3)加载工具将能够支持的文件通过转换模块,然后写入管道文件。
4)加载到数据源中。

该流程是需要格式转换时的加载流程,当不需要格式转换时,就可以将原始数据文件直接传递给加载工具,省去再读取、解析、转换和写入管道文件的开销。

为了尽可能减少不必要的格式转换,需要提前调研各数据源卸载和加载工具的产出格式,尽可能按统一格式输入或输出,并将其定义在企业级数据传输规范中。

3.6.5 数据加工

数据卸载、传输、预处理、加载和下一节介绍的复制,都是通用的数据处理模块,可以通过预定义的程序添加一些用户配置,就可以满足需求。如果这些通用模块满足不了需求,就可以通过加工这个动作来完成。

加工提供两个选择给用户,一是让用户指定起始数据源和目标数据源后,直接写 SQL;二是提供一个程序框架给用户,用户基于该框架写程序,而后将加工作业关联到该程序。

其实现要点就是提供一个计算引擎的代理,如果是 MPP 或者 Hive,则将用户写的 SQL 包装成脚本,如果是 Spark,则包装成程序,比较简单,这里不再赘述。

3.6.6 数据复制

目前常见的能直接实现数据复制的开源框架有 SeaTunnel、AirByte 和 DataX；借助计算引擎丰富的数据源生态，能间接实现数据复制的框架有 Spark 和 Flink。以上只是举例，异构数据源之间数据复制的核心要素是将数据转换为统一的数据结构，形成星形数据链路，如图 3-11 所示。

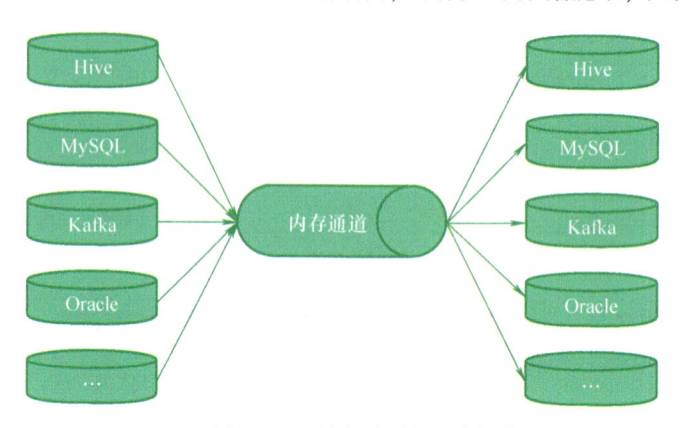

● 图 3-11 数据复制星形架构

一开始团队使用 DataX 实现数据复制，这在第 2 章提到过，但在后续推广使用的时候，发现 DataX 的性能不尽如人意，团队打算自研。

数据复制主要思路是：以 Java 为例，借助 JDBC，以及部分数据源自行实现的客户端，可以将数据按 Java 的数据格式抽取至内存通道，再从内存通道抽取写入目标数据源。

数据复制在实践中比较重要的两个特性是数据的准确性与时效性。起始数据源表和目标数据源表的定义可能是不同的，如对应的各个字段的数据类型、长度精度、字段顺序的定义等是不同的，因此在将数据写入目标端之前，需要对其转换数据类型、截断数据、重排字段顺序等，并尽可能地及早拦截无法转换的字段和数据。对于复制的时效性，一种简单的方法是将读和写的并行度调高，如建立多条 JDBC 连接或多个客户端去读或写；还有一种方式是采用一些特定数据源的卸数或加载工具，可分别将数据卸载为文件，以及将数据文件加载进数据源，这种方式往往是最高效的。

本节不会详细介绍数据复制的实现设计，而是着重强调一下它的一些注意事项：非功能指标。数据复制的非功能要求，才是实践中最困难的部分，主要考虑以下 3 点。

1. 流量控制与降低负载

数据复制不能一味求快，还需要考虑数据源是否能够承受这样的负载。同时，在数据复制过程中，数据源可能就有背景负载，过快地写入可能会造成数据源异常不可用，带来较大的业务影响。因此，有必要对数据复制加上一些流控措施或优化手段，如对 HBase 写，常规做法是使用其 put 方式，但写的数据量大且写入速度快时，会导致 RegionTooBusy 异常，既无法写，又影响集群可用性，可采用 bulkload 的优化方式，提前为 HBase 集群生成相对有序的 HFile。通过 bulkload 方式写入，可以有效规避这一异常。流控通常采用令牌桶或漏桶算法。

2. 小文件控制

针对文件卸载、加载的复制链路，基于 Hadoop、S3 等大数据文件存储系统的数据源，如 Hive、HBase 等，通过直写文件，再向数据源补充元数据是常规的复制方式，如果小文件过多，不仅影响存储系统的性能，还影响下游查询用数的性能，因此需要规避小文件过多的问题。

小文件控制手段分为事前控制和事后补救。事前控制即在加载至目标数据源前，文件就已良好分块分区；事后补救则是通过目标数据源的不定期或周期性小文件合并来实现。

（1）事前控制

理想的方式无疑是事前控制，让每个文件的大小都超过存储系统块大小，如 Hadoop 的块大小（block size）一般为 128MB，这需要对数据复制中作业的卸载任务进行合理的切分，尽可能保证每个卸载任务分配到的数据量在块大小之上。通常手段是取样估算法，通过取样部分记录，计算每条记录的平均大小，再根据总数据量分配任务，必要时缩减任务数量。同时注意目标数据源的分区规则，如果数据未按分区分文件，那么尽管卸载时小文件少，但在加载时仍有可能导致目标数据源解析文件并分区分文件，导致小文件又多了，或产生异常。

（2）事后补救

事后补救是下策，通常发生在大量小文件已经产生，影响了下游查询性能，不得不合并文件的时候。一般可通过对数据表执行以下 SQL 语句来完成小文件合并：

```sql
INSERT OVERWRITE TABLE $table_name partition($par = $par_val)
SELECT col0, col1 FROM table $table_name;
```

一些数据源自带文件合并后台服务，可以选择等待自行合并，也可主动触发文件合并。

3. 作业中断恢复

如果数据复制中断了怎么办？可以像下载文件时使用断点续传技术一样使用断点重启吗？如果起始数据源的数据并不固定，可能在数据复制或恢复作业的过程中，起始数据源就发生了变化，那么此时基于偏移量的断点续传是不可靠的。如果数据复制面对的是不可变的数据集，如已经固化的文件，那么基于文件偏移量的断点续传似乎可行，但记录偏移量意味着数据同步作业需要有一个后台服务记录其状态、阶段和偏移量信息，且需要时时记录，成本极高，即使采用常见的 CheckPoint 优化，也只会带来更多的架构复杂度问题，因此一般不考虑断点重启。

上述这一问题的本质实际上是怎么避免数据复制中断后，目标数据源产生脏数且无法清理。这一问题的解决方案有 3 种，它们有各自的应用场景，见表 3-3。

表 3-3 数据复制中断解决方案

解决方案	效　果
保证数据复制作业的原子性	一个并发写失败，则复制作业整体失败并整体回滚
保证数据复制作业的幂等性	执行一次和执行任意次的数据结果一致
保证下游业务的幂等性	对于脏数无法回滚的数据源，或回滚代价较高的情况，如使用 Kafka、InfluxDB，由下游业务保证重复接收数据不会导致异常

（1）保证数据复制作业的原子性

对于保证原子性的思路，在实践中会发现处处是问题。前面讲过，为了保证数据复制的高效性，有可能会采用并发读写的手段，不同 JDBC 连接会话中，事务是各自控制的，可能有些会话中的数据已经提交，而有些会话中断或异常，只能回滚会话已写入的数据，那么就无法保证数据复制作业的原子性，况且还有许多数据源不支持事务写。同时，为了避免这一问题而采用单事务去写，大批量数据在一次事务中提交，可能无法提交，也可能提交后导致数据源长时间在处理这一事务，造成数据源服务中断。

对于支持事务写的数据源，可以先将数据写入到目标表所在 schema 下的一张物化临时表，当所有的并发写任务都结束时，再将物化临时表的数据采用 MERGE INTO 或 DELETE+INSERT INTO 的方式合并至真正的目标表。为了避免过大的事务，可以切分数据分多个事务执行 MERGE INTO 或 DELETE+INSERT INTO。

（2）保证数据复制作业的幂等性

对于保证数据复制作业的幂等性的思路，一些数据源是可以不用在意脏数的，如 Elasticsearch、HBase、Redis，它们采取的是 Last-Write-Wins 机制，只需要重启数据复制作业。对于文件型数据源，如 S3、HDFS 等，先简单地将文件清理掉，再重启即可。对于关系数据库或类关系数据库，可以在写入前执行删除当前业务日期、当前批次数据的语句，或其他具备业务含义的清理语句，保证与本次执行复制的数据不会发生冲突，再进行写入。通常会在数据复制作业中向用户开放自定义清理 SQL 的配置，在每次执行该数据复制作业时，都会先执行用户的清理 SQL 语句，保证作业的幂等性。

（3）保证下游业务的幂等性

对于保证下游业务的幂等性的思路，有很多解决方案，这里不展开，仅举一个例子，如在数据中携带具备业务含义的唯一 Token，可能是业务主键组成的 ID，也可能是 UUID 等，当下游业务识别到有已处理的 Token 的数据，可以不再处理。根据具体业务采用合适的方式即可。

在解决完上面几个问题后，数据复制才具备大规模使用的基本能力。在面对企业数据孤岛问题时，数据复制承担着实现上下游业务系统之间数据端到端的迁移职能；在数据仓库和数据湖的建设中，它承担着不同数据分层之间数据迁移的重要职能。为保证数据一致性、可用性和时效性，以及支持数据源的多样性，设计或使用高效的数据复制框架至关重要。

3.7 本章小结

整个离线处理架构是经过多年迭代慢慢建设起来的。和互联网中常见的离线架构相比，它使用的技术更多、更复杂。互联网上很多案例是一套 Hive 走天下，或者使用单纯的 Spark 架构。有些银行则是基于 MPP 搭建传统的数据仓库。作者所在的公司因为历史情况复杂、数据量大以及业务和监管需求特殊等原因，逐步形成了一套复杂的架构，目前可支持每日百万级加工作业、PB 级数据，共接入近千个业务系统。

数据离线处理的核心就是将异构数据源的数据整合到一起，便于加工和分析。在这一过程中，需要建立统一的企业级数据传输规范，约束上下游系统的数据规范，在预处理时便于清洗数据和跟踪模型演进，及时拦截质量较差的数据集和不合理的模型演进。当数据加载进数据仓库或数据湖内时，数据需要进一步加工，通常需要复杂的关联和聚合计算，此时需要借助分布式数据库或分布式批量计算引擎来实现。当数据处理完毕时，需要复制数据到具备访问加速的计算引擎的数据源中，如 Elasticsearch、HBase 和 ClickHouse 等。

数据离线处理是一个工具集，其执行没有严格的顺序，一般会随数据仓库和数据湖的数据架构先有一个大概的选择，也就是选择 ETL 或 ELT 预处理位于何处的问题。随着现实需求对数据时效性的要求不断提升，传统数据仓库和数据湖的建设已经不能满足需求，在新的形势下，湖仓一体、流批一体被提出，但数据离线处理的核心工具集并没有改变，仍是预处理、复制和加工三大件，只是支持的数据源类型、加工方式随架构不断扩充。

本章只是简单介绍了离线处理的垂直场景，后面会介绍流式处理。在常见的垂直场景介绍完后，会分析一些综合类的场景，如数据湖，并扩展到更广的领域，如融合处理、管理等垂直场景综合探讨。

第 4 章 流式数据处理

数据在产生的时刻具有最大的价值，随着时间的流逝，数据的价值也在慢慢降低。企业如果可以在第一时间发现商机，往往能在竞争中获得更大的优势。在大数据时代，这种发现需要更多数据的参与，而想第一时间发现商机，企业需要的是实时数据。早在 2008 年，Google 内部就开始开发流处理框架 MillWheel，用来处理实时数据。在 2011 年 Storm 开源后，业界掀起了第一波实时计算和实时应用浪潮。随着 Spark Streaming、Flink、Beam 的陆续出现，实时数据处理技术逐渐成熟，业内实时业务应用日益丰富。顶级互联网公司率先利用流技术的实时和高吞吐能力，支撑了面向亿级终端用户的大数据服务，银行业纷纷效仿，以流技术赋能风控、营销等核心领域来提升竞争力，尤其是在零售、普惠金融等面向广大客户的业务领域，效果显著。

接下来将会从一个简单的流技术业务场景开始，介绍一下流式数据处理的架构实战。

4.1 流式数据处理业务场景

需求是一个第三方支付交易情况统计的实时大屏。要求根据第三方支付交易明细流水，实时进行交易情况统计，并在管理系统中以可视化大屏的方式展示统计结果，每 3s 更新一次统计结果。统计指标主要有：

1) 实时统计当天 0 点以来所有交易记录的总额、交易笔数、交易客户数等；

2) 实时统计当天 0 点以来所有交易记录的消费金额的分布情况，包括每一个档位的交易笔数和交易总额；

3) 按客户性别和年龄实时统计当天 0 点以来各性别、年龄段的交易笔数和交易总额、笔均消费额。

这家企业的第三方支付客户约 1 亿名，每天新增交易明细约 1500 万条。数据会实时从业务系统通过数据库 binlog 增量同步方式采集并存储到 Kafka 集群。

4.2 流式数据处理简介

在电商大促活动中，常常可以看到平台展示的实时滚动刷新的交易情况统计大屏。它根据平台交易数据，实时累积各渠道、各品类、各商家的交易笔数、交易总额等数据，并且每秒都在动态刷新。在数据量小的情况下，这种场景通过单机应用程序在内存中（或配合关系数据库）以每秒一次的方式累加计算就能实现。但如果面对每天几亿、几十亿元的交易流水，这种方式就显得捉襟见肘。随着业务的不断发展，企业需要不断提升自己响应市场变化的能力，这就需要企业自身的系统能够快速、实时地分析、处理企业生产经营过程中产生的大量数据，为企业分析、决策提供依据。随着技术的不断发展，流式数据处理应运而生。

4.2.1　什么是流式处理

在介绍流式处理的概念前，先来看看什么是流。流（也称流数据）是对数据集的抽象表示，它将数据根据数据集的大小分为以下两类。

1. 有界流

它有一个开始和一个结束的边界。数据量是有限的。这些数据一般是预先准备好的，并且会在某些既定的时间点触发数据的处理，如信用卡系统可能在每天日终对当天账单日的用户过去一个月的交易记录进行汇总统计，这过去一个月的交易记录就是一个有边界的数据集，若完成这个数据集的汇总统计，那么这个处理任务也就完成了。这也是读者所熟知的批处理。

2. 无界流

它有一个开始的边界，但没有结束的边界，会随着时间的推移而不断产生新的数据。在无界流中，数据会源源不断到来，不像传统的批处理那样，可以等到数据全部到来后再处理。例如，在线购物平台会根据用户的浏览记录进行实时推荐，如果用户浏览了 A 品牌的奶粉，则平台可能会给他推荐 B 品牌的奶粉或纸尿裤。用户的浏览记录会源源不断产生，而这个计算（给用户推荐什么）也会一直持续下去。

在现实场景中，数据的处理时间总是晚于事件发生时间。由于源系统、网络等多方面均可能出现故障，因此，理论上，数据有可能在它产生后的任意时间到达处理引擎。数据到达处理引擎时可能是乱序的，这也会影响系统处理数据时计算结果的准确性。

因此，需要一种有别于批处理的数据处理方式，这就是流计算，或称流式处理，以实现数据的实时计算。

4.2.2　流计算和实时计算有什么区别

流计算是一种处理连续数据流的计算模型。在流计算中，数据以流的形式无限产生，而计算则以流式的方式对数据进行处理和分析，它强调对数据流的处理方式。实时计算是指在系统处理数据时，能够及时反馈结果或输出计算结果的能力，它强调对数据的处理时效。流计算是实现实时计算的一种技术手段或计算模型，许多流计算引擎也可以用来进行批处理。而实时计算更侧重于计算结果的实时性和即时响应。流计算和实时计算的界限并不是非常明确，多数情况下并不需要严格区分。

4.2.3　流处理引擎

流处理引擎是一种软件框架或平台，用于处理流式数据。它提供了一种有效的方式来处理、转换和分析不断产生的数据流，并在数据流中进行实时计算、过滤、聚合、转换等操作，包含相应的编程模型、API 和运行时等。

常见的流处理引擎有 Storm、Spark Streaming、Flink、Kafka Streams、Spark Structured Streaming 等，下文选取 3 个应用较为广泛的引擎进行介绍。

1. Storm

Storm 是一个分布式实时计算系统，最初是由 Nathan Marz 和他的团队在 BackType（后来被 Twitter 收购）开发的。它被设计用于处理大规模实时数据流，并提供低延迟和高吞吐量的数据处理能力。它的核心思想是将数据处理任务划分为一系列数据流处理单元，称为拓扑（Topology）。拓扑由多个节点组成，每个节点执行特定的数据处理任务，如数据过滤、转换、聚合和计算。这种分布式处理模型使得 Storm 能够以高度可扩展的方式处理大规模数据流。Storm 是第一个被业界大规模应用的流处理引擎。

2. Spark Streaming

Spark Streaming 是 Spark 的一个组件，它提供了高度可扩展的实时数据处理能力。与传统的批处理不同，Spark Streaming 允许以微批处理的方式处理实时数据流，实现低延迟和高吞吐量的数据处理。它的核心原理是将连续的数据流切分成一系列小的批次，并以固定的时间间隔进行处理。每个批次中的数据可以通过 Spark 的 API 进行处理和分析，利用 Spark 的强大计算引擎和优化技术来实现高效的数据处理。Spark Streaming 是第二个被业界大规模应用的流处理引擎。

3. Flink

Flink 是一个开源的流式处理和批处理框架，旨在处理大规模数据流和批量数据，并提供高性能、低延迟的数据处理能力。Flink 具备流式处理和批处理的能力，通过将两者无缝集成，实现了统一的数据处理模型。Flink 的核心概念有流（Stream）和作业图（Job Graph）。流表示无界的数据流，可以是实时产生的事件流或连续的数据源。作业图由一系列算子组成，用于对数据流进行转换、计算和聚合。这种基于图的处理模型使得 Flink 能够以高度并行的方式处理数据，并实现低延迟和高吞吐量。Flink 是第三个被业界大规模应用的流处理引擎。

4.2.4 引擎选型思路

对于引擎的选择，主要有以下几方面的考量。

1. 性能

对于海量数据的实时处理，性能是首要考虑的因素。流处理引擎的性能可以从两个维度来考量，一个是数据处理的时延，另一个是单位时间内数据处理的吞吐量。

对于数据处理时延，由于 Storm 和 Flink 都是采用实时流的处理模式，接收一条数据，就处理一条，因此这两个引擎在时延上有着优异的表现，均能达到毫秒级别；而 Spark Streaming 由于其微批处理模式，数据一般以微批为单位处理，因此时延一般在亚秒级。在吞吐量上，Spark Streaming 和 Flink 有着优异的表现，而 Storm 由于其利用 ACK 机制来保证数据不丢失，spout（数据源节点）每发送一条消息均需要得到 Acker 的响应，这样才能认为其被后续 bolt（数据处理节点）处理成功，因此导致其吞吐量不高。综合来看，Flink 的性能在三者中最优。

2. 一致性保障

第二个考虑的因素是对数据一致性的保障。在金融领域的应用中，对数据的准确性通常有着较高的要求，因此，在数据处理过程中，确保数据不丢失、不重复的精确一次保障更能满足绝大多数金融场景的需要。Spark Streaming 和 Flink 均能提供精确一次的保障，而 Storm 则只能提供至少一次的保障，这意味着数据可能会被重复处理。

3. 状态管理能力

第三个考虑的因素是状态管理能力。状态是作业计算过程中的中间结果或过程数据。流处理作业是常驻进程，数据源源不断到来，作业需要不停处理。当作业发生异常或者作业版本升级需要停机维护时，如果流处理引擎无法自动实现状态的管理，则需要应用层面做更多的工作来自行实现状态管理，这无疑会给应用带来负担。在这方面，Flink 做得最好，它提供了强大的状态管理能力，包括状态持久化、清理、故障恢复、一致性保障等；Spark Streaming 虽然提供了一些状态管理功能，如统计全局 key 状态变化的 updateStateByKey 和 mapWithState 函数，但并非所有操作都支持状态管理，且它在大状态的性能上表现不佳；Storm 则大多需要开发者自己来实现状态管理接口。

4. 在社区中的发展情况

最后一个考虑的因素是在社区中的发展情况。Storm 目前还在社区不断发布新版本，但更新迭代的速度较为缓慢，也较少有大的特性发布。Spark Streaming 官方则已经停止对其维护，取而代之的是 Spark Structured Streaming，但后者诞生时间晚，成熟度相对不高，生产使用的企业较少，本章不展开讨论。Flink 则自成为 Apache 顶级项目以来，一直保持快速迭代，不断有大的特性发布，并朝着流批一体的方向逐步完善；同时它也在不断扩大自己的生态圈，如与机器学习的结合、与图计算的结合、与数据湖的结合等。

3 种引擎对比见表 4-1。

表 4-1 流处理引擎对比

对 比 项	Storm	Spark Streaming	Flink
诞生时间	2011 年	2013 年	2014 年
处理模式	实时流	微批处理	实时流
时延	低	中	低
吞吐量	低	高	高
数据一致性保障	至少一次	精确一次	精确一次
状态管理能力	弱	中	强
在社区中的发展情况	缓慢更新	停止维护	快速迭代

通过上面的对比，建议使用 Flink 作为流处理引擎。

4.3 整体方案

在决定使用 Flink 后，很容易设计出整体方案，如图 4-1 所示为实时大屏整体架构。

1) 第三方支付系统的交易数据通过采集平台进行 binlog 实时采集后写入 Kafka 交易信息

Topic，Flink 指标统计作业实时消费 Topic 中的数据，通过关联 MySQL 中的客户信息维表获取客户性别、年龄信息后，进行相应的指标计算，计算结果持久化到 MySQL 的统计指标表中。

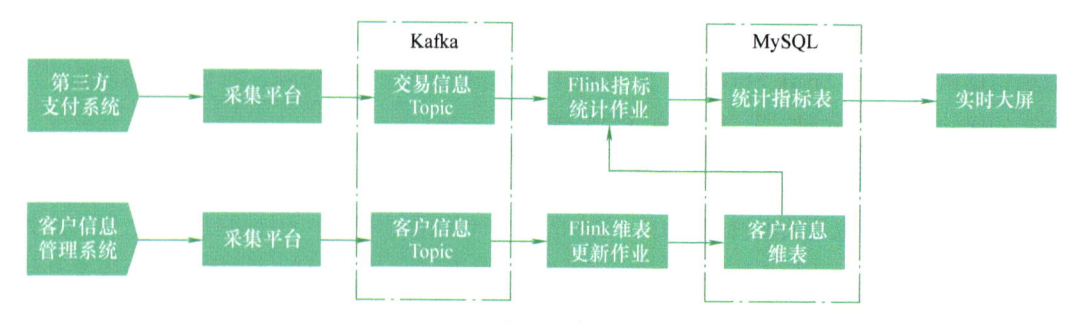

图 4-1 实时大屏整体架构

2）客户信息管理系统的交易数据通过采集平台进行 binlog 实时采集后写入 Kafka 客户信息 Topic，Flink 维表更新作业实时消费 Topic 中的数据，并将数据持久化到 MySQL 的客户信息维表中（客户信息维表的初始化通过批处理作业完成，此处不再展开）。

3）实时大屏的可视化组件每隔 3s 定时查询一次 MySQL 的统计指标表以获取最新统计指标，并在页面上以图表方式展示。

从整体来看，这个架构是比较简单的，但在实际实现作业开发以及相关技术选型时，还有许多细节问题需要深入思考和解决，这些问题包括：

1）数据从源系统采集并存储到 Kafka 的数据已经乱序，如何保证当前时点统计的数据不遗漏因乱序而延迟的数据？

2）在由业务系统采集而来的数据中，不包含客户性别和年龄信息，如何关联获取这些维度信息？

3）经过流处理引擎加工后的统计结果应该保存在什么数据库中？

4）要求统计结果精确，不能出现数据丢失或重复处理的情况，这个如何保证？

接下来将探讨这 4 个问题的解决思路。

4.4 方案难点和解决思路

4.4.1 如何处理延迟与乱序数据

1. 乱序和延迟的原因

在处理海量数据时，由于数据的产生、处理、传输大多通过分布式系统来完成，因此数据流在到达处理算子时的顺序可能与其产生时的先后顺序不同，从而出现乱序的情况。在真实的业务场景中，可能出现乱序的情况有如下几种：

1）源数据来源于多个不同系统或同一系统的不同部署实例，这些数据并发地产生并传输到 Flink 中，导致 Flink 处理算子在处理这些数据时的顺序与其生成时的顺序不一致。

2）在源数据通过采集工具从源系统采集并持久化到消息引擎的过程中，数据的顺序发生了变化。

3）数据落地到 Kafka，Kafka 无法保证 Topic 中多个不同分区间数据的顺序。

4）Flink 作业本身也是分布式运行的，数据在不同算子之间进行处理。算子间的处理能力可能不同，再加上数据在算子之间传递可能还需要经过网络传输，因此数据流到达某个处理算子时的顺序也可能与其生成时的顺序不同。

而延迟的原因可能有如下几种：

1）因为上述乱序原因，所以在流处理引擎看来，部分数据发生了延迟。

2）源数据来源于多个不同系统或同一系统的不同部署实例，部分系统或实例因自身故障导致数据发送延迟。

3）不同系统或同一系统的不同部署实例之间的系统时间不同步导致延迟。在生产环境中，应尽量避免这类问题造成的干扰，建议各节点接入 NTP 服务，确保所有节点时间一致。

注意，这里所说的乱序和延迟，存在顺序的比较，这是基于数据本身携带的事件时间而言的。只有在使用事件时间进行数据处理时，系统才会关注这些数据的先后顺序。如果使用处理时间进行数据处理，则以数据到达处理算子的时间来计算，一般不关注延迟和乱序问题。

在介绍完乱序和延迟产生的原因后，接下来介绍如何解决。

2. 处理乱序数据

在解决延迟和乱序问题时，Flink 提供了水位线（Watermark）机制，从事件发生时间的角度衡量数据在一个流中的处理进度和完整性，当系统需要判断某个窗口的数据是否完整以便触发计算时，用户定义的水位线生成策略决定了这种完整性。因此，即便存在乱序和延迟数据，通过定义合理的水位线生成策略也能很好地解决这些问题。Flink 提供了多种类型的水位线，如定期水位线、标点水位线等，用户可以根据实际场景需要实现相应的水位线生成器。Flink 也提供了一些预定义的水位线生成器，如 BoundedOutOfOrdernessWatermarks，用户只需要在创建具体实例时指定数据最大的乱序或延迟时间，对于这个时间范围内的乱序和延迟数据，Flink 均会纳入窗口的计算中。在实际应用中，BoundedOutOfOrdernessWatermarks 可以满足多数情况下的需要。开发人员可以通过如下示例代码来使用 BoundedOutOfOrdernessWatermarks。

```
//MyEvent 为数据的类型
stream.assignTimestampsAndWatermarks(
WatermarkStrategy.<MyEvent>forBoundedOutOfOrderness(Duration.ofSeconds(3))
        .withTimestampAssigner((myEvent,timestamp)->
myEvent.getTransactionTime())
    );
```

需要注意的是，目前 Flink 提供的水位线机制主要用于窗口操作和双流区间关联（Interval Join），对于非窗口操作，目前还不支持。

3. 迟到数据处理

默认情况下，当水位线达到窗口的结束时间时，Flink 会触发窗口的计算，并销毁窗口中的数据。有时，在窗口触发计算后，仍然还会有迟到数据的到来，这时迟到数据会被 Flink 丢弃。如果希望迟到数据能重新参与窗口计算并发送新的结果,则可以采用 Flink 提供的 allowedLateness 特性。它允许 Flink 在水位线达到窗口的结束时间后,继续等待一段时间,以便在属于该窗口的迟到数据到来时,可以再次处理这些数据。allowedLateness 所指定的等待时间是以事件时间来衡量的。在超过这个等待时间之前,Flink 会延迟销毁窗口,并且如果有迟到数据到来,则会重新触发窗口的计算。在 allowedLateness 所指定的等待时间过后,Flink 会销毁窗口数据,再有迟到数据到来,则会被丢弃。因此,如果需要配置 allowedLateness 等待时间,那么开发人员应当根据实际情况配置合理的等待时间,避免迟到数据被丢弃,或保留过多的窗口数据。

需要注意的是,当水位线达到窗口的结束时间时,Flink 已经触发一次窗口计算,结果已经发送到下游。如果配置了 allowedLateness,那么每一条迟到数据到来,都会触发一次窗口的重新计算并发送到下游。下游系统需要正确处理这些数据,如进行去重,取最新的结果。Flink 也提供了自定义触发器的方式,用户可以自己决定何时触发迟到数据的窗口计算,以减少频繁的重新计算给处理引擎带来的压力和对下游造成的影响。如下示例代码展示了如何设置 allowedLateness 和自定义触发器。

```
stream.assignTimestampsAndWatermarks(
WatermarkStrategy.<MyEvent>forBoundedOutOfOrderness(Duration.ofSeconds(3))
        .withTimestampAssigner((myEvent, timestamp) -> myEvent.getTransactionTime())
)
.keyBy((myEvent) -> myEvent.getId())
.window(TumblingEventTimeWindows.of(Time.minutes(5)))
.trigger(new MyTrigger())
.allowedLateness(Time.seconds(10))
.reduce((a, b) -> a.add(b));
```

4. 旁路输出

假如作业已经配置 allowedLateness,但依然有数据在超过 allowedLateness 配置的时间后才到达,被 Flink 窗口所丢弃。如果用户希望拿到这部分迟到数据,用于后续进一步处理,或交给运维人员分析,该怎么办?Flink 提供了旁路输出(Side Output)的功能。在 Flink 中,对 DataStream 进行操作后,除了产生主流所需的处理结果以外,还可以定义任意数量的旁路输出。例如用户想输出和主流不同的数据结构的流,或者将主流拆分成多个子流,都可以采用旁路输出的方式。在上述延迟和乱序数据处理的例子中,除了产生窗口聚合结果以外,还可以将迟到数据旁路输出到另一个流中。以下示例代码展示了如何将迟到数据通过旁路输出写入另一个流。

```
OutputTag<MyEvent> lateOutputTag = new OutputTag<MyEvent>("late-data"){};

resultStream = stream.assignTimestampsAndWatermarks(
WatermarkStrategy.<MyEvent>forBoundedOutOfOrderness(Duration.ofSeconds(3))
        .withTimestampAssigner((myEvent, timestamp) -> myEvent.getTransactionTime())
)
.keyBy((myEvent) -> myEvent.getId())
.window(TumblingEventTimeWindows.of(Time.minutes(5)))
.trigger(newMyTrigger())
.allowedLateness(Time.seconds(10))
.sideOutputLateData(lateOutputTag)
```

```
    .reduce((a, b) -> a.add(b));
//从结果的数据流中提取迟到数据
DataStream<MyEvent> lateStream = resultStream.getSideOutput(lateOutputTag);
```

5. Flink SQL 迟到数据监控

虽然 Flink 提供了强大的乱序处理能力，但上文提到的迟到数据处理 allowedLateness、自定义触发器、旁路输出，都只能在 DataStream API 上使用，在 Table API 和 SQL 上暂时还不支持。由于 SQL 广泛应用于大数据处理领域，多数数据开发人员更熟悉 SQL 而非 Flink DataStream API，使用 Flink SQL 开发作业门槛更低，且更易于维护，因此在实际应用中多数 Flink 作业基于 SQL 开发，这也是开发运维成本和功能完备性之间的一种折中方案。尽管用户无法在 SQL 中获取迟到数据，但 Flink 也提供了监控迟到数据的指标，便于运维人员感知有多少数据因为迟到而被丢弃。当发生迟到数据丢弃时，应当考虑是否调整水位线策略来减少迟到数据丢失情况的发生。以下两个指标是作者认为在生产实践中较为实用的监控指标，可根据实际需要采集和监控这两个指标来感知迟到数据的丢弃情况。

1）numLateRecordsDropped：算子中被丢弃的迟到数据的条数。只有窗口算子，才会有这个指标值。

2）lateRecordsDroppedRate：算子中每秒丢弃的迟到数据的条数。只有使用 Table API 或 SQL 的窗口算子，才会有这个指标值。

6. 处理数据持久化时的乱序

上文描述了窗口计算时的乱序问题的处理，当作业的乱序问题发生在数据持久化过程中而非窗口计算时，则需要采用其他方式来解决。有的时候，作业处理过的结果数据发送到持久化算子的不同子任务时打乱了顺序；有时则是作业来源数据本身就是乱序的，且在加工过程中并未进行使其有序化的处理（如有些作业只是为了将从多个不同节点收集的数据持久化到同一个目标存储，从而实现实时数据同步），因此数据到达持久化算子时是乱序的。在处理数据持久化时的乱序场景中，Flink 并未提供现成的功能供开发人员使用。

针对持久化时的乱序问题，分以下两种情况处理（本文主要针对实际应用中常见的基于相同主键有序的场景）。

（1）作业处理过的结果数据是有序的

如果是作业处理过的结果数据，其本身是有序的，则只需要确保相同主键的数据能分发到同一个持久化算子的子任务处理，就能保证其持久化的顺序，从而确保持久化结果的数据一致性。

确保相同主键的数据能分发到同一个持久化算子的子任务的方式有以下两种。

1）让持久化算子及其上游算子的并行度一致，使其流分区方式为一对一传递（forward），不同流分区的数据不会被重分布。

2）由于不同算子的处理性能可能存在差异，因此，当作业面临较大的吞吐量时，就需要根据算子的性能分别调整并行度，从而满足整体作业吞吐量的要求。因此，当无法使持久化算子及其上游算子的并行度保持一致时，可以在持久化算子前面增加一步操作，先根据数据的主键进行分组，确保相同主键的数据落到持久化算子的同一个子任务中，从而保证相同主键数据的有序性。

（2）处理完的结果数据是乱序的

如果作业处理过的结果数据产生时就是乱序的，或者作业来源数据是乱序的，则需要采用其他方式来处理。

数据的顺序取决于两个要素，一个是主键，另一个是排序字段（通常是时间，也可能是数字）。主键可以用来对数据进行分组，将相同主键的数据发送到同一个子任务中；而排序字段则可以实现对同一主键不同记录之间的顺序比较。因此，当作业的数据持久化的目标存储只需要保证最终一致性时，则可以在持久化数据前，判断该数据的排序字段的值是否比对应主键上一次写出数据的排序字段的值大，若是，则写入目标存储，否则不写入目标存储（可以丢弃该数据，或者存到其他存储中另作处理），从而确保目标存储的单调一致性（不会出现先读了某一主键的较新数据，再次读取时反而是较老的数据的情况）。

该方案的具体实现步骤和要点如下。

1）在持久化算子前，根据数据的主键字段进行 keyBy( ) 操作。

2）在持久化算子中，从状态中查询该记录的主键字段值对应的排序字段最新值。如果不存在，则直接持久化该记录，并将主键字段值和排序字段值写入状态中；如果存在，则比较当前记录的排序字段值是否大于状态中记录的值，若是，则将该记录写入目标存储，并更新状态中的排序字段最新值，否则不会将该记录写入目标存储。为了节省占用的状态空间，当主键字段值长度较长时，可以取主键字段值的 MD5 码保存在状态中，而不是保存实际的主键字段值。

这里有以下两个操作细节。

1）用缓存维护最新排序字段值。

这里需要确保作业内存中缓存的主键及其对应排序字段最新值的信息是正确的。将主键及其对应排序字段最新值的映射关系保存到内存缓存中（可以采用 Guava Cache），并在算子初始化状态时从 Checkpoint 或 Savepoint 中读取之前保存到状态中的缓存信息，可在 initializeState( ) 方法中执行；在执行 Checkpoint 或 Savepoint 时，将缓存保存到状态中，可在 snapshotState( ) 方法中执行。

这样做可以避免每个主键及其对应排序字段最新值的映射关系直接保存到状态中时，由于状态超时被清理导致排序字段最新值不准确的问题。目前生产环境中绝大多数 Flink 作业状态后端都保存在 RocksDB，这种情况下，状态清理是通过 RocksDB 数据的 TTL 来实现的，它会在 compaction 过程中先通过对比状态数据的写入时间和系统时间的差值来判断是否超过 TTL，若是，则进行清理。考虑到作业版本升级、停机维护、故障排查等运维操作可能带来的作业停止时间较长导致状态被清理的情况，如果作业停止时间较长，则可能导致作业启动后，对应状态数据被清理，从而作业查不到本应有的主键对应的排序字段最新值。

这种方式既能利用内存缓存提高读写效率，也确保排序字段最新值的信息能够利用 Flink 状态特性来确保其准确性。

但是需要注意的是，需要根据每个并行度可能的数据量大小以及缓存清理时间，评估缓存空间大小以及作业每个 Slot（任务槽）所需配置的内存。

2）针对持久化操作，由于作业在写入数据到目标存储前，无法确定数据对应主键在目标存储中是否已经存在，因此不知道是执行 Insert 操作，还是执行 Update 操作。如果目标存储本身支持 Upsert 操作（存在则更新，不存在则插入），则可以直接执行该操作；如果不支持，则可以将持久化操作转化为 Delete 操作和 Insert 操作，从而实现 Upsert 操作的效果。

4.4.2 如何实现维表关联

交易线系统的数据通常基于范式建模，通过数据库 binlog 增量采集过来的交易流水，一般未包含足够的维度属性供流作业进行加工处理。例如对私活期存款的交易流水数据中，一般只包含对私活期存款账户的编号，而不包含账户对应的开户机构、客户编号等，因此当需要对交易流水按开户机构进行汇总统计时，就需要先补充相应的维度属性。在流处理作业中，开发人员常常需要将交易数据实时与维度表数据关联，获取数据加工所需的维度属性后，再做进一步加工。

在 Flink 中，有以下 4 种方案来实现维表数据的关联。

1) Lookup join：如果采用 Table API 或 SQL 进行作业开发，则可以使用 Flink Table API/SQL 提供的 Lookup join 功能实现维表数据关联。

2) 自定义函数：如果采用 SQL 进行作业开发，则也可以使用自定义函数来实现维表关联。

3) 自定义实现 RichFunction：如果采用 DataStream API 进行开发，则可以通过实现 RichFunction，在自定义函数中发起相应数据库查询来实现维表数据关联。

4) Broadcast State：通过广播状态（Broadcast State）间接实现维表数据关联。

本应用主要通过 Flink SQL 进行开发，因此就 Lookup join 展开描述。

1. Lookup join

Flink 的 Lookup join 是一种特殊的关联操作，用于将 Flink 的流表和外部系统查询结果进行关联，丰富流表的数据内容，也就是本节所要实现的维表关联。由于维度数据有其时效性，不同时刻的维度数据可能是不同的，因此 Flink 需要知道自己关联的是哪一个时刻的数据版本。Flink Lookup join 使用处理时间的时态表（Processing Time Temporal Join）的语法来表述，它只能以关联算子执行时的处理时间点去查询外部系统并获取数据进行关联，且只能支持等值连接。

以下是维表关联 MySQL 数据库的一个例子，通过 Flink 自带的 JDBC 连接器访问 MySQL 数据库以获取交易数据中客户号对应的性别、年龄信息。

```
CREATE TEMPORARY TABLE Customer (
  cust_id INT,
  create_date DATE,
  sex INT,
  age INT
) WITH (
  'connector' = 'jdbc',
  'url' = 'jdbc:mysql://mysqlhost:3306/depositdb',
  'table-name' = 'Customer'
);

SELECT t1.tx_id, t1.cust_id, t2.sex, t2.age
FROM Transactions AS t1
  JOIN Customer FOR SYSTEM_TIME AS OF t.proc_time AS t2
ON t1.cust_id = t2.cust_id;
```

Flink 开源提供了 JDBC、HBase、Hive、MongoDB 4 种类型的 Lookup 连接器。针对开源不支持的数据库，开发人员可以自己扩展实现新的 Lookup 连接器。创建一个新的 Lookup 连接器包含如下几个步骤。

1）扩展 TableFunction 或 Async Table Function，实现 Lookup 功能。所有和外部数据库交互的逻辑都在这里实现。

2）实现 LookupTableSource 接口，用于创建步骤 1）中实现的 TableFunction 实例。

3）实现 DynamicTableSourceFactory 接口，用于创建步骤 2）中的 LookupTableSource 实例。

4）在 src/main/resources/META-INF/services/org.apache.Flink.table.factories.Factory 文件中添加步骤 3）中创建的完整的类名，以便将自己创建的新连接器注册到 Flink 中。

完成上述 4 个步骤以后，就可以在 Flink API 或 SQL 中使用 Lookup join 来关联自己所需的数据库中的维表数据了。

2. 维表关联数据库的选择

维表关联是 Flink 作业中的流数据与外部数据库之间的交互访问，选择什么样的数据库来存储维表数据常常会对作业性能产生很大的影响。因此在进行方案设计时，需要结合应用场景的实际情况来选择。一般来讲，需要考虑的因素如下。

1）需要访问外部数据库进行维表关联的峰值 QPS。这意味着存放维表的数据库需要承受多大的查询 QPS，不足的查询能力会导致作业处理发生堆积。

2）需要访问外部数据库进行维表关联的响应时间。响应时间会直接影响作业的吞吐量，维表关联中较多的耗时会发生在 I/O 等待上，较慢的数据库查询响应会导致作业长时间处于 I/O 等待，降低作业吞吐量。

3）数据库容量。维表数据有大有小，如客户信息表，可能是有上亿条记录的大表，数据库能否容纳大数据量的表，以及当表的数据量大时，查询的 QPS 和响应时间是否能够满足要求，都是选择维表数据库的重要考量。

4）由于维表数据一般是公共数据，可能不只单个 Flink 作业有关联需求，因此需要将潜在的关联作业的需求纳入考虑范围。

5）数据库应该具有相应的数据更新能力，可能是通过批处理更新，也可能是通过 Flink 实时更新。这部分内容会在本节"维表数据的更新"中展开介绍。

在流处理应用中，常用的维表关联数据库有 MySQL、HBase、Redis，这些数据库将在 4.4.3 节中进行简要介绍。综合上述因素以及数据库自身特性，在本章的业务场景中，采用 MySQL 作为维表数据存储的数据库。

接下来介绍一些维表关联的实践经验。

（1）异步维表关联

默认情况下，Flink 官方提供的 Table API connector 采用同步的方式关联维表数据，即当一条记录需要查询数据库进行维表关联时，处理线程发起数据库查询请求后，线程将挂起，等待 I/O 请求返回后，再进行下一步的关联处理，而后处理下一条记录。这种方式会导致作业在大量的时间中处于 I/O 等待，降低了作业处理效率。因此，Flink 提供了异步维表关联的方式，当处理线程发起数据库查询请求后，不会等待请求返回，而是继续发起下一条记录的查询，相应的查询返回则由回调函数来处理。默认配置下，Flink 最多同时发起 100 个异步查询请求，并且会等这些请求返回后，按数据原有的顺序进行后续处理，以保证处理结果的准确性。

对于 Flink 官方提供的 Table API connector，如 HBase SQL Connector，如果支持异步维表关联，则可以通过设置"lookup.async"参数值为 true 来开启。对于 Flink 官方不支持的数据库，则可以通过自定义扩展的方式来实现。实现的前提是相应的数据库查询有异步查询客户端。

针对使用 Table/SQL API 的用户，自定义实现异步 Lookup Connector 和实现同步 Lookup Connector 的唯一区别在于前述的第一个步骤，异步 Lookup Connector 扩展 AsyncTableFunction，而不是 TableFunction。实现 AsyncTableFunction 的 Connector 中执行维表查询的 eval() 方法的入参相比实现 TableFunction 的 Connector 多了一个 CompletableFuture 对象。开发人员可以在 eval() 方法中调用数据库的异步查询接口，在查询返回时，调用入参的 CompletableFuture 对象的 complete() 方法来通知 Flink 框架，并将查询得到的数据返回给 Flink 框架。

（2）维表数据缓存

采用异步维表关联的方式可以大幅降低维表整体关联耗时，提升作业吞吐量。在实际应用场景中，有些情况下，维表数据变化频率很低，如地区代码表。这种情况下，可以采用将维表数据缓存到 Task Manager 内存中，并定时刷新的方式，来进一步提高维表关联的性能。缓存的策略有两种：全缓存和部分缓存。对于维表数据量不大（通常在百万级以下）的情况，可以采用全缓存；对于数据量较大的情况，可以采用部分缓存。需要注意的是，如果是缓存命中率不高的场景，就没有使用部分缓存的必要，因为当查询无法在缓存中找到对应主键的记录时，依然需要通过查询数据库来获取。例如，对于信用卡账单分期付款的场景，如果信用卡账单记录需要关联合约表、客户信息表等维表，那么，由于每张卡、每个客户通常一个月仅生成一笔账单，在这种情况下，缓存命中率几乎为零，因此没有缓存的必要。

Flink 官方提供的部分 Table API connector 提供了维表数据缓存的功能，如 JDBC SQL connector、HBase SQL Connector 等。该功能基于 Google Guava Cache 实现数据的缓存和过期数据清理。默认情况下，缓存功能是关闭的，可以通过为"lookup.cache.max-rows"和"lookup.cache.ttl"参数配置大于 0 的参数值来开启，前者代表缓存的最大记录数，后者代表某一记录在写入缓存后超过多长时间会被清理掉。针对部分缓存的策略，可以结合 Task Manager 内存资源分配情况为 "lookup.cache.max-rows" 设置一个合理的值；针对全缓存的策略，可以将"lookup.cache.max-rows"的值设置为 Long.MAX_VALUE（在维表数据量突然增大的情况下，有内存溢出的风险），也可以设置一个较小的值，能容纳整个维表的数据量即可。

对于在 Table/SQL API 中使用其他数据库，或者在 DataStream 中使用维表关联等场景，可以参照开源实现方式，基于 Google Guava Cache 实现维表数据缓存。

（3）维表数据的更新

多数情况下，Flink 作业所关联的维表并非业务系统中实际操作的表，否则会给业务系统带来影响。一般会通过日终批量传输的方式将交易线的数据传输给数据线，或者通过数据库 binlog 采集的方式实时将交易线的数据变化传输给数据线。所采集到的数据根据数据线不同场景下的处理和分析需要，可能加载到不同的数据库中，供加工或查询使用。如前文所述，Flink 中常用的维表关联的数据库有 HBase 和 MySQL 等，因此根据应用场景的需要，可以将维表数据加载到 HBase 或 MySQL 等数据库中。

针对不常变化的维表，如地区代码表等，一般采用日终批量传输的方式将新数据传输到数据线，再更新到维表数据库中。这种方式有小概率发生流水表数据关联不到维表数据的情况，因为日终批处理作业的调度和运行需要一定的时间。但一般这种情况在业务上发生的可能性很小，或者有些业务的特点就决定了这种情况不会发生。

针对变化频繁的维表，如客户信息表、对私存款合约表等，则建议通过实时采集业务系统数据库 binlog 的方式，将新数据传输到数据线，再通过 Flink 作业实时更新到维表数据库中，确保流水表数据能及时关联到新增或更新的维表数据。

在本章的场景中，客户信息表是变化频繁的维表，随时可能有新增客户，因此需要采用实时更新维表的方式。

4.4.3 计算结果存在哪里

数据加工的结果往往需要持久化到外部存储，便于下游作业或应用进一步加工或访问。根据应用场景的不同，常见的持久化存储有如下几种。

1. Kafka

开源分布式事件流平台，被许多公司用于高性能数据管道、流式分析、数据集成和关键任务的应用上。它提供了消息持久化、消息分区、分布式消费的能力，提供单节点每秒 10 万条消息以上的高吞吐能力，适用于事件驱动应用、消息的发布和订阅系统、数据处理管道等场景。Kafka 只能保证消息在单个分区内的顺序，而不能保证跨分区消息之间的有序性，需要在应用侧处理。Kafka 还提供了事务机制，能为跨分区的消息提供原子写的能力，即在同一个事务中的所有消息，不管落到哪个分区，Kafka 能够保证这些消息要么全部写入成功，要么全部写入失败。这个特性有助于应用提升数据一致性。由于 Kafka 自身的消息发布订阅能力，应用可以很方便地实现事件的及时发布和感知，因此 Kafka 广泛应用于营销类、风控类场景的持久化存储。由于 Kafka 只能进行顺序消费，因此它不适合用在随机读的场景中。

2. MySQL 等传统关系数据库

传统关系数据库为应用提供了结构化的数据存储、结构化查询语言、ACID 事务特性、良好的读写性能和强一致性保障，也是多数开发人员所熟悉的持久化存储。对于数据量在 TB 级别以下、TPS 在万以下、响应时间在毫秒级的场景，通常传统关系数据库会是一个比较好的持久化存储的选择。对于大屏类应用这类需要将流处理结果进行可视化展示的场景，往往需要借助一些可视化组件进行图表展示，而这些可视化组件往往对 JDBC 接口有较好的支持，且传统关系数据库对一些细粒度指标的粗粒度加工汇总也有很好的性能表现。在大屏类应用中，传统关系数据库通常是首选的持久化存储。另外，由于 MySQL 等传统关系数据库在并发和响应时间上的良好表现，因此它们也常被用来作为维表的存储以便于维表关联。当单表的数据量达到 TB 级别，或者 TPS 要求在 1 万以上的时候，传统关系数据库可能就无法胜任了。

3. HBase

HBase 是开源分布式、支持多版本的非关系数据库。它提供了无模式的数据组织方式，数据的结构可以是动态的、可变化的，支持半结构化和非结构化数据，且支持数据的多版本。HBase 提供了百万级的读写高并发，对基于 rowkey 的查询能提供毫秒级的响应时间，且具有很好的线性扩展能力，能够随着数据的水平切分和节点的横向扩容而不断提升读写访问能力。HBase 适用于千级以上 TPS 的基于主键的查询场景中，因此非常适合用在高并发、低延时的维表关联场景。此外，由于 HBase 自身强大的扩展性、对半结构化和非结构化数据的支持，它也适合用于在营销类、监控类应用中存储用户行为数据、监控数据等随时间推移而不断海量增长的数据。此外，HBase 仅适用于查询条件固定的场景，在未对查询场景做优化的情况下，容易触发全表扫描，响应时间没有保证，且会给 HBase 集群的其他查询造成影响。

4. Elasticsearch

Elasticsearch 是开源分布式搜索和数据分析引擎。它提供 PB 级海量数据存储能力，秒级的实时分析和查询能力，能对数据的相关性进行分析，适合处理半结构化数据。Elasticsearch 并不支持索引与索引之间的关联查询，因此使用它需要避开关联查询的场景，可以考虑在 Flink 作业中提前将需要关联的表拼成宽表再写入其中。Elasticsearch 适合对海量数据进行模糊查询、相关性分析、全文检索的场景，如实时日志分析、搜索服务。Elasticsearch 也可以用于对 TB 甚至 PB 级别的海量数据的即席查询。此外，Elasticsearch 可以提供近实时、灵活、多维度的统计分析能力，因此它也可用于存储时序数据，如应用系统的监控数据等，并基于此构建监控、告警系统。

5. Redis

Redis 是开源高性能键值数据库。它提供了丰富的数据类型，包括字符串、队列、集合、有序集合、哈希表等，可以用来实现如排行榜、计数器、分布式锁等应用场景。除此之外，Redis 也支持数据的发布订阅，因此也可以作为消息代理。Redis 提供了极高的读写性能，每秒读写次数可以达到数十万，因此也经常被用来作为高速缓存。作为一个数据库，Redis 除了将数据保存在内存中以外，也支持持久化到磁盘中，并提供了多种高可用部署模式。作为 Flink 持久化数据源时，Redis 常被用在大屏类应用中，利用其自身提供的丰富的数据结构，以及其原子性操作，在分布式数据处理中实现交易次数统计、金额统计、分组排名、跑马灯等交易分析。另外，由于其良好的读写性能，Redis 也经常被用作缓存数据库，在一个作业中将数据持久化到 Redis 中，在同一个 Flink 作业或另一个 Flink 作业中读取相应数据进行关联处理。由于 Redis 数据保存在内存中，因此，一般只能用于 GB 级别的表，对于数据量更大的表，建议考虑其他方式来实现。

6. ClickHouse

ClickHouse 是开源的、用于联机分析（OLAP）的列式数据库管理系统。在传统的行式数据库系统中，数据按行存储，而在列式数据库系统中，数据按列存储。由于 OLAP 通常只读取表中的少部分列进行分析，因此列式存储更适合 OLAP 场景。ClickHouse 提供毫秒级的查询响应能力，支持实时查询和实时写入，且支持 SQL 查询，对于熟悉 SQL 的开发人员更易上手。ClickHouse 在实时聚合分析上有着优异的表现，但这只局限于单表分析。ClickHouse 在多表关联分析上的性能表现不佳。因此，典型的应用场景是在 Flink 作业中实时将所需的数据拼成宽表后再持久化到 ClickHouse 中。由于 Flink 本身只能对确定的场景开发相应的加工逻辑进行聚合分析，因此对于不确定的 OLAP 场景，可以采用 Flink+ClickHouse 的组合方式来实现。这种方式也广泛应用于报表类应用场景中。需要注意的是，ClickHouse 自身在数据更新上的支持不太友好，数据更新后何时可见取决于底层文件合并的时间，因此对于数据更新可见性要求较高的应用，应谨慎选择。另外，ClickHouse 的并发能力较弱，一般为几十或上百，因此在选择它时，还应当考虑下游的查询并发需求是否能够满足。

7. InfluxDB

InfluxDB 是开源时序数据库，专门针对时间序列数据的存储、处理和查询而设计。时序数据是按时间顺序排列的数据，通常用来表示物联数据、应用监控指标等。InfluxDB 采用自适应压缩算法和特定的存储引擎，可以高效地存储海量时序数据，并提供类 SQL 查询语言，便于用户查询数据。它提供丰富的聚合函数，便于上层应用对时序数据进行统计分析。作为 Flink 持久化数据源时，InfluxDB 常被用在监控类场景，或与物联数据处理相关的实时应用场景中。

8. Hive

Hive 是开源 Hadoop 数据仓库。它提供了类 SQL 的查询语言 HQL，能将 HQL 查询语句转化为处理任务以在 MapReduce、Tez 或 Spark 上运行。Hive 在批处理应用中具有广泛的应用场景，当用户希望能将原有的批处理应用的执行频率从天提升到小时级甚至更高的频率时，可以通过 Flink 将数据实时持久化到 Hive 中，将实时数据转化为批处理数据，并根据应用场景所需的处理频率调度 Hive 作业进行加工。

9. Hudi

Hudi 是开源流数据湖平台。它提供了用于数据更新、插入和删除操作的基于时间的存储，以及可插拔的索引和列式存储优化。Hudi 有丰富的生态系统，支持 Spark、Flink 读写，支持 Hive、Presto、Trino 读，它还提供了丰富的表服务能力，用于对表数据和元数据进行自动管理与维护，如文件合并、数据清理等。通过 Flink 将数据持久化到 Hudi 中，有助于将实时数据转化为流批一体数据，实现流批一体的处理。"流批一体"内容将在第 13 章中展开介绍。

上述各技术的对比见表 4-2。回到本章的业务场景，该场景为大屏类应用，且每 3 秒产生的一批统计指标仅有几十个，写入吞吐量要求不高。查询端仅有大屏中的可视化组件，每 3 秒查询对应指标以进行图表更新，查询并发要求不高，查询模式为固定查询。经综合考量，项目组决定选择 MySQL 作为计算结果的持久化数据库。

表 4-2 流计算结果存储技术对比

对 比 项	适 用 场 景	数 据 量	写入性能	查询性能	查询模式	查询并发能力
Kafka	营销类、风控类、实时 ETL 类场景	PB 级	毫秒级	毫秒级	顺序消费	百万级

（续）

对比项	适用场景	数据量	写入性能	查询性能	查询模式	查询并发能力
MySQL 等	大屏类应用场景、维表关联查询	TB 级	毫秒级	毫秒级	固定查询、灵活查询	千级
HBase	营销类、监控类应用场景，维表关联查询	PB 级	毫秒级	基于 rowkey 的查询：毫秒级	基于 rowkey 的查询，或查询条件固定的场景	百万级
Elasticsearch	实时日志分析、搜索服务、即席查询、监控类场景	PB 级	毫秒级	秒级	模糊查询、即席查询	千级
Redis	大屏类应用场景、维表关联查询	GB 级	毫秒级	毫秒级	基于数据结构的操作	十万级
ClickHouse	实时 OLAP、实时报表	TB 级	毫秒级	毫秒级	单表联机分析	百级
InfluxDB	物联数据处理或监控场景	PB 级	毫秒级	毫秒级	过滤、聚合查询等	十万级
Hive	对接批量数据处理场景	PB 级	秒级	分钟级~小时级	固定查询、灵活查询	取决于执行引擎
Hudi	数据入湖；流批一体处理场景；对接批量数据处理场景	PB 级	秒级	秒级~分钟级	固定查询、灵活查询	取决于客户端查询引擎

4.4.4 如何保证数据一致性

流处理系统常用数据处理语义来表示流处理能够达到的数据一致性保障。数据处理语义指的是数据经过流处理系统处理后其对最终结果的影响次数（下文提到的处理次数均指的是对最终结果的影响次数）。数据处理语义的 3 个保障级别分别为最多一次、至少一次、精确一次，相关内容已在第 2 章介绍过，这里简单回顾一下。

1）最多一次：这种语义理解起来很简单，即用户的数据只会被处理一次，不管成功还是失败，不会重试也不会重发。

2）至少一次：这种语义下，系统会保证消息或事件至少被处理一次。如果发生错误或者丢失，那么会从源头重新发送一条数据到处理系统。所以同一个事件或者消息可能会被处理很多次。

3）精确一次：表示每一条数据只会被精确处理一次，不多也不少。

简单来说，流处理过程主要包含 3 个部分，如图 4-2 所示，将数据从源系统读取到流处理引擎，流处理引擎根据作业中算子的编排进行数据处理，处理结果持久化到外部目标存储中。

源数据 → 流处理引擎 → 目标存储

● 图 4-2 流处理过程主要部分

进一步来看，源数据中的实时数据实际上来自于各类应用系统，它们经过一定的采集手段采集到源数据中，进而被流处理引擎所读取。从实时应用的角度来考虑，如果要保证数据的一致性，就需要从源系统开始,端到端地考虑各个环节所能实现的一致性保障,这样才能保证最终结果的数据一致性。

图 4-3 所示是实时应用的典型端到端技术架构。接下来将通过从数据采集到 Kafka、从 Kafka 消费数据到处理链路、处理环节、数据处理完的持久化环节以及最终数据应用环节 5 个环节介绍如何保证数据的一致性。

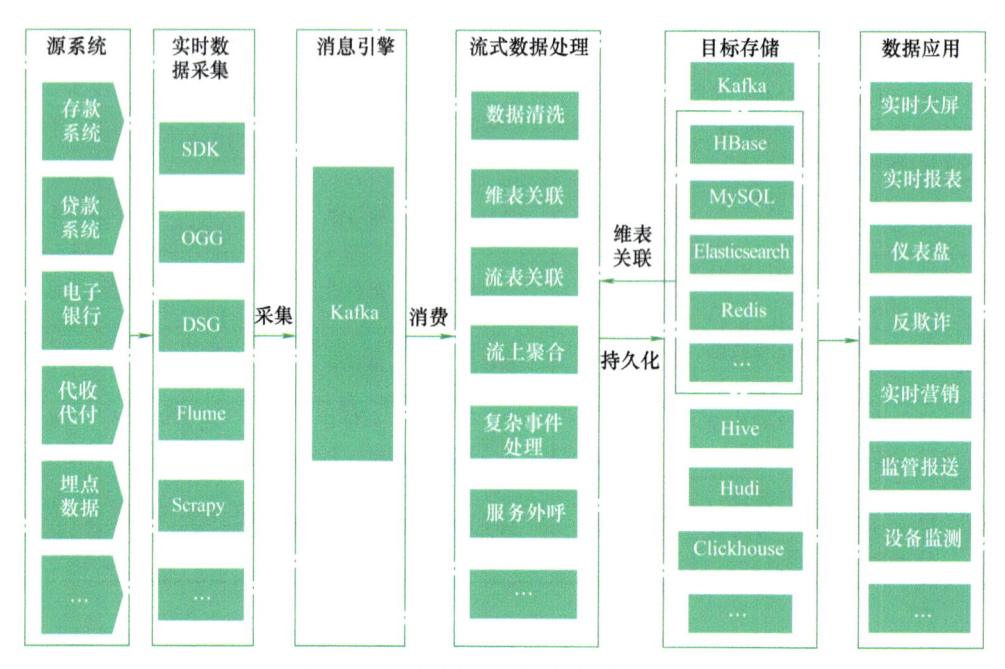

• 图 4-3 实时应用的典型端到端技术架构

1. 数据采集环节的数据一致性保障

数据采集环节的数据一致性保障可以分为采集工具环节和持久化消息引擎环节。

采集工具环节,根据采集工具的不同分别处理。对于商业化软件,如 OGG、DSG,其本身继承了持久化消息的环节,且由于其商业化产品属性,其数据一致性保障只能由产品本身来提供。对于开源采集工具,其数据一致性保障也取决于软件自身,如 Flume 无法支持精确一次的保障,因此如果使用 Flume,则需要考虑在下游(如 Flink 作业中)进行去重。如果使用的是 SDK,则在设计 SDK 时需要充分考虑各种异常情况下数据的重试、重发机制,以保证至少一次的语义,还需要考虑避免数据重复的机制,以保证精确一次的语义。持久化消息引擎环节,需要考虑如何确保数据不丢失、不重复,以提供至少一次或精确一次的保障,相关细节会在下文"数据持久化环节的数据一致性保障"中描述。

2. 数据消费环节的数据一致性保障

尽量选择高可靠性的存储系统,目前实时应用大多以消息引擎作为源数据的存储系统,其中以 Kafka 居多。Kafka 提供了多种机制来保证数据不丢失,且 Flink 会主动管理消费端的 offset,因此作为消费端,一般无须额外设置即可确保至少一次的保障水平。如果想要做到精确一次的保障水平,则一般需要上游配合开启 Kafka 事务，并在消费端配置"isolation.level"参数值为"read_committed"，以确保消费端读到的数据为生产端已经提交事务的数据。该参数的默认值为"read_uncommitted"，消费端会读到已终止事务的消息，导致消息重复。如果要在不开启 Kafka 事务的前提下做到精确一次的保障水平，则可以考虑在 Flink 作业中进行数据去重，以确保数据不被重复处理。

3. 数据处理环节的数据一致性保障

Flink 基于其自身的 Checkpoint 机制，提供了至少一次和精确一次两种处理保障。可以通过如下代码进行设置。

```
StreamExecutionEnvironment env = StreamExecutionEnvironment.getExecutionEnvironment();
//设置精确一次的保障水平(默认配置)
env.getCheckpointConfig().setCheckpointingMode(CheckpointingMode.EXACTLY_ONCE);
//设置至少一次的保障水平
env.getCheckpointConfig().setCheckpointingMode(CheckpointingMode.AT_LEAST_ONCE);
```

"至少一次"确保数据在 Flink 各个算子中至少被处理一次，但可能被处理多次；"精确一次"保证数据在 Flink 各个算子中仅被处理一次。应当注意的是，Flink 所能保证的只有数据处理的环节，当数据持久化到目标存储以后，仅凭 Flink 一己之力是无法确保数据处理环节加上数据持久化环节整体的精确一次的。例如，当 Flink 在处理数据流 [1,2,3,4,5,6] 时，处理完 1 后完成一次 checkpoint，处理完 3 后，作业发生故障，从前一个 checkpoint 重启，此时 2 和 3 在前一次故障之前已经处理一次，假如其结果未持久化到目标存储，则不影响最终结果，但如果其结果已经持久化到目标存储，当作业恢复后，2 和 3 将再次被处理，结果再次持久化到目标存储。在精确一次保障上，Flink 只保证处理 2 或 3 时，其对结果的影响只有一次，但无法保证这个结果是产生 1 次还是 2 次，或者是更多次，即 Flink 保证这个结果是正确的，但无法保证这个正确的结果最终影响了多少次目标存储。因此，需要进一步来看数据持久化环节的数据一致性保障。

4. 数据持久化环节的数据一致性保障

先来看如何保证精确一次的语义。如上文所说，由于 Flink 作业自身故障，导致从 checkpoint 重启后处理结果可能重发，进而导致同一数据被多次持久化。如果要保证精确一次，那么一种方式是幂等性写入，这要求数据库自身支持幂等操作。所谓幂等，就是一个操作无论执行一次，还是执行任意多次，其影响都是相同的。例如 Redis 数据库的 SET 操作、HBase 数据库的 put 操作都是幂等操作（在不考虑多版本的情况下）。如果数据库支持幂等操作，则同一数据被多次持久化后其结果和仅持久化一次是相同的。另一种方式是事务性写入，这要求目标存储支持事务，在开启 Flink Checkpoint 精确一次的前提下，配合两阶段提交，来实现精确一次。Flink 开源提供了 TwoPhaseCommitSinkFunction，便于开发人员实现在 checkpoint 开始时开启事务并执行预提交，当所有算子 checkpoint 都完成后，再执行事务提交；而如果部分算子 checkpoint 执行失败，则会触发事务回滚操作。以此来保证 checkpoint 的成功和事务的成功是保持一致的。

数据持久化本身也可能因为数据质量、网络、数据库异常等问题导致写入失败，为避免数据丢失，需要开发人员在处理这类异常时，分别进行处理。

（1）数据质量问题

对于数据质量问题，如写入的数据精度超过数据库本身定义的范围导致写入失败，需要将关键数据内容记录下来，便于后续开发人员改进程序代码。这种问题无法通过程序自身修复，要么修正问题后更新作业版本并从 checkpoint 启动以重新处理，要么调整数据库定义，否则只能丢弃该数据（当然，这会导致数据丢失）。

（2）网络、数据库异常问题

对于网络、数据库异常等原因导致的写入失败，应增加异常重试机制。如果在多次重试后依然无法写入，很可能是外部系统出现了故障，则建议抛出异常让作业失败，让运维人员感知相关问题并修复，然后从 checkpoint 启动以重新处理，以避免大面积数据丢失。另外，需要特别注意的是，如果持久化存储是 Kafka，且无法容忍任何数据丢失，则应该将 Kafka 生产者的"acks"参数值设置为"-1"，这种情况下，只有所有副本均接收到消息，才会向客户端发送成功响应，但会导致较大的写入延迟。默认情况下，该参数值为"1"，只要 leader 副本接收到消息，就会返回成功响应，这种方式有较小概率可能出现 leader 副本接收成功后，在未将消息同步给 follower 副本前自身出现故障，导致数据丢失。

做到了以上几点，就可以实现数据持久化的精确一次保障。

5. 数据应用环节的数据一致性保障

在数据应用环节，如果结果数据不涉及共享复用，则应用系统一般可以直接访问目标存储以获取结果数据；如果结果数据需要在不同系统间共享，或者结果数据和应用系统分别属于不同的所有者，则需要通过对外暴露数据服务的方式将数据提供给有需要的应用系统。无论是哪种方式，对于实时访问而言，一般可以归纳为两种途径，一种是联机查询，另一种是数据订阅。对于联机查询的数据一致性保障，一般做好访问时的异常处理即可，不会存在丢数或重复的问题，可做到精确一次。数据订阅的数据一致性保障则相对复杂，可参考 Kafka 消息引擎的数据消费的一致性保障，原理是相通的。如果数据服务组件对外发布的数据订阅服务本身对消息引擎的接口进行了二次封装，则数据服务组件及其对外提供的接口均需要考虑数据一致性保障；如果数据服务组件对外发布的数据订阅服务本身对消息引擎的消息进行了转储，则除了对外提供的接口以外，转储过程也需要考虑数据一致性保障，可参考 Kafka 数据持久化的数据一致性保障。

回到本章的业务场景，需要保证统计结果的准确性，就需要实现精确一次的保障语义。因此，应当通过在上述各环节中确保精确一次，来实现整体应用的端到端精确一次。在实际操作中，除应给上述相关参数配置合适的值以外，还应扩展实现 MySQL 的 TwoPhaseCommitSinkFunction，确保实现数据持久化 MySQL 环节的精确一次语义。

以上就是实现流式数据处理整体架构的思路，在流式数据处理这个技术场景中，运维和开发同等重要。接下来将介绍一下运维注意事项。

4.5 运维注意事项

流式数据处理作业，由于其应用场景的高时效性要求，除了在系统投产前的方案设计、开发测试中需要确保作业能够满足所需的时延、吞吐量、数据一致性等要求以外，在系统投产后，也应当时刻监控作业的运行情况，在异常发生时能及时发现、及时介入、快速处置，确保对业务的影响降到最低，特别是在金融系统中。那么，哪些情况应该引起大家的重视，并在系统投产前做好相应的充足准备？作者对所在公司的多个流式数据处理应用长期以来的运维进行分析，梳理出了一些运维要点，以及常见问题及其解决方案，供读者借鉴。

4.5.1 监控哪些指标

生产运行监控是观察系统运行情况、及时发现系统异常的必备手段。流式数据处理有其自身特性，运行过程中需要监控的指标除了 CPU、内存、磁盘 I/O、网络 I/O 等常规资源运行指标以外，还需要对可能影响作业延时、吞吐量、数据一致性的指标进行监控。本文列举部分较为实用的监控场景及其对应指标。

1. 消费数据和持久化数据情况

消费数据和持久化数据情况是统计数据处理量的一个直观体现，能帮助运维人员分析业务运行情况。通常会监控作业维度、算子维度和算子子任务维度。

（1）作业维度

监控作业维度，便于汇总统计整个作业的接收和发送数据的情况，包括总的接收记录数、发送记录数、异常记录数。这些监控值可以通过汇总各算子的子任务上报的指标值来获得。

（2）算子维度

监控算子维度，便于分析每个消费算子（通常对应不同来源表，如不同的 Kafka topic）的接收情况和每个持久化算子（通常对应不同的目标表，如不同的 MySQL 表）的发送情况，包括各个消费算子的接收记录数、接收记录数 QPS、异常记录数、异常记录数 QPS，以及各个持久化算子的发送记录数、发送记录数 QPS、异常记录数、异常记录数 QPS。

出现消费算子的异常数据，一般是因为来源表数据有质量问题，如不符合业务规则定义的字段类型、长度、精度等，对于无法进一步发送到下游算子处理的情况，以及需要丢弃或旁路输出到别的存储中记录的情况，应当监控，便于后续的系统优化。出现持久化算子的异常数据，除了可能有上游算子数据质量问题以外，也可能因持久化到外部存储时发生异常，有些场景下，可能为了追求业务连续性而牺牲数据一致性，丢弃部分数据，这些异常情况应当监控，便于后续分析优化。通过采集和汇总分析各子任务上 Operator 的指标 numRecordsIn、numRecordsInPerSecond、numRecordsOut、numRecordsOutPerSecond，可以实现接收和发送情况的监控，而异常记录数则需要在消费数据后和持久化数据前，根据异常数据情况由用户自己采集和计算异常记录数、异常记录数 QPS 指标值。

（3）算子子任务维度

监控算子子任务维度，便于分析消费算子或持久化算子在不同子任务上的数据倾斜情况，包括消费算子每个子任务的接收记录数 QPS、持久化算子每个子任务的发送记录数 QPS。可以通过采集和分析 Flink 开源 Operator 的指标 numRecordsInPerSecond、numRecordsOutPerSecond 实现。

2. 消费堆积情况

消费堆积情况可有效用于判断作业处理是否出现性能瓶颈或者异常。Flink 引擎提供反压机制，在作业处理过程中，一旦某个 Task 的处理存在瓶颈，无法及时处理 Task 输入缓冲区的数据，相应的压力可以逐步传递到上游，直至 Source 算子为止。此时 Source 算子会控制消费速率，从而对作业形成限流和保护。Task 的处理存在瓶颈可能是因为数据量突然增大，也可能是因为系统出现了某些异常，这些都会造成数据处理的延时加大，进而产生可能的业务影响。因此监控消费堆积情况有助于及早发现问题。

应当注意的是，短时的业务高峰可能会触发短暂的消费堆积，这些堆积可能随着业务快速下降而迅速被消化。这样的情况通常无须过多干预，但如果频繁发生，或者业务对处理延时有很高的要求，则应考虑优化作业，降低类似情况发生的概率。

以 Kafka Source 为例，消费堆积的监控可以通过采集 pendingRecords 指标来实现。

3. 维表关联耗时

如前文所述，在流处理作业中，开发人员常常需要将交易数据实时与维度表数据关联，获取数据加工所需的维度属性后，再做进一步加工。这种维表关联的操作，在一个作业中通常不止一次，且常常需要查询外部数据库来获取。因此维表关联耗时会直接对作业的整体吞吐量产生较大的负相关影响。当维表关联因为外部数据库性能下降，或其他原因，导致关联耗时大幅增加时，极有可能会造成作业出现反压、消费堆积。监控维表关联耗时能让运维人员及早发现问题。Flink 并未提供维表关联耗时的相关指标，需要用户自己采集和计算。作者通过扩展 AsyncTableFunction 实现了自定义的 Lookup 连接器，并在 eval( ) 方法中对每一次查询进行计数和计时，最后在自定义的 MetricReporter 中计算维表关联的平均耗时。一般来讲，监控维表关联的平均耗时指标就足够了，如果想要了解作业对维表所在数据库的查询情况，则可以再监控维表查询次数；对于使用了维表数据缓存的情况，可以监控缓存命中率，如 HBase SQL Connector 的 LookupCacheHitRate 指标。

4. Task 的繁忙情况和反压情况

Task 的繁忙情况可以帮助运维人员分析各个 Task 的负载情况，作为后续调优的参考。Task 的反压情况则可以帮助开发人员和运维人员分析作业产生故障或者性能瓶颈的原因，监控历史反压情况则有助于根据运行历史进行后续调优。这两个指标的监控通过采集 Flink 提供的 busyTimeMsPerSecond、backPressuredTimeMsPerSecond 指标来实现。

5. 迟到数据丢弃量

迟到数据丢弃可能会导致数据不一致、计算结果不如预期，如果没有相应的监控指标，则可能在发现数据不一致的情况时难以排查和分析根因。Flink 提供的迟到数据监控可参考 4.4.1 节中的 "Flink SQL 迟到数据监控" 部分，其他场景则需要用户自己的采集和计算。

4.5.2 优化并行度

生产环境的数据量通常与测试环境不同，且生产环境的数据量随着时间的变化可能会有较大的波动。数据量过大可能会导致作业发生反压和消费堆积，影响作业数据处理的时效性。当这种情况频繁发生时，就需要及时对作业进行优化，如增加资源，或者调整并行度。通过合理优化并行度，能够有效解决反压和消费堆积问题、提升作业吞吐量和资源利用率。在优化并行度时，可以从以下几个方向着手。

1）观察作业 Task 反压情况，找到首先出现反压的 Task，通常它的相邻下游 Task 为造成反压的问题所在。

2）分析造成反压的 Task，如果包含访问外部系统的算子，如访问外部数据库进行维表关联、调用外部系统接口、将数据持久化到外部存储，则这些算子很可能是造成反压的原因。可以结合 4.5.1 节介绍的监控指标和 TaskManger 的 CPU、内存的使用情况来判断，一般这类算子较多的时间消耗在 I/O 等待上，CPU、内存负载不会很高。

3）对于访问外部系统的算子造成的反压，可以考虑单独提高相应的算子的并行度来缓解，或者提升整个作业的并行度。需要综合作业的物理执行图、整体资源情况、算子间的数据分发情况等因素来确定。

4）对于数据来源为 Kafka 的作业，其消费算子的并行度，不能超过 Topic 分区的数量，否则会出现部分子任务没有数据的情况，造成资源的浪费。建议消费算子的并行度为能整除 Topic 分区数的值，避免数据倾斜。

5）对于采用 Flink SQL 开发的作业，其作业物理执行图、各 Task 的并行度由 Flink 框架自动优化，容易出现 Kafka 消费算子和维表关联算子合并到一个 Task 中执行的情况。此时，由于 Kafka 消费算子的并行度不能超过 Topic 分区数，因此维表关联算子的并行度也会受限。即便 Kafka 消费算子设置了高于 Topic 分区数的并行度，由于 Kafka 消费算子和维表关联算子在一个 Task 中执行，因此许多维表关联算子的子任务也是没有数据的。目前 Flink SQL 还不支持单独对维表关联进行并行度的设置，可以通过 DataStream API 在 Kafka 消费算子和维表关联算子中间加入一个 map 操作，将 map 操作的并行度设置为想要对维表关联算子设置的并行度。

6）在调整维表关联算子或数据持久化算子的并行度时，也应当关注调整后对维表所在数据库或持久化的目标存储的压力，判断是否会因查询或写入并发过高而导致对方负荷过高。必要时，应同步对维表所在数据库或持久化的目标存储进行优化。

建议将可能影响作业性能的关键算子的并行度、作业默认并行度都作为作业启动的可选参数，在生产环境需要调整时可以通过赋予不同的启动参数实现并行度的快速调整，避免生产应急时重新修改作业代码。

4.5.3 做好数据补偿的准备

在数据线应用日常运行过程中，系统异常、数据质量问题可能无法避免，为了满足快速响应生产应急处理的需要，建议在生产环境中准备好用于数据补偿的工具或脚本。假如因系统异常或来源数据质量问题等原因，导致流处理作业加工的结果未能达到预期，则可以通过对流处理作业持久化结果的数据源进行数据补偿，以修正对应加工结果。可以通过以下几种方式进行数据补偿。

1. 直接以其他处理系统的结果数据补偿

如果企业有另一套批处理系统定时"跑批"，计算与流处理作业相同的业务逻辑并将结果持久化到其他数据源，则可以通过该数据源将需要补偿的数据同步至流处理作业写入的目标存储。这种方式需要提前准备好相应的数据同步工具，支持根据需要选择同步的来源、数据范围、同步的目标。

2. 克隆流处理作业以补偿

通过克隆当前运行的流处理作业的处理逻辑，创建一个新的流处理作业，专门用来做数据补偿。该数据补偿作业应支持从原作业的消费数据源读取某段时间的数据，也应支持从其他数据源读取数据，如数据仓库等。使用和原作业相同的加工逻辑对数据进行处理后写到目标存储，以实现对数据的修正。这种方式，需要提前准备好补数作业的工具，能支持克隆任意流处理作业的处理逻辑，且对目标存储的结果写入应当是幂等操作，以避免产生数据不一致问题。对于这个方式，要注意以下 3 点。

1）克隆后的补数作业应当注意将消费数据设置为有界流，以 KafkaSource 为例，KafkaSourceBuilder 包含属性 boundedness，该属性用以配置有界数据流或无界数据流。当设置为 Bounded 时，在作业消费到指定的位置之后，作业任务停止，作业会处于 Finished 状态。

2）对于有界流，Flink 框架在作业处理完最后一批数据后，并不会再触发 checkpoint 操作，而是会直接转入到结束作业的流程中。因此，如果有在算子 snapshotState() 方法中执行的逻辑，则应当在算子的 finish() 方法中也进行相应的处理，以保证这最后一批数据原本在无界流处理模式下会触发的 snapshotState() 方法中的操作，在有界流中也能被正常执行。

3）如果补偿作业是从 Kafka 中消费数据的，还需要注意，在消费较早前的数据时，可能在消费过程中，尚未消费的部分数据正好因为超过了数据保留时间而被 Kafka 清理掉。此时，作业中消费 Kafka 的客户端会因此找不到相应分区的偏移量而重置当前客户端消费位置偏移量。重置后的偏移量将会是分区的最新偏移量（或最早偏移量，也可能直接报错，取决于 Kafka 客户端参数 auto.off set.reset 的值），从而导致中间的数据被跳过，没有被正常处理。

3. 有质量问题的数据

针对来源数据质量问题，可以将修正后的正常数据写入流处理作业消费的 Topic。这种方式需要确保不会对正在处理的实时数据造成影响。如果存在影响，则应采用其他方式。另外，也需要确保修正的数据能被正常处理，例如，当作业使用事件时间进行处理时，这些数据有可能被当成过期数据而被丢弃。这种方式要求作业在开发阶段就应当为可能存在的数据修正做好准备，要支持对结果数据进行更新。

以上就是运维的注意事项。

4.6 本章小结

系统在上线后取得了良好的运行效果，当业务部门习惯批量处理的时效性以后，第一次观察实时处理的业务效果时，还是挺令人满意的。

本章使用的业务场景是一个简单的业务场景，但其所用技术都是通用的，作者所在的公司也基于作业开发过程和日常运维过程中的一些经验与痛点，提炼了一些通用的功能，打造了一个集开发、测试、部署和运维于一体的一站式流处理平台，将开发人员从烦琐、重复的开发任务中解放出来，它们只需要聚焦业务逻辑的开发；为运维人员提供高效、全面的监控和干预工具，便于发现并快速解决生产问题。目前平台已接入的实时应用超过 100 个，运行了超过 1000 个流处理作业，日处理数据量超过 1000 亿，峰值 QPS 超过 500 万/秒。

随着流处理技术、流处理引擎的快速发展，以及企业对实时处理分析数据、响应业务变化的需要，流处理技术在许多实时数据处理场景中得到了广泛的应用。以下介绍一些常见的流处理应用场景，它们也是作者建设的流处理平台被实际应用的场景。

1）实时数据集成和 ETL：流处理可以用于实时数据集成和 ETL，将多个数据源的数据实时集成到目标系统中。例如，实时数据仓库可以实时从不同数据源提取数据，并进行实时转换和加载，保证数据的一致性和准确性。

2）实时数据分析和仪表盘、实时大屏：流处理可以帮助企业实时监控和分析数据，并生成实时仪表盘、报表、大屏等。例如，在线广告分析可以实时跟踪广告展示和点击数据，优化广告投放策略；电商实时销售监控可以实时监测商品销售情况，及时调整库存和推广策略；实时用户行为分析可以实时监测用户行为，提供个性化推荐和定制化服务。

3）实时预警和异常检测：许多应用需要实时监控和监测异常事件，并及时采取措施。例如，工业生产中的实时设备监控，可以及时发现设备故障并提醒需要进行维修；金融领域中的实时风险监测，可以实时检测可疑交易和欺诈行为；物联网中的实时环境监测，可以实时检测温度、湿度等指标是否超出阈值。

4）实时营销、推荐：流处理技术可以实时处理用户行为数据，并根据实时数据更新推荐模型，提供个性化推荐。例如，在电商平台上，可以实时跟踪用户浏览、购买行为，实时更新用户的推荐列表，提高用户体验和购买转化率。

5）实时金融分析和交易处理：金融领域对实时数据处理的需求非常高，流处理可以帮助实时处理市场数据、交易数据和进行风险分析。例如，通过实时股票行情分析，可以及时获取股票价格变动情况和市场趋势，支持实时交易决策；通过实时风险分析，可以实时监测市场风险，以便及时采取避险措施。

6）实时机器学习：流处理可以与机器学习算法相结合，实现实时模型训练和预测。例如，在在线广告投放中，可以实时收集用户点击数据，实时更新广告推荐模型，以便提供更精准的广告投放策略。

PART 2

第 2 部分

数 据 使 用

第 5 章 数 据 服 务

在大数据建设过程中，经常有人会问，数据服务是用来做什么的？它和业务系统里面的服务或者 API 有什么不同？说到这里，可能很多人会想到"数据即服务"（DaaS），但是用这个概念来解释"数据服务"可能太过抽象。本章主要从数据供给角度介绍数据服务的用途、实现方式以及相关技术架构，想要了解更加广义的数据服务，可以参考其他资料。

5.1 数据服务业务场景

下面先介绍一个构建联机同步数据服务的案例，此案例会详细描述开发数据服务的过程，协助读者理解本章要解决的问题。

5.1.1 构建联机同步数据服务的案例

在金融企业里，客户标签的生成和访问需求是非常普遍的。数据仓库根据交易数据、行为数据形成用户标签，为了给营销、风控、客服等众多系统提供数据，一般会采用数据服务的方式。这样，无论以上系统采用什么技术构建，都能够以统一的方式获取数据。在最简单的场景下，可以构建联机同步数据服务来访问标签数据。

1. 客户标签数据结构设计

为了使数据服务承受高并发访问，一般会使用 HBase 作为存储引擎。HBase 采用基于内存的数据访问方式，非常适合这类需要快速响应和高并发的数据访问场景。为了保证 HBase 的查询效率和扩展性要求，设计合理的表结构至关重要，其中最重要的就是 Row Key 的设计，因为它决定了数据的存储和访问方式。在设计客户标签查询引擎时，可以设计名为<customer_id>_<tag_id>_<timestamp>的 Row Key。

1）customer_id：客户的唯一标识符，可以使用字符串或数字表示。
2）tag_id：标签的唯一标识符，也可以使用字符串或数字表示。
3）timestamp：标签应用的时间戳，用于支持历史标签查询和版本控制。

使用这种 Row Key 设计，可以将同一客户的标签数据聚集在一起，便于范围查询和扫描操作。

为了保证以上数据的高效存储，还需要设计一个列族来存储标签数据的元数据。例如，设计一个名为 tag_metadata 的列族，这些列将存储有关标签的详细信息，以便在查询时进行筛选和过滤，示例如下。

1）tag_name：标签的名称或描述。

2）tag_value：标签的值或类型。

3）tag_source：标签的来源或生成方式。

4）expiration_time：标签的过期时间。

2. 客户标签数据的装载

客户标签数据量巨大，需要从多种数据源根据复杂的规则加工而来，一般会在数据仓库完成，加工结果数据再复制装载到 HBase 以构建访问服务。

参照上面定义的列族，先在数据仓库系统中（可以使用 Hive 或 MPP）形成 HBase 对应的数据接口，再使用 HBase 提供的 Put（小数据量高频更新）或 Buckload（大数据量，推荐此方法，以减少频繁更新产生的众多小文件给系统带来的压力）方法将数据加载到 HBase。加载后的示例和样本数据见表 5-1。

表 5-1 客户标签数据示例

Row Key	tag_metadata：tag_name	tag_metadata：tag_value	tag_metadata：tag_source	tag_metadata：expiration_time
12345_1_1623928800000	High Value Customer	Gold	Marketing Campaign	1626517200000
12345_2_1623928800000	Loyal Customer	5 Years	Analytics	
67890_1_1623928800000	New Customer	Silver	Registration	

3. 将标签数据的查询变为服务

使用上述表结构，可以实现对客户标签数据的各类查询，如下。

1）获取客户的所有标签：通过指定 customer_id 作为起始 Row Key 和结束 Row Key，执行范围扫描查询即可获取该客户的所有标签信息。

2）根据标签筛选客户：如果查找具有特定标签的客户，则可以使用 HBase 的过滤器（Filter）功能，在查询时指定相应的标签条件。

3）历史标签查询：通过在 Row Key 中包含时间戳信息，查询和访问历史标签数据。

为了将以上查询变为服务，可以采用 Spring Boot 等后端开发框架，并设计对应的 API。一般参照 RESTful 原则来设计查询服务接口，如设计 API："/api/v1/tags/{customerId}"，用于根据客户 ID 查询服务。

对于简单的查询，通过 URL 接收参数，如"/api/v1/tags? customerId=123"。

对于复杂的查询或输入，需要设计 POST 方法，在请求体中传递 JSON 或 XML 格式信息。

数据服务的响应和返回一般使用 JSON 作为默认的格式，响应中需要包含数据的元数据，如记录数、页码等。此外，数据服务可以使用 HTTP 状态码来表示每次操作的结果，如 200 表示成功、404 表示资源未找到、500 表示服务器内部错误等，并提供详细的错误消息或描述，帮助调用方进行故障排查。

4. 数据服务的发布和维护

使用 Spring Boot 框架可以进行数据服务的发布，构建发布包——JAR，发布包通常内嵌 Java EE Web 应用容器（默认为 Tomcat，也可选择其他 Web 应用容器），将发布包（JAR 文件）部署到服务器。在实际开发中，通常使用容器化部署，并使用 Kubernetes 编排工具来管理和扩展数据服务，配置负载均衡和自动扩缩容机制，以实现弹性部署，满足不同请求量和负载情况下的稳定运行，并通过滚动更新等方式实现零停机维护与更新。

为了保证数据服务的安全性，确保只有授权用户能够访问数据服务，需要使用 OAuth2、JWT 等身份验证机制来确保 API 访问的安全性，实现不同的授权策略。服务调用时采用 HTTPS 协议对 API 通信进行加密，并通过对输入验证和 SQL 预编译等措施防止 SQL 注入，确保数据服务访问和数据传输的安全性。

5. 案例的技术架构和处理流程

综上所述，构建这个数据服务使用了 Java Spring Boot 框架（用于构建 RESTful Web 服务），访问数据库使用了 HBase，数据加工会在数据湖和数据仓库中完成。对外则提供联机 API 和数据输出功能。

联机同步数据服务如图 5-1 所示。

● 图 5-1 联机同步数据服务

1）加工处理后的结果存储到 HBase 中，以供后续查询使用。

2）将需要对外提供的数据封装成 API，供外部查询获取。

3）在用户发起交易请求时，数据结果通过 API 返回给数据使用方。

5.1.2 案例扩展

以上是构建联机同步数据服务的一个案例，以这个案例为基础，业务场景还会扩展为联机异步数据服务、流式数据服务和文件数据服务。

1. 扩展为联机异步数据服务

如果业务系统一次要请求查询的数据量非常大，那么使用联机同步数据服务会有 3 个问题：一是查询请求时间长可能导致超时；二是响应时间长的请求占用连接数，影响系统并发能力；三是大量数据加载到内存中会导致内存溢出。

需要更高并发访问以及每次服务返回更多的数据量，可以将部分联机同步数据服务转为异步服务。因为异步逻辑比较复杂,所以这里将用时序图表示,如图 5-2 所示。

● 图 5-2 联机异步数据服务架构

联机异步数据服务的主要逻辑是将原来同步的查询请求转换成异步,数据服务接收了业务应用请求后,先返回异步查询任务编号,而后查询数据库将结果保存到对象存储。保存完成后,告知业务应用已经准备好查询结果文件,并把下载地址传给业务应用,业务应用通过地址去对象存储下载。

2. 扩展为流式数据服务

如果数据加工和供给过程中涉及大量的连续数据,则需要将部分服务转换为流式数据服务。如图 5-3 所示,数据服务实时订阅 Kafka 加工结果的数据,将结果推送给订阅特定数据的业务应用。

● 图 5-3 流式数据服务架构

3. 扩展为文件数据服务

对于有些业务场景,如监管,业务系统会订阅数据仓库中加工生成的文件,如图 5-4 所示。

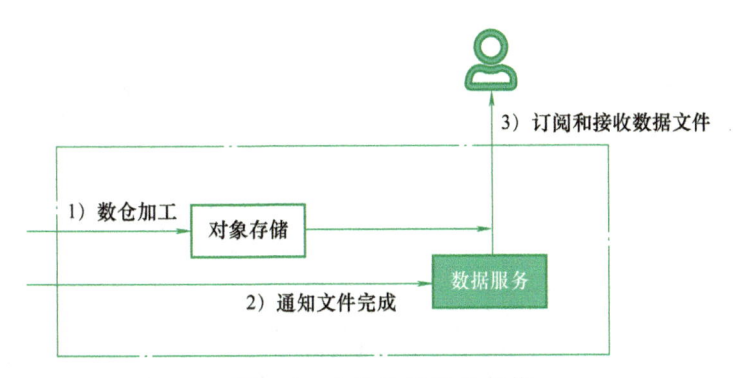

● 图 5-4　文件数据服务架构

5.1.3　数据服务的需求

对于上述 4 个案例里面的数据服务，需要考虑如下功能。

1. 认证鉴权

认证鉴权会判断要调用这个服务的业务系统是否在允许的系统当中，以及这个业务系统是否有权限访问对应的数据。

2. 数据库访问

因为数据服务要访问的数据库多种多样，所以需要做好各种数据库的适配工作。

3. 监控

任何一个服务都需要配置好监控，以及做好日志收集分析工作，为以后生产运行的问题排查打好基础。

4. 高可用

数据服务本身需要实现负载均衡、流量控制、熔断、故障恢复等功能。

5. 服务的管理

想要开发、维护服务，就要考虑到服务的上线、路由、下线以及动态管理，如服务冻结、解冻功能。

以上这些功能是建设数据服务时需要实现的。为了减少各个业务项目组"重复建设轮子"的成本，以及复用类似功能的服务器，可建设一个通用的数据服务组件（也可以叫平台），将上述的类似功能都标准化和平台化，同时也会降低各个业务项目组创建数据服务的门槛。

5.2　规划的功能架构

有了原始需求，接下来先规划数据服务功能架构。

结合之前数据服务的共同需求，以及平台化所需建设的功能，可以得到如图 5-5 所示的功能架构。整个数据服务平台分为几个模块：服务访问代理、网关层、服务管理、数据服务和数据访问代理。

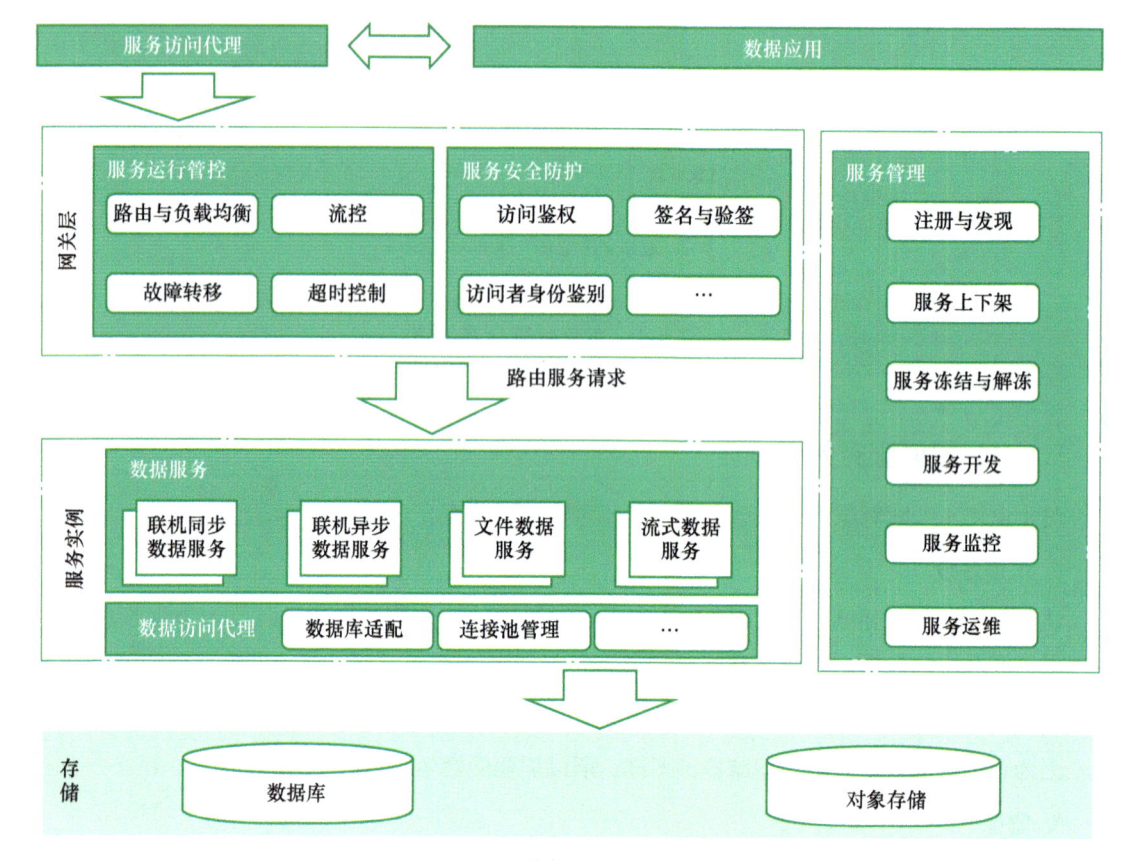

● 图 5-5 数据服务功能架构

1. 服务访问代理

服务访问代理作为数据业务应用的代理，访问数据服务，包含的功能有请求与响应报文的构造和解析、安全相关控制、简化访问过程和降低复杂度、运行监控和信息上报。例如，对于联机异步数据服务的异步逻辑，可以封装在代理层，让业务应用只需要简单调用一些 API；对于文件数据服务，新文件状态的轮询、下载续传等共用功能都可以封装在代理层；请求报文的加、解密等操作也可以封装在代理层。

2. 网关层

网关层可以完成具体数据服务的路由、流量控制、熔断，以及一些安全功能，如认证、鉴权、签名等，这些都是每个数据服务需要具备的共同功能。

3. 服务管理

服务管理主要包括平台为了简化数据服务的开发和管理所建设的一些管理类功能，如可视化开发配置数据服务、服务注册和发现、上下架、冻结与解冻、监控和其他运维功能。

4. 数据服务

数据服务是真正实现 4 种数据服务功能需求的实例。

5. 数据访问代理（查询引擎）

在构建数据服务过程中，不可避免地要和底层存储计算引擎交互。在大数据场景下，数据存储技术多种多样，有关系数据库（Oracle、MySQL、MPP 等），也有 NoSQL 数据库（HBase、Elasticsearch、时序数据库和图数据等）。为了简化数据服务的开发，引入"数据访问代理"层，以统一的方式访问各种数据库，实现跨多个数据库实例或多个异构数据源的访问。因为这个访问代理容易和服务访问代理混淆，所以之后称其为查询引擎。

5.3 建设思路

接下来展开介绍每一层的建设思路。

5.3.1 服务访问代理层

服务访问代理作为数据服务的关键模块，为数据使用方提供了标准、安全的方法来使用数据服务，确保在请求访问和数据处理传输中的完整性与安全性。

1. 服务访问代理的主要功能

服务访问代理的主要功能如下。

（1）请求报文构造与响应报文解析

数据使用方需要访问某个数据服务时，服务访问代理会协助构造一个符合标准格式的访问请求报文，确保数据服务能够正确地理解和处理这个请求。当数据服务返回响应时，访问代理会解析这个响应报文，并将其转换为用数方可以理解和使用的格式。

（2）安全控制

为了保证数据传输的安全性，服务访问代理会对发出的服务请求进行签名和加密处理，确保即使数据在传输过程中被截获，攻击者也无法轻易读取或篡改其中的内容。同样，当代理接收到响应报文时，会进行验签和解密操作，以确保报文数据的准确性和完整性。

（3）请求路由与故障转移

借助"服务管理与注册"提供的服务定义信息和服务可用信息，服务访问代理可以实现对请求的路由分发，即根据网络状况和服务实例的负载选择最优的路径。如果某个服务实例发生故障或不可用，则服务访问代理还具备故障转移的能力，自动将请求重定向到其他可用实例上，保证系统的连续性。

（4）简化访问过程与降低复杂度

对于用数方来说，访问某些类型的数据服务可能会涉及复杂的细节，服务访问代理通过封装这些细节，为用数方提供简化的访问接口，降低访问的复杂度。这不仅提高了用数方的开发效率，还减少了因直接操作底层而引起的错误和不稳定性方面的问题。

（5）运行监控与信息上报

在数据服务访问交互过程中，服务访问代理会记录访问端的运行信息，如请求处理时间、响应状态码、传输的数据量等，这些信息对于监控和诊断数据服务运行状态非常有价值。因此，服务访问代理可以将这些信息上报给集中监控系统，以便数据服务发布方系统管理员能够实时了解系统运行情况。

2. 部署形式

服务访问代理有两种部署形式，一种是以嵌入式 SDK 的方式提供给业务应用，另一种是独立部署。

作者所在项目组的主要开发语言是 Java，因此如果要提供 SDK，就会以 JAR 的形式提供。但是业务应用的开发语言不止 Java 一种，还有 C 和 Python 等其他语言，后面考虑只能以类似边车的形式提供。

边车模式是指将一部分功能组件与主功能组件分离，然后单独部署，分离出来的功能组件能够实现较高的隔离和封装特性。这就像三轮摩托车中摩托车（主功能）和挎斗（又叫边车，分离的组件）的关系，两者相对独立，但挎斗又是三轮摩托车必不可少的一部分。在此模式中，主功能和分离的功能在实现技术和运行上下文等方面都相对独立，可以使用不同的语言、技术实现，如图 5-6 所示。总结一下，边车模式有以下几个特征：

1）主应用组件和分离应用组件（边车，这里就是服务访问代理）实现了完整的应用能力。

2）主应用组件与分离应用组件共享同一个生命周期。

3）主应用组件和分离应用组件部署在同一个虚拟机、操作系统或容器中，但运行在不同进程中，之间保持相对独立。

4）主应用组件和分离应用组件之间通过跨进程的接口进行交互。

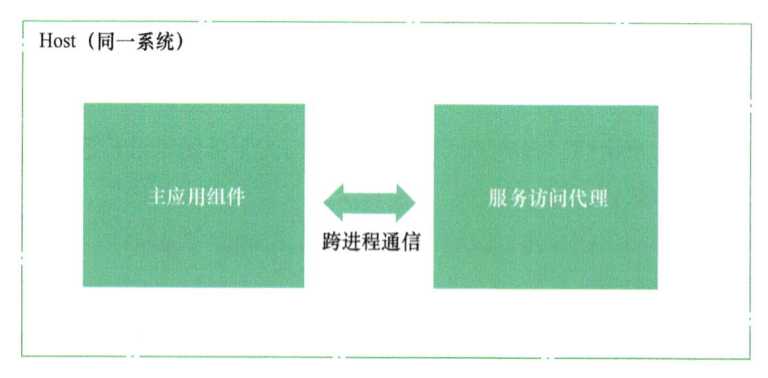

● 图 5-6 服务访问代理部署形式

总的来说，边车功能作为独立于其主程序的运行环境和语言的实体，实现过程并不受主程序实现方式的约束。这种独立性使得边车能够与主程序共享同一主机系统的资源，同时保持一定的自主运行能力。由于边车和主程序部署在同一主机内，之间的通信属于进程间通信，而非远程通信，从而确保了通信延迟在可控范围内。具备这种特性，即便面对不具备扩展性机制的应用程序，也能通过边车作为独立进程附加到主程序所在的主机或子容器中，实现功能的有效扩展。虽然边车模式具有上述优点，但是由于边车组件需要建立自己独立的依赖项，因此可能存在一定功能的重复，并且可能造成运行延迟，导致部署复杂度的增加（如果业务应用使用容器部署，则部署和管理的复杂度大大降低)。

5.3.2 网关层

1. 网关技术选型

业界有较为成熟的开源网关软件,如 Spring Cloud Gateway、Zuul、OpenResty 和 Kong 等。这几种网关技术的对比见表 5-2。

表 5-2 网关技术对比

对比项	Spring Cloud Gateway	Zuul 1.×	OpenResty	Kong
开发语言	Java	Java	Nginx+Lua	Nginx+Lua
社区活跃度(GitHub Star)	4k	12.6k	11.3k	34.8k
使用难度	中(需要掌握 WebFlux 框架)	低	高(需要学习 Nginx 和 Lua 语言、编程模型)	高(需要学习 Nginx 和 Lua 语言、编程模型)
原生支持协议	HTTP、HTTPS、gRPC	HTTP、HTTPS	HTTP、HTTPS、gRPC、WebSocket	HTTP、HTTPS、gRPC、WebSocket
路由能力	Host、URL path	Host、URL path	Host、URL path	Host、URL path、HTTP Method
是否自带限流	是	否	否	是
是否有管理界面	否	否	否	第三方开源实现 Konga
功能扩展方式	编写 filter	编写 filter	基于 Nginx 的扩展机制	编写插件
扩展难度	中(需要理解 WebFlux)	低	高	中高(需要理解 Lua)
性能	中高(异步框架)	中	高	高
是否支持云原生	是	是	否	是

在整体能力方面,Kong 和 OpenResty 的性能都比较强,Spring Cloud Gateway、Zuul 的性能都略差一些,但对于 Java 开发者来说,Spring Cloud Gateway 的开发复杂度和成本更低,读者可根据实际情况选择。

作者最终选用 Kong 作为网关,主要原因有两点:一是性能,二是其自带的功能比 OpenResty 强一些。之所以将性能作为第一优先级考虑,是因为项目隔离。

2. 项目隔离

在搭建数据服务网关层的时候,需要决定各个业务应用项目组是共用一个网关层,还是每个项目组独立部署网关层。

网关不会执行复杂的计算,不承载业务逻辑,较为依赖 I/O 资源,CPU 资源使用相对较少,整体资源消耗与接入请求密切相关。因此,从整体资源消耗(硬件资源、日常运行维护成本等)角度来看,不推荐一个项目使用一个网关(这是选择使用 Kong 的一个原因,相对来说,Kong 的资源消耗更小),而应多个项目使用一个网关;但若出现重量级项目,其访问量巨大,既怕被其他项目的请求影响,又担心其影响其他项目的请求分发,这个时候可以单独为这个项目配置单独网关；或者，随着业务的发展，网关部署会出现分裂，如按业务领域来分，不同业务领域都应有自己的网关。

从业务隔离的角度来说，给每个项目组部署一套独立的网关是最优的，但又考虑，如果隔离，那么各个网关前面肯定还会设置负载均衡，负载均衡也存在是否要隔离的问题。作者所在团队最终决定，所有项目组共享一个网关集群，因此要保证网关的高可用性和性能，而对于这两点，Nginx 都可以保证，另外 Nginx 资源消耗小，这些都是选择 Kong 的原因。

5.3.3 服务管理层

服务管理层中大部分功能都对应企业自定义的需求，除了注册中心以外，目前市面上还找不到可以直接使用的开源软件。所有开发出来的数据服务都需要注册到注册中心，让网关层感知和路由。而市面上注册中心的开源技术比较多，如 ZooKeeper、Eureka、Consul、Nacos 等。这些技术的对比见表 5-3。

表 5-3 注册中心技术对比

对 比 项	ZooKeeper	Eureka	Consul	Nacos
CAP 的能力	CP	AP	CP	AP 和 CP
健康检查	基于连接可用性	通过心跳检测	支持 TCP、HTTP 多协议、多种方式	支持 TCP、HTTP 多协议、多种方式和自定义
负载均衡	不支持	不支持	借助 Fabio 实现，支持多种负载均衡策略	支持多种负载均衡策略
统一配置信息存储	支持	只支持存储服务的元数据（MetaData）	支持	支持
变动感知方式	推送变更通知，客户端获取	客户端长轮询获取全量或增量变更	客户端长轮询获取全量或增量变更	客户端长轮询获取全量或增量变更
注册中心的运行监控	提供运行指标，能够支持第三方监控	提供运行指标，能够支持第三方监控	提供运行指标，能够支持第三方监控	提供运行指标，能够支持第三方监控
注册中心的安全管控	提供 ACL 和简单的身份验证机制	只提供了简单的身份认证机制	提供了 ACL 的访问控制、身份认证、传输加密等较完整的安全防护能力	提供了 ACL 的访问控制、身份认证、传输加密等较完整的安全防护能力
实现语言	Java	Java	Go	Java
支持多数据中心	不支持	不支持	支持	支持

作者当初做项目的时候，Nacos 还不流行，最终选择了 Consul 作为服务管理的注册中心，主要原因是数据服务本身除了保存名称和服务器节点信息以外，还需要保存大量的相关属性，如服务的授权、流量配置等，Consul 正好支持多数据中心。如果放到现在来选型，或者做一次架构重构，就会迁移到社区活跃度和功能丰富程度更好的 Nacos 上。

5.3.4 数据服务

数据服务这一层才是真正运行业务逻辑的实例层。

这一层主要考虑的也是部署形态。对于同步联机数据服务和异步联机数据服务来说，其中带有的业务逻辑比较多，因此每个项目组的服务独立部署比较容易理解。比较特别的是，对于流式数据服务和文件数据服务，从之前的需求描述可以看出，订阅型服务的业务逻辑是通用的，每个项目组的处理逻辑除了少部分配置不一样以外，其他基本相同。所以这里需要考虑的一个问题是，对于订阅型服务，有必要对每个项目组都独立部署实例吗？

经过团队多次讨论，还是决定独立部署，原因如下。

1）项目组之间需要隔离，不能因一个项目组的服务出现资源占用问题或者故障而导致其他项目组服务不可用。

2）在容器化后，提供给服务的 CPU 使用配置可以达到毫核级别，即一份 CPU 资源可以被切分成 1000 小份并分配，因此只要将给不同项目组订阅型服务的资源设置得足够小，就不用担心资源浪费的问题（其实非整数型的 CPU 配额实际上并没有独占 CPU，而是使用共享池的 CPU）。

3）订阅型服务本身对延时的要求比较低，加上数据不是联机的，即使服务出故障，也不会丢失数据，服务恢复后继续消费数据即可，因此对高可用的要求也就没有网关层那么高。

4）最重要的一点是，容器化除了资源隔离以外，还带来了部署维护的便利，让独立部署的代价变得非常小。

因此，在数据服务这一层，每个项目组的每种数据服务都可以独立部署。

5.3.5 数据访问代理（查询引擎）

查询引擎涉及的主要决策点也是部署形式，有以下两种形式。

1. 内嵌式 SDK

内嵌式 SDK 与数据服务部署在相同的运行环境中，具有部署、运行、维护便捷的特点（无须单独部署和运行维护）。不过，此种方式功能有限，只能进行简单的计算，且受到数据规模和复杂度的限制。内嵌式代理通常借助于 Calcite 等工具对请求中的 SQL 进行解析，并根据所访问数据库语法做适配转换。

2. 独立查询引擎服务

独立查询引擎需要单独部署。它具备更强的计算能力，更容易横向扩展，对于不同的数据库，能够进行更复杂的适配转换，对于非 SQL 类的数据库，可以通过一定的转换来适配 SQL。但是独立查询引擎结构比较复杂，通常使用分布式计算架构，需要多个调度节点和负载节点同时运行，给日常的运行维护带来了很大的挑战。

如果使用独立查询引擎服务，则需要考虑是共享还是每个项目组独立部署，前者需要引擎提供相应的隔离机制，确保引擎运行资源和故障按照项目进行隔离，极大地增加功能和运维的复杂度，后者大大增加资源和运维的复杂度，收益成本比太低。

作者最终决定使用内嵌式 SDK 部署形式，也就是以 JAR 的形式嵌入数据服务中，主要是为了实现资源隔离，因为 JAR 本身不占用部署资源，而是直接使用数据服务的资源，数据服务本身已做好资源切分。

5.4 整体架构和时序图示例

5.4.1 整体架构

数据服务平台整体架构如图 5-7 所示。

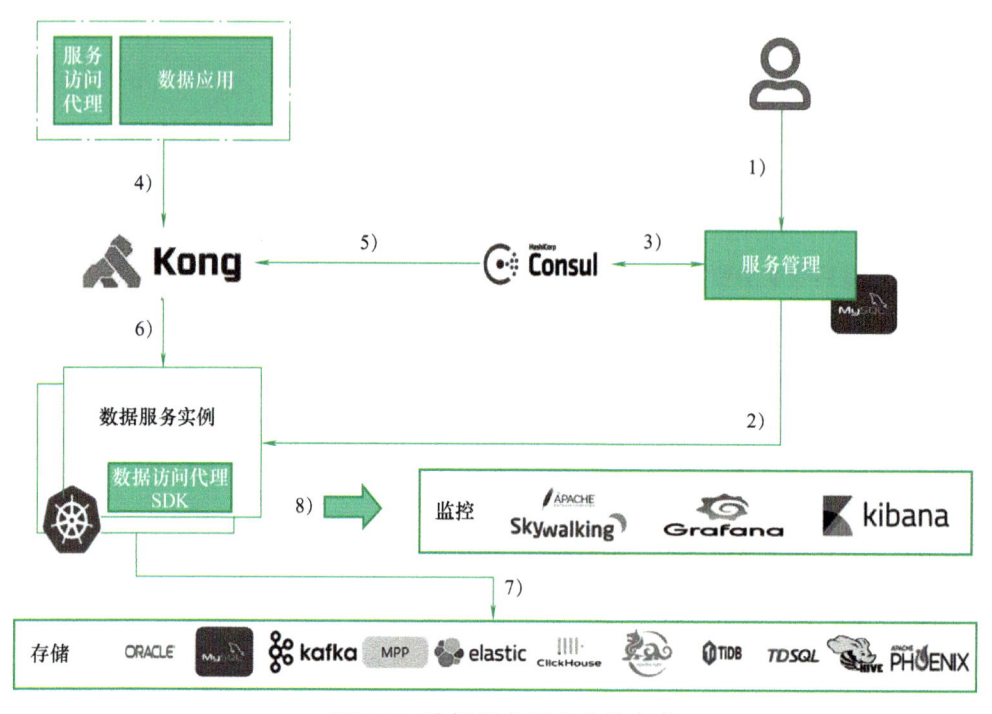

● 图 5-7 数据服务平台整体架构

1）数据服务的开发人员在服务管理当中创建和管理数据服务，服务管理自身的管理数据保存在 MySQL 中。

2）数据服务创建发布后，会到 Kubernetes 集群当中申请资源并且运行服务实例，所有的服务实例都部署数据访问代理的 SDK。

3）服务管理将所有运行的服务实例和数据服务的相关配置、授权信息注册到 Consul 中。

4）每个数据应用的服务器节点上同时运行一个服务访问代理的进程，数据应用通过代理进程访问 Kong 网关。

5）Kong 网关从 Consul 拉取运行的服务实例配置以及安全控制信息（如权限数据等）。

6）Kong 网关首先对服务请求进行安全处理，如身份认证、鉴权等，然后将请求按照预定的负载均衡策略路由到合适的数据服务实例。

7）数据服务实例通过数据访问代理 SDK 访问数据仓库中的数据存储。

8）所有的数据服务运行状况数据都会被收集到监控系统中，监控系统通过 SkyWalking、

Grafana、Kibana 收集和展示监控数据。

注意，服务管理里面其实有很多组件，基本包含了整个数据服务平台的所有功能。

5.4.2 时序图示例

下面用文件数据服务访问时序图介绍一下服务调用流程，如图 5-8 所示。

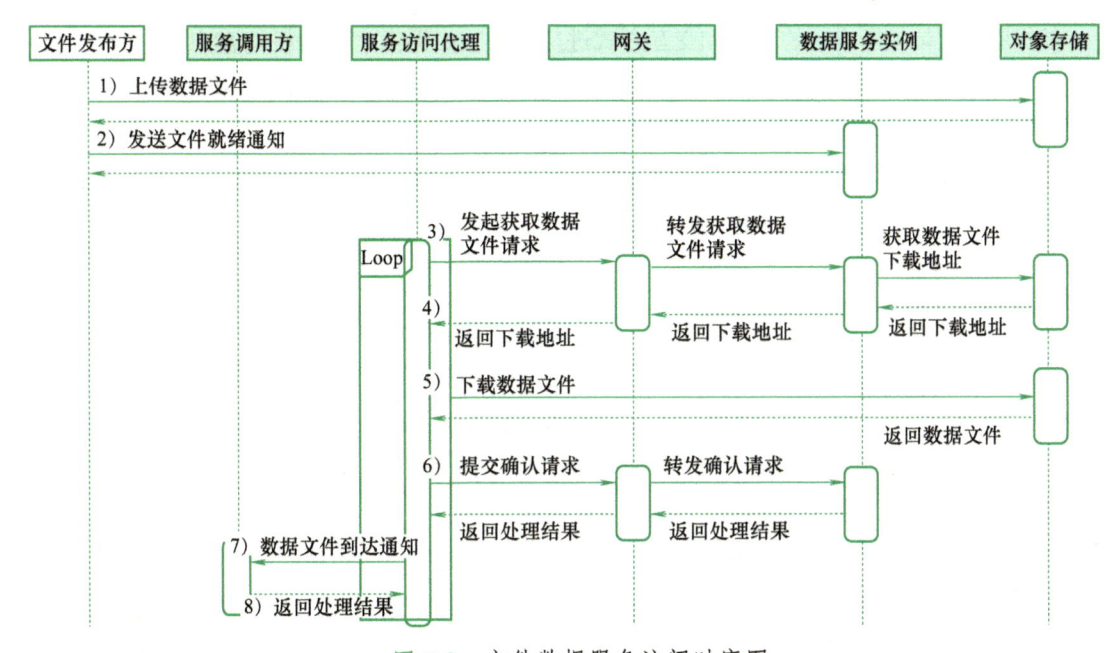

● 图 5-8 文件数据服务访问时序图

1）数据文件发布方（数据集成作业、数据采集作业）将加工后的文件上传到对象存储中。

2）数据文件发布方通知数据服务实例，某个数据文件已经就绪。

3）为保证每个调用应用（消费组）只会收到一份完整的数据文件，且传输或接收异常不会导致数据丢失，采用"获取数据（pull）- 确认获取数据（commit）"的机制。数据访问代理发起获取数据文件请求。

4）如果没有新的数据文件，则服务访问代理等待下一次轮询。如果收到新文件下载地址，则返回文件下载链接（经过预签名处理，只能指定订阅下载）。

5）服务访问代理通过下载地址直接去对象存储当中下载文件。

6）下载成功后，通知服务实例。

7）服务访问代理通知服务调用方（数据应用），数据文件已经到达，数据业务应用开始针对数据文件的业务逻辑进行处理。

8）服务调用方（数据应用）处理完数据文件后，告知访问代理。

从上述流程可以看出，对于服务调用方来说，只需要响应数据文件到达的回调事件，其他逻辑完全由访问代理处理，开发工作量非常少，甚至不会感知到数据服务的存在。

其他类型数据服务的逻辑与之类似，这里不再赘述。

5.4.3 注意事项

对于很多企业来说，数据服务是一个全新的领域，可能会在开发过程中遇到一些难点。本节会结合在金融场景中构建数据服务时遇到的问题总结一些注意事项。

1. 数据服务划分粒度

数据服务要依据所供给的数据和交互方式进行划分，如提供"银行机构客户存款变动情况"和提供"银行客户贷款变动情况"可能需要分为两个数据服务。如果提供"银行机构客户存款变动情况"数据，但是需要通过两种不同方式（HTTP API 方式、流数据方式），则同样需要划分为两个不同的数据服务。之所以要划分到这么细的粒度，除了交互方式不同以外，也是为了确保服务占用资源的隔离、数据权限的管控以及数据使用统计和审计。

2. 服务的管理

数据服务的管理，不应该只是管理访问哪些数据，还需要管理数据服务的交互方式。交互相关的信息包含交互模式（如请求响应方式、发布订阅方式等）、服务水平协议（SLA）、服务质量（QoS）以及不同交互方式下不同的访问入口信息（如基于 HTTP 交互模式需要定义服务 HTTP URL，流数据发布订阅模式需要定义订阅请求的接口）。

下面列举了一些例子。

1）联机同步/异步数据服务通常有"请求响应超时时间""访问并发量""返回数据最大条数"和"数据分页控制"等控制。

2）流式数据服务通常有"服务最大订阅数""应用允许最大订阅数""单位时间最大推送数量"和"轮询频度"（采用轮询方式）等控制。

3）文件数据发布/订阅方式的服务通常有"最大文件订阅数""文件重传最大确认时间"（接收方在收到文件后会发送"文件已收到"指令，若服务方在"文件重传最大确认时间"后仍然未收到"文件已收到"确认指令，则认为文件传输失败，需要重新传输文件）和"允许断点续传最大间断时间"等控制。

3. 数据服务的访问

数据服务的多样性给用数方使用数据服务增加了复杂度，所以，一方面，要规范化服务交互方式，如 HTTP 作为标准化的请求响应方式、采用 RESTful 风格的 API；另一方面，要充分考虑网络以及其他基础设施的情况。例如，从服务交互的便捷性上来说，首推使用 WebSocket 技术来实现主动推送，但相关代理服务器是否都支持 WebSocket，需要考虑；为了保证一定的灵活性（适应不同的网络情况），发布订阅通常会同时支持轮询和主动推送两种方式，并使用不同技术实现（轮询基于 HTTP API 技术，主动推送使用 WebSocket 技术）。

5.5 本章小结

整个数据服务平台上线后，为业务应用项目组开发、发布、管理、访问和运维数据服务提供了全面的支撑能力，已接入业务应用数有 100 余个，累计发布各类型数据服务近万个，日平均调用量达到千万级水平。该平台至少达到了以下 3 个效果。

（1）降低研发成本

大大减少了各个项目组的开发成本，估算每个项目组都至少节省了 90%。

（2）降低运维成本

大部分运维功能都由该平台提供，相当于一个平台接手了 100 多个项目组的运维工作量。

（3）提升高可用性

项目组之前自建数据服务的时候，并没有在高可用性上花费太大精力，迁移到平台后，直接由平台提供全面的高可用和监控支撑。

数据服务在市面上并不是一个通用的概念，作者在和客户交流的时候发现，每个客户对数据服务的理解都不太一样。虽然本章介绍的数据服务场景算是有一些公司特色的场景，但是用数的场景是通用的，即人用数或者系统用数，而对于系统用数，最终的理念和本章内容并不会相差太多。希望本章内容对读者有一定的参考意义。

第6章 数据加速

随着金融业对大数据多维分析的需求持续增长，数据访问加速引擎在多维分析场景下显得尤为重要。数据访问加速引擎种类繁多，只有对查询分析引擎技术有所了解，才能结合具体业务场景和引擎技术特性，选择适合的查询分析引擎。本章提供的场景是数据访问加速场景，不会讨论查询分析场景的定义和范围，而是简要介绍一下大数据访问加速领域的一些业务场景，希望可以帮助读者拓宽思路，并提供参考。

6.1 数据加速业务场景

因为业务快速发展，公司传统的数据分析模式无法从分析到监测实现数据驱动的完整闭环，所以存在以下痛点。

1）业务人员获取数据较难，业务需求的变更需要不断循环数据开发、报表开发、功能上线的流程，整体链路长，变更也较为困难。

2）基于现有前端开发的报表和数据监测看板等，想要分析、探索业务非常难，数据分析的广度和深度都较难满足业务下钻探索的需求。

假设零售交易分析场景中，有1张事实表：订单表（lineorder），3张维度表：顾客表（customer）、供应商表（supplier）、零件表（part）。这4张表的表结构分别见表6-1~表6-4。顾客量为50万，供应商为50000，零件有100万，每日订单数据量为10亿笔，每笔数据量按1KB计算，约1TB，若保留周期为180日，则预计占用空间为1TB×180=180TB。客户要求能支持日表、月表、年度类报表的统计，业务并发度为75QPS，查询时效要求秒级响应。多达上千亿条记录，多维数据组合下的聚合查询还要求秒级响应时间，这样的数据量给团队带来了巨大的挑战。

在年度类报表的统计中，假定业务要求分析1997年或1998年中，供应商来自国家"UNITED STATES"，零件类别为"MFGR#14"的零件的销售利润，且按订单日期、供应商所在城市名称、零件品牌进行分组和排序。如果用传统关系数据库，那么时效性肯定无法保证，如何在1800亿条记录中快速进行分析计算，以满足客户查询时效的要求？答案是使用OLAP技术进行数据访问加速，这样才能满足客户的需求。

表 6-1　顾客表（customer）

字段名称	英文名称	字段类型	约束
顾客编号	C_CUSTKEY	UInt32	主键
顾客名称	C_NAME	String	
家庭住址	C_ADDRESS	String	
城市名称	C_CITY	String	
国家名称	C_NATION	String	
地区名称	C_REGION	String	
联系电话	C_PHONE	String	
市场分区	C_MKTSEGMENT	String	

表 6-2　供应商表（supplier）

字段名称	英文名称	字段类型	约束
供应商编号	S_SUPPKEY	UInt32	主键
供应商名称	S_NAME	String	
供应商地址	S_ADDRESS	String	
城市名称	S_CITY	String	
国家名称	S_NATION	String	
地区名称	S_REGION	String	
联系电话	S_PHONE	String	

表 6-3　零件表（part）

字段名称	英文名称	字段类型	约束
零件编号	P_PARTKEY	UInt32	主键
零件名称	P_NAME	String	
制造厂家	P_MFGR	String	
零件类别	P_CATEGORY	String	
品牌	P_BRAND	String	
颜色	P_COLOR	String	
类型	P_TYPE	String	
尺寸	P_SIZE	UInt8	
包装	P_CONTAINER	String	

表 6-4　订单表（lineorder）

字段名称	英文名称	字段类型	约束
订单编号	LO_ORDERKEY	UInt32	联合主键
订单明细编号	LO_LINENUMBER	UInt8	
顾客编号	LO_CUSTKEY	UInt32	

(续)

字段名称	英文名称	字段类型	约束
零件编号	LO_PARTKEY	UInt32	
供应商编号	LO_SUPPKEY	UInt32	
订单日期	LO_ORDERDATE	Date	联合主键，分区键
订单优先级别	LO_ORDERPRIORITY	String	
运输优先级别	LO_SHIPPRIORITY	UInt8	
零件数量	LO_QUANTITY	UInt8	
订单明细价格	LO_EXTENDEDPRICE	UInt32	
订单总价格	LO_ORDTOTALPRICE	UInt32	
折扣	LO_DISCOUNT	UInt8	
收入	LO_REVENUE	UInt32	
供应价格	LO_SUPPLYCOST	UInt32	
税率	LO_TAX	UInt8	
委托日期	LO_COMMITDATE	Date	
装运方式	LO_SHIPMODE	String	

6.2 技术选型

OLAP 技术发展至今，其引擎技术种类非常多，已呈百花齐放之势。对于主流的开源 OLAP 技术，若按架构体系分类，则可分为 Hadoop 体系（有 Impala、Hive、Spark SQL 等）、MPP 架构（有 Presto、Greenplum、ClickHouse、Doris 等）、搜索引擎架构（有 Elasticsearch、Solr 等）和预计算架构（有 Kylin、Druid 等）。

6.2.1 选型维度介绍

基于该零售交易分析场景，要求支持多个维度的灵活查询或汇总分析，日均 10 亿条数据，实时数据写入和实时查询，以及查询性能达到秒级。当然，在留存分析或漏斗分析过程中，还要求支持位图处理。这就涉及下列 4 个难点或痛点。

1）查询性能：如何保证关联查询、明细查询、聚合查询的性能？

2）资源瓶颈：随着数据量的增多，免不了存在资源瓶颈，如何解决资源瓶颈问题？

3）灵活查询：在数据分析中，若涉及留存分析、漏斗分析等复杂计算模型及分析维度不固定无法做预测的场景，如何在保证灵活查询的同时实现秒级响应？

4）实时分析：如何保证离线数据或流式数据快速写入并可查？

了解了数据分析场景中的难点和痛点后，基于该零售交易分析场景的业务需求，需要从以下几方面选择适合的 OLAP 技术。

1）适应性：选择的技术要能覆盖大部分分析场景，不需要通过增加额外的其他技术来支持多样化的业务需求，因为会使架构的复杂性提升。

2）扩展性：海量数据是 OLAP 技术的基本特征，想要有很好的扩展性，需要支持单集群百台以上服务器，支撑每天百亿+的数据分析计算。

3）灵活性：支持任意维度组合，可以灵活地调整数据指标，动态增、删列，以及很好地响应业务需求。

4）时效性：支持分钟级/秒级端到端的数据延时，使得业务人员能够即时看到分析结果并进行战略性调整。

6.2.2　ClickHouse、Kylin、Elasticsearch 和 Doris 的对比

面对前面列出的很多 OLAP 技术，项目组在做选型的时候，请来很多厂商进行交流，其中有提供 OLAP 产品的厂商，也有一些大型互联网公司。同时，对市面上一些常见 OLAP 技术做了性能测试，其中 4 种 OLAP 技术的对比见表 6-5。

表 6-5　4 种常用 OLAP 技术对比

对比项	ClickHouse	Kylin	Elasticsearch	Doris
适用场景	1）宽表数据分析 • 用户标签 • 明细查询 2）实时分析	1）预计算聚合 • 固定报表 • 指标平台 2）准实时分析	1）完全搜索场景 • 日志搜索 • 指标平台 2）近实时分析	1）多表复杂关联 • 实时看板 • 即席查询 2）实时分析
弹性扩展	扩展性强，存算一体的架构，数据无法自动重分布，集群规模太大时，ZooKeeper 会有瓶颈	本身不存储数据，扩展性依赖于 Hadoop 存储能力和计算能力的扩展	扩展性好，存算一体的架构，扩容后集群会自动将现有的数据进行重新分片和重新平衡	扩展性强，存算一体的架构，扩容后集群会自动将现有的数据进行重新分桶和重新平衡
查询能力	• 秒级响应 • 有限并发 • 非标准 SQL • 不支持 MDX • ODBC/JDBC/API • 关联性能差	• 亚秒级响应 • 高并发 • 标准 SQL • 支持 MDX • ODBC/JDBC/API • 支持多表关联	• 秒级响应 • 高并发 • 非标准 SQL • 不支持 MDX • ODBC/JDBC/API • 不支持多表关联	• 秒级响应 • 较高并发 • 标准 SQL • 不支持 MDX • ODBC/JDBC/API • 支持多表关联
灵活分析	适合宽表灵活分析和聚合计算	适合有固定模式的聚合查询	适合条件过滤记录数较少的分析	适合多表关联灵活查询
其他方面	不支持事务，可保证 100 万以内数据导入的原子性，DDL 无事务保证	不支持更新，存储成本高，运维成本高	不支持精确去重	不支持事务，但支持数据导入事务及原子性

从这个表中，其实并不容易选出最合适的技术，不过在灵活分析这个场景当中，Elasticsearch 的限制比较高，并且通过项目组做的性能对比，Elasticsearch 的查询能力和其他技术相比，差距比较大，所以就把 Elasticsearch 从备选方案中去掉了。

因为性能对比的数据受硬件、调优能力、测试数据等因素的影响比较大，所以，为了避免误

解，这里不贴出对比数据。如果读者想在做性能对比前对 OLAP 性能数据有一个初步的认识，则可以参考资料：https://benchmark.clickhouse.com/。

接下来会对比 ClickHouse 和 Doris，以及 ClickHouse 和 Kylin 这两组技术。

6.2.3　ClickHouse 和 Doris 的对比

ClickHouse 和 Doris 都能够满足业务场景的需求，且两者技术定位基本一致，都专注于 OLAP 分析场景。在选型期间，项目组特地做了 ClickHouse 和 Doris 的对比。

1. 社区活跃度

在社区活跃度方面，ClickHouse 的社区相当活跃，有 39.3k 的 Star。

2. 功能

在功能方面，相对 Doris 来说，ClickHouse 在物化视图、引擎种类、各类函数方面更丰富。

3. 运维

在运维方面，如节点扩、缩容，ClickHouse 需要投入更多的研发力量做定制开发，而 Doris 支持集群在线动态扩、缩容，有比较完善的运行维护支持功能。

4. 数据导入

在数据导入方面，Doris 提供了导入的事务支持，可以保证导入的幂等性。而 ClickHouse 不支持事务，需要在外部做各种校验和检查，只能保证 100 万以内数据导入的原子性，但不保证一致性，而 Doris 可保证数据一致性。所以，在导入性能方面，Doris 相对差一些。

5. SQL 优化

在 SQL 优化方面，Doris 兼容 MySQL 语法，而 ClickHouse 部分支持 SQL-2011 标准，应用迁移至 ClickHouse 的改造量相对较大。

6. 关联场景

在关联场景方面，Doris 使用 CBO 和 RBO 结合的优化策略，而 ClickHouse 不支持 CBO 优化，故在多表关联中，其性能相对 Doris 差一些。

7. 并发度

在并发度方面，ClickHouse 的并发度很低，而 Doris 的并发度高。

从上面 ClickHouse 和 Doris 的简单对比来看，并不能够直接让项目组有定论。然而，后来项目组选择了 ClickHouse，理由如下。

1）ClickHouse 社区比较活跃，技术成熟度比较高。当时，在做技术选型的时候，Doris 还处在初级阶段，不像现在，它已经逐渐壮大起来。

2）ClickHouse 适合大宽表。对于灵活查询的需求，绝大部分都是通过加工成大宽表来实现的。在选型的时候，发现只有 ClickHouse 擅长这一块。

基于上述两个原因，项目组选择了 ClickHouse。

6.2.4 ClickHouse 和 Kylin 的对比

项目组后续还进行了 ClickHouse 和 Kylin 的对比。

ClickHouse 是基于 MPP 架构的 OLAP，基于列式存储。它没有使用 Hadoop 的生态，而是采用了本地化磁盘存储，还采用了多核心并行处理、多服务器分布式处理、向量化计算、数据压缩、并行查询、多级缓存等技术，将 CPU 的资源"压榨"到了极限。

Kylin 是一种预计算技术，依托于 Hadoop 体系。简单来说，它的原理就是提前用离线任务将查询结果预先计算好，并存储在 Hadoop 中（可以用 HBase，也可以用 Parquet 文件格式），这样在用户执行查询的时候，不需要访问原始数据，而是直接利用索引并结合聚合结果做二次计算，因此效率会比访问原始数据高几百上千倍。

和 Kylin 相比，ClickHouse 是有一些局限性的，主要体现为以下几点。

1）数据量的承载不如依托于 Hadoop 体系的 Kylin。
2）关联查询等场景的性能表现很差。
3）在查询条件固定的前提下，查询表现不如 Kylin。
4）并发量小。

但是又不能完全使用 Kylin 来取代 ClickHouse，因为 Kylin 采用了预计算技术，只适合固定模式的查询，而灵活查询又是选型条件之一。

6.2.5 选型结论

在当前的市面上，没有一个 OLAP 技术可以适用于所有业务场景。如果为了满足业务部门的灵活分析的需求，则可能要引入多个 OLAP 技术，但是作为一个公司的技术团队，不能够无限制地支持各种各样的技术栈。综合考虑企业现状，项目组最终的选型是聚焦 ClickHouse 技术，辅以 Kylin 构建通用数据访问加速引擎，统一多维分析技术能力供给，屏蔽底层引擎技术差异，建设多引擎融合统一的用数模式。

注意，本章所阐述的场景架构，并不是一个通用的技术架构，而是基于公司的现状做的一次权衡，选型过程和后续的实战介绍，可作为读者在数据加速这个场景的参考，但是并不建议作为一个通用解决方案。

6.3 整体架构介绍

6.3.1 功能架构介绍

作者所在的项目组会提供平台给大数据分析用户使用，但并没有简单地将 ClickHouse 和 Kylin 部署后直接暴露给用户使用，而是基于这些技术搭建了一个管理平台，旨在降低大数据分析用户的使用门槛和成本。

整个平台的功能架构如图 6-1 所示，采用分层设计，涵盖数据层、引擎层、用户层和业务层，以及平台侧的管理控制台。

| 业务层 | 即席分析 | 报表分析 | 日志检索 | 联邦分析 | 用户画像 | | 管理控制台 |

用户层	数据均衡	库表管理	账户管理	模型管理		集群管理
	离线导数	实时导数	数据迁移	查询管理		资源管理
						弹性伸缩

| 引擎层 | ClickHouse | Kylin | ... | | 配置管理 |
| | | | | | 监控告警 |

| 数据层 | Hive | COS | MPP | Kafka | RDBMS | | 故障自愈 |
| | | | | | | 日常运维 |

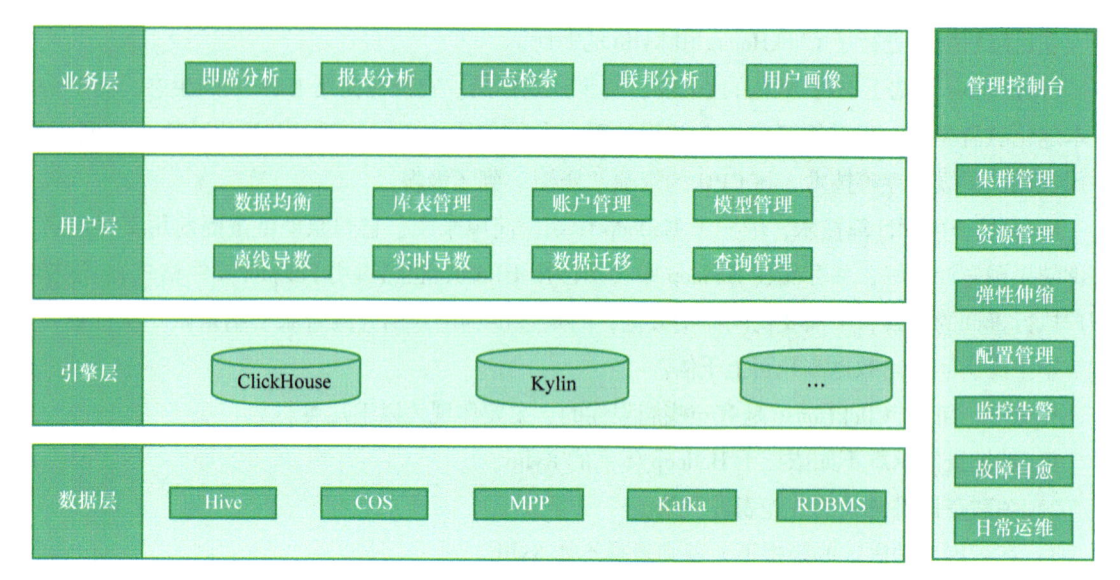

● 图 6-1 功能架构方案

1）数据层支持多种类型的数据源，包括 Hive、COS、MPP、Kafka 和 RDBMS 等，涵盖结构化和半结构化数据。

2）引擎层依托 OLAP 技术提供强大的计算和优化能力，支持 ClickHouse 和 Kylin，未来可扩展其他 OLAP 技术，根据应用特性自动推荐和匹配适合的解决方案。

3）用户层和业务层通过功能和工具支持用户进行数据分析和决策。用户层提供了离线和实时的导数能力，以及模型新增和修改、统一查询等核心功能，允许在不同的数据管理系统中进行数据交互和迁移。用户通过界面导入和管理数据，创建和更新分析模型，以及执行复杂的查询和分析任务。在业务层，提供即席分析、报表分析、日志检索和联邦分析等功能。

4）管理控制台是整个产品架构的重要组成部分，支持集群管理、资源管理、弹性伸缩、配置管理、监控告警、故障自愈以及日常运维等功能，在分钟级时间内，可快速完成集群部署、动态伸缩、节点替换等。

接下来简单介绍一下关键的业务流程。

6.3.2　业务流程介绍

业务流程如图 6-2 所示，主要逻辑如下。

（1）模型新增

应用管理员根据业务需求，新增一个或多个数据分析模型，并对这些模型进行维护和管理，包括选择数据来源、数据清洗和数据处理等步骤。

（2）构建触发

当新增模型完成后，可以通过输入构建起止时间触发数据构建过程。

（3）数据加载

构建触发一方面触发数据构建，另一方面触发数据加载。通过加载或挂载，将明细数据导入到 ClickHouse 中，在无法命中预计算的索引时，通过查询下压至 ClickHouse 以进行查询加速。

（4）数据构建

在数据加载或挂载到分析引擎后，可以在 Kylin 当中构建索引，用来优化查询效率。

（5）索引命中

当执行查询时，如果数据命中索引，则系统将使用查询优化（Kylin）功能来快速定位和获取数据，这可以大大提高查询效率。

（6）索引未命中

如果数据未命中索引，则系统将通过其他方式连接或访问 ClickHouse 分析引擎，并执行未命中的 SQL 查询。

（7）索引优化

如果未命中的 SQL 查询较多，则系统将自动触发优化索引的过程，该过程会分析查询失败的原因，并重新构建或优化索引，以提高查询效率。

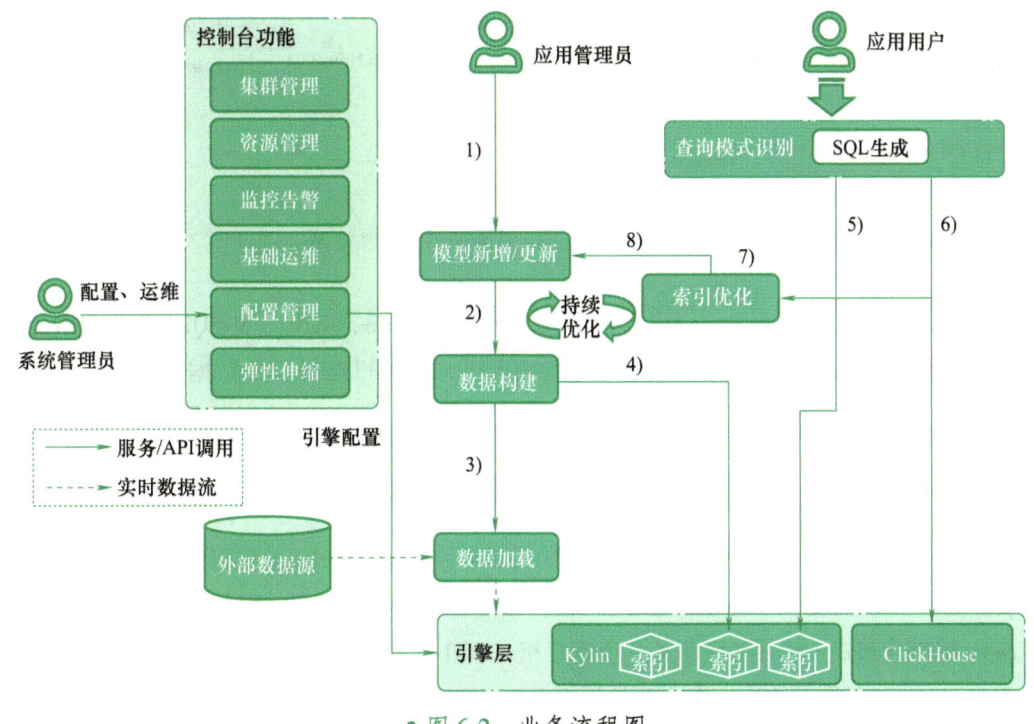

● 图 6-2　业务流程图

（8）更新模型

根据优化后的索引，可以重新创建模型并进行数据构建。这样可以确保模型的数据查询效率得到提高，以满足业务需求。

产品架构中的功能设计偏向于满足管理需求，这里不再展开，接下来将分别基于 ClickHouse 和 Kylin 从技术上进行实战介绍。

6.4 基于 ClickHouse 的实战介绍

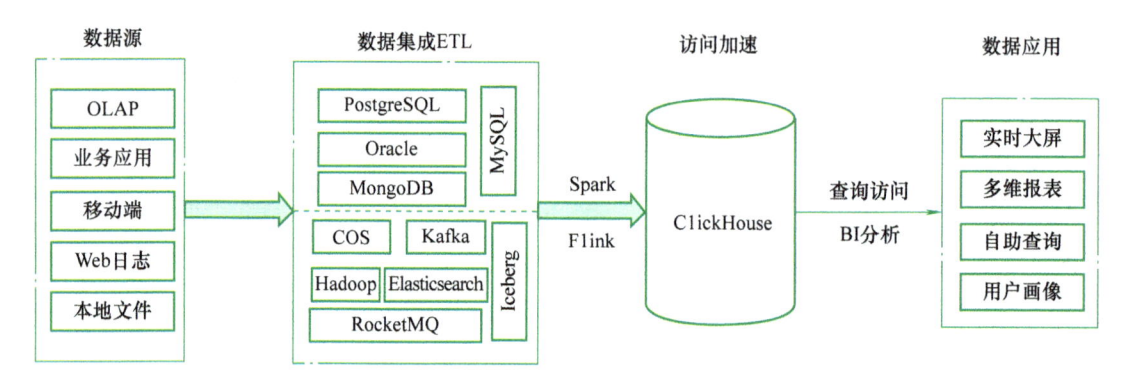

6.4.1 基于 ClickHouse 的数据链路

抛开前面介绍的平台功能不谈，单纯从大数据中数据链路的角度来看，图 6-3 所示的方案是一种典型的基于 ClickHouse 的数据访问加速方案。在目前的技术架构中，数据源可以归纳为批计算数据和流计算数据。在批计算中，基于 Spark 技术将源数据在 Hive 中进行加工计算，将订单表与 3 张维度关联加工为大宽表，再由 Spark 批量写入 ClickHouse，用于灵活 OLAP 分析。在流计算中，接入 Kafka 源数据，在 Flink 中进行多次数据转换操作（过滤、拆分、聚合计算等），将加工后的宽表结果由 Flink 写入 ClickHouse 中，用于实时 OLAP 分析。

● 图 6-3 基于 ClickHouse 的数据链路

ClickHouse 提供了非常丰富的表引擎，如 HDFS、Hive、S3、Kafka、MySQL、MongoDB 等适用于多数据源场景的表引擎，在网络访问允许的情况下，可以直连对应的数据源以将数据加载至 ClickHouse，不需要通过增加其他技术来支持多样化的业务需求，以免架构的复杂性提升。

6.4.2 ClickHouse 部署架构

ClickHouse 部署架构经历多次演进，最终如图 6-4 所示。ClickHouse 集群部署在架构上时划分为 3 层：LB（负载均衡）、ClickHouse 代理层、ClickHouse 集群节点，另外辅助层为 ZooKeeper。ZooKeeper 提供分布式一致性协调服务，负责分布式 DDL 元数据的更新和副本状态同步。

在 ClickHouse 部署架构中，客户端使用 JDBC、HTTP 或 TCP 方式请求 LB 的 IP 地址或 LB 对应的 DNS，DNS 域名解析后将用户请求转发至 CHProxy，CHProxy 根据路由规则进行请求分发，即实现了无感知上线和下线 ClickHouse 节点。同时，CHProxy 实现了负载均衡、自动分片，通过 CHProxy 的负载均衡和流量分发，支持了日均百亿条数据的写入。

下面介绍 ClickHouse 的节点故障处理机制。

1. 节点故障影响

在 ClickHouse 部署架构下，如果有一个副本节点出现故障，则产生的影响如下。

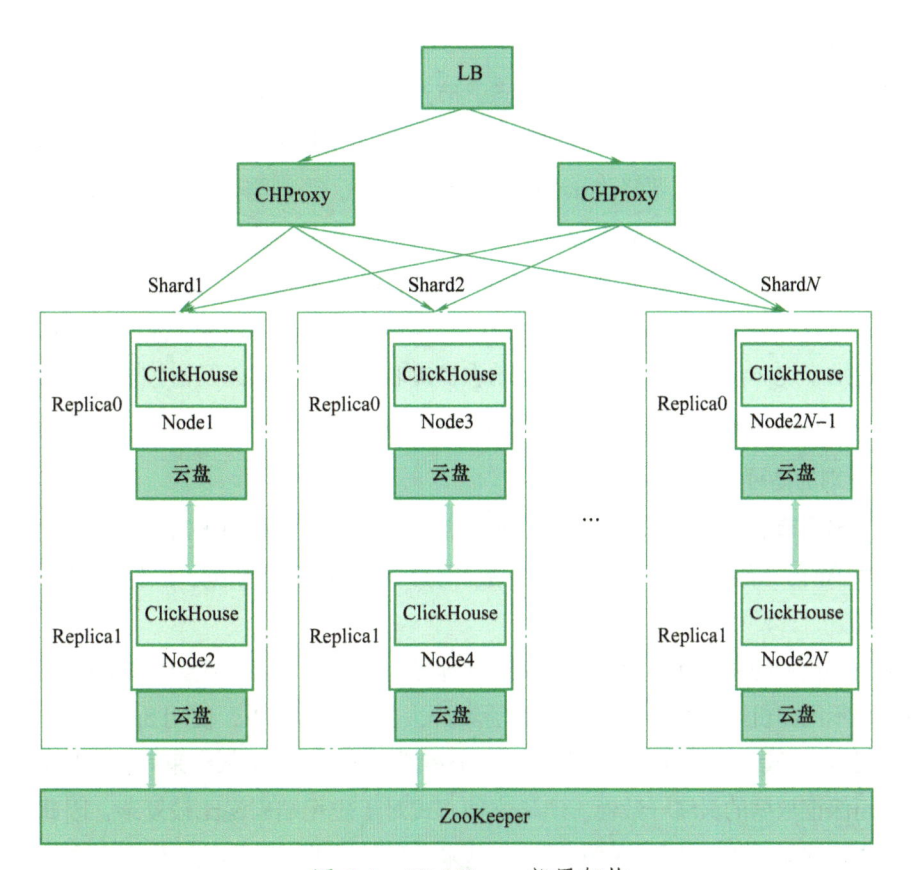

● 图 6-4 ClickHouse 部署架构

1）由于多副本部署，单个副本出现故障不会造成数据丢失，因此数据是安全的。

2）在数据查询时，CHProxy 会把用户请求分发到健康节点，故障节点不会收到用户的查询请求。另外，接收查询节点对副本使用负载均衡策略，如轮询、随机等。同时使用 ConnectionPool-WithFailover 的逻辑，它会对副本进行排序，执行子查询计划时，会把子查询发给优先级高的健康副本，故障节点也不会收到子查询请求。

3）在数据写入时，情况稍微复杂。如果通过 LB 写分布式表，则建议配置同步写入且只写任一副本成功即成功。这样的分布式写或随机写本地表与数据查询的机制类似。如果指定分片写入本地表，则可以在 QUERY 中指定分片序号，CHProxy 会转发写入到指定分片的某个副本上，同样会跳过故障副本节点。ClickHouse 的机制是任一副本写入成功，其他副本会自动同步数据。

4）当节点出现故障之后，故障节点上的 DDL 操作会失败，抛出异常。有以下两种解决方案，一种是不用 ON CLUSTER，而是遍历每个节点去执行 DDL，如果执行失败，则先记录下来，等节点恢复正常后，再重新执行一次；另一种是进行故障节点替换，即下线故障节点，将新节点上线。第一种方案相对来说比较麻烦。

2. 故障节点替换

前面介绍了节点出现故障后产生的影响，下面介绍如何实现故障节点的替换。

首先确定节点是否可以恢复，如果不可恢复，则进行节点替换；如果可恢复，则在故障定位并解决之后，重启 ClickHouse 服务即可。

在节点不可恢复的情况下，需要替换节点。节点替换的工作流程是上线新的节点，安装必要的软件程序，复制故障副本节点的另一个可用的元数据，使用和故障节点一致的 macro.xml 文件配置，若使用主机名，则不需要修改 metrika.xml 配置文件，否则需要修改并通知其他节点，节点会重新加载配置文件，完成节点的下线。由于使用和故障节点一致的宏定义配置，故不需要删除 ZooKeeper 的 znode 信息。最后，重启 ClickHouse 服务，ClickHouse 实例就会同步可用副本的数据。

对于以上步骤，手动操作比较麻烦而且没有实现自动化，因此需要开发一个管理平台以进行集中化管理运维，统一负责集群一键部署、动态扩缩容、节点替换以及监控告警等。该管理平台也可以集成 clickhouse-copier，以负责集群数据迁移工作。

3. 更高级别的高可用

当集群中出现节点故障时，可以快速完成节点替换以保证业务的正常。当集群中分片的所有副本都产生故障时，可以通过快速备份恢复故障分片的最新快照数据，以保证集群的业务正常运行。

当发生整个机房的故障问题时，需要长时间地进行排查、修复，这会影响高可用性。一个简单的做法是在不同的机房搭建两个高可用单活集群，在离线场景中，使用 Spark 同时向两个集群写入数据，在流式场景中，使用 Flink 同时向两个集群写入数据，写入结束后，校验两边的数据是否一致，从而保证数据的最终一致性。但是这种方式对于应用端来说比较复杂，因此关于集群间能否实现用户无感知同步，实现数据双写，这是未来要关注的一件事情，作者所在的项目组在这一点上尚未做好。

6.4.3 部署规划

在了解了部署架构之后，就需要做部署的规划。

1. 集群规划

通常集群供给的模式有两种：共享模式和独享模式。共享模式是指多个应用共用一个集群资源，优点是减少运维成本、提高资源利用率，缺点是隔离性差，多个应用之间容易相互影响，另外 ZooKeeper 的瓶颈会使得共享模式的集群运维和使用都较为复杂。独享模式是针对不同应用独立部署，优点是隔离性很好，使用期间不会对其他业务有所影响，缺点是增加运维的成本和资源使用率不高。

因为应用所属团队之间，以及业务部门之间都需要保持独立性，所以独享模式部署的独享集群比较适合公司的业务要求。

以下介绍项目组在做集群规划时遵循的一些隔离原则。

（1）探索式分析和日常报表隔离

探索式分析会涉及时间跨度比较大的大查询，由于 ClickHouse 的特性，查询会占用大量的资源，可能会导致其他业务不可用，因此最好将这两块业务分别部署在不同的集群中，以避免相互干扰和影响。这样可以提高系统的稳定性和可靠性，同时也有利于业务的管理和维护。

（2）高并发和低延迟场景隔离

高并发会占用大量的 CPU 和内存资源，影响其他业务的查询和写入；而低延迟又需要数据秒级写入，其间会有大量小文件，ClickHouse 后台数据合并压力比较大，从而影响其他业务的写入。

（3）高优先级业务和低优先级业务隔离

为了确保重要业务的高可用性，需要对业务优先级进行管理，避免低优先级业务占用过多集群资源导致高优先级业务出现故障。在资源非常紧张时，通过对低优先级业务进行降级来保证高优先级业务的稳定运行。

（4）流式场景和离线场景隔离

离线数据往往是大批量的存储数据，数据写入 ClickHouse 时需要耗费大量的磁盘读写 I/O 资源。而流式场景中通常是 CPU 密集型业务。但是如果实时数据和离线数据的使用量并不大，则可以考虑混用以提升资源利用率。

2. 硬件规划

不同业务对存储和计算的需求不太一样，有些是计算密集型，有些是存储密集型。在离线和实时的场景中，它们对机型性能的要求也截然不同，需要选择对应的机型，才能做到合理搭配资源。

（1）合理配置资源类型

根据实际应用场景配置合理的资源类型，这里的资源类型是指 CPU、内存、磁盘。通常，对于计算密集型业务，如分组和去重计算，应该选择 CPU 核数多、主频高的配置；对于数据保留周期较长的业务，磁盘空间要大一些；对于数据需要常驻内存的业务，如使用数据字典，则需要考虑大一点的内存。一般建议 CPU 存储量与内存的比例为 1∶4，磁盘配置为 CPU 每拥有 4 个核就配置 500G 的空间。

（2）合理选择磁盘类型

一般来说，在批处理场景中，数据存储周期较长，所需的存储空间也比较大，建议选择普通机械磁盘，数据在外部根据排序键进行排序并写入，这样磁盘写入速度和 I/O 均能满足要求。在使用普通机械磁盘时，需要遵循小批次、大批量的原则，单批次 10000～100000 条数据，尽量避免小文件对集群性能产生较大的负担。采用容量较大的磁盘的一个好处是可以通过物化视图和投影，以空间换时间方式来提升查询的性能。在实时场景中，一般建议使用 SSD 或 NVMe 固态硬盘，支持较高的随机写入性能，在低延时高频写入小文件时，能够实现更低的数据延时以及更低的 I/O 使用率。

（3）选择高配置单机

由于去重计算需要先把全部数据汇聚到单个实例中，再依赖单节点的计算性能进行去重计算，因此，在集群总核数相同的情况下，优先选择 CPU 核数多、主频高的配置，如 16 核的 10 台和 32 核的 5 台，后者配置在一些场景中计算性能更优。

3. 资源规划

通过对用户、用户配额和用户权限进行限制管理，可有效避免非预期的错误业务行为，保证集群稳健运行，支撑业务持续运转，提升集群资源的利用率，以及降低业务间的相互影响。

（1）系统限制

设置服务最大使用内存不超过云主机物理内存的 80%，单次查询使用的线程数为 CPU 核数的 50%，最大并发处理的请求数设置为 150，避免内存资源不足导致 OOM 和 CPU 负载过高。

（2）查询大小

限制查询的占用内存、线程数和查询时长。设置单个用户在单台服务器上查询的最大内存量为系统资源的 20%，单次查询使用的线程数为 CPU 核数的 20%；查询耗时为 10~30s，写入耗时为 60~180s，最大执行时间不超过 600s。

（3）查询次数

对并发查询数进行限制，可保证数据高峰时集群的稳定性，可以限制每个节点 10 个查询/5s。一般会将并发数和查询数一起限制。

（4）用户分离

可设置多种用户角色。一个集群会存在只读用户、读写用户、应用用户 3 种用户角色，对不同的用户角色分别设置配额。同时，按照业务实际需要严格设置用户配额，保证用户的稳定运行。

（5）读写分离

设置服务器参数 load_balancing 为 "first_or_random"，使得读优先使用副本 1 节点进行查询业务，针对数据写入业务，可以通过集群的上层代理写转发至副本 2 节点，从而实现读写分离，避免读写相互影响。

4. 分片规划

通过支持多副本、多磁盘集群部署模式，可保证集群的高可用性。分片规划时要完成如下事项。

（1）确定分片副本数

首先，按照业务数据量预估分片数，单节点磁盘空间使用率不超过 60%；其次，保证每个分片的分区数据大小在 10GB 以内；最后，为了防止服务器出现故障，保证数据的高可靠性，建议配置两个以上副本，避免单点故障造成数据不可访问。此外，可以挂载多块磁盘，设置冷热分离的存储策略。

（2）确定部署方式

ClickHouse 的部署方式有很多种，可以是单节点单实例，也可以是单节点多实例。例如有 4 台服务器，副本数为 2。如图 6-5 所示，每台服务器都部署一个 ClickHouse 实例，这是 2 分片 2 副本的集群模式；如图 6-6 所示，每台服务器都部署两个 ClickHouse 实例，这是 4 分片 2 副本的集群模式。两种模式各有利弊，对于多实例部署，自动化部署难度较高，同时多实例之间会相互竞争资源；而对于单实例部署，自动化部署难度较低，但是查询并发度较低时 CPU 和内存资源使用率都较低。由于提供了平台化的 OLAP 服务，考虑到业务场景多样，因此选择单节点单实例部署方式。当然，也可以实现单节点多实例的部署方式。

（3）横向扩容支持

可以通过增加副本方式实现高可用，增加分片提升写入和读取效率，也可以通过挂载的方式扩容磁盘。增加副本可以把新副本放在新的机器上，保证每个分片的副本数量一致即可。增加新的分片，可以增加 Node5 和 Node6，然后类似 Node1 和 Node2 副本间交叉备份的，就可以增加 S05 和 S06。

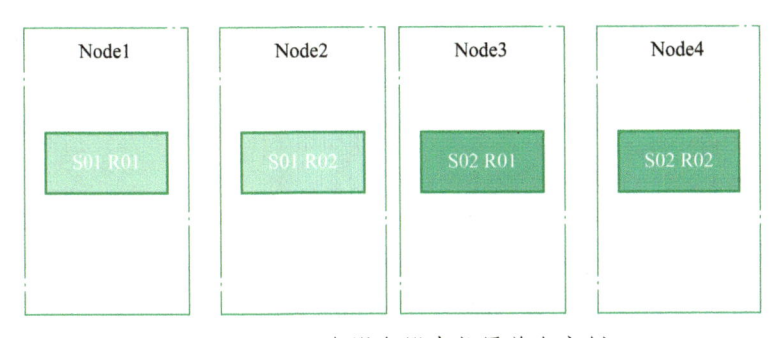

● 图 6-5　一台服务器中部署单个实例

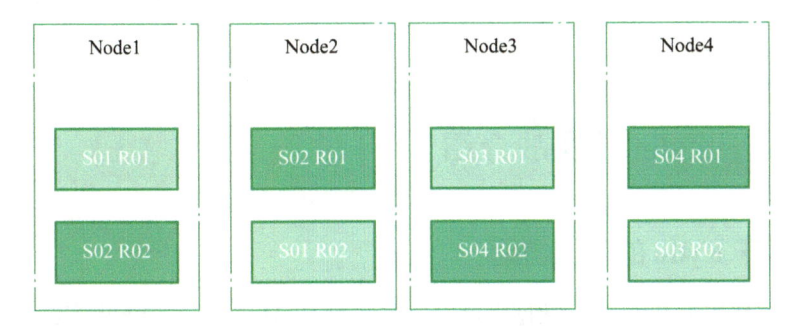

● 图 6-6　一台服务器中部署两个实例

6.4.4　配置经验

1. ZooKeeper 配置

1）如果 ZooKeeper 节点挂载多块数据盘，则可以考虑将 dataDir 和 dataLogDir 分开存储，以提高 ZooKeeper 磁盘 I/O 的性能。

2）定期清理数据快照和事务日志的时间间隔最少为 1 小时，每次保留至少 3 个文件。在 znode 数达到 100 万时，频繁的事务可能引发数据快照全量刷新至磁盘，造成数据盘空间不足的问题。因此，建议调整 snapCount = 3000000，降低快照刷新概率。若调整之后，数据盘还不够用，则可通过扩容磁盘或配置定时任务（如每隔 15min 清理一次）来解决。

3）JVM 配置建议最小堆内存配置为机器内存的 50%，最大堆内存配置为机器内存的 60%。

4）在安全配置方面，建议配置 ACL 策略，避免生产巡检不通过。

5）建议使用 16 核、32GB 内存、200GB SSD 硬盘空间的机器配置，集群规模为 3 台服务器，当 znode 数超过 200 万时，建议采用多 ZooKeeper 集群。

2. ClickHouse 配置

1）借助 ReplacingMergeTree 表引擎，实现重复数据删除。

2）在字段或者表级设置 TTL 策略，使得过期数据自动删除或存入冷盘中，减少扫描数据量。

3）参数调优方面：

```
max_threads=50%的单节点内核数
max_memory_usage_for_all_queries=80%的机器内存
max_memory_usage_for_user=80%的机器内存
max_memory_usage=85%的机器内存
max_concurrent_queries=150
max_execution_time=600s
background_pool_size=单节点 CPU 内核数的 2 倍
max_partition_size_to_drop=250GB
max_table_size_to_drop=1000GB
distributed_ddl_task_timeout=180s
max_partitions_per_insert_block=1000
```

4）不建议启用外部存储器来执行 GROUP BY 和 ORDER BY，即不建议启用 max_bytes_before_external_group_by 和 max_bytes_before_external_sort 参数，因为磁盘处理效率会低很多，业务投诉量也比较高。

6.5 基于 Kylin 的实战介绍

6.5.1 基于 Kylin 的数据链路

Apache Kylin 是基于 Hadoop 大数据平台的一个开源 OLAP 引擎。它采用多维立方体预计算技术，可以将大数据的 SQL 查询速度提升到亚秒级。相对于分钟、小时级的查询速度，亚秒级查询速度是百倍到千倍的提升。该引擎为超大规模数据集上的交互式大数据分析打开了大门。

基于 Kylin 的数据访问加速方案如图 6-7 所示。Kylin 首先需要加载数据源的表定义，有了表信息之后，就可以设计并创建数据模型，然后基于模型进行 Cube 构建，在构建完成之后进行多维分析查询。

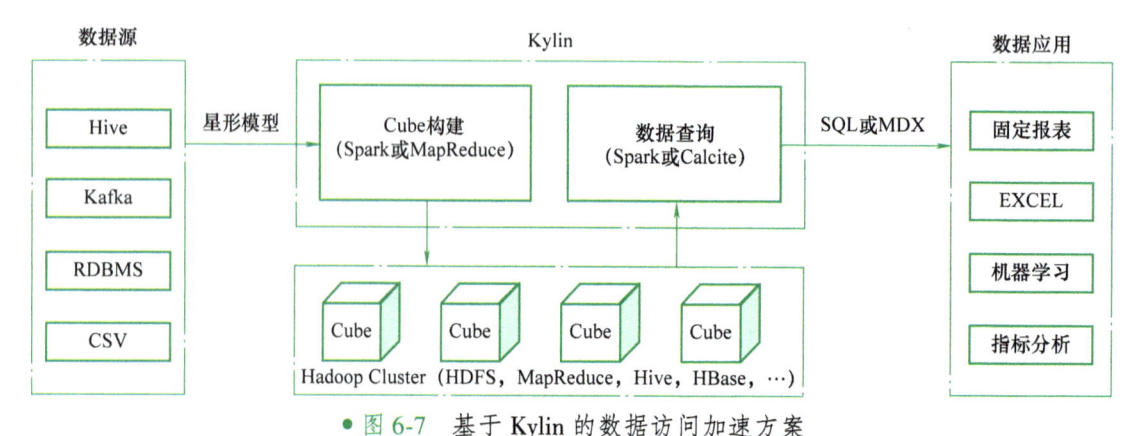

● 图 6-7　基于 Kylin 的数据访问加速方案

Kylin 4 是完全基于 Spark 构建和查询的，与 Parquet 有很好的结合，能够充分地利用 Spark 的并行化、向量化和全局动态代码生成等技术，极大提高大查询的效率。同时，Kylin 4 的 Cuboid 数据采用 Parquet 文件存储，数据文件存放在 HDFS，相较于 HBase 而言，吞吐量提高了，也提高了复杂查询的效率，但对于小查询的性能会有一定的损失。在构建方面，Kylin 4 去掉了维度字典的编码，省去了编码的一个构建步骤，也去掉了 HBase File 的生成步骤，所有的构建步骤都转换为通过 Spark 进行构建，基于 Cuboid 划分构建粒度，进一步地提升并行度，因此 Kylin 4 的构建性能提升是非常明显的。在数据查询方面，Kylin 4 基于 Spark DataFrame 的完全分布式执行，消除 Query Server 单点瓶颈，提升稳定性。

6.5.2 配置经验

下面分享一些在实际应用中使用 Kylin 的经验。

1. 构建

1）缓存 Parent DataSet，避免下一层 Cuboid 构建存在不必要的 I/O 读取浪费，设置过小会影响构建的并发度，部分场景构建性能可提升 20%～30%。

```
kylin.engine.spark.parent-dataset.storage.level=MEMORY_AND_DISK
kylin.engine.spark.parent-dataset.max.persist.count=5
```

2）开启根据所有 Rowkey 列再次进行 repartition 操作的步骤，解决根据编码列进行重分区后产生的数据倾斜问题。

由于精确去重度量的 Cube，在构建 Base Cuboid 之前，Kylin 需要对 Flat Table 使用全局字典进行编码。Kylin 的构建引擎在进行编码时，为了提高编码效率，会将 Flat Table 按照当前编码列进行 repartition 操作。当编码列存在数据倾斜时，对它进行 repartition 操作会导致重分区后 Flat Table 的某一个或者少数几个分区的数据量特别大，用这样的 Flat Table 去构建 Base Cuboid 时，数据量大的分区所对应的 Task 可能会占用特别长的时间，造成不合理的构建时长。

```
kylin.engine.spark.repartition.encoded.dataset=true                    #默认关闭
kylin.engine.spark.dataset.repartition.num.after.encoding=1000000      #根据实际情况调整
```

2. 查询

（1）Parquet 优化

Parquet 文件首先按照 Shard By Column 进行分组，过滤条件尽量包含 Shard By Column；Parquet 数据依然按照维度排序，结合 Column MetaData 中的 Max、Min 索引，在命中前缀索引时能够过滤掉大量数据；调小 RowGroup Size 以增大索引粒度等。

（2）小查询优化

Kylin 中支持 PreparedStatementCache，对于固定的 SQL 格式，将它的执行计划进行缓存，重用这样的执行计划，可降低 SQL 在 Calcite 解析转化步骤的时间消耗，通过这样的优化，可以降低 100ms 左右的耗时。

3. Spark

1）避免 Aggregate 和 Shuffle 过程中 Spill，尽量在内存中完成。

调大 spark.sql.objectHashAggregate.sortBased.fallbackThreshold，避免转换为 Sort Based Aggregate；

调大 spark.shuffle.spill.initialMemoryThreshold，避免 Shuffle 过程中的 Spill。

2）用 Local 模式运行小查询。由于 On YARN/Standalone 模式在 Task 调度中比 Local 模式效率低，相比 Local 模式下在进程内直接通信，其跨网 Shuffle 数据读取、广播等都会增加小查询开销。

3）Shuffle 使用内存盘，spark.local.dir 指定为 tmpfs 文件系统中的目录。

4）对小查询关闭 Spark 全局代码生成功能，因为 Spark 全局代码生成耗时为 100~200ms，对于小数据量的查询来说，不太需要。

4. 读写分离架构

由于 Kylin 的构建和查询都依赖于 Hadoop 生态资源，因此存在资源竞争。故在集群规划设计过程中，可采用两个 Hadoop 集群，其中 Hadoop 构建集群数据需要同步至 Hadoop 查询集群。

另外，Kylin 角色分为 job 角色和 query 角色，进一步保证了构建和查询互不影响，从而提高了数据的查询性能，进一步提高了数据的时效性。

6.6 本章小结

1. 业务使用效果

团队引入的 ClickHouse，自第一个应用投产上线以来，已经稳定运行半年多。由于国产化要求，因此机器全部切换为麒麟操作系统，ClickHouse 版本是 22.8.21.38-lts，集群使用 32 台 ClickHouse+2 台 CHProxy+3 台 ZooKeeper 的模式。每日新增数据条数为 200 多亿，得益于 ClickHouse 的高吞吐性能，数据导入速度达到 200MB/s，大大满足应用的写入要求。大部分的灵活查询都能秒级响应，得到用户的广泛好评。

在 Kylin 投入使用半年后，上线 100 多个项目，平均上线周期小于 14 天，指标数量为 4 万多，日均查询量突破百万，1 秒响应率大于 99%。

2. 存在的不足

（1）ClickHouse

在使用 ClickHouse 过程中遇到了一些问题，大量的慢查询占用服务器资源，导致业务使用过程中一直没有足够的内存可用。在日期转换时，未深入了解日期和时间类型的范围及精度，导致查询结果与预期不符。ClickHouse 不擅长多表关联，在 ClickHouse 多表关联查询场景中，查询性能非常不理想，即使调整 join_algorithm 和机器节点配置，也无法提升查询性能，最后通过扩展集群分片，降低每个分片的数据量，从而达到了查询性能要求，缺点在于资源过于浪费。

（2）Kylin

Kylin 在实际应用的使用过程中可能存在以下待解决的问题。

1）数据源不属于 Hadoop 生态系统。Kylin 主要针对 Hadoop 生态系统中的数据源进行支持，如果数据源不是 Hadoop 生态系统中的，则可能存在兼容性问题。如果只是为了使用 Kylin，可能导致用户的学习成本增加和运维难度提高，Kylin 预构建导致数据膨胀严重且使用 HDFS 三副本策略，进一步推高成本。因此，对于非 Hadoop 生态的应用，慎重使用 Kylin 方案，因为整体效益可能不高。

2）数据实时更新和处理。Kylin 主要面向大规模数据的批量处理，对实时数据的更新和处理能力有限。如果要支持实时数据分析，则建议采用其他实时数据处理技术。

3）技术支持和维护。Kylin 作为一个开源项目，虽然有社区支持，但在实际使用中可能需要专业的技术支持和维护。对于企业级用户而言，可能需要考虑如何获得长期的技术支持和维护。

4）Cube"爆炸"。如果应用设计不合理，造成一个 Cube 中有好几个超高基数维度，那么这个 Cube 膨胀的概率就会很高。Kylin 会对每一种维度的组合进行预计算，假设有 n 个维度，最终可能会有 2^n 个 Cuboid 需要计算，当 n 的值较大时，就面临着维度爆炸的风险。

5）Kylin 3 用户要升级为 Kylin 4。首先 Kylin 3 是基于 HBase 的，其构建性能可能无法满足业务要求，严重影响到用户对故障恢复的时间和在稳定性上的体验。其次，随着时间的推移，数据量会不断增长，会对查询效率带来很大的挑战。Kylin 3 受限于 Query Server 单点查询的局限之处，无法很好地支持这些复杂的场景。最后，HBase 不是一个云原生系统，无法实现资源的弹性伸缩，随着数据量的不断增长，会出现高峰资源不足、低谷资源浪费的现实情况，整体资源使用率低下。

3. 下一步规划

使用 clickhouse-keeper 代替 ZooKeeper，开发动态扩缩容、数据重分布功能，提升集群弹性伸缩能力，丰富 ClickHouse 的运维管控能力，降低集群运维难度。未来也会在云原生 OLAP 和 PaaS 化方面继续努力，把 ClickHouse 打造为有特色的 OLAP 引擎。

实现 Kylin 的云原生容器化部署，强化智能 Cube 识别和创建能力。

本章并没有深入讨论平台的设计，而是介绍了平台的功能架构，并分享了一些 ClickHouse 和 Kylin 实战经验，希望对读者有所帮助。

PART 3
第 3 部分

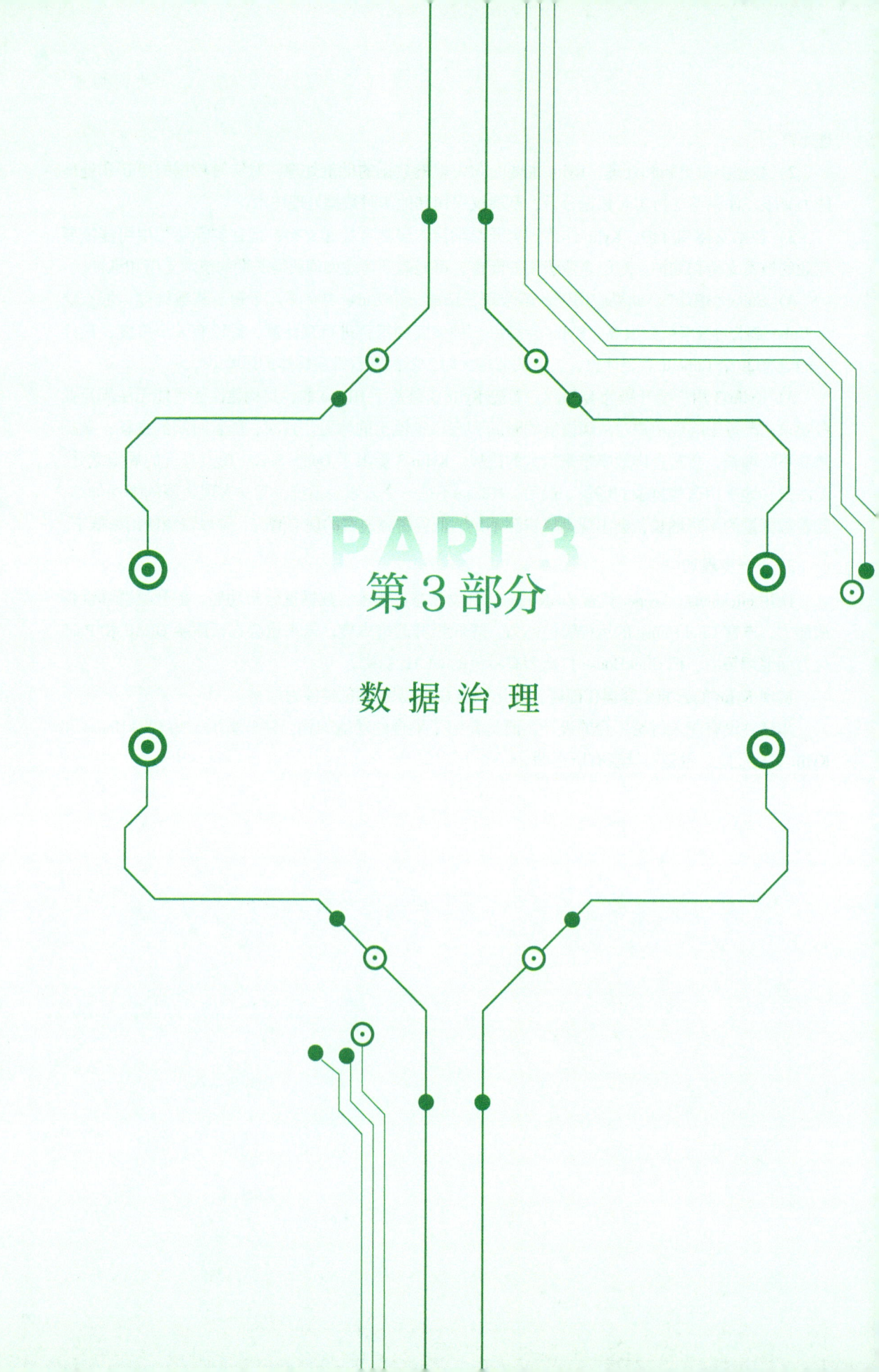

数 据 治 理

第 7 章 元数据管理

在前面章节中，介绍了数据采集、离线处理、流式处理等场景，这些场景能够顺利实现，其实都要有一个前提，那就是理解待处理的数据结构，如有哪些数据库、哪些数据表，以及表结构的样子等。这就是元数据管理。

7.1 元数据管理的业务背景

7.1.1 元数据管理的目标

元数据是描述数据的数据，是描述数据的基本属性和特征的信息。在数据管理领域，狭义的元数据可以定义为数据库表的描述信息，如表的名称、备注、字段清单、字段名称、字段类型等；广义的元数据除了表示数据的结构以外，还可以表示数据的来源、质量、使用方式、管理方式等。本章重点讨论库表结构元数据的管理。

元数据管理不是为了管理而管理，而是为了让元数据本身发挥价值，使各参与方对数据有一致的认知，让数据更容易被发现和使用，最终实现以元数据驱动端到端的大数据研发全流程（见图 7-1）、快速释放数据价值的目的。

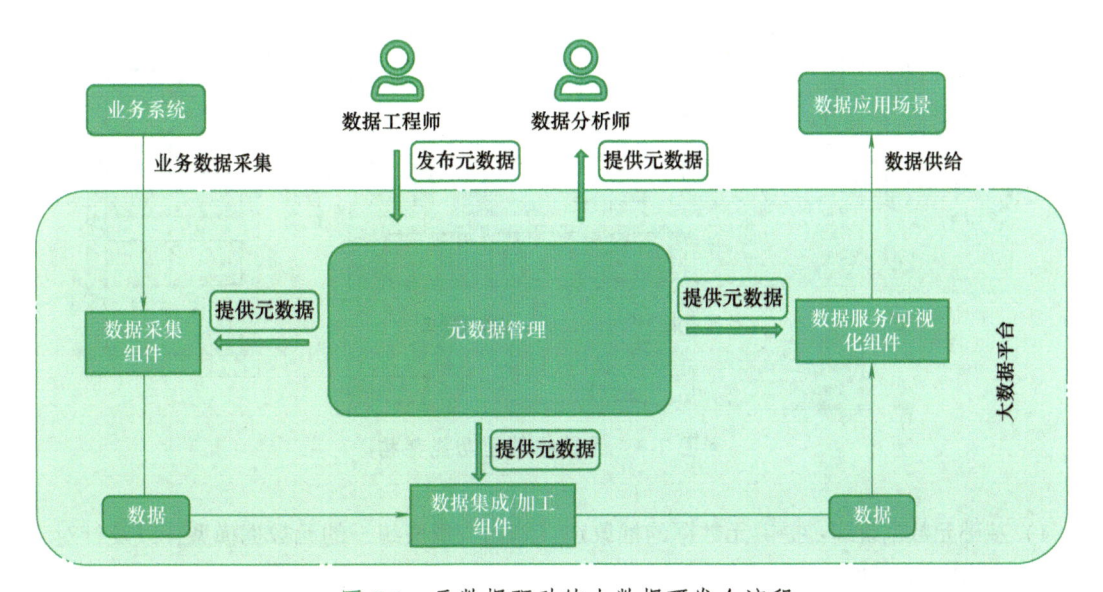

● 图 7-1 元数据驱动的大数据研发全流程

基于此目标，元数据管理应当具备如图 7-2 所示的 3 个方面的能力。

1）异构数据统一管理。根据不同的技术场景，大数据会用到各式各样的数据库，如搜索引擎 Elasticsearch、消息队列 Kafka、对象存储 COS、NoSQL 数据库 HBase、ClickHouse 等，元数据管理首要任务就是对这些数据库的信息进行统一管理及标准化表达。

2）数据权限统一管控。在管好元数据的基础上，为了支持数据在应用间流动，需要提供跨应用的数据使用管控能力，解决数据独享与共享的问题。

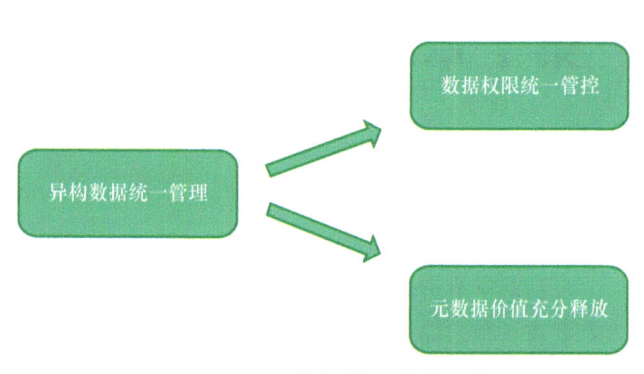

● 图 7-2 元数据管理能力目标

3）元数据价值充分释放。有了统一集中的元数据，为帮助用户更好地理解和利用数据，以元数据为资产，提供相应的元数据应用，促进数据的创新和发现，提升元数据的价值。

7.1.2　元数据管理的功能需求

基于前面提到的 3 个元数据管理的目标，在功能架构上，元数据管理包含 5 个功能模块，如图 7-3 所示。

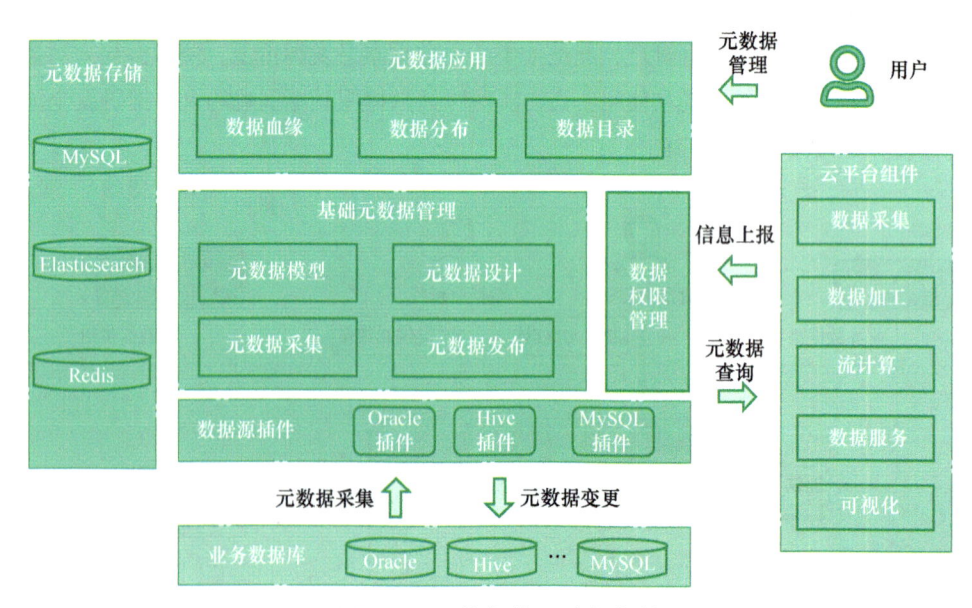

● 图 7-3 元数据管理功能架构

1）基础元数据管理：提供元数据的抽象定义能力，形成统一的元数据模型，以及针对元数据的设计、发布与采集能力。

2）数据源插件：屏蔽具体数据库的物理操作差异，解耦上层元数据管理逻辑与物理访问细节。

3）数据权限管理：提供统一的权限模型定义以及对应的数据授权管理与鉴权操作。

4）元数据应用：提供数据目录、数据分布、数据血缘应用，分别针对元数据浏览探索、元数据特性分布、数据上下游关系梳理的应用场景。

5）元数据存储：根据不同场景需要，将元数据以不同的形态及格式存储在不同的数据库中。

在外部关系上，主要包含以下两类元数据的使用方法。

（1）元数据管理用户

通过登录平台，进行元数据设计发布、元数据收集、数据授权、元数据探索等操作。

（2）大数据组件

对于多个大数据处理场景来说，元数据管理的功能是通用的，如数据采集、离线处理、流式处理等场景。大数据组件通过元数据管理的接口进行元数据查询、数据鉴权，并上报各类信息，如数据血缘等。

设计这个系统时，会碰到以下 6 个难题。

1）如何设计表达不同数据库类型的统一元数据模型？
2）如何存储这些元数据模型？
3）如何采集和登记元数据？
4）如何设计和发布元数据？
5）如何做元数据的权限管理？
6）在元数据上可以设计哪些应用？

接下来将针对上述难题分别提供设计思路和实现方案。

7.2 详细设计思路和实现方案

7.2.1 元数据模型

1. 元数据模型设计方法的选择

为了统一管理异构的数据库，元数据模型是必不可少的。元数据模型是描述元数据的数据，可以帮助定义元数据的含义和定位方式。可以认为，元数据是元模型的实例化对象。实际上，在 DCMM（数据管理能力成熟度评估模型）的能力等级评估中，对元数据的管理提出了明确要求，"元模型管理，对包含描述元数据属性定义的元模型进行分类并定义每一类元模型"。

但现实是，数据库类型太多，有些数据库甚至连表结构都没有，如 Kafka、对象存储。如何设计这个模型？

一种实现方式是基于 MOF 进行元数据设计，通过灵活的自定义结构对每一类数据库元数据进行专门描述。MOF（Meta-Object Facility）是一种面向对象的元数据管理框架，它定义了一组标准元模型理论及规范，优点是标准化与可扩展，但复杂度相对较高，存在一定的学习以及开发成本。

另一种实现方式是通过领域建模方式，确定不同元数据间的共性与特性，抽象提炼具体的领域对象，其前提是元数据之间确实存在相关性。

2. 数据源、数据库和数据表

经过仔细对比发现，大部分数据库采用的都是类似"数据库连接.命名空间.数据对象"的三段式数据访问方式，并且数据库连接、命名空间、数据对象的概念在不同数据库间是可以互相打通的，以此结构为基础进行元数据模型的定义是可行的。为了便于理解，借鉴关系数据库的语义，可以定义"数据源""数据库""数据表"3个领域对象（简称源、库、表），与上述三段式访问使用的对象相对应，如图7-4所示。

● 图 7-4 元数据领域数据对象

具体来说：

1）数据源是访问物理数据库的通道，由对应的连接信息、认证信息构成。将不同物理数据库的访问方式抽象整合到数据源中，为元数据的定位与访问提供统一入口。

2）数据库是一个集合，包含由一个或多个数据表组成的数据存储空间。

3）数据表是带有数据结构的数据组织，是元数据管理的最小数据组织单元。

在进行数据源设计时，需要注意几点：

1）进行相同数据源的重复识别校验，避免数据源的重复登记。

2）进行必要的用户权限校验，如是否具备数据库 DBA 权限。

3）明确边界，避免登记管理不了的数据源，如对于 MySQL，不允许管理大小写敏感的数据库实例。

数据库与数据表的设计主要是将不同类型的物理数据库概念与标准概念进行映射，典型的映射方式见表 7-1。

表 7-1 数据库映射示例

物理数据库类型	数据库映射	数据表映射
Oracle	schema	table
MySQL	database	table
Hive	schema	table
COS	bucket	object
Kafka	虚拟库	topic
Elasticsearch	index	document
HBase	namespace	table

有了上述3类数据资源对象的定义，就可以采用"数据源标识.数据库标识.数据表标识"的统一资源命名（URN）方式来定位资源，在后续元数据的使用中，按照统一的语义进行交互。也就是说，无论是数据服务、数据集成、数据采集、流计算，还是可视化等组件，都可以按照先选数据源，再选数据库，最后选择数据表的方式进行元数据的获取，弱化不同数据库类型之间的差异。

3. 支持层级嵌套的数据表结构定义

最后，说明如何定义数据表结构。为了实现数据表结构的统一表示，需要首先规范数据类型的定义。当前平台定义了 Date、Datetime、String、Integer、Decimal、Object、Array 等数据类型，这些标准类型与数据库无关。通过对数据类型的抽象，为数据开发和使用人员提供了跨数据库的一致的数据类型处理方式，同时方便那些对物理数据库类型不熟悉的用户理解和认知数据结构。

有了统一的数据类型，就可以定义统一抽象的表结构。以数据表为例，主要包含以下信息。

1）表信息：表英文名、表中文名、表注释信息、表包含的字段清单。

2）字段信息：字段序号、字段英文名、字段中文名、字段标准类型、字段长度、是否为主键、是否必填、默认值。

这种定义方式与常规的关系型表定义相比似乎没有特殊之处。但是，要注意，元数据管理还需要管理非关系型数据结构，如 Kafka、COS 等。

前面提到，在定义字段标准时，还引入了 Object 以及 Array 两种类型，这种结构就可以支持 JSON 等嵌套对象的定义。一个 JSON 表结构描述方式见表 7-2。

表 7-2　JSON 格式元数据示意

字段英文名	字 段 类 型
anObject	Object
innerField	String
outerField	String

其对应的真实 JSON 结构为：

```
{
    "anObject": {
        "innerField": ""
    },
    "outerField": ""
}
```

这样，不同数据库类型的元数据结构就能实现统一的表达。

7.2.2　元数据存储

1. 要不要保存元数据

在讨论如何使用元数据时，团队面临两种选择：是先保存再使用，还是使用时直接从数据库获取？

使用时直接从数据库获取，可以保持与底层元数据的实时一致性，不需要考虑差异问题，也不需要进行元数据的集中存储，因为在一些场景下，尤其是在元数据规模很大时，存储是一个大问题。

然而，如果实时从物理数据库获取元数据，则会面临以下两个问题。

1）对物理数据库元数据访问的压力会大大增加，不只是开发过程，作业/服务运行过程需要的元数据信息以及对元数据的校验，都需要依赖物理数据库，而数据库对于数据计算和元数据访问在支撑的性能上是存在数量级差异的，高并发情况下对元数据的压力会更大。

2）需要考虑获取元数据的复杂度。并不是所有的元数据都能一次性全部获取到，有些数据库是无法分页获取表清单的，只能通过类似 show tables 的方式返回。这意味着需要进行服务内存分页，而在库下表数量达到万级以上时，对于组件自身的处理同样会带来问题。此外，有些数据库甚至无法提供表清单获取的功能。如果直接将这种数据库特性交付给用户进行服务开发和作业配置，那么在体验上是非常糟糕的。

相反，通过将元数据进行统一存储，会带来一系列好处。除了能够解决上述问题以外，还能够方便地构造数据目录，并能方便地进行元数据维度的统计分析，如表数量汇总、变化趋势统计等。同时还能进行元数据的版本比对，追溯元数据的变更历史。

至于元数据的副本一致性问题，考虑到大多数情况下元数据的变更只在上线点触发，副本差异的情况并不多见，只需要在上线时进行元数据的重新获取。此外可以采用增量同步的方式，只同步发生变化的元数据，来保证元数据更新的及时性和一致性。

最终，团队决定采用统一获取并存储元数据副本的方案。

2. 元数据的存储引擎选择

确定了元数据需要保存之后，马上面临的第二个问题就是元数据保存在哪里。

是否可以直接存储在 MySQL 里？因为 Hive Metastore 也是使用 MySQL 实现的。

假设有 1000 万张表，每张表平均有 100 个字段，那么管理的字段规模就会达到 10 亿级别，这已经远远超过 MySQL 单表千万级数据容量上限。而且，实际上，不少大型互联网企业已经对 Hive Metastore 进行了改造，采用联邦或 TiDB 等方式进行存储。

是否可以采用 Elasticsearch 或者 HBase？不用考虑存储容量与扩容的问题，同时 Elasticsearch 还能直接提供搜索能力。

但经过进一步分析发现，如果使用 Elasticsearch 或 HBase，则会引入其他问题。

首先是数据库事务问题，因为不可能把所有的元数据信息都存放到 Elasticsearch 或 HBase，MySQL 中仍然需要保存部分数据，这时事务处理的成本会大大增加。

其次，在两个地方维护元数据会提高复杂度，并且使用 Elasticsearch 还存在数据丢失的可能性。

再次，在运维方面，Elasticsearch 与 HBase 的可靠性不如 MySQL。

最后，考虑到产品还要支持输出以及客户化部署，引入 Elasticsearch 或 HBase 作为元数据存储会导致产品依赖过重。相比其他两种数据库，MySQL 更容易在客户处交付实施。

综上，在没有其他存储引擎可供选择的情况下，团队认为采用 MySQL 比较合适。

3. 基于扩展表的数据资源实体设计

在明确数据存储在 MySQL 后，接下来需要考虑如何设计存储结构。尽管从元数据上定义了表结构的通用表达方式，但是每种数据库都有其特殊之处。例如，Hive 数据源认证方式既可以是用

第 7 章
元数据管理

户密码,又可以是 Kerberos 认证;Kafka topic 支持分区设置与过期时间;Elasticsearch 支持主分片设置、副本设置、压缩算法;ClickHouse 支持不同的计算引擎;等等。这些差异特性如何存储将会影响后续的维护与扩展性。

一种直观的方式是将每一类元数据按照不同的类型、特点设计成不同的数据库实体,如 table_meta_Kafka、table_meta_rdb 等,但这种方式需要开发大量不同的数据库交互对象与逻辑,并不可取。

考虑到元数据已经进行抽象定义,可以将共性信息设计为对应的实体字段。对于其他数据库特性,可以通过一个扩展字段以 JSON 文本的方式进行存储,如图 7-5 所示。

这样的存储方式虽然是一种通用方式,但是其灵活性不足,因为在进行信息查询时,无法有效进行数据过滤,而且需要额外的 JSON 解析。

最终团队采取了另一种方案,即使用主表存储通用信息,使用扩展表存储个性化信息,一个特性对应一条记录,使用 key/value 方式表达,如图 7-6 所示。

● 图 7-5 使用文本字段存储扩展属性

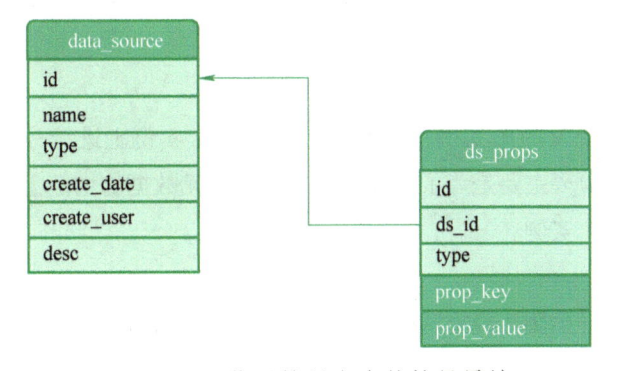

● 图 7-6 使用扩展表存储扩展属性

这种方案的好处是可以方便地按照扩展属性的类型及取值进行数据过滤,并且具备灵活的扩展性。

另一个需要解决的问题是如何将关系型二维表与嵌套型表结构(如 HBase 列簇、Elasticsearch 结构等)进行统一存储。一种直观的方式是将嵌套型表结构与二维表使用两个实体表进行存储,缺点是 Service 层代码需要根据不同的数据类型使用不同的表结构访问接口。

是否能将一张表的全部字段作为一个大 JSON 记录进行存储?实际上,这也是不合适的。首先,通过 JSON 存储,会存在大量的冗余文本数据,可能是字段数量的好几倍;其次,如果仅使用 MySQL text 类型进行保存,则存在容量不足的问题,因为一张大宽表很容易超出 text 类型的字节存储上限。此外,使用 text 存储,无法针对字段查询进行数据库分页,只能进入内存分页,同时 JSON 解析需要承受额外的处理负担,在高并发情况下,对服务有比较大的压力。最后,使用大文本无法进行方便的数据库修数操作。

·117

综合以上原因，团队选择采用常规行存储方式记录字段元数据，如图 7-7 所示。将嵌套型结构"打平"，通过父、子字段进行关联，达到将两种类型结构使用一个实体存储的效果。在进行库表元数据查询时，可以采用标准化方式对元数据进行解析与构造，实现元数据的统一处理。

4. 基于 MySQL 以及 ShardingSphere 的大规模字段存储

对于上述方案，最后要考虑的就是 MySQL 大规模元数据的存储问题。考虑到元数据的变更相对来说并不频繁，大部分场景还是以元数据的查询与使用为主，且大规模数据只在字段维度存在，而对字段的访问通常是以表维度进行查询，不存在特别复杂的场景，通过分库分表改造即可满足大规模字段的存储问题。

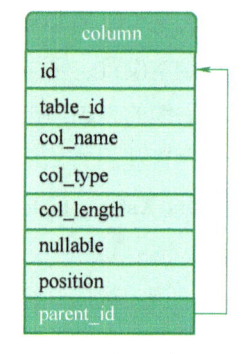

● 图 7-7　字段存储方式

在分库分表的技术选择上，比较成熟的技术有 Mycat 以及 ShardingSphere，前者使用代理模式，需要额外的部署成本，后者提供多种使用形态，考虑到复杂度以及兼容性，团队选择采用 ShardingSphere-JDBC，它能够同时兼容分表以及不分表的场景。

在实现上，使用 ShardingSphere 默认的配置可以轻易地实现分库分表，只是有以下几点需要进一步分析。

（1）是否需要多实例？

是在物理上分成多个 MySQL 实例，还是在一个 MySQL 实例上进行分库分表？上面的分析其实已经明确，实施分库分表主要是为了解决存储问题，在元数据的访问上，目前来看，不存在瓶颈，因此不需要使用多个实例。

（2）是否需要分库？

考虑到扩展性，一开始团队确实考虑过进行分库，但是 ShardingSphere 的单实例分库需要为每一个数据库建立一个数据源，因此，虽然是单实例分库，但仍然需要建立多个数据源，这样会存在两个问题：

1）如果部署的 AP 节点多，考虑到使用连接池，会导致 MySQL 服务器的连接呈指数级增长。

2）因为使用不同的数据源连接，所以会导致表的维护与字段的维护在两个连接中，事务处理上存在问题。

最后，经过咨询 DBA，高配 MySQL 可以支持单库 500GB 容量。根据测算，10 亿数量级字段约占据 300GB 存储空间，加上其他存储空间，在未来很长一段时间内不会超过 500GB，因此团队最终采用了单实例单库分表的方案。

7.2.3　元数据采集与登记

1. 针对数据库特性的元数据采集

元数据采集是指在物理数据库表已经真实存在的情况下，提取解析库表字段等元数据信息的过程。它通常面向关系数据库，如 MySQL、Oracle、Greenplum、Hive、Phoenix、Kylin 等。那么，是不是使用 Database Metadata 相关接口，直接获取元数据就可以了？其实并不尽然。

首先，原生 metadata 接口往往只是面向通用场景下的元数据获取，对于批量场景，往往存在性能瓶颈，因此，从元数据读取效率方面考虑，需要依据具体数据库特性，编写专门的语句进行库、表、字段、分区等信息的提取。

此外，单线程的获取对于存在大量元数据的数据库来说效率太过低下，为了提升元数据采集效率，需要一个并发采集框架。如图 7-8 所示为一个分布式元数据采集框架，考虑到该框架需要足够轻量，且不引入过多的外部依赖，采用了 Redis 作为中间媒介。

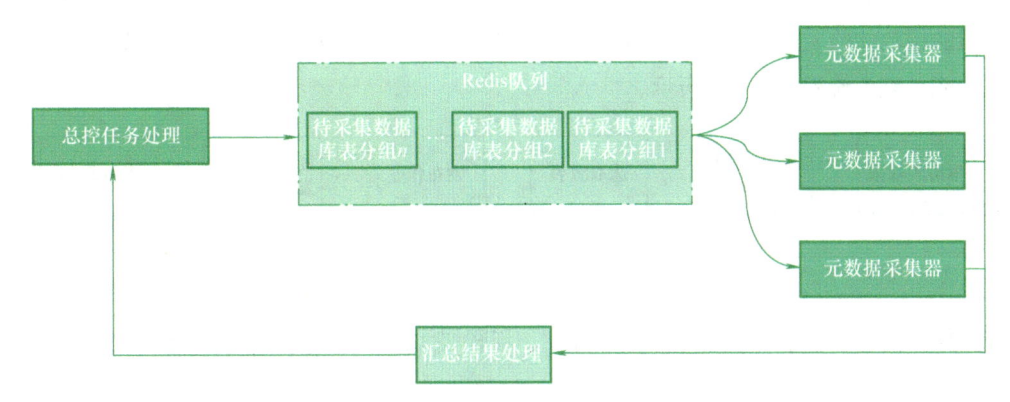

● 图 7-8　分布式元数据采集框架

其中，总控任务获取需要采集的表清单，分组切片投递到 Redis 队列中；元数据采集器接收任务信息进行元数据采集，并将结果记录在汇总结果处理对象中；总控任务接收采集器结果进行汇总计算，最后完成采集任务。通过分布式处理，可以将小时级的元数据采集过程缩短到分钟级。

2. 指定表采集与补录

需要注意的是，在进行并发采集同步元数据时，如果数据库负载已经很高，则可能会让数据库雪上加霜。另外，在库里有成千上万张表的情况下，项目组往往只需要一两张表用于作业的开发，或者只需要更新部分表。如果让项目组将整库的元数据采集上来，那么开发人员的内心无疑是崩溃的。因此，从实际场景出发，组件还提供了指定表采集以及失败重试的能力。这个功能推出后广受好评，日常使用频率远高于整库采集功能。

另外还有一种情景需要考虑，就是项目组在上线过程中急需获取一张表的元数据，但是因为各种原因，从数据库获取元数据的操作一直失败。失败的可能原因有很多，如数据库连接限制、程序缺陷、未兼容的场景等，这时如果没有留任何后手，相当于组件就挡在了项目组上线的道路上，被投诉只是小事，引发生产问题才是灾难。若生产上遇到这种情况，那么一定不是先找责任归属，而是先把问题解决，因此必须有其他的解决方案。对于这种场景，组件提供了基于 Excel 的元数据导出以及补录能力，允许项目组快速进行元数据的补录登记。

在实现上，指定表的元数据采集以及元数据补录均可以复用图 7-8 所示框架的处理能力，仅需要额外考虑 Excel 文件的解析处理。

3. 自动化元数据登记

那么元数据采集功能仅限于此吗？不是的，其实还可以提供更智能的元数据登记能力。以 AI 平台对接大数据平台为例，AI 平台上的项目组在大数据平台上向数据的拥有方申请权限之后，需要将数据复制到项目自己的数据库中，进行后续的数据挖掘与训练。常规数据复制的前提是源表、目标表都存在，如果要求 AI 项目组针对每一张被授权的表都要预先建立一个目标表结构，并发布到数据库之后，才能配置数据复制作业，那么，对于项目组来说，无疑是巨大的负担。如果在项目组开发数据复制作业的过程中，能够自动地为源表创建目标表并登记元数据，则无疑将大幅提升项目组的用数体验。最终，数据管理组件以接口的方式与集成组件进行对接，完成元数据的自动登记功能，整个流程如图 7-9 所示。

申请表权限 → 创建复制作业 → 选取源表 → 发布作业 → 目标表创建、发布并登记 → 数据复制

● 图 7-9　自动化元数据登记

在实现上，主要考虑并发登记以及幂等性、与底层元数据的一致性问题，这里不再过多描述。

7.2.4　元数据设计与发布

1. 可视化元数据设计

除了被动地从数据库采集已经存在的元数据信息以外，数据管理组件还支持正向地建立和维护元数据，并将其发布到对应的数据源。

为什么需要元数据设计能力？因为当前大数据产品种类繁多，每种产品的元数据构建方式都不相同，应用开发人员经常分不清具体的语法是什么，以及字段类型有哪些。另外，诸如 Kafka、Elasticsearch 等只支持 RESTful 接口或 API 访问方式的数据库，开发人员需要使用脚本或运行应用才能进行库表的创建，无疑又提高了项目组使用的门槛。最后，对于对象存储、Kafka 等无元数据结构的数据库，需要通过统一元数据模型进行结构表达，否则无法达到管理所有数据库元数据的目的。因此，元数据设计是一个不可或缺的功能。

当前，数据管理组件提供的元数据设计（见图 7-10）具有以下特点。

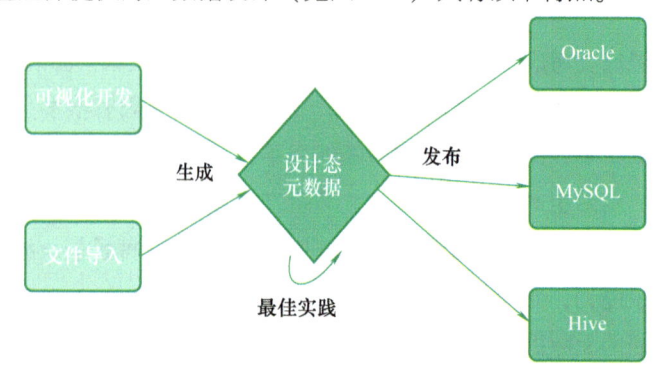

● 图 7-10　元数据设计与发布

1）可视化设计能力。通过前端提供可视化库表设计页面，开发人员不用编写复杂的建表语句，按照页面提示进行基本信息录入以及字段属性的设置即可，组件根据具体的物理数据库生成相应的 DDL 语句。对于大宽表，组件还提供离线设计能力，支持通过导入模式生成设计态元数据，提高开发效率。

2）一个设计多源复用。由于元数据模型已经标准化，因此在元数据设计阶段，一张设计好的表结构可以发布到不同的目标数据源中，目标数据源可以是同类型的数据库，也可以是不同类型的数据库。这种复用能力可以大大减少项目组进行数据复制搬迁时的元数据开发工作量。

3）最佳设计指引。根据不同领域专家经验以及企业内部相关规范指引，内嵌相关数据库最佳实践，对元数据开发方法进行标准化支撑，以提升数据运行效率，降低运行风险。例如，对每种类型元数据的表名、字段长度进行限制；内嵌了 Kafka 的分区估算建议，Elasticsearch 的分片数建议；默认启用 MySQL 的 utf8mb4 编码支持；取消了 MPP 数据库的索引功能；默认关闭了 Elasticsearch 文档的字段动态添加能力；等等。可以说，这些设计指引为项目组规避意料之外的问题立下了汗马功劳。

2. 异步解耦的元数据发布

在元数据的发布功能中，有几个地方值得重点关注。

（1）发布的兼容性判断

需要关注那些可能对数据库造成较大影响，或可能引发加工作业不兼容的变更动作，如对于某些数据库，不允许进行字段的删除，或相关参数的调整，尽管这在物理技术层面上是可以实施的。

（2）合理构建元数据的变更框架

元数据的发布并不是更新元数据本身这么简单，其中涉及与物理数据库的交互、平台元数据的更新、关联搜索数据项的更新、缓存的更新、变更日志的记录等，可以说是整个元数据管理中相对复杂的一处逻辑。一开始团队采用如图 7-11 所示的责任链发布流程，上线后，就发现存在以下几个明显的问题。

物理数据库变更 → 库表元数据更新 → 搜索元数据更新 → 权限持久化 → 变更操作记录 → 统计信息上报

● 图 7-11　旧有元数据发布流程

1）发布链路长，导致元数据发布经常超时，操作体验差。

2）成功率低，链路中任何一个环节失败都将导致发布过程失败。例如，有一段时间，用于搜索的 Elasticsearch 集群故障，更新搜索元数据经常超时，导致数据库明明已经发布成功，但是项目组依然无法使用。

3）失败重试困难，因为整个链路串在一起，难以从中间环节进行失败重试。

4）代码复杂，扩展困难，增加新处理流程需要每次都把整个处理过程代码串联一遍才能找到相对合适的添加点。

针对这些问题，团队对整个发布过程进行了重构。首先是对元数据处理过程进行梳理，明确区分发布主流程与其他次要流程；然后实现一个内存事件框架，支持事件发布以及针对事件的同步及异步处理机制；最后，所有元数据变更都以事件的形式进行发布，次要流程以订阅元数据变更事件的方式进行后续流程处理。优化后的处理流程如图 7-12 所示。

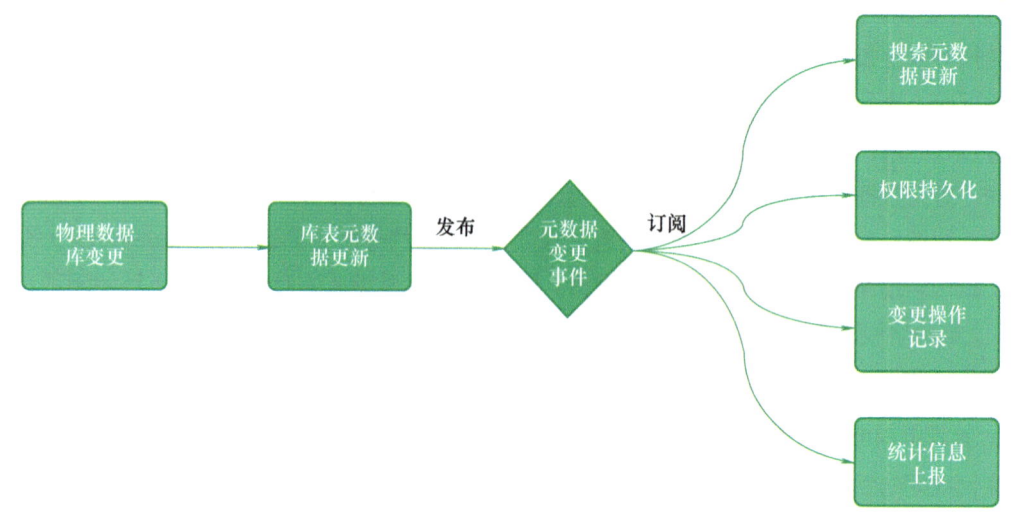

● 图 7-12　改进的元数据发布处理流程

改造之后，元数据的发布时长大大缩短，同时每一个处理步骤都具备了相应的失败重试功能，元数据变更功能的可用性与稳健性大幅提升。代码整体功能的可扩展性、可维护性也有了很大的改观，未来新增发布处理流程仅需要添加相应的事件订阅处理器。

（3）变更留档

最后需要注意的是，完成功能是重要的，但变更过程的留档更为重要。在元数据变更功能上线后的某一天，某项目组人员找到平台人员，反馈他们的一张表突然不见了，但是他们没有做过任何变更操作，而且他们认为是平台问题导致的，要平台负责。幸亏平台人员从日志中找到了他们所在项目组其他人员的操作记录，否则百口莫辩。于是，平台人员吸取了这个教训，后续元数据的所有变更操作都进行了记录，既作为将来审计使用，同时也可协助做问题排查。

7.2.5　数据权限管理

1. 权限管理需求

上文讨论了如何管理元数据，而元数据背后承载着真实的应用数据，接下来需要解决一系列关于数据使用权限的问题，即数据属于谁、谁有权使用这些数据、如何授权他人使用数据等。这对于一些数据集中的项目组尤为重要，如实时数据采集、数据湖等项目。

实时采集项目组将采集的数据全部装载到 Kafka topic 中。随着业务的发展，希望下游也可以直接消费这些 topic。同时，希望能够进行一定的权限控制，确保只有授权的下游项目能够使用数据。但是，原生的 Kafka 不提供权限管理功能，这对于项目组来说存在安全隐患。

数据湖项目组统一对入湖数据进行管理，根据使用需求授权给下游应用使用，希望除了能进行权限控制以外，还能够对数据、账号进行物理隔离。这类需求可以通过 Ranger 实现。Ranger 灵活，可以兼容不同的数据库。但是，Ranger 使用者需要具备一定的专业能力。同时，原生的 Ranger 需要登录使用，与数据发布流程并不协调，交互体验不佳。此外，对于 Hive 数据库，Ranger 授权不仅需要针对 Hive 数据库进行授权，还需要对 HDFS 路径进行授权。这类人工授权操作，不仅效率低下，而且容易出错。

而使用传统数据库的项目组，习惯于直接自己做 Grant 授权。但是，随着时间的推移，也会出现搞不清楚某个数据库账号由哪个项目组在使用的问题。

为了解决这些问题，需要提供数据授权管理能力。综合产品建设目标以及真实数据权限使用场景，权限管理应当至少满足以下 3 个方面要求。

1）完备性。支持对所有数据库进行权限管理，不管数据库本身是否具备权限控制能力。

2）可靠性。尽可能将权限结果映射到数据库，增强数据安全性。

3）便利性。拥有统一的权限控制体验、较低的学习成本，能够与已有的元数据管理流程无缝衔接。

因此，需要有明确的权限定义模型，以及将权限向物理库同步的机制。下文将对这两点进行描述，同时说明如何在产品层面进行交互优化。

2. 场景化的数据权限模型

为了能对所有的元数据进行统一管理，必须要有统一的权限管理模型，接下来通过典型的 Subject（主体）、Object（客体）和 Action（操作）的方式对数据管理权限模型进行说明，如图 7-13 所示。

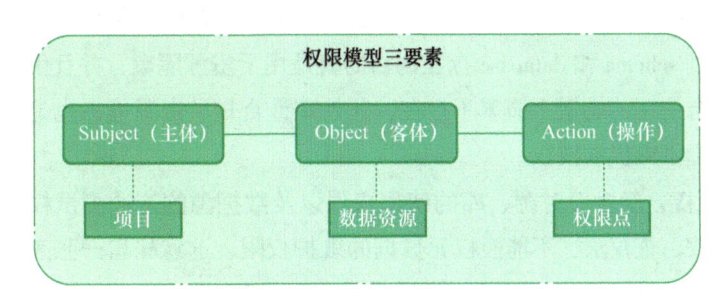

● 图 7-13　权限模型三要素

在平台的认证对象中，存在两种大的分类，一类是具体的用户（以及对应的角色），另一类是应用/项目。在权限定义时，权限主体限定为项目，不包含个人。之所以不把个人作为权限鉴别主体，是因为整个平台在面向后续的开发流程中，并不关心真正的开发人员是谁，而只关注开发的资源属于哪个项目，具备项目特定管理权限的人员，都可以对作业、服务进行相应的干预操作。

权限管理的客体，实际上就是不同的数据资源，包含数据源、数据库、数据表。因为组件已经从元数据层面对这些资源进行了统一抽象，因此权限客体天然具备了统一性。

最后就是需要对权限的操作进行抽象，即权限点定义。针对不同的资源对象，有不同的操作权限，见表 7-3。其中，对于表的数据操作权限，根据实际业务场景需要，抽象限定为插入、删除、更新、查询 4 种权限，方便后续设计统一数据授权操作。

表 7-3 数据资源权限点说明

资　　源	权　　限　　点							
数据源	增加源	删除源	修改源	查看源	使用源	源连通测试	发布库	授权源
数据库	删除库	修改库	使用库	授权库	发布表			
数据表	删除表结构	修改表结构	查询表结构	授权表	插入数据	删除数据	更新数据	查询数据

基于细化权限定义，可以通过不同的组合实现不同的权限控制，并且支持未来的权限点扩展。但是面向用户时，并没有直接将这些可管理权限交付用户，而是进行了一层封装，使用相应的情景化术语进行表述，降低用户的学习与使用成本。

具体来说，首先将项目分成两种类型，一类是 owner 项目，拥有对于资源的所有权限；另一类是非 owner 项目，只能在授权后使用数据。接着将授权动作收敛为两个操作：将源授权项目，以及将表授权项目，同时附加相应的数据权限。进一步说明如下。

1）将源授权给项目，意味着项目可以进行源下库的发布，并具备连通测试能力，但不具备查看数据源配置的能力。在这个过程中，用户无须指定具体权限，后续主导库发布的项目自动成为库的 owner 项目。之所以将连通测试单独作为一种权限，是因为生产上访问物理数据库失败的情况时有发生，项目组有时无法确定是数据库自身原因还是数据操作导致，需要联系 DBA 进行排查。对于被授权项目，项目组无法直接查看数据库连接信息，但可以通过连通测试进行初步定位，避免不必要的沟通成本。

2）不提供对库的授权，通过表授权隐含对库的授权，但也仅仅包含"使用库"这一权限。这意味着，只有库的拥有方能够进行表的发布。虽然技术上存在两个项目在同一个库下维护表的可能性，但是考虑到 schema 和 database 存在的目的就是用于资源隔离，并且由每个应用项目组独立申请，现实中混合使用的场景大概率不存在，此外审计合规、资源抢占也是可能存在的制约因素，因此，组件不提供库级别授权。

3）对于表的授权，隐含着对源、库的使用权限以及数据源的连通测试权限。表授权只能授权数据的增、删、改、查权限，不能授权元数据的维护权限，这意味着一张表，只能由一个项目进行维护，且仅在其他项目需要使用表中数据时才进行授权操作。

通过上述场景化的权限设计，项目组在平台使用过程中，几乎感受不到数据权限控制的必要性，只在跨项目使用数据时才会有所感知。对于跨项目的数据授权，也只会涉及数据自身的增、删、改、查授权，不涉及元数据变更权限，可以说大大降低了权限管理的难度。

3. 自动化的权限持久化

通过权限定义与授权操作，项目组可以管理自己的数据并使用其他项目组的数据，那么下一步需要处理的就是如何落地权限的管控。

数据管理除了提供数据权限的授予以外，还提供相应的鉴权操作。从理论上来说，只要所有对于元数据的使用都经过数据管理进行鉴权，越权访问的情况就可以被杜绝，与底层使用的数据库技术没有任何关系。但实际上，数据管理只是作为数据的一个使用入口，项目组依然可以选择不使用数据管理，直接登录数据库进行操作，在这种情况下，就存在一个项目组访问另一个项目组数据的可能，存在严重的安全隐患。根据数据安全中的最小可用原则，对于支持权限管理的数据库类型，应该选择尽可能将权限同步到数据库中，避免权限范围的扩大。

因此，需要实现一套权限持久化机制，将通用数据权限同步到物理数据库中，其处理流程如图 7-14 所示。

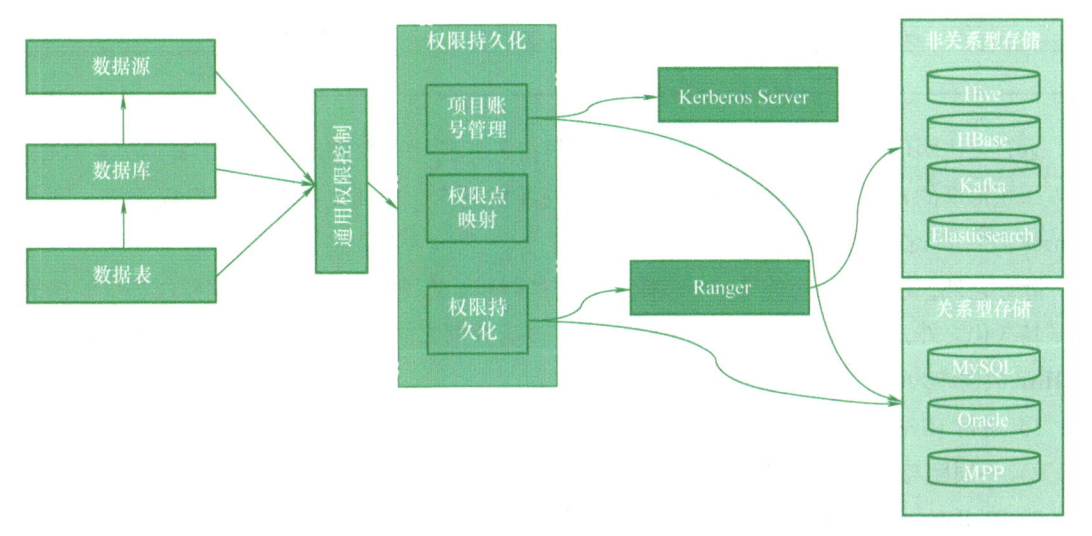

● 图 7-14　权限持久化机制

1) 通过项目账号管理模块，进行数据库账号的生成与管理。项目是一个虚拟概念，在数据库实际运行时，需要转换成对应的数据库账号，否则无法与数据库打通，也就是说，通过该模块为每一个项目创建数据库访问账号。对于关系数据库，同步地在数据库中进行账号的维护；对于非关系数据库，通过平台统一的 Kerberos 认证体系，获取对应的项目 keytab 等信息。

2) 根据不同的数据库类型，需要将标准的权限点定义与物理数据库权限体系进行映射。以接入 Ranger 管控的 Kafka 权限映射为例，Kafka Ranger 权限控制语义见表 7-4。

表 7-4　Kafka Ranger 权限控制语义

权 限 类 型	含　　义
publish	生产权限
consume	消费权限
configure	topic 扩容权限
describe	查询权限
create	创建主题权限
delete	删除主题权限
Describe Configs	查询配置权限
Alter Configs	修改配置权限
Select 或 Deselect All	全选或取消全选

根据实际使用需求，进行了相应的映射处理，示例见表 7-5。

表 7-5 Kafka Ranger 权限映射示例

数据管理权限类型	映 射 权 限
插入数据	publish \ consume
删除数据	delete
更新数据	不支持的操作
读取数据	describe \ consume

通过上述两项前置工作，就可以将真实权限持久化到物理数据库中。对于普通关系数据库，可以采用常规的 Grant 操作进行授权；对于非关系数据库，但其支持 Ranger 授权管控，则通过 Ranger API 进行权限的维护。

除此之外，还需要考虑的是进行权限持久化的时机。在平台中，除了数据授权场景明确需要权限持久化之外，其他操作流程中也同样需要，包括数据库的维护、数据表的维护操作等。以发布 Hive 数据库为例，其中的操作包括：

1）进行 Hive 数据库的发布。
2）将项目与数据库账号进行绑定。
3）在 Ranger 中，将 Hive 库的变更、删除维护授权给项目账号。
4）在 Ranger 中，将 Hive 对应 HDFS 文件系统目录权限授权给项目账号。

其中就涉及了权限的持久化操作。

通过上述功能及流程，对于支持权限持久化的数据库类型，平台能将权限范围控制在一个项目内，不会出现权限的扩散。与此同时，通过统一的数据发布与权限管理流程，不管数据源是否支持权限持久化，项目组在库表变更维护、数据授权等过程中，不会面临具有差异性的交互操作或额外的处理，保持了良好的产品体验。

7.2.6 元数据应用

元数据应用是指基于统一元数据管理模型构建的应用能力，当前主要包含了数据发现、数据分布、数据血缘等几种应用场景。

1. 数据发现

随着平台管理数据的增加，为用户提供便利的方式来了解元数据就变得至关重要。为此，组件提供了以下 3 种方式来向用户提供数据浏览以及数据发现探索的能力。

（1）数据目录

参照操作系统中文件浏览器功能，按照数据库类型-数据源清单-数据库清单-数据表清单 4 级目录结构为用户提供数据浏览能力。在交互上，在最初的版本中，目录是一次性构建出来的，但是随着元数据的增加，前端交互出现瓶颈，经常因为数据量过大导致渲染失败、页面崩溃。为此采取了折中方案，考虑到表的量级与其他 3 种类型的差异，将目录构建到库清单一级，表清单在页面表单中展示，参考图 7-15。这样做的好处是除了可以避免页面加载失败以外，还可以实现分

第 7 章 元数据管理

页以及按照不同条件对表进行排序的效果。

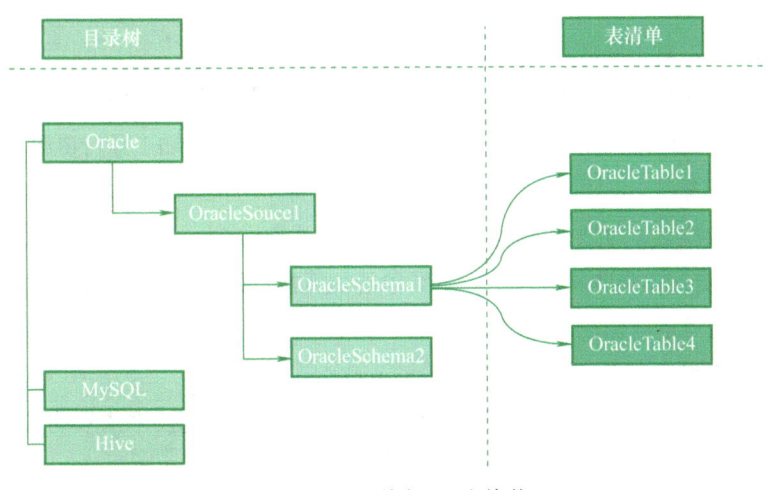

● 图 7-15 数据目录结构

在后端实现上，通过数据目录表进行目录的集中维护，查询一张表即可实现目录的构建，避免反复查询源、库、表对应的实体表。其实体结构如图 7-16 所示。

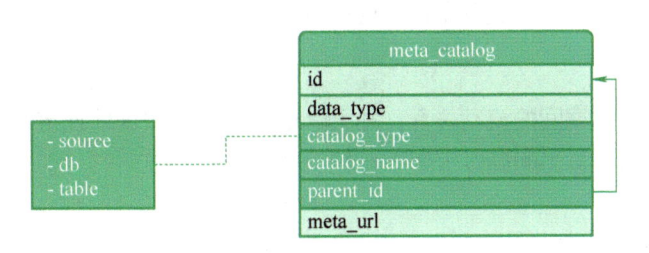

● 图 7-16 数据目录表

（2）数据搜索

通过输入表名、字段名等信息，可以快速搜索对应的元数据信息。在技术上，使用 Elasticsearch 进行数据的索引。正如前文所述，元数据的索引相对元数据变更是一个非关键流程，因此索引数据的更新采用异步机制进行处理，同时提供相应的补偿手段来进行索引失败情况下的重新构建。

（3）数据标签

为用户提供标签构建以及数据"打标"能力，允许构建标签层级，并将标签作用于源、库、表、字段等不同层级的元数据上。标签类型定义记录在 MySQL 数据库中，标签与元数据关系则同样记录在 Elasticsearch 中，提供基于标签的搜索能力。

2. 数据分布

通过数据分布可以了解数据特点，如哪个库下的表最多、哪个数据库占用了最大的存储空间、表数据量的变化趋势等。通过数据分布统计信息，可以方便地构建展示大屏。

实现数据分布的关键流程及技术如下。

（1）调度框架

需要定时调度能力对不同数据源信息进行收集，在技术选型上，可以利用大数据自身已经具备的智能调度能力开发相应的统计信息收集算子，也可以使用开源 xxl-job 等轻量级框架进行处理。使用前者的好处是框架调度能力有保障，缺点是会与项目争抢加工运行资源。

（2）统计信息收集

根据不同数据库特点，对数据量、存储空间等信息进行收集。除了严格要求统计信息一致的场景需要使用 count 进行信息收集以外，一般场景建议直接从数据库获取统计信息，避免因为收集统计信息而对业务运行造成影响。

（3）统计信息存储

首先要避免与元数据管理的存储实例争抢资源，在不引入其他技术依赖的条件下，可以将统计信息保存在 Elasticsearch 中，按天、统计类型划分索引。

（4）分布结果汇总计算

根据产品交互效果对基础统计信息按照不同维度进行加工计算，如按照数据类型、数据源、数据库维度的分布统计指标、top N 指标和各类变化率指标等。

（5）过期数据清理

对超过使用时效的统计信息及分布指标进行清理。

3. 数据血缘

数据血缘用于描述数据间的流动关系，并可以进一步用于数据处理链路跟踪、影响分析等场景。对于数据血缘，需要首先明确以下两个目标。

（1）血缘收集范围

需要确定除了静态血缘，是否包含动态血缘。静态血缘是指不考虑每一次数据流动过程，仅考虑定义层面的数据加工作业/数据服务与表，表与表间关系的血缘信息；动态血缘则能进一步跟踪每一批数据的去向，具有更强的实时性。动态血缘数据与静态血缘数据存在数量级差异。

（2）血缘分析场景

需要确定以什么对象为出发点进行血缘分析，是只考虑从表维度进行血缘分析，还是需要从字段、作业、应用等多种维度进行血缘分析。这会影响血缘数据的存储结构。

目前平台仅关注静态血缘，作业实例间血缘可通过调度组件获得；但需要从表、字段、作业维度查看血缘关系。考虑实际场景需求，血缘整体架构设计如图 7-17 所示，其处理过程说明如下。

1）平台各组件通过血缘上报接口上报作业/服务与表关联关系，以及表与表、表与字段间映射关系。血缘上报接口设计为通用接口，参考了 OpenLineage 框架规范，但考虑到 OpenLineage 需要以事件方式触发血缘变更，于是做了适应性调整。血缘信息由数据流图标识、上游数据、下游数据，以及映射关系 4 大部分构成，其中数据流图标识必须唯一，便于后续血缘更新。

2）血缘接口接收到血缘信息后，将它立即发送到消息队列，并返回，实现轻量级血缘接收。

3）血缘加工计算首先从消息队列获取血缘信息，并将血缘信息以日志方式入库以备后续比对核查。

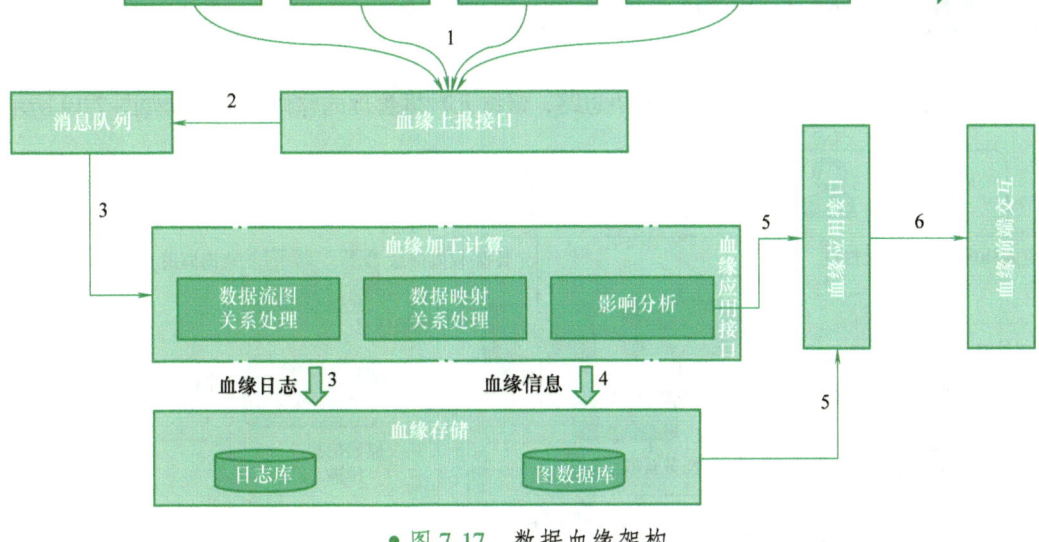

● 图 7-17 数据血缘架构

4）接着根据血缘信息进行加工计算，并将解析加工的血缘关系数据持久化到血缘存储中。其中数据流图与数据映射的区别如图 7-18 所示。前者只能表示用到了哪些表，无法表示哪些表之间存在直接关系。在存储上，则是选用了图数据库作为血缘存储，以方便后续的统计分析。在血缘存储模型的设计上，上文已经提到，从哪些维度进行分析会影响存储结构的设计。通常来说，将需要分析的对象以"点"的形式保存在图数据库中，而将点与点间的关系以"边"的形式进行存储。假设不需要以作业为入口进行血缘分析，那么只需要将作业作为表与表血缘关系的边，反之，则需要将作业作为节点进行存储。

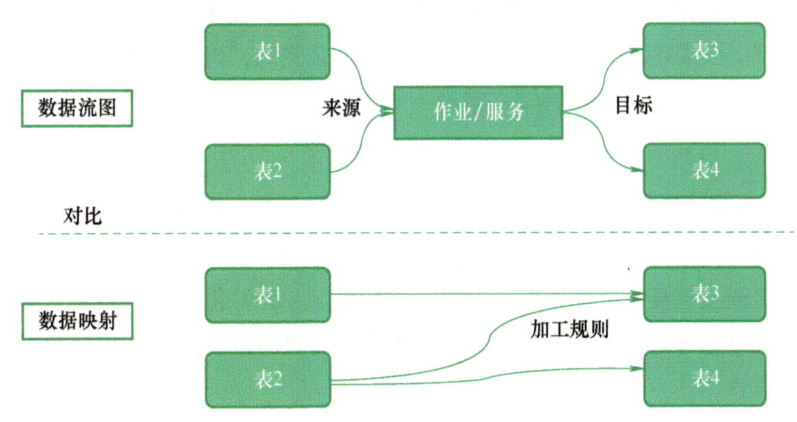

● 图 7-18 数据流图与数据映射的对比

5）经过图数据库处理的血缘数据，通过血缘应用接口进行查询及分析。需要特别注意的是，对于影响分析，考虑到可能存在的节点数据膨胀问题，采用了异步的任务处理方式，以节点广度搜索方式进行关联数据分析，并控制影响分析层级。

6）最后，前端根据获取的血缘数据，进行血缘信息的展示。

7.3 整体技术架构介绍

前面详细介绍了 6 个技术难题的解决思路，最终元数据管理的整体技术架构如图 7-19 所示。

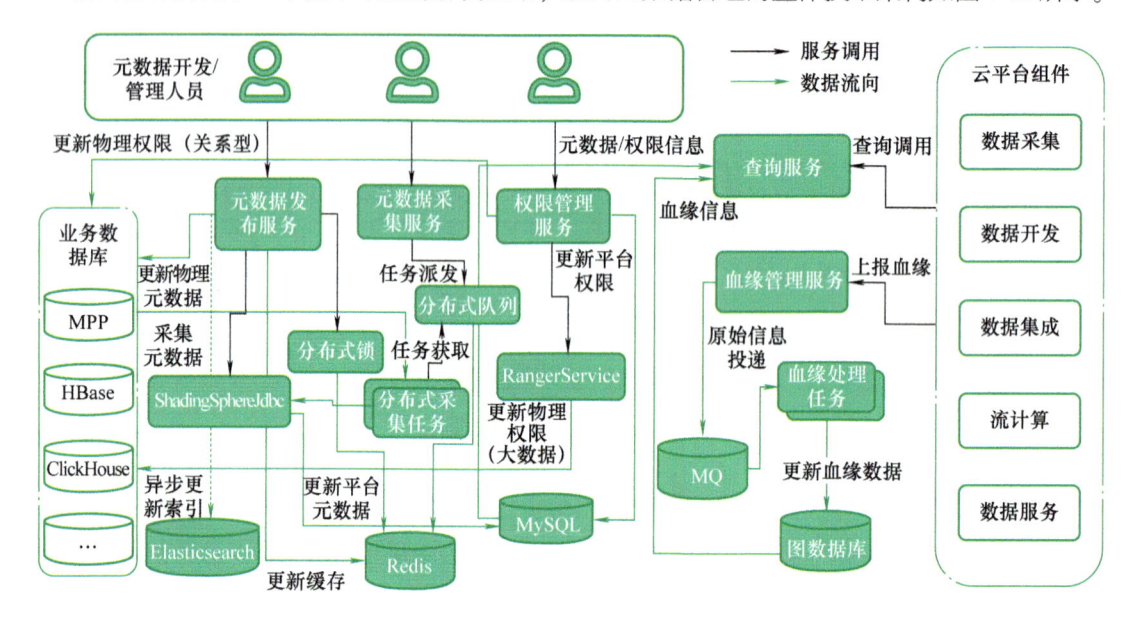

• 图 7-19 元数据管理技术架构

在元数据管理产品设计及迭代开发过程中，项目组制定了一系列架构原则。

1. 高可用

作为提供元数据的核心组件，元数据管理产品的可用性会影响整个大数据平台的可用性。因此，对元数据管理、权限管理模块进行读写分离处理是必要的，确保管理服务异常不会影响查询服务，同时支持不同服务的独立变更与扩容。

2. 插件化

作为面向众多异构数据库的管理组件，需要在架构层面考虑提供插件化能力。例如，将各种数据库的物理操作（如连通测试、元数据变更等）进行抽象聚合；支持数据库驱动的隔离加载；避免在管理流程中嵌入与具体数据库相关的逻辑判断等。在元数据应用的开发及管理上，同样可以考虑插件化，通过面向元数据管理接口编程，实现可插拔特性，为客户提供灵活的元数据应用产品组合及定制策略。

3. 松耦合

在元数据管理中，元数据以多种形态存在，不同形态的元数据由不同的业务流程维护。梳理元数据管理各项业务流程，明确各流程核心业务，不同业务流程通过事件交互，避免业务逻辑耦合。

4. 分层隔离

元数据应用依赖于元数据管理，元数据管理依赖元数据插件进行产品数据库交互。为了保持每个层级功能的纯粹性与稳定性，各层之间应该实现数据解耦，并避免循环依赖。也就是说，元数据插件应该只提供与物理数据库的交互操作，不得从元数据存储中获取相关信息，或调用元数据管理接口获取相关元数据。同样，元数据应用不应该直接从元数据存储实体中获取元数据信息，而应该通过接口方式或数据同步方式获取元数据。最后，元数据管理不反向依赖于元数据应用，确保在元数据应用不可用情况下，元数据管理仍然能够提供服务。

5. 明确边界

本章开头已经提到，元数据的范围可以很广，如果胡子眉毛一把抓，很可能什么都管不好。因此应当明确产品的边界，形成自己的管理标准与规范，在边界范围内进行功能的开发，避免无原则的功能扩充。不限边界的管理会造成明显的投入与产出失配，因为有太多的边界条件需要考虑，从而会降低代码的可维护性，最终降低产品质量。

最后，确定元数据管理面向的是开发领域还是管理领域至关重要，这两者对元数据的时效性、准确性、安全性等方面的需求是不一样的，会导致架构设计上的差异。本章介绍的元数据管理以面向开发领域为主，若是面向管理领域，除了要有一个好的管理工具以外，还需要有一个专门的数据管理组织，负责整体管理流程的制定、职责的落实以及质量的提升和整改等事项。只有有人管数据，才能把数据管好。

7.4 本章小结

数据管理是大数据研发领域的重要组成部分，本章重点介绍了如何定义元数据、如何对元数据进行管理，以及元数据的应用场景，并结合交付实施经验对相关细节进行了有针对性的说明，希望可以给读者带来一定的借鉴意义，以帮助读者开发出高质量、高效率的元数据管理平台或工具。

当前，数据管理组件对接了超过 20 种数据库产品，涵盖 ClickHouse、Kylin 和 TiDB 等热门数据库，管理超过 2000 个各类数据源实例、100 万张表、超过 5000 万个字段；支持了数据入湖、实时数据计算、基于 Hudi 的流批一体计算等大数据典型应用场景，支撑应用超过 100 个，有力支撑了大数据平台的元数据管理。

第 8 章 数据安全管理

本章介绍的内容是数据安全。数据安全本身包含的范围非常广，本章不讨论数据安全的定义和范围，而是简要介绍一下大数据安全领域的一些业务场景，希望可以帮助读者拓宽思路，提供参考。

8.1 数据安全管理业务背景

有很多客户使用公司的大数据平台构建数据仓库，当所有的数据汇聚到数据仓库中时，假设有 100 个数据库，每个数据库都有 100 张表，每张表都有 50 个字段，每个字段都有 100 万条记录，那么需要确保这 100×100×50×1000000 = 5000 亿条记录中，所有敏感信息都不会通过大数据平台泄露出去。这 5000 亿条记录的保密等级需要快速识别出来，而后根据不同用户的不同机密权限等级展示不同的脱敏数据。这就涉及以下两个问题：

1）如何快速识别 5000 亿条记录的保密等级？
2）如何智能地针对不同用户进行数据脱敏？

8.1.1 需求讨论

在解决这两个需求问题之前，团队内部有过比较激烈的讨论，有人认为它们都是伪需求，原因有以下两点。

1. 已有不同环境对用户的数据权限进行了区分

当时团队给客户设计了两类环境：生产环境和测试开发环境。如图 8-1 所示，生产环境保存真实的数据，测试开发环境保存脱敏数据。数据开发人员只能使用测试开发环境的脱敏数据开发调试，数据分析师或科学家可以直接在生产环境中使用真实数据进行试验。

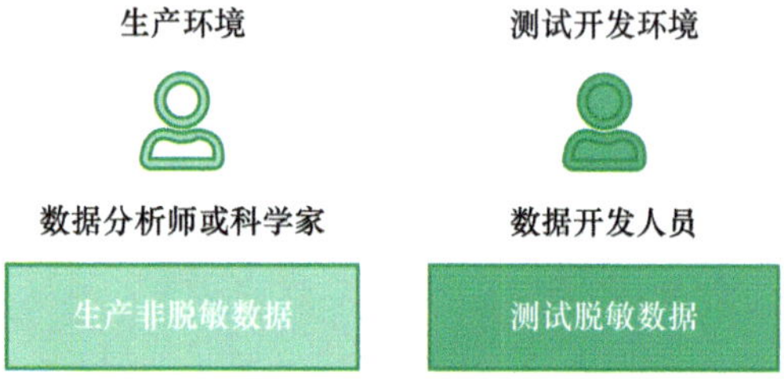

● 图 8-1　生产环境和测试开发环境

既然已经使用两类环境来区分使用权限，那么，为什么还要对数据进行分级和动态脱敏？

因为不同环境不同权限的情况解决不了以下两个问题：

1）数据分析师和科学家可以直接使用非脱敏的数据，存在数据泄密的可能。
2）数据开发人员开发的程序只能在脱敏的数据上运行，有些程序中的规则在脱敏的数据上可以正常运行，在生产中非脱敏的数据上就会出问题。这也是客户需要在大数据平台中实现数据安全组件的主要原因。

2. 基于数据标准设计的数据库已有保密等级

如果所有的数据表设计都是按照公司标准数据建模流程进行的，那么数据血缘就是完整的，数据仓库中每个字段都能溯源到公司制定的数据标准，只要数据标准中制定了保密等级，它衍生的所有数据库字段就会自动带有保密等级，上述识别保密等级的功能需求就不需要实现了。

对于数据标准自带的保密等级这种情况，实际上，有标准数据建模流程并且认真执行的公司很少，从最终执行情况来看，大部分数据仍然无法和数据标准一一对应，每个数据的保密等级也就无法对应。

8.1.2 数据安全流程

在花了大量时间做需求分析后，归纳出来的主要流程如图 8-2 所示。

配置自动识别规则 → 定期扫描匹配规则 → 手动指定数据保密等级 → 设置用户数据安全等级权限 → 根据权限脱敏数据

● 图 8-2 数据保密等级自动识别和脱敏流程

1. 配置自动识别规则

数据保密等级的匹配规则由数据安全管理人员定义，这个规则可以是一个用来比对字段值的正则表达式，也可以是一个比对数据库名、表名和字段名的模糊匹配规则，或者一些候选字符串列表等。例如，用户可以定义一个匹配手机号的正则表达式，将匹配数据的保密等级设置为 5，并且指定要匹配的数据库列表。那么在指定数据库列表中所有数表的所有字段，一旦某个字段的值符合这个规则，这个字段的保密等级就自动设定为 5。

2. 定期扫描匹配规则

平台定期扫描所有数据，匹配用户定义的规则清单，自动识别出所有字段的保密等级。

3. 手动指定数据保密等级

数据安全管理人员可以在平台中查询所有表、字段的保密等级，并且可以手动修改自动识别出来的保密等级。

4. 设置用户数据安全等级权限

数据安全管理人员可以设置平台所有用户的数据安全等级权限，如为用户设置可以查看多少级以内的数据。

5. 根据权限脱敏数据

当用户在平台上查看数据时，平台会根据该用户的数据安全等级权限和所查看数据的保密等级，自动进行相应的脱敏。

以上就是本章要介绍的数据安全业务场景。当然，当初在实现数据安全组件时，满足的需求很多，本章只是摘选典型的识别和脱敏需求进行介绍。

8.2 识别和脱敏的技术难点

识别和脱敏这两个需求的实现有以下 3 个技术难点。

8.2.1 如何快速扫描和识别成千上万张表

虽然提出这个需求的客户只有 10000 多张数据表，但是客户希望未来可以支撑 10 万张以上的表。假设在自动匹配规则时，需要抽样取出每张表中的 1000 条记录，如果每张表的字段数量是 50，就有 50 亿条记录（注意，这个数据量级是指需要抽样分析的记录数，并不等于数据仓库中保存的记录数）。如果客户要求这个自动识别的任务每天都要执行，每次任务就要在一天内完成。一般离线作业会在凌晨完成，这样才不会占用业务运行的系统资源。所以这个需求的难点之一就是如何在短时间内完成所有数据的扫描。

8.2.2 如何即时解析用户的 SQL 语句获取查询的表字段

脱敏的需求是，当用户查询数据仓库中的数据时，平台可以根据当前用户的权限等级以及所查询数据的保密等级进行适当的脱敏。获取用户的权限等级比较简单，因为会话中已有该信息，而解析用户的 SQL 查询语句，获取里面的字段却是一个难点（用户对脱敏算法的需求比较简单，这里不展开表述）。

8.2.3 如何保存识别出来的数据保密等级

识别结果的数据结构中包含以下几个字段：数据库名、表名、字段名、保密等级。这里再计算一下数据量级：假设有 10 万张表，每张表中有 50 个字段，则共有 500 万条记录。这个数量级不大不小，在使用普通的关系数据库时，即使索引设计较好，假设未来所有的查询都要先读取这张表对应的保密等级来脱敏，性能也是不可靠的。

8.3 识别大量数据

8.3.1 识别数据的主要步骤和思路

自动识别所有数据主要有如下几个步骤（注意，因为这里仅阐述思路，所以只列了重点步骤）。
1）获取所有需要扫描的数据库。
2）获取这些数据库的所有表。
3）获取这些数据库需要匹配的规则清单。
4）对于获取的所有表，获取每个字段的 1000 条记录。
5）对于每个记录，尝试匹配每条规则。
6）如果匹配了某条规则，则该字段被设置为相应的保密等级。

提高上述步骤的执行效率并且保证系统的健壮性的 4 种思路为：减少工作量、缓存、并发、异步。

（1）减少工作量

如果数据库中的表最近没有更新，并且其对应的规则也没有更新，那么，这些表是不需要重新识别的。

（2）缓存

一般情况下，如果某些数据对于多个任务来说都是静态、固定的，就可以考虑将其放入缓存以提升查询读取效率。规则清单就符合这种条件，所以可以考虑将其放入缓存。

（3）并发

并发的前提是任务之间没有互相依赖的关系。例如，数据库与数据库之间的扫描任务是独立的；表与表之间是独立的；字段与字段之间也是独立的。所以上述步骤 2）~6）都可以分成多个线程并发执行，以提高效率。

（4）异步

对于某一个线程，假设在步骤 5）中失败了，重试的时候，是否需要将步骤 1）~5）重新执行一遍？从效率方面来说，如果每个步骤的运行结果都可以保存下来，就可以提高重试的效率。并且每一个步骤可以并发执行的线程数是不一样的，将每个步骤拆分在异步线程中执行，可以提升线程的并发执行效率。

综上所述，对于识别大量数据的技术难点，这里的解决思路就是通过逻辑判断增量获取需要扫描的表字段、将规则放入静态缓存中，以及将每个步骤异步并发执行。接下来介绍其技术方案。

8.3.2 自动识别的技术方案

技术方案如图 8-3 所示，它将自动识别逻辑封装到 4 个线程中。

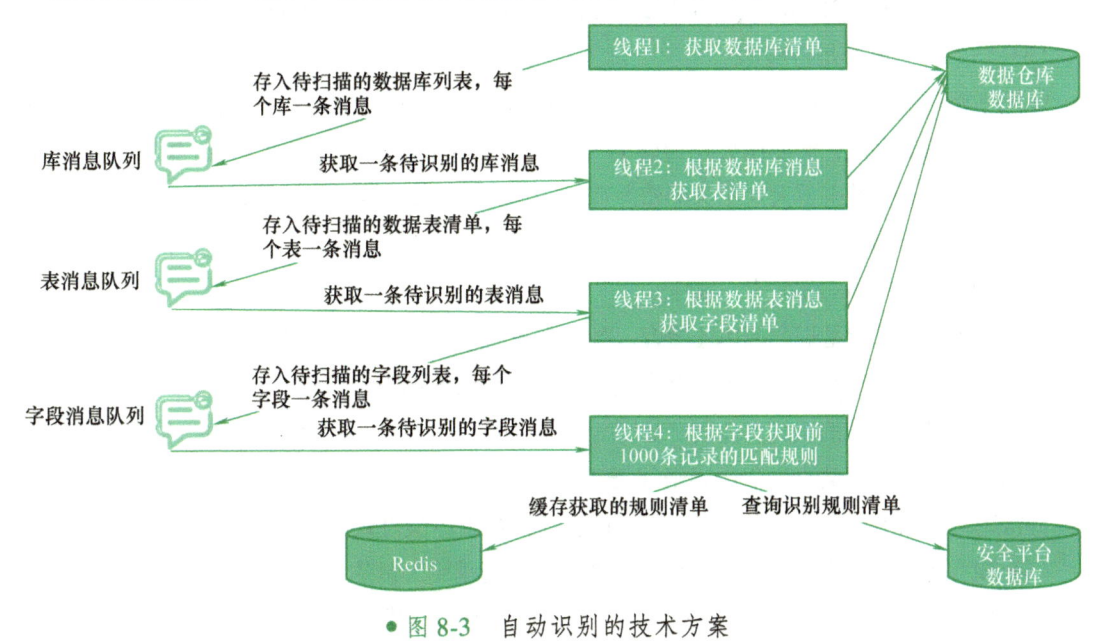

● 图 8-3 自动识别的技术方案

1. 方案的主要逻辑

这 4 个线程的逻辑分别介绍如下。

（1）定时触发的主线程 1

这个线程由定时器触发，每次触发时，就去数据仓库数据库中获取需要自动识别的数据库清单，而后将要识别的库保存到库消息队列中。

（2）分别获取待扫描表清单和字段列表的线程 2 与线程 3

线程 2 和 3 是消息队列的订阅者。线程 2 订阅库消息队列，根据待扫描的库，去查询待识别的表，而后将表消息保存到表消息队列中。线程 3 订阅表消息队列，根据待扫描的表，去查询待识别的字段，而后将字段列表保存到字段消息队列中。

（3）扫描特定字段的线程 4

线程 4 是字段消息队列的订阅者，对于每一条字段消息，都要去缓存中查询要匹配的规则清单，如果缓存未命中，则去安全组件中获取规则清单并再次缓存，而后去查询该字段的前 1000 条记录（抽样条数是可以配置的），逐条匹配规则清单，如果命中，则设置对应的保密等级。

2. 方案的权衡点

这个技术方案存在以下几个需要权衡的点。

（1）是否需要拆分出这么多线程来保存 3 种消息？

一开始团队考虑过，不拆分出这么多线程，只需要按表保存一个消息队列。拆分这么细的话，步骤太多可能导致出问题时不好调查。而且有些线程逻辑太简单，线程的消耗可能比执行逻辑还高。

（2）为什么用 Kafka 而不是其他消息队列？

初始方案使用的是 RocketMQ，但是该项目的开发测试环境中只有 Kafka。

（3）一个消息集群是否够用？

如果每天都要全量扫描，那么字段消息队列每日的数据量是 500 万，这种情况下，一个消息集群很快就会承受不住，需要用公司自研的一个商用消息中心，支持多个 Kafka 集群。但是多消息集群不可避免地会带来更大的服务器资源需求。这是一个 B 端私有化部署的产品，客户可能不愿意为了这样一个功能采购大量的机器。

（4）如何处理 Redis 缓存的一致性？

这里的缓存指的就是规则清单的缓存。数据安全管理员如果更新了规则清单，是否要及时更新缓存当中的规则清单？如果更新缓存失败，是否要回滚数据安全管理员的操作？这是 B 端产品和 C 端产品设计会存在的不同，C 端产品因为用户体量大，以及出于用户转化率的考量，会为了一些极端情况而设计大量的复杂代码来保证高可用，但是在 B 端产品中，往往会忽略极端情况，不写异常逻辑，因为用户体量太小了，开发的首要目标是尽快投入使用。

（5）线程 4 并发数太大的话，被识别的数据库能否承受大量的并发？

假设线程 4 的并发数是 100，那么意味着可能有 100 个并发连接对数据仓库中的数据库做查询。数据仓库的数据库和业务系统的数据库不一样，像一些 MPP，能承受的并发连接数不到 20，因为它本身就不是用来做并发查询的。但是如果线程 4 的并发连接数设计得很小，按字段级别的消息来做异步就没有太大的意义了。

3. 方案最终的妥协

基于上面几个权衡点，最终方案变成了只保存库级别和表级别的消息，如图 8-4 所示。

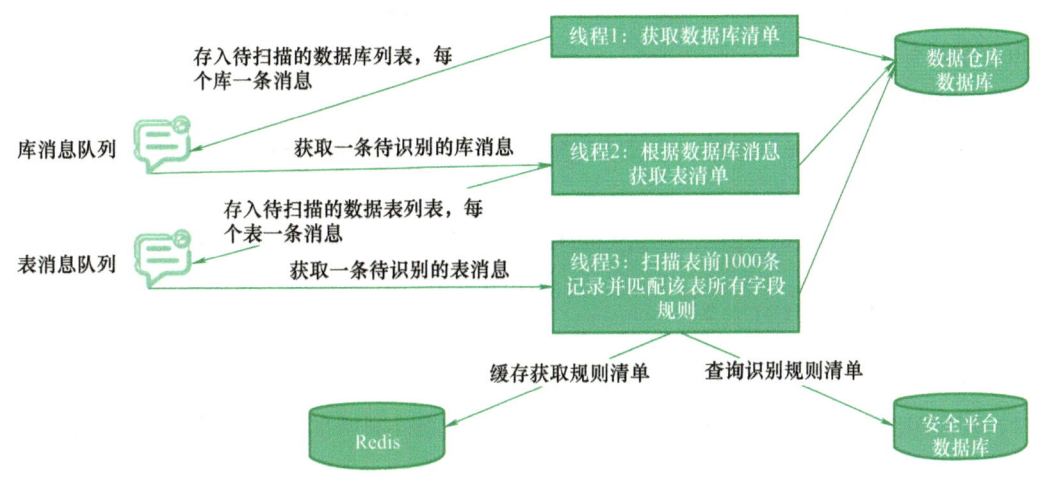

● 图 8-4　按库级别和表级别识别的架构

这样的架构有以下两个好处。

1）省去一个步骤，减小查询过程的难度。

2）表级别的消息数量大幅减少，一个消息集群就可以满足。

这个架构的缺点就是，和改动之前的架构相比，最终识别的效率降低了，不过这是业务和技术权衡的结果，最终用户还是可以接受的。

8.4　动态脱敏的技术方案

数据脱敏的要求是让用户看不见超出自己权限的数据。先说一下动态脱敏的整体流程。

8.4.1　动态脱敏的主要流程

动态脱敏的主要流程如下。

1）查询数据库，获取查询结果。

2）解析查询的 SQL，获取查询结果集中每个列对应的数据库字段。

3）获取当前用户的数据安全等级权限。

4）对结果集中超出用户权限的列数据进行脱敏。

这个流程主要涉及两类组件：一是所有查询数据的组件，此处称之为查询组件；二是数据安全组件本身。

针对上面的流程，需要考虑的问题有以下两个。

1）是否有合适的开源框架用来解析 SQL？

2）流程中的每一个步骤在哪个组件中完成？

8.4.2 使用 Calcite 解析 SQL

目前可以用来解析 SQL 的库有 Calcite、ANTLR、Druid 和 JSqlParser。最终项目组选择了 Calcite，原因有以下几点。

1）Calcite 的易用性好，不像 ANTLR 那样，需要定义规则文件。

2）Calcite 较好地满足了需求，经过几个复杂 SQL 的测试，它可以解析出预期的数据结构，其他库在这一点上就相对较差。

3）团队中其他几个项目组已经用过 Calcite，均认为它的使用效果不错，可以满足需求。

8.4.3 动态脱敏接口设计

关于脱敏这个接口，当初有 3 种设计，分别如下。

1）安全组件完成从查询到脱敏的所有工作，查询组件只需要传送 SQL 和查询参数给安全组件。

2）查询组件到数据库中查询，将结果集和 SQL 传给安全组件，安全组件完成 SQL 解析、权限判断和脱敏工作。

3）查询组件到数据库中查询数据和解析 SQL，将解析出来的字段信息发给安全组件，安全组件完成权限判断后，再交由查询组件去脱敏。

第一种设计可以让安全组件控制所有的查询出口，这有以下两个好处。

1）风险全部控制在安全组件中，可以避免查询组件的代码错误、安全漏洞等导致的数据泄露。

2）之后再设计一些审计、溯源的功能也比较方便，只需要在安全组件的这个查询代理中增加功能。

但是，最终并没有选择第一种设计，因为当时另一个项目组要开发一个查询引擎，这个查询引擎的设计初衷就是要代理所有查询组件的查询工作，并且会加入鉴权、性能监控、日志审计等一系列功能。虽然它和安全组件的脱敏工作没有重叠，但是代理所有查询这项工作是重叠的。如果使用第一种设计，则另一个项目组的查询引擎开发完成后，各个查询组件又要迁移一次。那么是否可以将安全组件和查询引擎合并在一起？不可以，因为安全组件的需求是客户定制的，有很急的上线计划，而查询引擎只是产品规划，开发时间比较宽松，赶不上客户要求的期限。

第三种设计是首先被放弃的，因为这种设计要求每个查询组件都要自己实现 SQL 解析，相当于存在大量的重复代码。

基于上面的原因，最终采用了第二种设计，方案如图 8-5 所示。

1）用户在平台上提交查询请求，查询请求发送到查询组件。

2）查询组件提交 SQL 到被查询的数据库。

3）查询组件获得数据库返回的结果集。

```
                          6.返回脱敏后的结果集
    ┌──────────┐ ←─────────────────────── ┌──────────┐  1.提交查询请求   ☺
    │  安全组件  │                          │  查询组件  │ ←──────────── 查询用户
    └──────────┘      4.传入SQL、当前用户ID   └──────────┘
                        和查询结果集                      2.查询数据库
    5.1根据SQL解析出要查询的表和字段
    5.2获取字段的安全等级                    3.返回结果集
    5.3获取当前用户对相应字段的安全等级
    5.4对于超出权限等级的字段执行脱敏

    ┌──────────┐                          ┌──────────┐
    │安全等级数据库│                          │被查询的数据库│
    └──────────┘                          └──────────┘
```

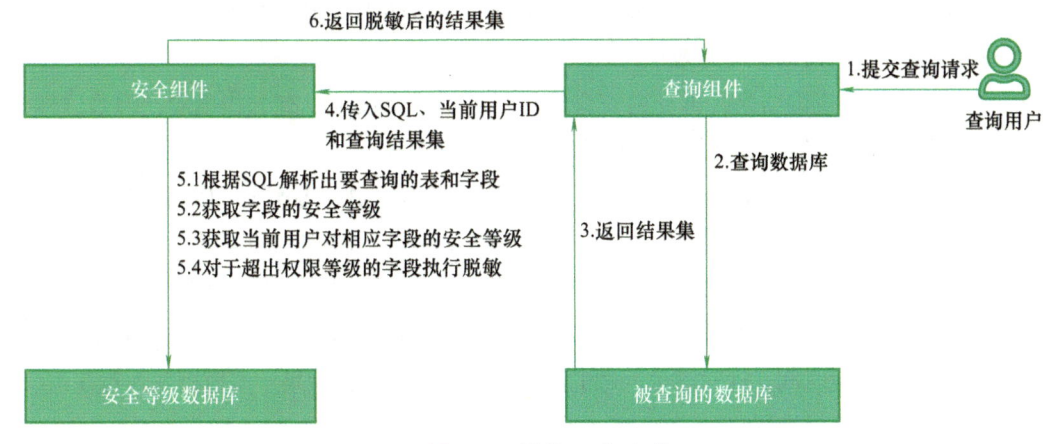

● 图 8-5　脱敏工作流程

4）查询组件将 SQL、当前用户 ID 和查询结果集发送给安全组件。

5）安全组件根据 SQL 解析出要查询的表和字段，获取字段的安全等级、当前用户对相应字段的安全等级，对于超出权限等级的字段执行脱敏。

6）安全组件将脱敏后的结果集返回到查询组件并予以展示。

可以看出，这又是一个对技术、环境、进度等进行平衡的方案，B 端产品往往因为定制需求多、时间紧而牺牲一些易用性。

8.5　用 MySQL 保存识别出来的数据保密等级

本场景的第三个方案权衡点中讨论过如何保存 500 万条数据保密等级记录。如果用 MySQL 保存 500 万条记录，后续再做更新时性能就会比较差，势必会影响每日自动识别任务的效率，比较理想的一个方案就是使用 Elasticsearch。

不过前面也提过，客户机器有限，若使用 Elasticsearch，就要额外申请 3 台服务器（因为要保证高可用）。那么是否有一个简单的办法，可以复用现有的服务器来满足需求？

答案是有，因为出现 500 万这个保存记录数的前提是所有的字段都要保存它们的保密等级，包括非敏感的数据。其实在这 500 万个字段中，包含敏感内容的字段不到 1/10，也就是不到 50 万。如果只记录敏感内容字段的保密等级，MySQL 就可以轻松承载。

8.6　本章小结

本章介绍了 3 个技术难点的解决方案，因为它们处于不同层面，所以这里就没有将其合并成总体进行展示。总体来说，整个方案基本满足了客户的定制化需求，在工期和最优之间取得了平衡，是一个性价比不错的方案。

这个方案的缺点也有很多，部分缺点在前面介绍方案时大致提过，这里再总结一下。

1）自动识别的逻辑并不是并发度最高的，也就是说，如果有更多的机器，就可以设计成按字段级来做并发识别，自动识别的效率可以大幅提升。

2）通过查询组件查询结果，再交由安全组件脱敏的这个设计，有一些风险，因为这样会让更多的组件可以读取敏感数据，需要管控的风险敞口也就更多。

3）部分 SQL 无法解析。若客户碰到一些复杂的嵌套查询，则无法解析 SQL 获得准确的字段，因为这样的查询如果直接作用于数据仓库当中的数据库，也会大幅占用资源并且拖慢系统，解决方案是让客户将子查询的数据加工成一个表，而没有针对这种复杂的查询做针对性的修复。

4）写自动识别的规则（大部分是正则表达式）成为数据安全管理人员的一件苦差事，而且这个规则调试起来很耗时间。针对这个问题的解决方案就是在网上搜集一些模板并内置在系统中，让数据安全管理人员直接选用。

除了以上缺点以外，还有大量数据安全管理工作上的功能需求需要改善，这里不再一一罗列。后续所增加的功能，其核心技术架构和上面介绍的类似。

关于数据保密等级自动识别和动态脱敏的数据安全场景就介绍到这里。

第 9 章 数据质量管理

数据质量是指数据反映真实世界对象、活动交互的程度。质量越好，说明数据越能真实反映现实情况，高的数据质量是数据管控的核心目标。在业务管理和监管的数据应用过程中，经常发现数据质量问题，问题复杂多样，质量问题产生的原因可能来自系统、人员、流程等多个方面。对发现的数据质量问题实施快速部署监测、错误数据定位、根因分析、跟踪督促质量问题整改，从而不断地提升大数据应用中的数据质量和数据应用能力，为公共数据共享开放提供有力支撑。

本章提到的一些技术架构和数据安全管理中的一些架构有一些类似的地方，因此原理相同的部分本章不再介绍。

9.1 数据质量管理业务背景

在金融行业中，经常涉及各种监管数据报送要求，由于这部分监管报送数据来自各个不同部门的信息系统，中间经过多个加工环节以及复杂的业务处理，而最常见的报送数据的获取方式，一般是由监管报送系统从数据仓库中获取，再统一报送到监管部门，数据在报送前，会经过繁复的流程处理、不同的信息系统加工。而在不同系统间进行数据传递、加工很容易由于上下游之间的沟通不畅、对数据的理解不一致、采用的技术差异等原因造成加工后的数据出现错误甚至丢失。

例如上下游信息系统由于采用的数据库产品不同、字符集不同而可能出现相同的 DDL 定义，上游可以正常运行，但下游无法正常处理，如上游采用的是 Greenplum 数据库、UTF-8 编码，下游采用的是 Oracle 数据库、UTF-8 编码，假设上游字段定义为 varchar(n)，如果该字段中存放中文，则最多可以存放 n 个中文字符，但下游在同样的字段定义下，如果未显式指定 n 为字符，而是以字节的方式存放，则存放的字符数将小于 Greenplum 中的字符数，这时下游将会出现处理异常的情况。

甚至可能出现上下游信息系统间使用的是同构数据库，但是由于数据本身的问题，如乱码等，而导致数据在下游信息系统加工过程中出现异常。

如何保证最终数据在不同系统间加工的准确性？如何保证数据能够真实反映整个业务处理流程？这就会涉及接下来要介绍的内容：数据质量及数据质量治理。

企业级数据质量治理是一个综合性过程，旨在确保组织的数据资源的准确性、一致性、完整性、可信度和可用性。该过程一般可以分成如图 9-1 所示的 5 个步骤。

(1) 质量定义阶段

质量定义阶段包括：定义数据治理的目标和范围；明确数据质量的标准和要求；确定数据质量治理的组织结构和责任。

(2) 识别分析阶段

识别分析阶段包括：识别组织中的关键数据元素和数据流程；进行数据质量评估，包括数据审查、数据采样和数据分析，以确定数据质量问题和潜在风险。

(3) 制定策略阶段

制定策略阶段包括：制定数据质量度量指标，用于评估和跟踪数据质量；定义数据修复和数据清洗的规则与方法；制定数据质量监控和报告策略。

● 图 9-1　数据质量治理过程

(4) 实施监测阶段

实施监测阶段包括：实施数据质量规则和修复策略，改进数据质量；监测数据质量，并及时采取纠正措施；定期生成数据质量报告，跟踪数据质量的改进情况。

(5) 整改持续改进阶段

整改持续改进阶段包括：进行数据质量培训和意识的培养，形成组织内部的数据质量文化；定期评估和审查数据质量治理的效果，并进行持续改进。

在整个过程中，企业需要建立专门的数据治理团队，制定数据质量的治理策略和流程，使用数据质量工具和技术来支持数据分析、数据清洗与数据修复，以确保数据质量达到组织的要求。同时，还需要持续跟踪和监测数据质量的改进情况，及时纠正问题，以实现可持续性的数据质量管理。

数据治理涵盖多个环节，包括数据获取、数据存储、数据处理和数据使用等方面。在数据仓库中，数据质量治理包括监控和管理数据的收集、转换与加载过程，确保在将数据导入仓库之前就进行了有效的数据清洗和转换。这包括验证数据的准确性、消除重复数据、填充缺失值和标准化数据格式等。

这里重点分享在数据仓库中的数据质量治理实践经验，如图 9-2 所示，以供读者参考。

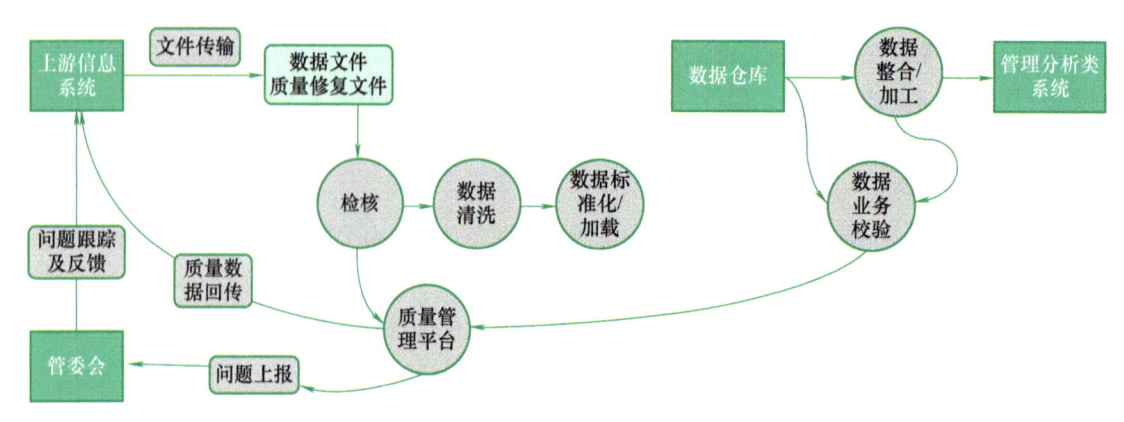

● 图 9-2　数据质量治理在数据仓库中的作用

上游信息系统将批量文件传输到数据仓库，在数据仓库中进行技术检核，对检核出的问题在质量管理平台上创建问题单，上报给管委会，同时将质量数据回传给上游信息系统，管委会将持续进行问题跟踪并根据上游信息系统的反馈组织各方商讨问题的解决方案，在解决方案确定后，由上游信息系统将修复后的数据文件返回给数据仓库处理。若在检核环节并未发现问题，则在数据仓库进行数据加工后，进行适当的业务校验，用来判断在整个整合加工环节中是否出现业务逻辑错误。

以上就是整个数据质量治理的过程，而要实现这些需求，会碰到如下技术难题。

1）如何让业务人员可以避免了解繁多的专有技术实现细节，能够自定义数据校验规则？

2）如何为数据仓库中如此繁多的数据表、数据记录快速地配置检核规则，快速筛选过滤脏数据，并让数据提供方进行整改？

3）在批处理中，上游信息系统发到数据仓库的数据文件通常很大，快速检核大数据文件也是一个难点。

接下来，对以上问题进行进一步探讨。

9.2 技术语言业务化

在数据质量定义方面，业务部门比较头疼的是如何快速定义数据质量检核规则。业务人员专注于数据的业务含义的理解，对于数据的存放、数据的技术实现往往一知半解，这就造成了业务人员无法独立完成数据质量检核规则的定义，而要高度依赖技术人员，并且需要双方保持沟通顺畅，这样才能完成高质量检核规则的定义。为了解决这些问题，需要将技术语言转化成业务人员可以理解的业务语言，然后通过技术方法将业务语言转换成技术实现方式。为达到这个目的，需要完成如下几步。

9.2.1 完善数据字典

完善数据字典，以保证数据字典的正确性，以及数据字典中信息描述及业务描述的准确性。首先可以通过在质量平台导入相关的数据字典，让所有字段信息及对应的中文解释说明均作为数据质量元数据服务管理的一部分。

数据字典主要信息包括表名、属性名、主键、外键、字段名、字段类型、字段长度、代码值说明、字段含义/格式说明。

对于数据字典的维护，可采用事前导入、事中校验、事后维护修正的方式，以保证其真实性，如图9-3所示。

1）事前导入：将由数据提供方根据要求填写的指定信息导入质量平台，经过质量平台对填写内容进行严格校验后，作为元数据信息的一部分。

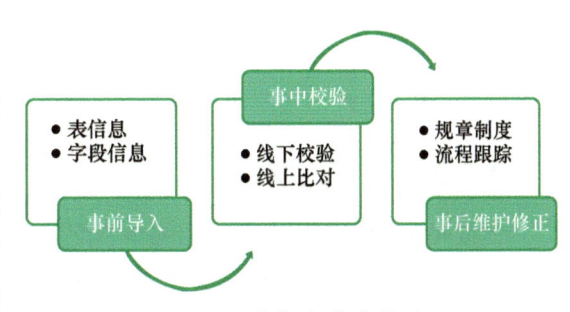

● 图9-3 数据字典维护流程

2）事中校验：在日常运行维护中，元数据平台会定期采集数据库中的元数据信息，并与自身存储的信息进行比较，对不一致信息进行告警，并形成报告发送给各关联方。具体为，通过获取数据源信息，连接到业务数据库，从中获取数据库的元数据信息，包括表名、字段名、索引信息、建表语句等数据库元数据信息，然后逐一与元数据平台中的元数据信息进行比对，对于不一致的信息或者填写不全的信息，通过页面提示、运行报告、邮件告知等方式进行通知。

3）事后维护修正：在通过事中校验的基础上，通过规章制度、自动建单流程通知数据提供方进行修复，由数据提供方给出修复计划，并生成跟踪单以持续跟踪处理。

9.2.2 元数据信息可视化

实现元数据信息可视化展现，将数据字典中的技术元数据信息及业务元数据信息均用业务语言信息进行展示，同时，将具体的程序执行动作与业务语言进行关联映射。

举个例子，业务人员需要设置检核规则：验证总分转账数值是否匹配。该需求可转换成：业务人员在前台根据业务需求选择所需验证的字段信息，以及具体的规则操作（如求和、相乘、等于）后提交到后台，后台根据字段信息到元数据服务中获取涉及的业务数据库信息、表清单、表的数据存放地址等信息，自动拼接成具体要执行的技术执行程序块，并提交到业务数据库中执行。示例如图9-4所示。

检查对象选择

组件/系统	表中文名称	表英文名称	字段英文名	字段中文名	备注
反洗钱	费用项明细	EPS_ITM	RCRD	收入金额	

运算合法规则检查

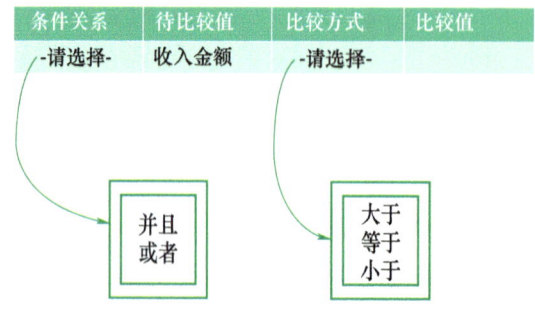

条件关系	待比较值	比较方式	比较值
-请选择-	收入金额	-请选择-	

并且 或者

大于 等于 小于

• 图9-4 检查对象和规则示例

9.2.3 检核规则模板化

检核规则模板化是为了降低业务人员配置的复杂性，可将常用的检核规则配置成模板，支持批量设置、批量删除，提升配置的效率。作者系统建立的模板清单见表9-1。

表 9-1　检核规则模板

模板类型	用　途
唯一性检查模板	用于生成检查指定对象是否满足唯一性要求的结构语句，即指定对象所有记录值中不存在重复记录的结构语句
非空性检查模板	用于生成检查指定对象是否满足非空性要求的结构语句，非空性即目标对象所有记录值中不允许存在空值
取值范围检查模板	用于生成检查对象的取值是否在指定的取值范围内的结构语句，检查对象可以是字段、字段函数处理后的内容；指定范围可以是输入的单个值、集合值、字段、代码域值、区间等。其中字段处理函数包括常用的日期、数值、字符、聚合等函数；还可以支持用户的自定义函数配置
数据格式检查模板	用于生成检查指定对象的格式是否符合特定格式要求的结构语句
运算平衡检查模板	用于生成检查指定对象（A）的记录值为某一个或一组值时，另一指定对象（B）必须为特定的一个或一组值的结构语句
取值约束检查模板	用于生成检查指定对象（A）的记录值为某一个或一组值时，另一指定对象（B）必须为特定的一个或一组值的结构语句
总分检查模板	用于生成检查指定对象加工汇总后的数据是否与明细数据之和相等的结构语句
波动检查模板	用于生成检查指定对象的变化幅度是否超过一定范围的结构语句
自定义检查模板	当预制规则模板不能匹配数据质量规则时，可选择自定义检查模板人工生成结构化监测语句

通过对各规则模板生成的结构化语句进行组合或关系配置，或模板组合间关系的配置，可生成较为复杂的结构化监测语句。

以上方案主要用于提升业务人员直接使用数据质量平台的便捷性，降低业务人员对质量平台技术的掌握门槛，提升效率。接下来解决第 2 个难题，即如何进行检核任务的自动生成。

9.3　数据技术检核任务的自动化生成

9.3.1　技术检核的难点

在大型数据仓库中，每日接入、整合的表可能有上万张，若每张表有六七十个字段，那么表中每日增量数据的量级以百亿计算，按照需求，需要对这些表进行技术检核和业务检核。

技术检核，一般是根据这些数据的特性，如数据的存储类型、数据量大小等，进行固定规则的校验，如唯一性检查、非空检查、取值检查等，这类检查不带额外的业务逻辑，根据业务元数据的定义即可得出检核规则。

而业务检核本身是包含业务逻辑的，如波动检查，检查指定对象的变化幅度是否超过一定范围，这类检查规则没办法直接根据元数据定义得出，而需要质量管理人员人工配置。业务检核规则因为没法自动生成，技术手段只能让业务检核规则的管理更加便利，没法做到完全自动化，最终会通过产品功能设计来解决，所以本节就不再讨论了。本节只讨论技术检核在实施过程中存在的难点。

前面提过，每日接入整合的表有上万张，每张表有六七十个字段，如果所有的技术检核规则都由人工管理，则每天需要管理至少60万个技术检核任务，这个工作量对应的人工成本太大，而且很容易出错。

要解决这个问题，唯一的办法就是自动管理技术检核任务。

9.3.2 技术检核任务的自动化

常见的为数据添加检核规则的方法有两种，一是自动生成技术检核任务，而后让质量管理人员灵活维护；二是提供公共技术检核服务，使用系统内置检核规则，但这种方法让质量管理人员无法灵活维护规则。接下来将分别介绍。

1. 自动生成技术检核任务

在进行元数据定义的时候，自动生成数据的指定检核模板，然后导入质量平台，生成检核任务。

如图9-5所示，用户在录入元数据信息时，由质量检核平台自动生成技术检核的相关模板信息，然后由用户将模板导入，并由质量检核平台生成针对每张表甚至每个字段的检核任务定义信息，并且生成每天的检核任务。

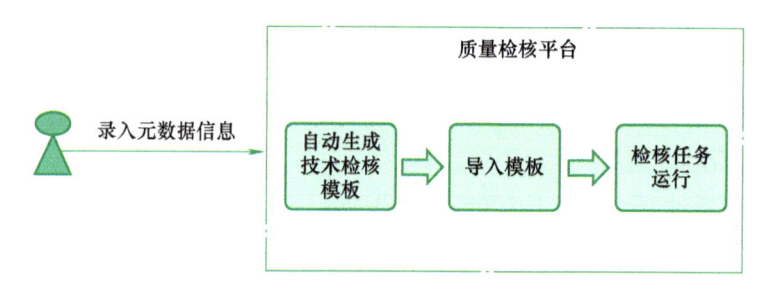

● 图 9-5　自动生成技术检核任务流程

该方法的优势是，可有效降低用户为接入数据配置检核任务的工作量。但是当需要为存量数据新增检核任务时，用户要重新生成新的检核任务定义信息，当数据表数量大时，后续维护自动生成的检核规则的工作量也会呈指数级增长。

2. 公共技术检核服务

在接入数据的ETL批处理任务中，提供公共的数据检核服务模块，在该服务模块中对数据进行固有的数据校验规则的检核。具体流程如图9-6所示，该流程的不同点在于，不再为每张表或每个字段生成独立的检核任务定义，因此录入元数据时不会再生成大量的检核任务定义，而是在批处理过程中，根据模板或者通用规则，以及业务元数据结构，自动进行技术检核。

该流程的优势是，可快速对数据进行指定规则的检核，同时当需要对特定数据进行质量检核规则维护时，也可以通过数据名匹配的方式快速在质量检核平台上进行定制，并且不需要维护大量的检核任务定义。

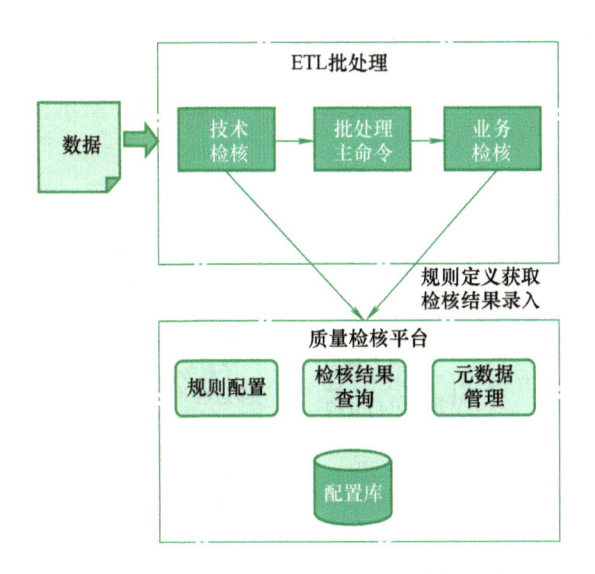

• 图 9-6　ETL 批处理公共技术检核服务流程

但是由于技术检核任务嵌入 ETL 批处理服务流程中，因此会影响 ETL 批处理服务的整体运行，降低 ETL 的时效性，而且当质量检核失败后，ETL 批处理流程是成功还是失败，还需要根据表的用途、性质进行判断处理，一定程度上加大了处理的复杂性。

两种方法各有利弊，前者为了灵活性增加了工作量，后者减少了维护效率但是牺牲了灵活性并增加了批处理的流程复杂度。最终两者并不是二选一的关系，作者所在项目组把功能都提供给了用户，用户可以根据自己的需求选择，一般来说，表数量多时，选择第二种，表数量少或者技术检核需要定制时，选择第一种。

9.4　大数据文件的检核

9.4.1　检核数据方法

前面提过，检核一般分为技术检核和业务检核，通常来说，技术检核可以在数据文件加载到数据仓库数据库之前完成，而业务检核因为检查逻辑比较复杂，通常要用到 SQL 中的功能，所以会等到数据文件加载到数据仓库数据库后，直接在数据库上运行一些业务检核的 SQL 语句。

业务检核的技术原理和前面数据安全管理的原理类似，本节不再赘述，只列出一些注意事项。

1）业务检核前通常要从数据库元数据中实时获取数据表最新的结构信息，并与质量平台的结构信息进行比对，确保数据结构的一致性。

2）根据数据的类型进行检核设计，比如维表、明细表采用拉链表、切片表进行处理、存放，存放时，规范表的结构信息设计，在每张表上新增日期字段，用来标明数据处理时的日期。

下面会重点介绍如何对大数据文件进行快速检核。

9.4.2 大文件快速检核技术实现方案

若数据文件较大，则相应的快速检核技术实现方案如图 9-7 所示，需要进行文件等量切分、多机多进程并行处理。

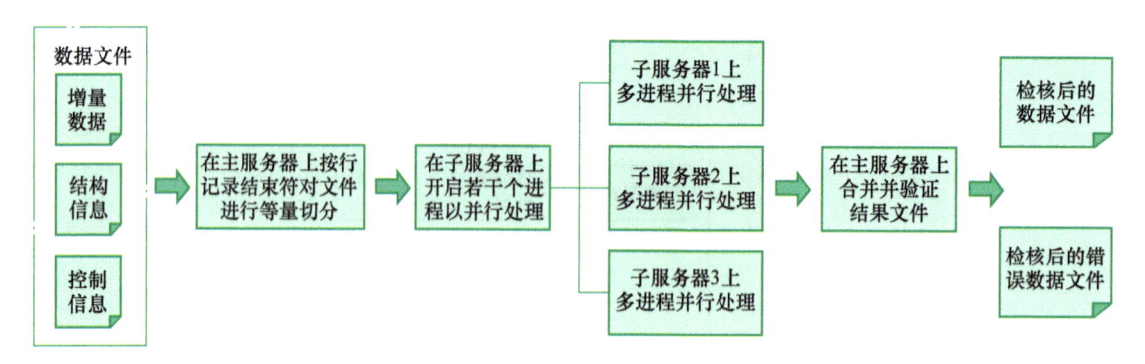

• 图 9-7 文件的多机多进程并行处理

该方案的主要处理步骤如下。

1. 快速切分

在主服务器上根据事先约定的行记录结束符信息，计算出数据文件的记录数，然后根据一定的策略将文件按照记录数切分成多份子文件。

2. 并行处理（分布式服务）

从主服务器向指定子服务器发送并行处理指令，子服务器收到指令后，生成文件检核命令，并对子文件进行质量检核，检核的时候，连接到质量平台以获取需要执行的检核规则，然后逐行、逐字段地进行检核处理。

当某台子服务器上的某个进程出现异常后，可在其他子服务器都运行完成后，通过断点续作的方式重新发起对相应子文件的检核，而无须对所有子文件都进行重新检核。

3. 合并并验证结果文件

当主服务器接收到各子服务器运行完毕的信号后，主服务器发起对检核结果子文件的合并处理，并验证合并后的结果文件的记录数是否与校验前的主文件一致。

9.4.3 方案的权衡点

这个方案有以下几个权衡点。

1. 数据内容与行记录结束符冲突

如果数据文件中数据内容中存在与行记录结束符相同的信息，则在进行切分的时候，势必会出现相关记录被错误切分的情况，而且在统计的时候，相关记录会被重复统计。因此，为了避免该问题，会提前在主服务器上进行预处理。

1）对于定长文件，会先根据记录的长度，将数据文件中的行记录结束符替换成空格，再进行切分。

2）如果是非定长文件，则会先根据字段分隔符，将字段内的行记录结束符替换成空格，再进行切分。

该方案并不能完全解决数据文件中一行记录内同时含有与行记录结束符、字段分隔符相同的数据信息的问题，但尽可能避免了因特定含义字符冲突而引起的切分错误。

2. 行记录结束符和字段分隔符如何定义比较合理

为了避免与正常数据内容产生冲突，减少检核中出现行记录结束符和字段分隔符与数据内容相同的概率，在定义行记录结束符与字段分隔符时尽量采用 2 或 3 个特殊字符，同时，可允许根据不同表使用不同的行记录结束符和字段分隔符来提升检核的成功率。

9.5 端到端的架构

前面介绍了 3 个难题的解决思路，最终落地的解决方案如图 9-8 所示。

在批处理程序中新增预处理服务，预处理服务默认执行技术检核任务，技术检核服务按照以下流程进行服务处理。

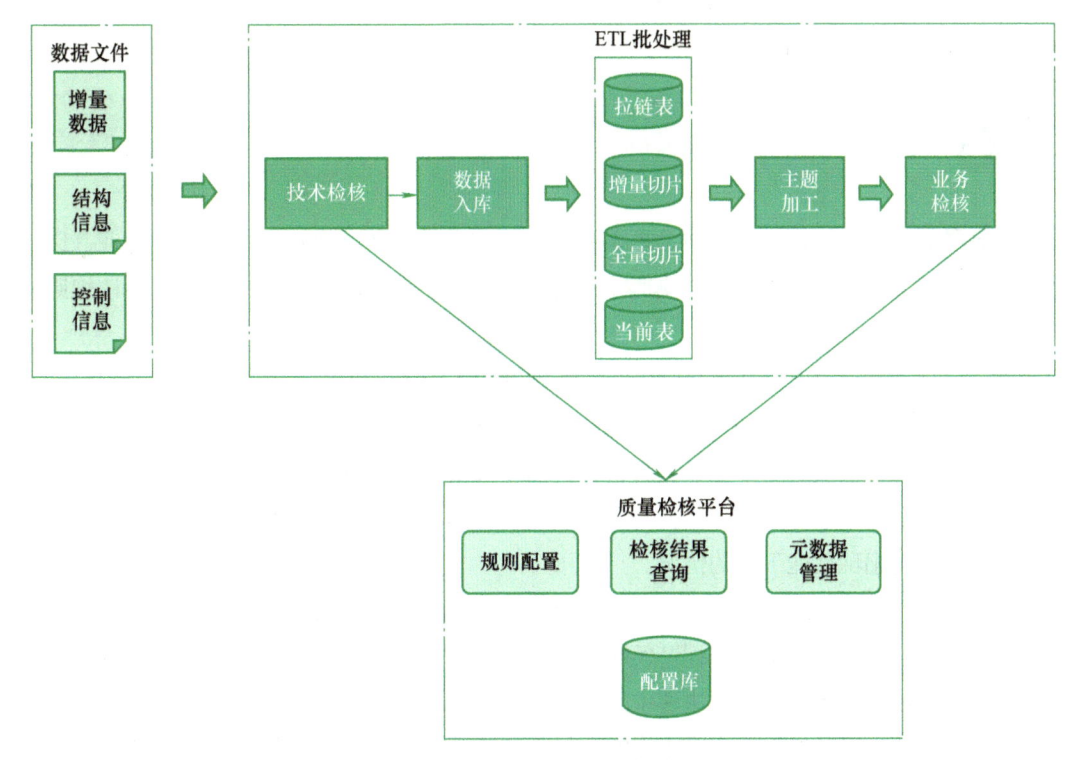

● 图 9-8　数据质量治理解决方案

1）根据源文件的大小进行切分，对于大文件，通过多机多进程进行并发检核，提升检核性能；对于小文件，采用单机单进程的方式进行检核。

2）从质量检核规则库中获取质量检核规则，确认此次批处理程序进行质量检核的规则信息。

3）确认检核信息后，自动从业务数据库中获取要检核的表的结构信息，并与质量平台的元数据平台信息比对，如果表结构信息不一致，则根据库中实际的表信息进行校验，并将不一致信息记录到质量规则结果表以提示用户进行维护。

4）获取到表结构信息后，执行自动生成的技术检核任务或者自动对表信息进行数据唯一性检查、非空性检查、数据格式检查等技术检核规则。

5）从检核规则中获知是否需要进行其他质量校验，如果需要，则继续执行其他检核规则，否则将检核结果登记，并成功退出。

6）若在进行质量检核过程中，发现数据存在质量问题，则检核服务可根据质量检核规则的约束（如质量问题数量高于或者低于某个比例），采用不同的处理方法。例如，当质量问题数量高于指定比例时，则批处理程序返回失败，由运维人员介入处理；当低于指定比例时，批处理程序继续往下运行，但将质量结果数据进行登记，提醒用户进行整改。

业务检核的流程和技术检核类似，但它更简单，这里不再赘述。

以上方案还存在一个问题，如果检核程序运行时间太长，则可能引起批处理服务程序超时运行，影响正常的业务时效性，针对该问题，平台根据"以当前运行为主，检核为辅"的原则，当检核程序自身运行达到一定时长后，若还未正常结束，则强制退出，并记录强制退出时的信息，提醒用户进行检核规则的调整。

9.6 本章小结

以上就是数据质量治理中常见技术难点的处理策略。从总体上来说，对于大型企业，以上方案可以在时效性、易用性上满足客户快速检核的需求，同时也可以满足用户自定义检核规则的定制化需求。

当然，以上方案还存在一些不足之处，主要说明如下。

1）技术语言业务化，需要技术人员对业务有一定的了解，并且大大增加了技术实现的难度，自动生成的质量检核模块有时不是最优解，容易由于数据的变化，导致生成的检核模块性能出现瓶颈，进而影响质量检核的运行。这就需要程序员根据质量检核程序运行的情况，手动调整生成的服务模块，避免出现性能下降的情况。

2）由于质量检核服务与用户的批处理程序绑定在一起，在执行完批处理主体程序后，再执行质量检核，这虽然解决了质量检核程序何时开始运行，以获取增量数据变化情况的问题，以及实现了当数据质量不符合要求时，可快速中断数据的批处理，但同时也让质量检核程序与批处理主体程序耦合在一起，当质量检核程序出现性能低下的情况时，有可能拉低整个批处理程序的运行时效性。

3）最重要的一点是，该方案只针对检核工具本身。其实数据质量治理整个环节远不止本章介绍的这一部分，而应该是从数据标准管理、业务系统数据库结构的设计开始，到最终数据质量改进的整个体系，里面有大量的流程设计、跨多个部门的组织结构和大量系统的整合。在整个治理体系当中，该方案算是一个超级精简版。

想要建设一个完整的数据质量治理体系，需要投入的成本非常大，这个投入对有些企业来说性价比并不是很高，而本章介绍的这个小型数据质量治理方案，也能在一定程度上改善数据的质量，从投入产出比来说，是比较高的。

PART 4

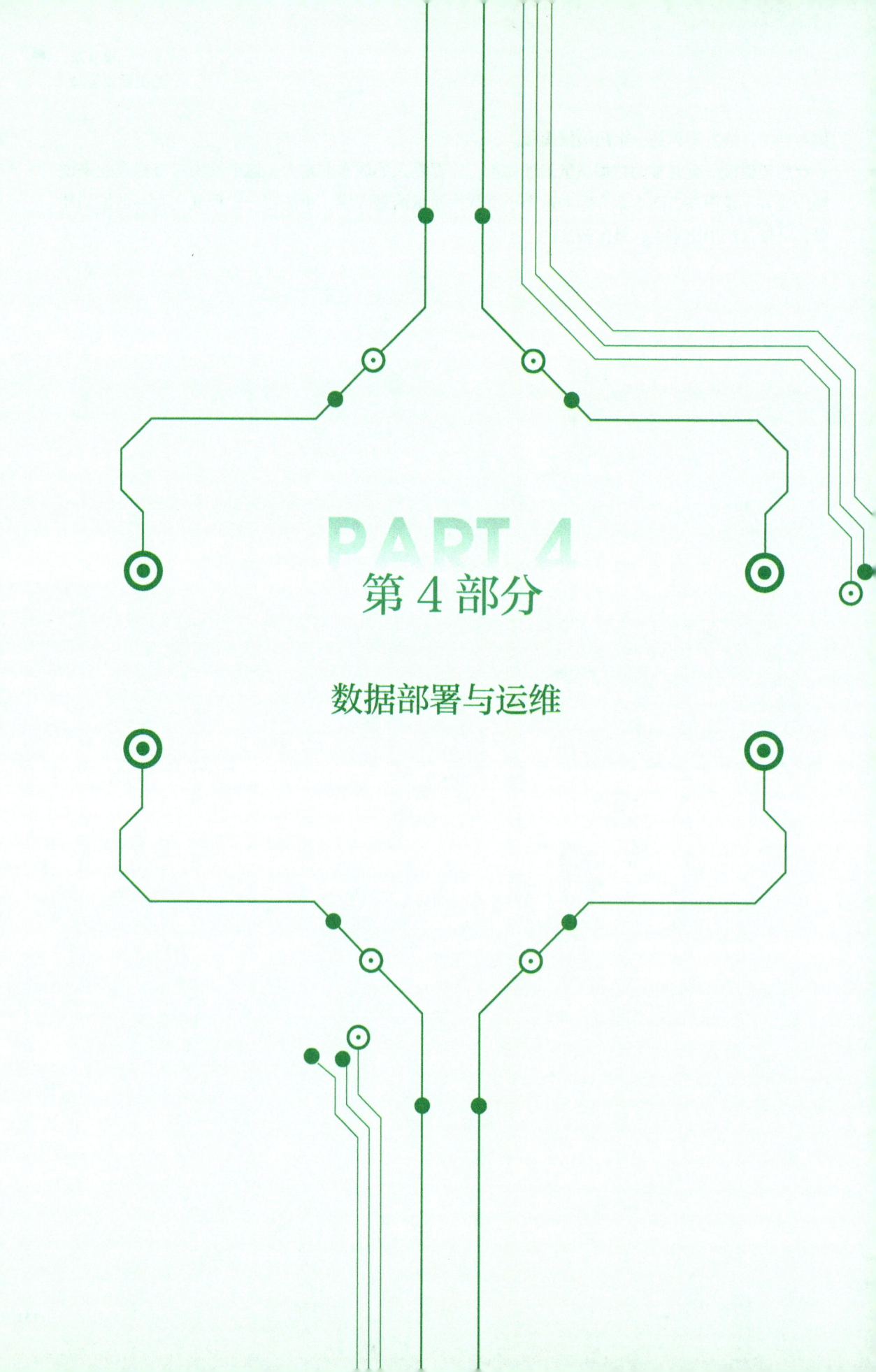

第 4 部分

数据部署与运维

第 10 章 大数据作业调度

本章介绍的内容是大数据作业调度，作业调度（也称为任务调度、工作流调度等）作为数据处理类平台的核心组件，其自身的业务逻辑较复杂，包含的功能范围较广，仅作业调度参数配置就涉及相当多的参数。本章不讨论作业调度所包含的方方面面，而是简要介绍大数据场景下对作业调度系统涉及的核心能力的要求及可行的技术方案，为读者提供构建金融级大数据作业调度系统可借鉴的典型实施路径。

10.1 作业调度的技术难点

从数据采集到数据集成，再到数据分析挖掘，这些数据加工链路上的步骤往往都会转化成一个个作业，这些作业彼此间存在依赖关系，需要在适当的条件下完成调度运行。因此对于大多数稍有规模的企业来说，在构建大数据类系统时往往会选择自研作业调度系统，虽然各家的调度系统功能各不相同，但核心的作业调度场景和面临的挑战则大致相同。总结起来，主要包括架构设计、作业编排、资源管理、作业监控运维、非功能要求等方面的技术难点。

10.1.1 架构设计

"服务端-客户端"的经典两层架构由于其实现简单至今仍是很多调度软件的首选架构模式，但也存在扩展性差、单套调度容量有限等诸多弊端。针对这些问题，分布式调度架构模式可以有效解决这些问题。此外，大数据场景下通常会通过部署一套调度服务支撑整个大数据类作业的调度需求，如果存在多租户的情况（租户可以简单理解为使用同一套调度系统的不同客户），则还需满足不同租户间的作业隔离需求。因此，整体架构设计上如何支撑多租户隔离、满足服务快速弹性伸缩成为一大考验。

10.1.2 作业编排

作业编排是传统作业调度的核心能力要求，也是整个调度环节中较为耗时的环节，当作业量较少时，通过简单的单队列、单线程扫描的方式就可以满足基本的处理要求。随着业务规模的增长，对于大中型企业来讲，单套调度系统的日均作业调度量会达到几十万甚至上百万。在业务高峰期，同时排队的作业数较多，各作业的优先级、资源依赖、所属的租户等也不尽相同，这种情况下，轮询扫描等简单处理策略显然无法满足要求。因此调度系统在高效完成对各类作业进行编排（排程）的同时，还需要将调度延迟控制在一定范围内。

10.1.3 资源管理

资源管理一直是业内公认的难题,其核心问题是如何提高作业使用物理资源的使用率。大数据系统存在多种异构计算平台已成为常态,异构平台带来了作业的复杂性,既有 Shell、Python 等脚本类作业,又有 Spark、Hive、Flink 等传统大数据作业,以及微服务框架下的容器类作业。这就加大了作业资源管理的复杂性。一种做法是不加控制地将资源管理完全交给底层的计算平台,如 YARN、MPP、Kubernetes 等,但这种方式容易造成业务高峰期底层计算平台的服务堆积,出现异常时需要用户进行大量干预操作。因此一个完善的作业调度系统也应该具备资源管理的能力。

10.1.4 作业监控运维

由于调度系统在大数据系统中处于底层的位置,因此完善的监控运维能力直接关系到用户的使用体验。常规的调度软件往往都会建设配套的监控运维系统,各家提供的监控运维功能也大同小异,基本上都会包含作业流和作业的基础监控与干预(如作业重跑、作业终止等)功能。作业监控运维的技术难点主要体现在一些高级运维功能上,如自动化故障定位能力、核心加工链路的动态监控与展示和作业影响性分析等,这些高级运维功能也是衡量一个调度系统完善程度的重要标准。

10.1.5 非功能要求

调度系统的稳定运行直接关系到上层业务加工的时效性(如银行开门报表生成、监管数据报送等)。因此,调度系统的非功能设计是不可或缺的一环,评价一个调度系统的非功能指标有很多,如性能、可靠性、可扩展性、易用性、可运维性等。其中的性能和可靠性既是重要的非功能指标,又是技术难点所在。例如可靠性,由于调度系统自身逻辑的复杂性,因此可靠性原则几乎需要贯穿整个调度系统的设计和实现过程。

接下来将针对上述这些作业调度难点一一介绍可行的技术方案。为了便于读者理解,以公司的某个大型集团客户需求场景为例展开介绍,其大数据系统有 20 个租户,每个租户日均作业量 5 万(遇到月末或特殊时点可能会更多),调度的作业类型包含离线作业(如 Spark 等)和实时作业(如 Flink)两大类,离线作业条件数平均 5 个。每日涉及的作业数就有 20×5 万 = 100 万个,条件总数有 100 万×5 = 500 万个。此外,需要能灵活定制 UI 界面。在非功能的要求上,高优先级作业的调度时延要求控制在 1min 以内,并具备较高的可靠性。

10.2 作业调度整体架构

面对这么大的调度体量,架构的设计是首先需要考虑的。在整体架构的设计过程中,可充分借鉴已有调度产品的架构,最终完成能够满足客户需求的调度架构设计。

10.2.1 经典两层作业调度架构

考虑的第一种架构方式是经典的两层作业调度,即服务端和客户端两层模型,如图 10-1 所示,它也是早期很多商业和开源调度软件所采用的架构模式。这种架构的好处是可以快速搭建一个调度集群,但是当作业量达到一定量级时,调度服务端极易成为瓶颈,且每个调度客户端都需要和调度服务端直接建立联系,是一对多的关系,因此扩展性较差。显然这种架构方式难以满足单套调度百万级别的调度要求。

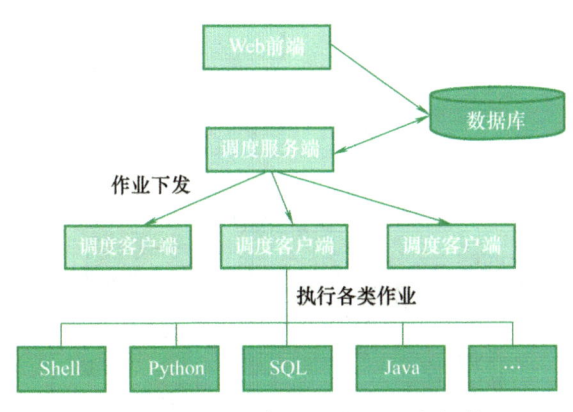

● 图 10-1 经典两层作业调度架构

10.2.2 早期分布式作业调度架构

针对经典两层作业调度架构存在的问题,"去中心化"架构模式逐渐成为共识,如 Apache 开源的 DolphinScheduler 就是此类架构,其早期版本架构大致如图 10-2 所示。调度服务端利用数据库的分片机制实现分布式扩展,调度客户端通过竞争分布式锁从 ZooKeeper 队列中拉取作业并执行,同时调度客户端需要依赖数据库才能获取完整的作业实例信息。这种架构方式难以满足客户需求的原因主要有以下几点:一是数据库容易成为瓶颈,调度服务端和调度客户端都重度依赖于数据库;二是 ZooKeeper 实现队列的方式能力有限,其本质上不是传统的消息队列软件;三是对多租户及不同派发策略的支持更多需要依赖调度服务端及数据库来实现。

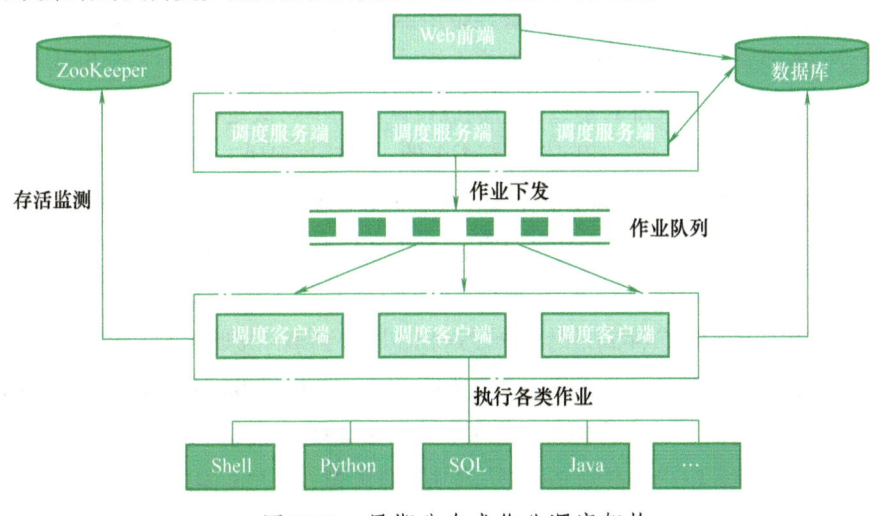

● 图 10-2 早期分布式作业调度架构

10.2.3 基于 MQ/Redis 的分布式作业调度架构

针对上述两种架构存在的问题，从客户的实际需求出发，设计了调度的整体架构，最终的架构如图 10-3 所示。

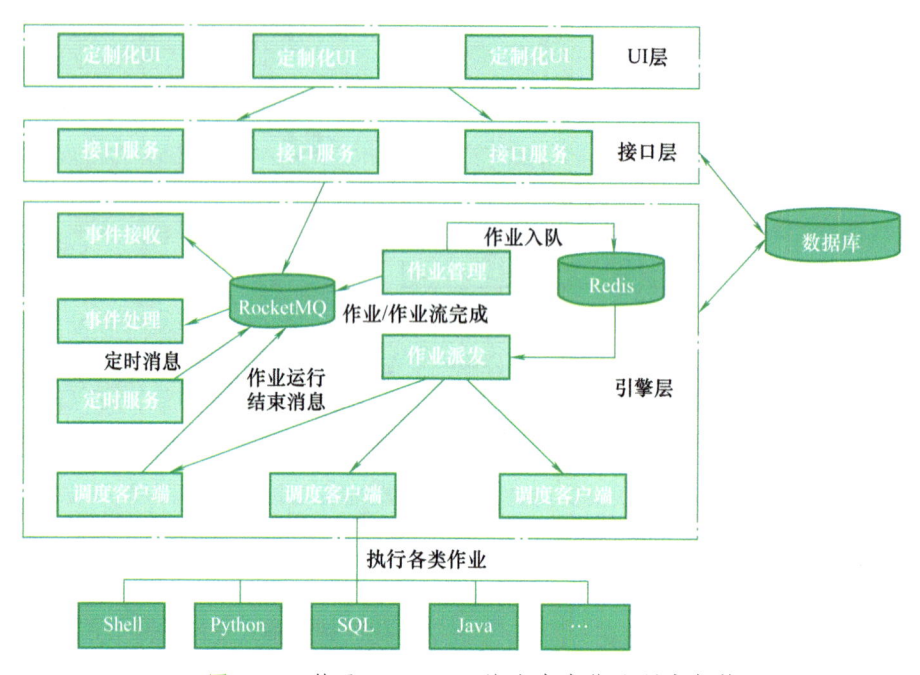

● 图 10-3 基于 MQ/Redis 的分布式作业调度架构

整体架构包括 UI 层、接口层和引擎层。

其中 UI 层负责完成定制化客户页面的适配，接口层和引擎层则包括了调度的核心功能模块。接口层以 HTTP 接口的形式对外提供调度的配置生成、作业流/作业实例查询、干预等操作。引擎层包括调度服务端和调度客户端，调度服务端负责作业流的实例化控制、各类事件的处理、作业排程等调度核心控制，调度客户端可以部署在应用系统提供的机器上，负责接收来自调度服务端的作业并完成作业的运行和监控过程。为便于直观说明架构的整体工作流程，以某个作业流从实例生成到驱动作业流下作业执行的全过程为例进行说明。不妨假定作业流为 Flow1，流下作业为 Job1，Job1 配置了外部文件依赖和时间依赖两个条件，大致流程如下。

1）用户在 UI 层发起作业流 Flow1 的上线操作，此时会触发作业流完成实例化过程，即作业流由配置态信息转换为当前需要运行的实例信息，该过程由事件处理模块完成。

2）当 Job1 依赖的外部文件到达时，触发文件到达事件并发送到事件接收模块，同时定时服务模块在 Job1 所依赖的时间条件满足时也会发送相应事件到事件接收模块，事件接收模块会将收到的事件转换成 Job1 的依赖条件，并发送到条件队列（该队列以 RocketMQ 中的某个 topic 表征）。

3）作业管理模块作为消费者实时处理条件队列中的消息，完成 Job1 的条件就绪判断，并将 Job1 的就绪实例信息存入租户所在的 Redis 队列并按照优先级、时间戳排序。

4）作业派发模块作为调度服务端的核心完成作业的排程，负责从 Redis 取出就绪作业实例

Job1，在完成相关的并发度等条件检查后，通过一定的负载均衡策略下发至调度客户端。

5）调度客户端接收到作业派发模块下发的 Job1 实例后，完成作业的执行和监控过程，当 Job1 实例执行完成时，将返回信息发送至返回码队列（该队列以 RocketMQ 中的某个 topic 表征）。

6）作业管理模块从返回码队列中实时消费消息，完成 Job1 状态的流转及后续动作。

在架构的设计上，考虑如下几条原则。

1. 分层设计，满足客户定制化 UI 需求

按照"分层设计"的原则，自顶向下依次为 UI 层、接口层和引擎层。UI 层可实现客户自定义的调度页面；接口层提供对各类调度服务的操作，同时尽量保持稳定；引擎层包括调度的服务端和客户端，实现调度控制和执行的核心逻辑。

2. 全去中心化设计

调度内部各组件分布式部署，组件间消息通信通过 RocketMQ 进行解耦，利用 RocketMQ 强大的消息处理能力，实现组件能力的削峰填谷；同时引入 Redis，一方面实现对热点表数据的缓存，降低数据库访问压力，另一方面通过 Redis 的 ZSet（有序集合）结构实现租户的就绪作业实例存放和处理，满足多租户的作业实例隔离和高效处理要求。

3. 调度执行端减少数据库访问

调度服务端与调度客户端之间通过 HTTP 方式进行通信，调度服务端下发时已包含作业执行所需的信息，避免了调度客户端对数据库访问带来的压力，也提高了安全性。

10.3 作业排程

作业排程是按照最优的时序将作业实例由服务端派发至执行节点运行的过程，它是传统作业调度领域需要解决的核心和难点问题。作业排程需要考虑的因素较多，如作业的优先级、作业执行节点当前的负载、不同租户间的公平性、低优先级作业长时间饥饿等待等。

由于客户的日均作业量在百万左右，分布着大量不同优先级的作业，因此需要确保高优先级作业在条件满足的情况下及时被调度运行，同时兼顾低优先级作业的运行时效性。另外，有大约 1/3 的作业需要运行在 MPP（Massively Parallel Processing，大规模并行处理）数据库中，在作业排程中需要避免压垮 MPP 计算集群，即在 MPP 繁忙时能够实现有效排队。

10.3.1 作业排程的主要步骤和思路

结合客户的具体需求，作业排程主要包括如下几个步骤（这里以讨论思路为主，因此仅罗列关键步骤）。

1）获取需要扫描的租户。

2）获取租户下需要处理的就绪作业实例。

3）判断作业实例是否满足派发条件，如作业并发度是否满足条件、是否有可以下发的调度执行节点。

4）对于不满足派发条件的作业实例，进行暂存及重试等。

5）对于满足派发条件的作业实例，获取作业实例的详细信息，将作业实例下发至调度执行节点。

为了确保作业排程的效率，主要考虑了几种思路：多优先级、高效缓存、多策略、异常作业惩罚机制、并发。

1. 多优先级

为了实现作业排程的精细化管理，需要设置足够丰富的优先级，如0～99共100种优先级，数字越高代表优先级越高，在相同租户下，优先级越高代表越快被扫描调度。此外，根据作业实例的等待时长，自动对优先级进行提级，即随着等待时间的增长，自动提高作业实例优先级，从而避免低优先级作业长时间得不到处理。

2. 高效缓存

由于作业排程通常需要获取作业的详细实例信息（如作业参数、作业执行命令等），如果每次都需要访问数据库，则将会给数据库带来极大的访问压力。因此，在作业流的实例化过程中，提前将作业的实例信息缓存到Redis，在作业派发时可通过Redis快速获取所需的作业实例详细信息。

3. 多策略

对于每个作业派发服务，允许设置不同的派发策略，如该服务的租户扫描范围（可以设置为扫描特定的租户，从而满足对部分大租户的处理要求）、每轮扫描的作业个数等。

4. 异常作业惩罚机制

对于无法满足派发条件的作业实例，如调度执行节点不就绪、作业并发度（并发度代表某类作业同时在调度系统中运行的数量，作业并发度可灵活运用，如用于控制某个MPP集群的并发访问度等）不满足等，如果频繁无差别进行重试，一方面会带来不必要的服务开销，另一方面，当异常的作业实例较多时，还可能影响正常作业的派发处理。通过异常作业惩罚机制，根据不同的异常种类，采取罚时机制，优化对异常作业实例的处理效率。

5. 并发

对于不同租户间的就绪作业实例，一般情况下不会存在跨租户的作业依赖关系，因此每个作业派发服务可以设置多个线程进行并发处理。此外，对于不满足派发条件的异常实例，设置不同的队列，由不同的线程实现并发处理。

综上所述，对于大容量的作业派发场景，其核心的技术难点是在满足业务需求的条件下快速扫描和处理不同租户的作业实例。一开始考虑的方式是基于数据库实现不同租户的作业实例处理，这种方案的好处是简单，结合分布式锁可以实现并发处理。但在具体的实践过程中发现，由于作业排程自身逻辑的复杂性，大量的数据库操作很快会使数据库成为瓶颈。后续决定采用Redis来实现不同租户的作业实例并发处理，接下来介绍具体的技术方案。

10.3.2　基于Redis的智能化作业排程方案

基于Redis的智能化作业排程方案如图10-4所示。

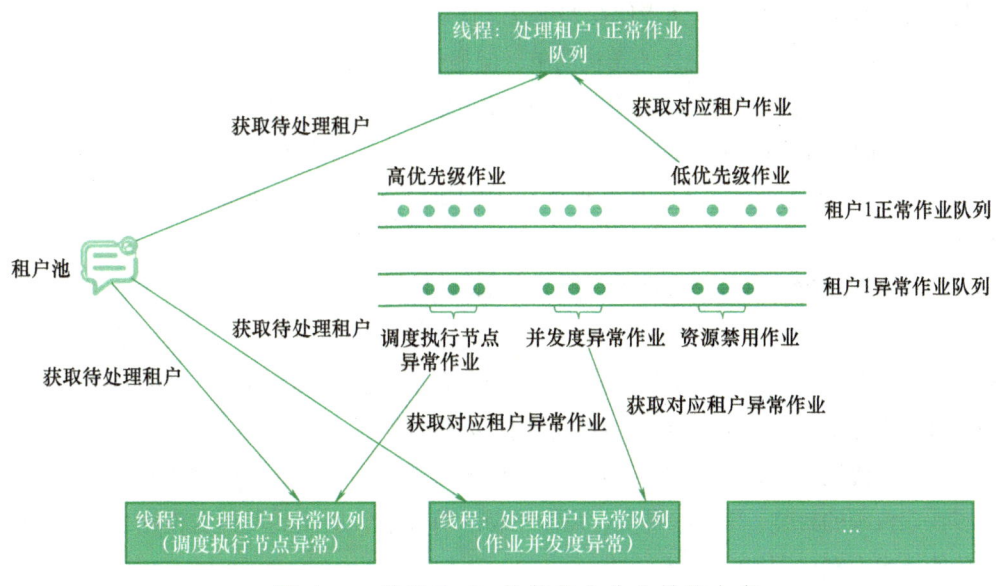

• 图 10-4 基于 Redis 的智能化作业排程方案

对于每个租户的作业实例，可从逻辑上划分为正常作业队列和异常队列，正常作业队列对应作业条件就绪的作业实例，异常队列对应租户下因各种异常无法正常派发的作业实例。为了最大化提升派发性能，每个租户的队列均由 Redis 的 ZSet 构成，由多个派发服务高效并行处理。

正常的作业排程的大致流程如下。

1）从租户池中获取待处理的租户。

2）按照分值（每个租户的队列中的作业实例都已按分值排序）从租户的队列中取出待派发的作业实例。

3）对作业实例所涉及的执行条件进行判断（如并发度等），对满足派发条件的作业实例按一定策略下发至调度客户端，若无法满足，则移入对应的租户异常作业队列，租户异常队列中的作业通过另外的线程组进行并发重试处理。

该方案的最大好处是高效，它最大程度地避免了各类异常引起的无效扫描，不过由于实现的逻辑重度依赖 Redis，也带来了控制逻辑上的复杂。考虑到 Redis 的稳定性，综合权衡后，采用了该技术方案，并最终满足了客户对性能的要求，实现了每秒 500 个作业以上的扫描效率。

10.4 作业资源管理

作业资源管理指的是对作业所使用的 CPU、内存等物理资源进行控制，一般在作业执行环节完成。随着大数据技术的快速发展，混合异构计算平台已成为业界的主流应用之一，并要求调度系统能更好地发挥底层计算能力，提高资源利用率。目前大数据作业主流的计算平台有 Spark（依赖 Spark 引擎的作业，如 Spark SQL，一般运行在 Hadoop YARN 上）和 Kubernetes（通过 Kubernetes 平台的 Pod 完成作业运行）。如何解决这两类典型平台上的作业资源管理问题？一种比较简单的做法是作业调度系统只负责作业的提交,作业的资源管理交给底层的 YARN 或者 Kubernetes 完成。这种做法的好处是整体的架构简单,但是也会带来如下缺点。

1)对上层应用人员的要求较高,需要对 YARN 或者 Kubernetes 的运行机制有一定的了解。如果以 Pod 或者 Job(Kubernetes 提供的一种资源对象)来完成作业的运行,那么在提交到 Kubernetes 平台时,就需要应用人员感知作业所需创建的 Pod 对应的镜像、资源申请值和限制值等参数。

2)在业务高峰期容易造成 YARN 或者 Kubernetes 平台压力过大,导致系统不稳定,从而影响作业的运行稳定性。

3)在作业异常情况下(如因资源申请不合理导致提交到 YARN 或者 Kubernetes 失败)需要上层应用进行人为干预,如作业手动重跑等,用户体验较差。

综上,一种比较好的做法是作业调度系统在底层资源管理平台现有能力的基础上实现一层封装,完成物理资源的封装、申请、提交、监控和释放等环节,从而实现更加精细化的作业资源管理。具体的技术方案如图 10-5 所示。

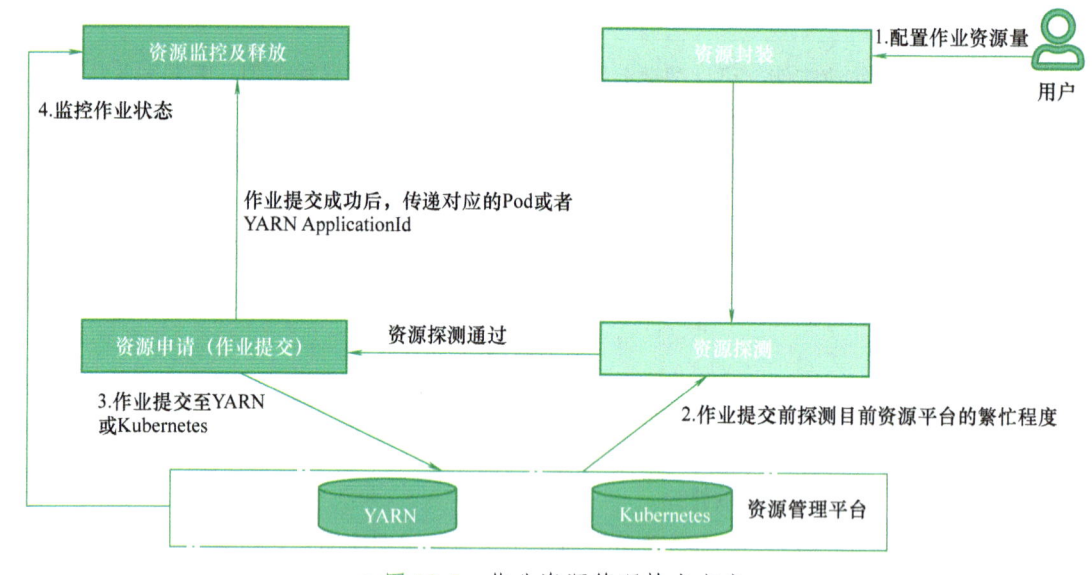

● 图 10-5 作业资源管理技术方案

1)用户在调度系统上完成作业资源量的配置。这里的作业资源量为作业的资源使用上限,如 4C16G(CPU 为 4 核,内存为 16GB)。资源封装模块需要根据用户的配置完成资源参数的转换。具体来说,对于容器类型作业,需要转换成 Kubernetes 在创建 Pod 时所对应的 request(资源申请量)和 limit(资源上限)参数。对于 Spark 类型作业,则需要转换为对应的 driver 资源配置,以及 executor 的个数及每个 executor 的资源申请量。

2)资源探测模块根据转换后的资源申请参数向底层的 YARN 或者 Kubernetes 进行资源的预检查,如果资源使用超过设定阈值,则进行调度排队,避免造成底层计算平台负载过大。

3)当资源监测通过后,完成对 YARN 或者 Kubernetes 的作业提交,此时也完成了资源的申请,如果在这个过程也发生异常,则也可以再次进行调度排队,减少因作业提交失败带来的人工干预。当提交成功后，记录对应的 Pod 实例信息或者 YARN ApplicationId。

4）资源监控及释放模块则根据 Pod 实例信息或者 YARN ApplicationId 完成作业状态的监控，当作业运行完成时，释放已申请的资源。

上述方案也有一些不足，例如在资源转换封装时，如果需要实现非常精细的资源转换，则需要通过对作业运行的历史情况进行分析才可以得到较为准确的资源参数。此外，当作业量达到一定程度时，对 YARN 及 Kubernetes 平台的访问请求也会带来额外的访问压力，可以通过缓存的方式进行缓解，这里不再展开介绍。

10.5 调度运维服务

鉴于调度系统在整个数据类平台中处于较低层的位置，调度系统的运维能力直接影响应用人员的使用体验。一般来讲，调度系统会提供在作业和作业流层面的运维干预功能，如作业的重跑、作业的终止、作业强制成功、作业流下线等。这些基础的运维功能，主要与各调度系统的实现逻辑有关，这里不进行一一介绍，重点介绍调度系统所需具备的一些高级运维功能，如作业影响性分析和故障诊断。

10.5.1 作业影响性分析

对于应用人员来讲，在源系统数据供应延迟时，需要进行作业的影响性分析，即定位该作业的所有受影响的下游作业，或者在当前作业运行出现异常时，从当前作业进行溯源，查找其依赖的上游范围。如图 10-6 所示，从当前作业节点 Job-0 出发，可以根据设定的层级从上游和下游两个方向分别构建出完整的作业血缘图，从而便于应用人员进行完整的作业影响性分析。作业血缘的构建原理较为简单，在具体的实现上重点考虑算法性能即可。在具体的实践过程中发现，用户在使用作业影响性分析的过程中，往往也会对整个链路或者链路上的部分作业进行重跑，因此将作业血缘和作业重跑功能结合起来实现快速的链路重跑，可大大提高异常情况下的作业运维效率。

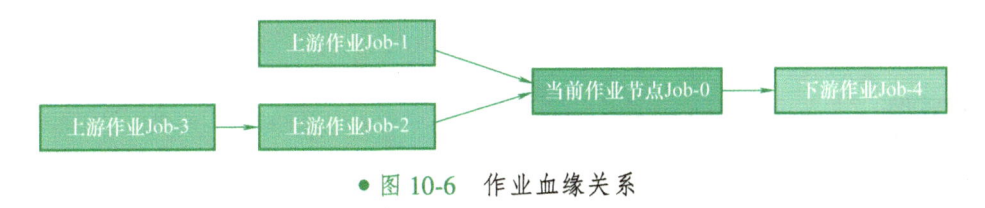

● 图 10-6 作业血缘关系

10.5.2 故障诊断

故障诊断能力是衡量一个调度系统功能完善程度的重要标准。故障诊断适用于在作业流或者作业已经发生异常或者无法判断是否正常的情况下对可能的故障原因进行定位，并给出合理的处理建议。举个例子，一个作业长时间无法运行，可能的原因有很多，如作业的前置依赖条件不满足、作业设置的并发度不满足、计算资源无法满足等。故障诊断需要给出较为准确的原因定位。

除了准确性以外，故障诊断的设计应该满足"易于理解"的原则，即故障诊断的结果和建议需要尽量以用户可理解的语言进行展示，避免采用过多专业化的术语。这里介绍一种简单高效的故障诊断方案，核心思路是对作业实例的生命周期进行划分，通过当前作业的状态，映射对应的诊断规则。以作业实例的故障诊断为例，其流程如图 10-7 所示。

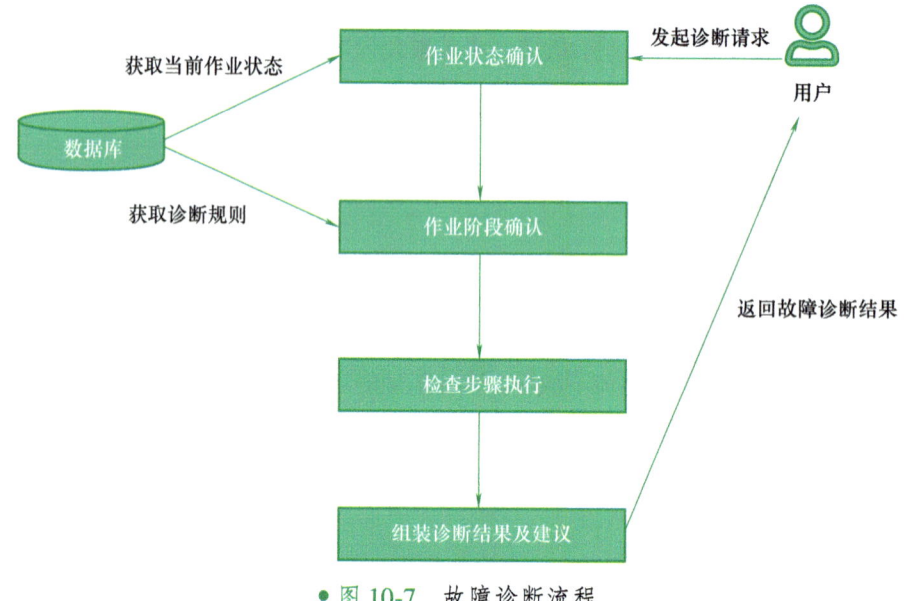

● 图 10-7　故障诊断流程

1）确认当前作业所处的状态，作业状态决定了当前作业所处的阶段（大致可以将作业实例的生命周期分为条件等待阶段、作业执行阶段）。

2）根据作业当前的状态和所处的阶段，确定当前需要检查的步骤。如果作业处于未就绪状态和条件等待阶段，那么可以以此进行作业的时间条件、作业的前置作业依赖等步骤的诊断，从而明确当前作业未就绪的原因。

3）当某个步骤检查不通过时，以用户能够理解的语言对诊断的结果及建议进行组装（可以通过预定义错误码的形式快速查找），并返回给用户。

10.6 调度非功能设计

结合客户的需求，这里挑选比较关键的非功能指标（即性能和可靠性）进行介绍。

10.6.1 性能

对于日均作业运行流水达到百万级别的调度系统，每日处理的各类消息总数可能会达到千万级别，为了确保调度性能，需要考虑的因素有如下几个方面。

1. 具备快速弹性伸缩的能力

单套调度系统在遇到处理瓶颈时，只需要通过简单的机器扩容就可以实现性能的扩展。这点通过架构上的"去中心化"可以满足要求，详细内容可参考前面章节，这里不再赘述。

2. 避免轮询

轮询是很多调度系统中比较常见的实现业务逻辑的方式，如轮询判断条件到达、轮询修改作业状态等，在很大程度上影响了调度性能，应该尽可能地避免采用轮询的方式。

针对上述如何避免轮询的问题，比较好的解决方法是采用事件驱动的方法，并结合 MQ 实现事件的高效处理。简单来说，可以将调度过程涉及的驱动工作流实例化、条件就绪、资源释放、告警触发等一系列场景全部抽象为具体"事件"。上述事件由生产方先存入 MQ，再由对应消费组件进行分布式消费，最终实现大幅提升系统整体性能的目标。

3. 减轻对库的压力

举一个常见的例子，调度系统在判断作业是否条件就绪这一功能上，如果作业的每个条件到达时都去数据库统计一下，假定一个作业有 10 个条件，那么意味着仅这个逻辑总计就有 10 次的数据库访问操作。这种情况很容易使数据库成为瓶颈。

针对上述如何减轻对库的压力的问题，可以引入缓存机制，如 Redis，将数据库的操作转换为 Redis 的操作，利用 Redis 丰富的数据结构和高效计算能力最大程度减少数据库的压力。以上面提到的判断作业条件是否就绪作为例子，传统通过数据库判断的方式很消耗数据库性能。一种行之有效的办法是将数据库的高频操作转换为 Redis 缓存操作。通过 Redis 提供的 ZSet，将作业实例的条件作为 Member（成员），条件的到达作为 Score（分值，0 代表未就绪，大于等于 1 代表就绪）。当每次条件到达的时候，只需要更新条件对应分值，并按照分值从小到大排序以获取最小分值，如果最小分值大于等于 1，则代表该作业实例的条件已经全部就绪。通过这种方式，巧妙地将原本高频的数据库判断转换为 Redis 判断，极大提升了性能。具体技术方案如图 10-8 所示。

● 图 10-8 基于 Redis 的作业就绪判断技术方案

10.6.2 可靠性

可靠性是调度系统非常重要的非功能指标。构建一个高可靠的调度系统需要考虑的因素较多，需要结合各自调度系统进行设计。从以下几个方面进行简单探讨，希望可以帮助读者拓宽思路。

1. 调度服务不存在单点故障

通过去中心化的分布式架构，可以较好地确保无单点故障，即任意服务在地位上都是对等的，单一节点故障情况下仍然可以保持整体服务正常运转。

2. 中间件的高可靠

这里面有两层含义，一方面是指调度系统所引入的这些外部中间件，如 RocketMQ、Redis、数据库等，在部署架构上要实现高可靠性，如 Redis 实现三主三从集群模式、开启 AOF 持久化能力等；另一方面是指当这些中间件出现异常时，调度系统的鲁棒性。例如，在 Redis 缓存异常情况下，可以通过从数据库自动重建 Redis，来保证服务不中断；在 RocketMQ 异常的情况下，通过写入文件的方式确保消息不丢失。对于数据库异常的情况，则可以充分利用 RocketMQ 提供的消息自动重试机制（默认情况下为 16 次），自动回滚数据库事务，利用自动重试机制，实现业务逻辑的自动重试和自恢复。

3. 注重异常处理

"一份好的代码可能有 60% 的逻辑是在处理异常"，这个原则很适用于调度这类底层工具。完善的异常处理不仅能确保服务自身的可靠性，也有利于异常情况下的服务恢复。

10.7 业务使用效果及局限性总结

上面几个小节从该大型金融集团客户的具体需求入手，给出了针对调度架构设计、作业编排、作业资源管理、作业监控运维及非功能指标要求等技术难点可行的解决方案，实现了单套调度系统支持日均百万次作业调度，整体调度时延控制在秒级（其中单个线程达到 500 个作业/秒的扫描效率），系统运行稳定，取得了良好的预期效果。

上述解决方案具备较强的通用性，为构建金融级大数据作业调度系统提供了可参考的实施路径，但是也存在一些应用局限性。例如，该技术架构主要面向企业级调度场景，对于小规模作业调度场景（如日均作业调度量在千级及以下），该技术架构则较为复杂，维护成本较高；对于非大数据场景的作业调度，如传统银行批处理调度，作业运行以虚拟机为主，则基本不涉及容器、Yarn 等复杂资源管理。此外，在设计调度系统时还是需要从实际的业务需求出发，对于时效性、影响性较低的调度场景，可以在功能和非功能设计上进行折中考量。

10.8 作业调度发展趋势与未来规划

随着大数据技术的快速发展，大数据类系统对作业调度的总体基础能力要求相对稳定，但也呈现了一些新的发展趋势，总结起来就是对系统智能化的要求逐步提高、要求具备作业资源的精细化管理能力、适应应用逐步云化 3 方面的要求，如图 10-9 所示。

1. 智能化的要求逐步提高

一方面，随着作业调度量级的提高，对作业排程、作业运维等方面的要求也越来越高，这就要求调度系统提升自身的智

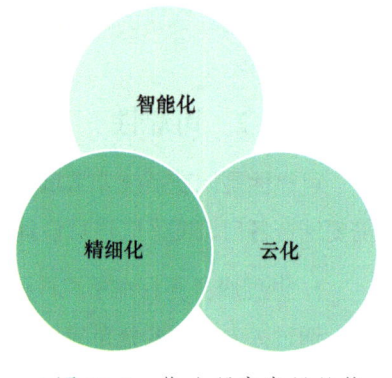

● 图 10-9 作业调度发展趋势

能化水平，更好满足用户对调度系统的使用要求；另一方面，调度系统中存储的调度数据潜藏较大的数据价值，如可以结合 AI 等算法对产生热点数据的加工链路的作业配置合理性（如优先级、依赖关系等）、作业运行趋势等进行自动分析，从而使调度系统更好地支持上层业务应用。

2. 资源管理的精细化

调度系统在对接各类资源管理计算平台（如 YARN、Hadoop）时，不应完全依赖底层资源管理平台实现作业的物理资源管理，而是应该对作业资源量进行更加精细化的管理，如结合 HBO（作业运行历史数据）对资源申请参数进行自动优化，从而提升整体集群层面的资源利用率，实现降本增效。

3. 积极拥抱云原生

随着云原生技术的发展，应用上云逐渐成为趋势。利用容器化技术，作业运行的隔离性和安全性得到进一步增强，应用的调度开发成本进一步降低。调度系统需要进一步满足云化模式下对调度系统的要求，扩展其外延能力，如针对原生 Kubernetes 调度器进行增强。在诸如以大数据作业为主的场景下，原生调度器缺乏类似多租户、容量调度等对离线计算作业比较重要的功能，同时也难以满足高并发、大容量的调度场景。可以通过 Kubernetes 提供的扩展框架（如 scheduling framework 等）实现对原生 Kubernetes 调度器的增强，也可进一步保证云化模式下作业容器化运行的效率。

10.9 本章小结

本章主要从功能和非功能的角度对实现金融级大数据作业调度核心能力的可行技术方案进行了介绍。从根本上来说，要设计一款好的调度软件，还是要从企业的实际业务场景出发，包括架构选型、非功能指标的要求、与大数据系统其他组件的交互要求等。

第 11 章 大数据计算资源管理

本章主要介绍大数据计算资源管理方面的实现。通常来说，平台计算资源包含虚拟机、容器、裸金属以及物理服务器等方方面面。本章聚焦大数据平台的传统计算资源供给和使用方式，暂时不对计算资源的范围进行下沉并扩展，优先从 Kubernetes 容器和 Hadoop 的 YARN 两个方面介绍大数据平台如何对计算资源进行有效的管理，并且提供一些常见应用场景和实现方式，供读者参考，期望在展现传统大数据平台如何规划管理其自身资源的同时，也能帮助读者拓宽思路。

11.1 大数据计算资源管理业务场景

现实中，企业构建大数据平台都是从公司或者集团整体层面出发，整合集团或者公司的资源以做到数据和计算资源的集中管理，通常企业具备不同的层级架构，或者存在不同的子公司或不同的管理部门。正常场景下，不同子公司或者不同部门之间对数据或者资源的需求不是以简单的等分计算方式实现，会结合其业务特点对计算资源需求进行管理，将业务映射到大数据平台，转变为大数据平台针对不同情况如何对其资源进行有效且合理的设计和管理划分，这就是本章将要讨论的内容。

11.1.1 资源管理业务背景

假定存在公司 A，其部门规划和各部门业务量占比如图 11-1 所示。

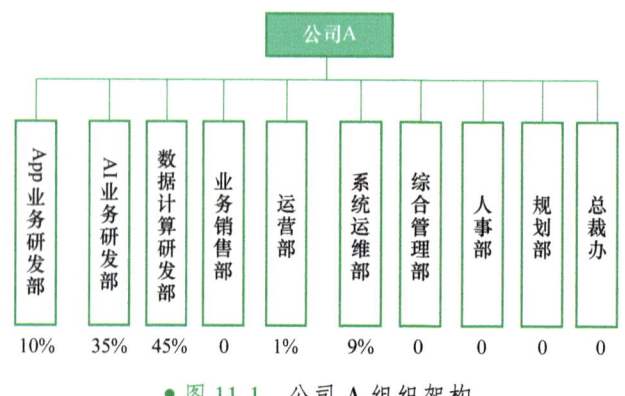

● 图 11-1　公司 A 组织架构

一般情况下，不同职能部门对计算资源的需求是不相同的，并且在不同的时间段对资源的有效用量也是不同的，大数据平台就需要具备计算资源划分管理的能力。

那么在架构这样一个大数据平台的过程中，如何逐步推进大数据平台资源管理？首先回答下面 3 个问题。

1) 资源都有哪些类型？
2) 如何具体规划？
3) 如何使用？

11.1.2 资源类型

大数据平台构建在不同类型的资源之上，要合理有效地构建整个大数据平台，绕不开对底层资源的精细划分。通常情况下，计算资源指的是服务器资源，服务器包括虚拟机、裸金属服务器以及物理服务器。大数据平台为了增加资源使用的灵活性，通常会将物理服务器资源进行云化处理，将其转化为云服务器资源，当然为了更好地发挥资源的效能，有时会将服务直接运行在裸金属之上，比如构建独立的 Hadoop 计算资源。云化资源在本章中主要是指虚拟机资源和构建在虚拟机之上的容器集群资源，它们和 Hadoop 资源共同构成了大数据平台的计算资源。

如何对这些不同类型的资源进行划分管理？通常在大数据平台的实现过程中会将不同类型的资源进行规整以形成同类型资源池，如 Hadoop 资源池、虚拟机资源池以及容器资源池，在这 3 类资源池之上，根据服务和业务的特性给不同类别的服务与业务对应划分不同的资源。以下为 3 个例子。

1) 在大数据平台中，对于离线短时作业，其具备即启即停的特性，运行的任务简单短时，那么该特性天然适配容器的特点，会为其划分容器资源。
2) 例如大规模数据查询任务，其运行过程中需要耗费较长时间，并需要大量的历史数据作为计算支撑，那么会为其分配 Hadoop 计算资源，让其下沉至 Hadoop 集群，由 YARN 调度分配其运行算力。
3) 大数据平台在使用过程中也存在不少长期平稳运行的任务，那么可为其分配稳定的虚拟机资源以支持其稳定运行。

11.1.3 大数据平台资源规划

知道了都有哪些资源以后，接下来就要规划怎么划分。

针对大数据平台的业务特点，将大数据平台关联的资源进行进一步划分，可以将大数据平台资源划分为平台级资源、租户级资源和项目级资源，以进行细分管理，满足大数据平台对资源的需求。

1. 平台级资源

大数据平台作为 PaaS 平台对接底层 IaaS 平台，并向上提供服务。大数据平台通常是由整个公司级别的较为复杂的功能组成的，那么其必然由众多的基础服务构成，这些服务中就包含了平台级别的服务。如何理解平台级服务？简单来说，该服务在整个平台唯一且具备公共属性，如常见的用户认证服务、页面管理服务以及平台监控服务等。

平台级服务具备的特点：平台唯一性和变动频率低。平台唯一性是指该服务作为公共服务被其他业务服务调用，整个平台就一份该类型服务；变动频率低指的是该种类的服务通常情况下不会随着业务的需求的变动而变动，一旦部署运行，再改变它的运行架构的场景的机会或者频率就会很低。

结合平台级服务的这两个特点，通常对平台级服务会采取静态预分配的方式进行管理，以减少资源波动为目标，提前预留动态扩容容量为原则。

平台级资源管理的方式如下：

1）划定平台级资源池（见图11-2），预留服务运行资源，针对不同的服务采用事先规划方式规定该服务可运行资源的上限值。

2）平台级资源池支持水平横向扩容，满足业务增长带来的平台级服务计算资源水平扩展要求。

通常在实际生产过程中，平台级服务会通过事先估算规划的方式，在平台级资源池中指定并规划服务运行的位置，虚拟机服务则运行在平台级资源池中的虚拟机计算资源中，若服务为容器服务，那么将服务运行在平台级资源池中的特定namespace上。

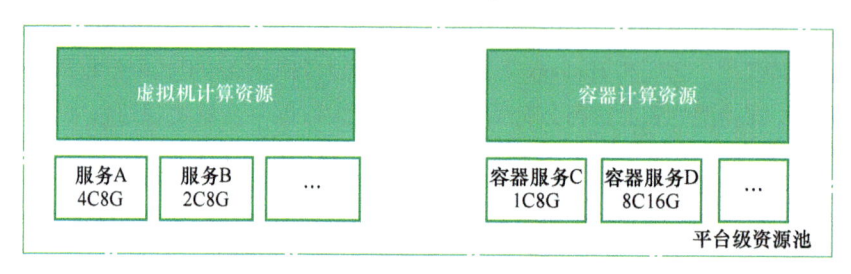

● 图11-2 大数据平台级资源池

2. 租户级资源

在大数据平台规划设计之初，根据公司下属不同的部门在不同的时间段对计算资源的需求不尽相同的特性，通常在设计大数据平台用户体系的时候会引入租户的概念。租户在大数据平台中是逻辑概念，它为系统或者平台中使用系统或者计算资源的用户。

如图11-3所示，通常租户级资源会包含下列两个大类。

● 图11-3 租户级资源池

（1）租户级基础服务资源

何为租户级基础服务？租户是大数据平台中的用户，用户可以自行决定开通大数据平台的哪些服务，如开通流计算、离线计算、采集等服务供自己使用，那么这些服务就称为租户级基础服务，租户级基础服务运行的资源称为租户级基础服务资源。

（2）租户级默认资源组

大数据平台用户利用大数据平台整合的 Hadoop、计算引擎等在平台上执行项目的作业以及大数据 SQL 查询等，都需要大数据平台的计算资源支持。这种类型的资源通常包含 Hadoop 作业运行资源，以及 SQL 语句执行 CPU 和内存资源。该类资源最原始的状态通过租户级默认资源组方式提供。默认资源组通常会包含 Hadoop 资源组和容器资源组两种类型的资源。

租户级资源管理按照两种不同的方式进行，其中租户级基础服务资源以动态的方式不断进行调整，主要依据为当前租户开通服务的数量；租户级默认资源组则根据不同业务的估算，在大数据平台上预先为其划分一块供其作业运行的区域。

租户级资源具备较强的业务概念属性，其中租户级基础服务资源会随着租户使用服务的大小进行同步扩缩，以满足用户对服务的使用要求。而租户级默认资源组更像预留土地，大数据平台根据用户的业务量，在它的整体资源池里面预留一份当前用户最大可用的量。

3. **项目级资源**

仅有租户的概念还不足以满足整体资源的规划和划分要求。例如公司 A 下辖大数据部门，该部门在同一时间内可能同时有多个项目在推进，每个不同的项目对资源都有各自的要求，同时也要求项目组之间不能出现以挤占的方式去共同竞争资源的使用。

假如在大数据平台中为大数据部门创建了租户 DA，那么该部门下不同的项目则可以通过租户获取到独属于自己项目的子账户，如果子账户 DA1 想运行自己的作业或者应用，则将其提交给租户 DA 的默认资源组进行计算运行，同样，假如有子账户 DA2，如果它需要运行自己的任务，则也需要将任务提交给租户的默认资源组运行。如此下来，当同一时间待运行的任务较多时，需要调度执行排队机制，进一步安排不同项目的任务运行次序，如果资源总量有限，则较大地限制了不同项目的使用。

为了解决上述实际生产过程中面临的问题，大数据平台引入了项目级资源的概念，期望对大数据平台中的资源进行进一步的细化管理。项目级资源就是给特定项目划分的特定资源，供特定项目独占，而不受同租户下的其他项目影响。

如图 11-4 所示，项目级资源池从租户级资源池里面划分出一个个更小的池子，提供给不同的项目使用，可以避免不同的项目去一个共同的资源池里面争抢资源。这就好比将一个大的鱼塘分割成大小不等的多个小鱼塘，不同的小鱼塘里面饲养不同种类的鱼，这样就达到了不同项目组对资源的使用互不影响的目的。

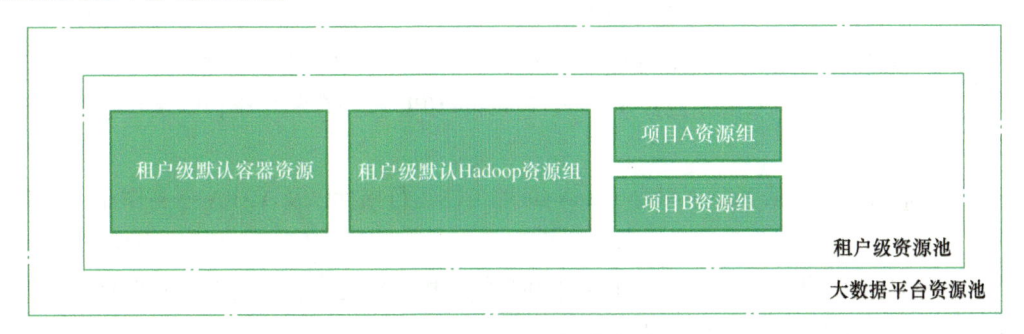

● 图 11-4　项目级资源池

11.1.4 跨 AZ 资源管理

为了进一步提升平台级别的高可用性，通常会实现跨 AZ 级别的高可用性，那么就引出了如何合理地对大数据平台下不同 AZ 的资源进行管理的问题。

如图 11-5 所示，在生产实践过程中，引入复合资源的概念。复合资源包括两层逻辑概念：

1）资源所属跨多个不同的 AZ，如一个资源组，既包含 AZ1 中的资源，又包含 AZ2 中的资源。
2）资源包含的类型，既有 AZ1 中的虚拟机资源，又有 AZ2 的容器集群资源。

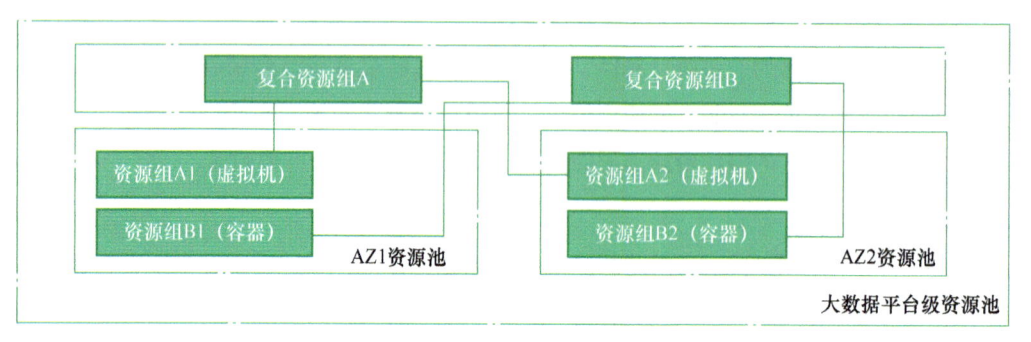

● 图 11-5　复合资源组

复合资源组在实现层面上为逻辑概念，在创建复合资源组的时候会对真实的资源落点进行逻辑关联，在具体的实现过程中，资源管理会平衡两个 AZ 之间的资源使用情况，对资源的落点进行平衡管理。在复合资源使用设计的过程中，会存在一个不可避免的问题，即复合资源组合计资源满足单一任务的资源用量，但无论是 AZ1 还是 AZ2 均无法满足单一任务的资源用量，在生产实践会引入动态调整的功能，将 AZ1 或者 AZ2 的资源进行扩大或缩减，直至最终满足资源运行要求为止。

11.1.5 资源使用监控

大数据平台在运行的过程中，针对由资源管理分配出去的资源，通常希望动态且实时地掌握资源的使用情况，即在运行过程中，哪一类资源较为空闲、哪一类资源繁忙程度较高，或者哪个任务分配的资源过剩、哪个任务分配的资源过于紧张。以上种种则依赖于大数据平台资源使用监控。

大数据平台资源使用监控包含如下内容。

1）虚拟机层面：监控指标包括 CPU、内存、存储、网络带宽以及进程等。
2）容器集群层面：监控指标包含 Master、Node 的 CPU 和内存利用率，以及容器 Pod 相关运行信息等。
3）Hadoop 层面：包括 NameNode、DataNode 服务器运行指标以及 YARN 任务作业运行情况指标等。

大数据平台资源调度过程则依赖实时且不间断的监控指标信息，因此想要实现平台级别的资源分配和调动，资源监控是不可缺少的部分。

11.2 资源管理技术实现思路

大数据平台中的资源具有较多的类别,然而资源有效管理通常建立在资源可以动态伸缩的前提之上,针对伸缩难度较大的资源,设计实现通常直接采用预分配的方式,以低资源利用率来换取架构设计的便捷,这也是对资源使用的一个取舍。本节将对可动态伸缩资源,即 Kubernetes 中的容器资源和 Hadoop 中的 YARN 资源,进行深入剖析,先看看在技术选型方面的内容。

11.2.1 资源管理技术实现简介

1. Kubernetes 容器资源管理

Kubernetes 为云上容器管理平台,让目标应用容器化部署更为简单和高效。Kubernetes 提供应用部署规划、服务更新维护的机制,为容器编排技术的平台化实现。Kubernetes 可以控制和管理应用程序对资源的使用,并且自动负载均衡不同应用间的多个实例请求。Kubernetes 具备监控和限制资源使用的能力,能够自动阻止应用消耗过多的资源,并且在未来的某个时间节点恢复它。如果出现主机资源耗尽或者主机宕机等情况,Kubernetes 具有自动将服务迁移至另外一个主机等相应的能力。

Kubernetes 是分布式架构系统的一个典型例子,如图 11-6 所示,它很好地将所有的机器视为单一资源池的一个部分,其主要由 Master 节点和 Node 节点构成。

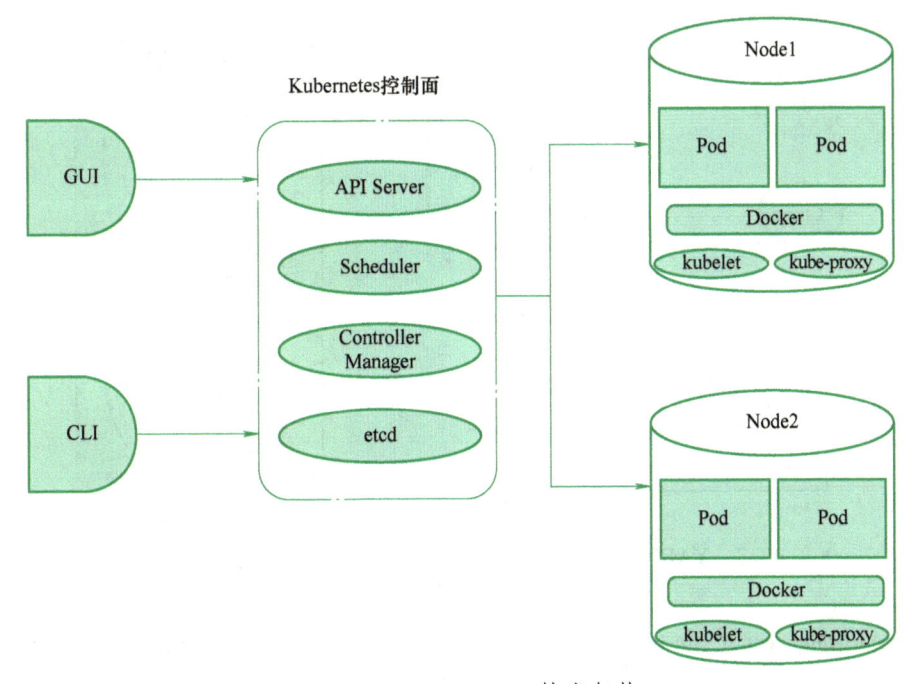

● 图 11-6 Kubernetes 技术架构

Kubernetes 本质上为一个集群系统，用户可以在这个系统中部署各种服务。为了实现更高效的服务管理，Kubernetes 中的最小管理单元为 Pod，并通过 Pod 控制器来管理 Pod 的整个生命周期。Kubernetes 的 Pod 之上还有 Service 类型的资源，可解决 Kubernetes 启动的 Pod 被外部访问等相关问题。

除了具备上述能力以外，Kubernetes 还可通过 CGROUP 技术实现服务和服务之间的隔离。它引入一个 Namespace 的概念，Namespace 让不同的项目拥有不同的命名空间，操作着属于自己空间内的资源对象，同时它使用 LimitRange、ResourceQuota 等属性对 Namespace 的资源用量进行有效的管控，如此形成了天然的资源分配管理技术实现。

2. YARN 资源管理

YARN 是 Hadoop 资源管理器，给上层大数据应用提供了统一的资源管理和调度，在集群利用率、资源统一管理和数据共享层面给 Hadoop 集群带来了很大的便利。

YARN 的基本思想是将资源管理和作业调度/监控的功能拆分为独立的守护进程。这种思想包括一个全局的 ResourceManager（RM）和每个应用程序的 ApplicationMaster（App Mstr，AM）。一个应用程序可以是单个作业或作业的 DAG（有向无环图）。

如图 11-7 所示，YARN 在总体上依旧维持着 Master/Slave（主/从）结构，在它的资源管理框架内，ResourceManager 为 Master 节点，NodeManager 是 Slave 节点。

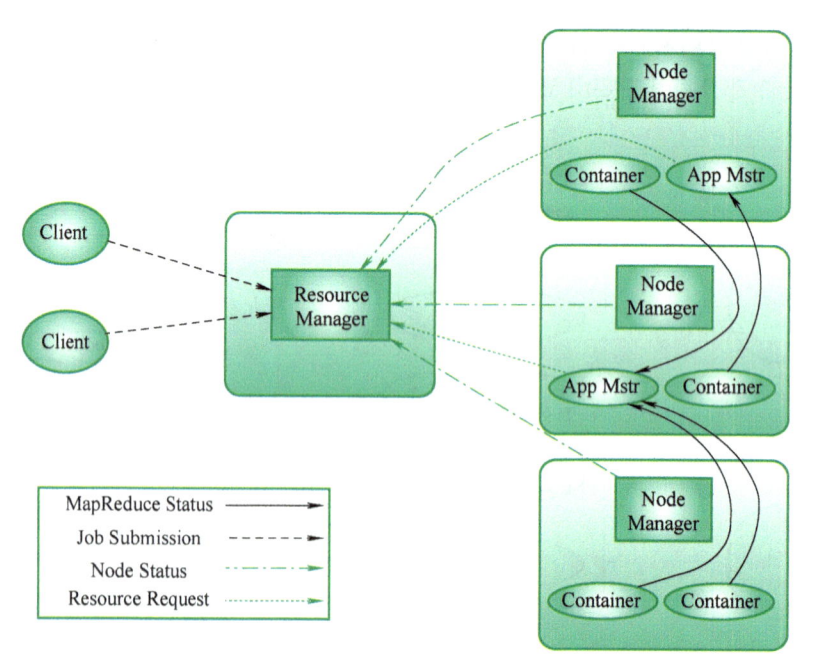

● 图 11-7　YARN 工作架构图（引用自 Apache Hadoop YARN 官网）

1）ResourceManager 是 Master 节点上一个独立运行的进程，负责集群统一的资源管理、调度、分配等。

2）NodeManager 是 Slave 节点上一个独立运行的进程，负责上报节点的状态。

3）App Mstr 和 Container 是运行在 Slave 节点上的组件，Container 是 YARN 中分配资源的一个

单位，包含内存、CPU 等资源。

4）Client 向 ResourceManager 提交的每一个应用程序都必须有一个 App Mstr，它经过 ResourceManager 分配资源后，运行于某一个 Slave 节点的 Container 中，完成具体任务的 Task，同样也运行于某一个 Slave 节点的 Container 中。

5）ResourceManager、NodeManager、App Mstr 乃至普通的 Container 之间的通信，都是用 RPC 机制。

综上所述，YARN 原本就作为 Hadoop 的资源管理系统，实现了 Hadoop 资源的调度和隔离，被分配的资源具有共享和独占的双重特性，满足大数据平台对 Hadoop 资源管理的要求，故 YARN 作为 Hadoop 的资源管理器被广泛应用，在大数据生产实现设计的过程中，通常也采用 YARN 来支撑上层的大数据计算资源管理。

11.2.2 基于 Kubernetes 的资源管理实现

在 Kubernetes 资源管理设计过程中，Kubernetes 已经把所有的内容都抽象为资源，用户可以通过 Kubernetes 对这些资源进行操作。在 Kubernetes 中，所有资源都可以划分为两个大类：可压缩资源和不可压缩资源，可压缩资源缩小只会影响服务的性能，而不可压缩资源短缺会导致服务的不可用。

在 Kubernetes 系统中，Pod 是对资源申请和管理的最小单位，Namespace 是资源管理的组，基于 Kubernetes 进行资源管理，即对 Kubernetes 的 Namespace、Pod、Service 等相关资源进行精细化管理。

1. Namespace 管理

在大数据平台中，租户和 Namespace 具有一一对应关系，如果实现对 Namespace 资源的管理，则实现对大数据租户资源的管理。在大数据平台中，可对租户的资源用量进行限制，即通过 Kubernetes 的 Namespace 的 ResourceQuota（资源配额）来限制租户的资源用量。例如下面的配置定义：

```
apiVersion: v1
kind: {Namespace}
metadata:
  name: {myspace}
----------------
apiVersion: v1
kind: ResourceQuota
metadata:
  name: compute-quota
  namespace: {myspace}
spec:
  hard:
    requests.cpu: "1"
    requests.memory: 1Gi
    limits.cpu: "2"
limits.memory: 2Gi
```

这个配置规定了在这个 Namespace 下所有 Pod 所能够使用的 request 和 limit 的值的总和上限，即规定了当前租户可以使用的资源的上限，一旦该 Namespace 下所有 Pod 申请的资源用量超过这个值，部署 Pod 的时候就会失败，相当于把业务下发运行会出现运行错误。

当然，上述仅为对 ResourceQuota 的简单使用。ResourceQuota 本身是比较复杂的，除了能够限制内存和 CPU 用量以外，还可以限制 Pod 的数量和 PV（PersistentVolume）的存储总量、PVC（Persistent Volume Claim）的数量等，因为本章主要介绍计算资源的管理，所以此处不再展开。

2. Pod 管理

Pod 作为 Kubernetes 容器中资源申请和管理的最小单位，也构成了大数据平台服务或者作业运行的最小单位，大数据平台的计算资源管理肯定也离不开对运行在大数据内部的作业或者业务的运行资源的管理。

服务希望运行资源量可以由如下两个信息进行指定：

```
resources:
    requests:
        cpu: 2.5
        memory: "40Mi"
    limits:
        cpu: 4.0
        memory: "99Mi"
```

（1）requests

requests 可以理解为 Kubernetes 为容器启动要求最小资源量。即便容器没有实际使用到这些资源，Kubernetes 也会为容器预留好这些资源，也就是说，其他容器是无法申请这些资源的。

（2）limits

limits 可以理解为 Kubernetes 限制容器使用的资源上限，也就是限制容器在实际运行的时候不能超过的资源数值。如果容器使用的资源超过了这个值，就会触发后续对应的操作。对于 CPU 来说，由于 CPU 是可压缩资源，因此，如果容器使用的 CPU 超过了 limits 设置的值，则操作系统只会对其进行限速，不让容器的 CPU 使用量超过 limits。但对于内存这种不可压缩资源来说，如果内存的使用量超过了 limits 的值，则会触发 OOMKiller（Out Of Memory Killer）。当一个 Kubernetes 集群中没有足够的内存来满足一个 Pod 的需求时，Kubernetes 会采取一些措施来确保集群的稳定性。其中一种常见的策略就是 OOMKiller，它会终止一些内存使用量过大的进程以释放内存。

11.2.3 基于 YARN 的 Hadoop 资源管理实现

在 YARN 中，资源管理直接由 ResourceManager 和 NodeManager 共同完成，其中 ResourceManager 中的调度器负责资源分配，而 NodeManager 则负责资源供给和隔离。资源调度分配将某个 NodeManager 上的资源分配给任务，资源隔离过程中 NodeManager 需要按照要求为任务提供相应的资源，并且保证这些资源具有独占性。

YARN 允许设置每个节点上的可用物理内存，同样 YARN 的内存资源也不具备超配属性，当 YARN 的线程监控并判断任务超过规定的内存使用量时候会将其终止。YARN 对 CPU 资源的分配采用指定虚拟 CPU 的方式进行，同时 YARN 自身的调度器可以针对不同的业务场景进行调度策略配置。

大数据平台针对 Hadoop 资源方面的管理控制，则完全借助 YARN 的资源管理能力，通过上层指定对应任务开辟对应的 YARN 队列，并指定虚拟 CPU 的个数，设置任务可用最大内存资源，选择 YARN 调度器的调度策略来实现大数据平台对底座 Hadoop 计算资源的管理控制。

11.3 资源管理解决方案设计

上文介绍了大数据平台资源的逻辑概念以及相应的实现技术，如何将理论知识与技术相结合以实现完整的大数据平台资源管理？本节会从整体介绍大数据平台计算资源管控的架构设计。

11.3.1 资源管理整体流程

图 11-8 所示是一个完整的资源管理流程，主要由以下 4 个部分组成。

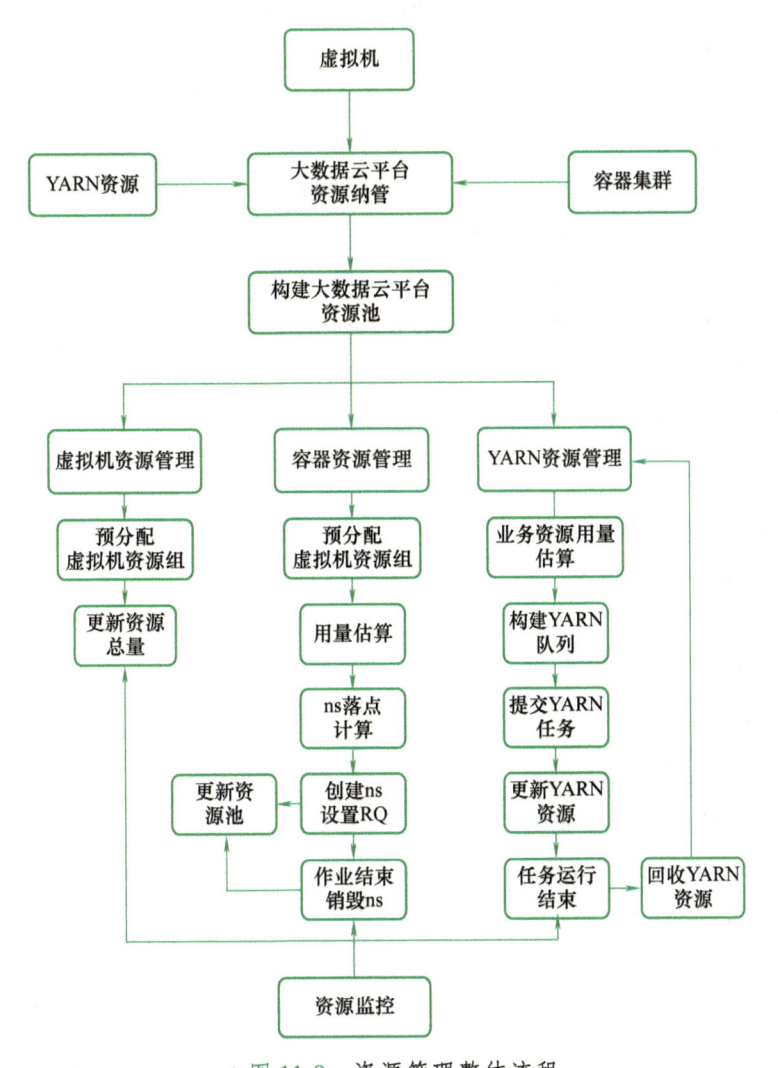

• 图 11-8 资源管理整体流程

1. 资源纳管

包括纳管虚拟机、容器集群以及 Hadoop 集群。

2. 资源池构建

获取大数据平台各类资源池资源总量，构建大数据平台总资源池。

3. 精细化多类型资源管理

（1）虚拟机计算资源管理

1）计算虚拟机类型服务计算资源用量，预分配虚拟机资源组，供平台级服务运行。

2）执行虚拟机资源分配过程，重新计算空闲资源总量。

（2）Hadoop 集群 YARN 资源管理

1）计算业务 Hadoop 集群 YARN 资源用量。

2）构建 YARN 队列资源分配请求参数，提交 YARN 队列分配请求。

3）获取单次 YARN 队列资源，提交任务至 YARN 队列，资源池扣除当前资源用量。

4）YARN 任务运行结束，回收 YARN 资源队列，将回收资源重新加入对应资源池。

（3）容器资源管理

1）计算业务容器资源用量，计算落点后创建 Kubernetes Namespace（ns）。

2）设置对应 Namespace 的 ResourceQuota（RQ）。

3）资源池扣除已分配资源量。

4）提交业务至 Kubernetes 容器集群对应的 Namespace 运行。

5）业务运行结束，回收 Namespace。

6）将回收资源并入资源池。

4. 资源用量监控

1）资源管控定时上报各个类型资源池实时资源用量情况。

2）分析并记录当前整体资源池利用率。

11.3.2　资源管理整体实现架构

大数据平台整体的计算资源管理，主要在容器集群 Kubernetes 和 Hadoop 集群 YARN 资源技术的基础上进行实现，如图 11-9 所示。

1）大数据平台中的计算资源由资源管控平台统一管理，包括资源用量计算、资源分配、资源回收。借助 Kubernetes 的 Namespace 的 ResourceQuota 和 Pod 的 request，以及 Hadoop 集群的 YARN 资源调度器，完成对大数据平台上各类服务和应用的资源划分与管理，并提供相应的资源隔离实现。

2）监控信息收集器通过监控 Agent 实时收集各类资源池监控信息，记录各类资源池资源繁忙程度，为资源管控平台空闲资源调度提供依据。

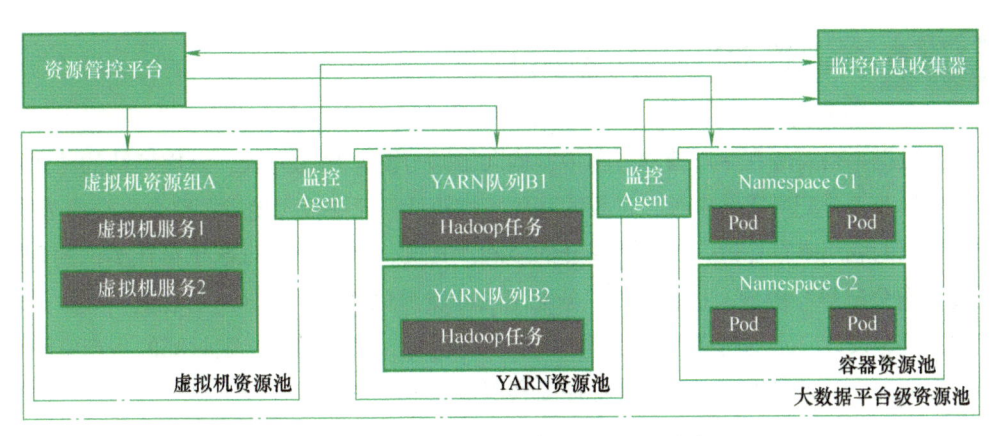

• 图 11-9　大数据平台资源管控设计实现

11.3.3　资源管理中灵活资源配置场景介绍

大数据平台在生产实现中通常会提供由多个 AZ 资源池组成的一个复合资源组来对外提供服务，复合资源组在不同场景下的资源分配方式如图 11-10 所示。

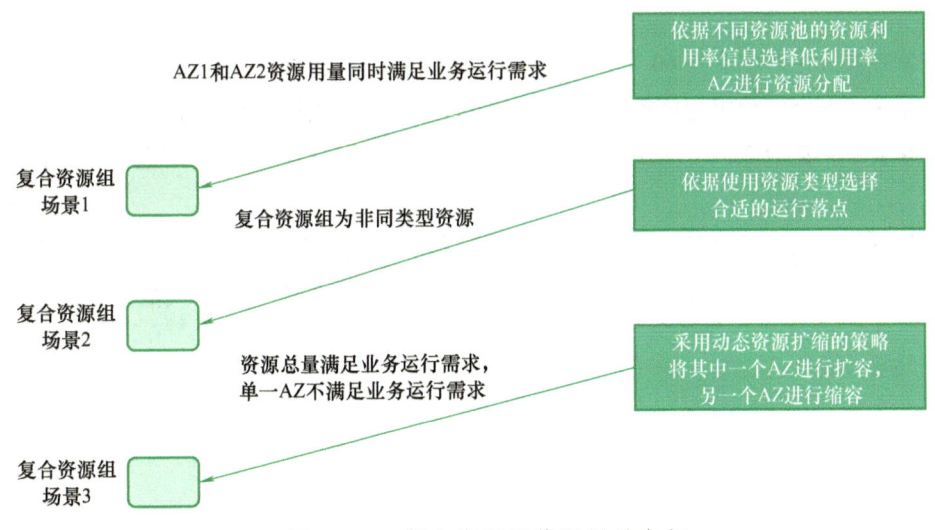

• 图 11-10　复合资源组使用场景介绍

1）当两个资源组同时满足业务运行需求时，优先选择低利用率的组。

2）当复合资源组为非同类型资源时，需要选择类型匹配的落点 AZ。

3）在 AZ 总体资源充足的前提下，若某个复合资源组里面单一 AZ 不满足，则采用动态资源扩缩的策略，将该组内其中一个 AZ 进行扩容，另一个 AZ 进行缩容。

实际生产中对资源的使用要求，不全都是简单的创建、分配回收，在特定的边界场景下，通常会有相应的边界要求，除了上面描述的可用资源组总量满足，但是套用到不同 AZ 资源池就不满足资源用量的需求以外，还会存在资源碎片、资源排队等相关问题，这里就不再详细介绍了。

11.4 资源管理设计不足探讨

目前大数据平台资源在生产管理过程中，偏向于即分配即用的方式，采用预留的方式给不同的业务或者作业来分配所需的资源，资源的利用率均较低，无法较大地发挥整个平台资源的效能，平台计算资源的利用率存在进一步优化提升的空间。其实，容器云和 IaaS 也存在类似的问题，一般是通过"超分超卖"缓解，也就是说，分配出去的资源总量大于实际可用总量。大数据平台资源管理本身也会设计一定的超卖，但是具体超卖多少合理，只能通过一定时间的生产资源使用情况的观察来调优，并且只能在一定程度上提高利用率。

11.5 本章小结

大数据平台的计算资源管理多数结合自身业务场景特点来设计，在方案实现中，主要利用 Kubernetes 和 Hadoop 的资源管理能力，构建大数据平台的计算资源管理，在现有的技术实现上增加业务逻辑场景，如租户资源、复合资源组等相关的逻辑概念，实现整体的大数据平台计算资源管理。

该方案在实际生产中支持 60 个左右的租户资源，在不同的租户下依据其灵活的资源使用要求，单一租户下复合资源组的规模通常维持在 100 个以内，额外常规资源组按照业务量的多少，其规模正常会维持在 5000 个，达成了资源隔离的目标，最大的租户支持了近百万个作业的正常运行。

资源管理从技术上来说不是一个复杂的架构，但它是大数据平台稳定运行的基础能力，因此本章利用一定的篇幅介绍了相关概念和思路，希望对读者在开发、维护大数据系统时有一定的帮助。

第 12 章 三态投产

本章描述的是一个细分的投产部署场景。从整体上来说，投产部署只能算是大数据应用中的一个小功能。虽然与其他章节介绍的内容相比，本章较为简单，但是从作者在输出大数据平台、和各种客户交流的过程中来看，基本每个客户都会关注一下在大数据平台里面的投产部署流程，因此作者专门挑选了这一细分场景介绍一下思路，希望对读者有借鉴意义。

12.1 三态投产业务场景

12.1.1 大数据三态

一般做大数据开发的公司都有一个平台，该平台支撑公司的所有大数据开发工作。它不一定是一个整体系统，可能是多种工具的集合。一些公司会将这些工具集成平台化，作者所在的公司就将这些工具整合成一个大型平台。

数据开发人员基于这个大数据平台开发出来的满足业务需求的大数据作业、程序，称为大数据应用。这些应用必须依托大数据平台才能运行，平台越大，定制性越高，因此平台上应用的可移植性一般越差，并且大型平台为了加速开发效率，降低维护成本，会采用低代码的方式允许研发人员用可视化的方式开发，这样产生的应用基本不具备可移植性。

在大数据研发中，一般将软件环境分成开发态、测试态和生产态 3 个状态，简称"三态"。在实践应用中，大数据研发人员在"开发态"环境中开发应用，应用的组成包括但不限于如下部分。

1）大数据环境中要操作的数据库信息。
2）将业务数据采集到大数据环境中的采集作业。
3）对数据加工的离线或者实时作业。
4）展示数据的可视化作业。
5）使用数据仓库中数据的数据服务作业。
6）相关作业的调度配置等。

数据研发人员在"开发态"环境中开发了应用，就需要将同样的制品部署到"测试态"环境当中，测试通过以后，再把相应的制品部署到"生产态"当中，也叫投产。

问题是，这些制品里面包含的作业和配置信息极多，少则数百条，多则成千上万个作业，手动搬迁烦琐且易错，特别是对于"生产态"环境，直面用户，是不可以灵活修改的，那么，就需要一个可以简单、快速地将这些作业和配置从一个环境部署到另一个环境的办法,并且最大化地避免错误。

这个就是三态投产要满足的需求场景。

12.1.2 常规软件投产

在常规的软件开发中,一个应用包含运行代码和针对不同环境的软件配置。常规软件开发中的投产,一般就是先将所有运行代码编译打包成一个软件包,再通过部署脚本将软件包和该环境对应的配置投产到对应的环境中,如图 12-1 所示。

● 图 12-1 常规软件投产

常规的软件投产有一个前提,就是软件包含代码和配置信息两个组成部分。不同代码都是基于市面上的开源编程语言编写的,所以一般的软件打包可以将该软件对应程序下的所有代码编译成一个程序包。该程序包部署在不同的环境中,结合不同环境的配置信息,就可以直接运行。

如果大数据架构就是简单地基于 Hive、Spark 开发大数据应用,那么完全可以执行类似的流程,即为大数据应用程序执行与常规程序部署流程类似的流程。

作者所在公司的大数据应用并不适用于这些,本章要介绍的是另一种部署思路。因为大数据中的应用包含不同的数据制品,除了代码以外,还有和大数据平台强关联的各种配置数据、低代码等。现有的软件开发语言,虽然都提供程序打包的工具,但是对于这种每家公司各不相同的大数据平台,市面上并没有通用的打包工具。因此,只能自己研究一个解决方案。

12.1.3 自研投产部署方案的技术难点

这个解决方案仍然参考了常规软件的部署流程,先将大数据平台上的应用导出并生成制品包,再复制到另一个环境导入并运行。这个流程有如下几个难点要消除。

1)确定要导入导出的内容。
2)导入导出内容的范围控制。
3)导入导出的性能问题。
4)确保制品在不同环境中的版本兼容性。
5)如何确保导出制品的数据完整性。

接下来逐个讨论解决思路。

12.2 解决思路

先确定要导入导出的内容。

12.2.1 要在三态中投产的大数据应用内容

哪些是三态导入导出的应用内容？以作者所在的公司为例，想要开发一个大数据应用，需要维护如下内容。

1）配置管理大数据应用所属的项目信息、用户信息、资源组等。
2）配置管理元数据信息，包含数据源、库表数据结构、权限等。
3）配置开发具体的大数据作业，包含作业自身内容、使用的资源组和 UDF、调度配置等。

这些内容是否可以原封不动地搬迁到下一个环境中运行？不可以，接下来需要挑出以上内容当中不同环境下有差异的信息。

1）数据源配置，因为不同环境下数据库的 IP 地址、用户名和密码不一样。
2）用户信息以及权限信息，因为不同环境下用户信息有可能不一样。

不同环境下相同内容可以放进导出的制品当中，而对于有差异的部分，则需要在不同环境下各自手动配置。

但是，如何将这些差异化的内容和制品当中的内容解耦呢？这里举个例子，假设制品里面的内容包含数据库的 IP 地址，那么，制品导出到新的环境后肯定不能运行，因为新环境的数据库 IP 地址不一样。

这里有以下两种处理方式。

1. 数据源 ID

例如，对于数据源，设计的思路是，在作业执行中，全程不依赖具体的数据源配置，而是使用数据源 ID，所有的作业只依赖数据源 ID。

至于对这个数据源的具体配置，则是在一个公共的元数据管理模块中进行。作业在开发的时候，可以通过数据源 ID 配置成使用这个数据源。在作业运行的时候，需要先从元数据管理模块中拉取数据源的具体配置，再连接相应的数据库。

2. 用户配置

对于用户配置这一类信息，理论上它不应该包含在制品中。但是有类似这样的场景：上次修改用户。

每一个作业都可能需要保存上次修改用户的信息，这样可假设未来作业在测试或者生产环境运行出错的时候，可以直接通过这个上次修改用户找到对应的人去排查问题。这里就需要分下列两种情况讨论。

（1）冗余的用户信息

假设作业中只保存一个用户名字，系统运行的时候，只是单纯地展示这条信息，即使该用户真实的数据在该环境中不存在，系统也可以正常运行。

对于这一种情况，无须做额外处理，将信息放在制品中即可。

（2）与其他系统有关联

假设一些作业里面保存的用户信息是有业务逻辑的，如报表作业，需要配置可见用户和部门，在系统运行的时候，根据当前用户的权限或所属部门与该作业所属用户或部门对比的结果，决定要不要展示。对于这种情况，则建议所有环境中的用户部门数据一致，也就是说，如果有新增或修改的用户部门信息，建议放到制品中。如果同一用户的部门在不同环境中要有差异，则设计扩展字段解决。例如，一些用户只能在开发环境中使用，在生产环境中要禁用，则可用一个扩展字段 active 来解决该类问题。

介绍完三态导入导出的制品内容后，接下来讨论版本控制。

12.2.2　导入导出的范围控制

这个细分场景里面有以下两个问题要解决。

1. 导入导出作业范围

一个大数据应用里面可能包含几万个作业，要操作几万张表，每一次测试或者投产，未必需要导入导出所有作业，那么，导出制品时，如何知道要导出哪些作业或者哪些配置？

这里的解决方案是，引入一个叫"基线"的概念（为什么不叫版本？因为大数据平台本身有系统的版本，这里是为了避免和大数据应用的版本概念冲突，这方面内容后续会展开介绍）。

在导出制品或者需求开发之前，可以创建一个基线，该基线可以让开发人员自由选择对应需求修改到的作业。

在导出制品时，只会导出该基线包含的作业清单的信息。

2. 不同需求修改同一个作业

假设两个不同的需求要修改到同一个作业中，但是这两个需求又要分开上线，当把该作业部署到下一个环境时，会将不上线的需求的改动也带过去。这个场景和普通的代码版本控制场景是一样的，对于普通的代码版本控制，在做代码合并时，可以选择哪些 commit 合并、哪些 commit 不合并，最终在代码文件中，配置管理的人可以有选择地将要投产的需求关联的 commit 带过去。

而在作者所在的大数据平台中，并没有这么细粒度的版本控制，这里的做法是告知平台的开发用户，同一个作业上的所有改动都会被导出到制品，从而部署到其他环境中。开发人员可以有以下两种选择。

1）确保非上线需求的改动兼容上线需求，即使被带过去，也不会影响系统的运行。

2）复制一系列作业的副本，在副本中修改、调试非上线需求，等之后要上线时再手动合并。

12.2.3　导入导出的性能问题

无论是导入还是导出，都要处理如下内容。

1）应用相关的信息。

2）元数据相关的信息。

3）各种类型的作业，包含流计算、离线、数据服务、采集和报表等。

这些内容会分布在不同的组件服务上处理，如图 12-2 所示，但缺点是交互组件多。

除了交互组件多以外，还有一个问题，就是数据量大，一些需求比较复杂的大数据应用，可能会有上万个作业，每个作业都有相关操作的元数据、使用的 UDF、使用的资源组、调度日历、节点组、作业依赖等配置。

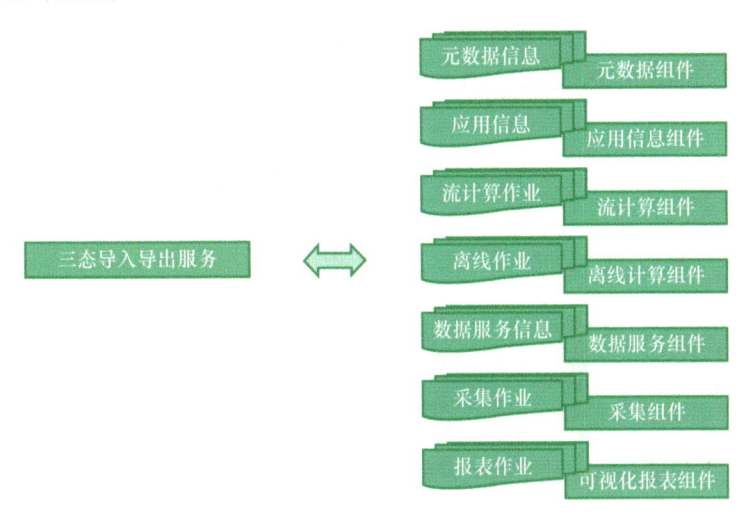

• 图 12-2　三态导入导出交互组件

如果按照简单的同步顺序进行这个制品的导入导出，则效率会很低，因为任何一个组件或者作业的失败都会导致整个导入导出操作的失败，稳定性也很低。

这里的解决思路主要包含以下 3 点内容。

1. 组件间解耦

每个组件只负责处理与自己相关的制品内容，不需要重复发送其他组件的内容，也不需要关心其他组件的具体内容和导入导出逻辑。这样设计可以实现单组件的高内聚，也就是每个组件只负责自己的功能，不涉及其他组件的实现细节。同时，这种设计也能实现组件之间的松耦合，组件之间没有直接的依赖关系，可以独立开发和测试，方便维护和扩展。

2. 并发

并发的前提是任务之间没有互相依赖的关系。例如，组件和组件间的导入导出是独立的；同一个组件，如离线作业，作业与作业之间的导入导出是独立的；作业间不同类型的内容，如资源组和调度日历，它们之间也是独立的。所有独立的内容都可以分成多个线程并发执行，提高效率。

3. 异步

不同组件的不同导入导出内容的耗时是不一样的，特别是作业的导入导出，可能涉及多个组件的多个依赖项收集和检查。异步可以提高用户体验，用户无须在页面等待，过一段时间回来查看结果即可，并且可以确保即使用户离开或者关闭页面，也不影响后台导入导出工作。

12.2.4　制品和平台及其组件版本的兼容性

平台及其各个组件都是有版本的，举个例子，离线作业的组件在 1.1 版本中，给每个离线作业都添加了一个 UID，用它作为识别码，而这个 UID 在 1.0 以及之前版本中都没有。那么，在这种情况下，1.0 版本导出的制品，导入到 1.1 版本后肯定会出问题。

对于这个问题，解决方法如下：对于每一个导出的制品，都要标识导出制品所在组件的版本。对于每一个组件，都要标识它能够兼容的制品的版本。

例如，制品中的描述文件内容如下所示：

```
{
    "data": [
        {
            ...
            "componentVersion": "1.0 "
        }
    ],
    "id": "a7e5332c...",
    "name": "0129dataimpexp"
}
```

而组件中有一个配置文件，其中的配置如下：

```
compatibleMediaVersions = 1.0, 1.1, 1.2
```

12.2.5　制品的数据完整性

数据完整性是指制品文件包的准确性、可靠性、一致性和安全性，确保数据在存储、处理和传输过程中不会损坏、篡改与丢失。数据完整性是导入导出服务的一个重要特性，对于保证数据的可信度和有效性具有关键作用。

数据完整性可以从以下几个方面进行保证。

1）单个组件制品包的完整性。组件导出任务结果中，除了要提交组件制品包以外，还需要该组件制品文件的 MD5 值。MD5 是常用的摘要算法，常用于保证数据完整性和验证文件的一致性。三态导入导出服务将文件和 MD5 值进行落库存储。

2）导出的组件制品 ID 使用 UUID，用于保证相同制品在不同环境下 ID 一致，避免自增 ID 导致的 ID 冲突问题。

3）当所有任务完成时，三态服务将所有涉及的组件制品的 MD5 值和三态制品名写入 metainfo 文件中，同时组件制品文件和 metainfo 同时压缩成完整的三态制品文件，三态制品文件的文件名改成三态制品名。metainfo 文件的内容大致如下：

```
{
    "data": [
        {
            "checksum": "xxxxx",
            "id": "00bd8f1d...",
            "serviceType": "data_manager"
        }
    ],
    "id": "a7e5332c...",
    "name": "0129dataimpexp"
}
```

4）导入的时候校验制品文件名是否一致、制品 ID 是否在库中已存在、组件制品文件的 MD5 是否一致。

12.3 整体方案介绍

12.3.1 整体架构

上文介绍了各种难题的解决思路，接下来介绍一下导入导出整体架构，如图 12-3 所示。

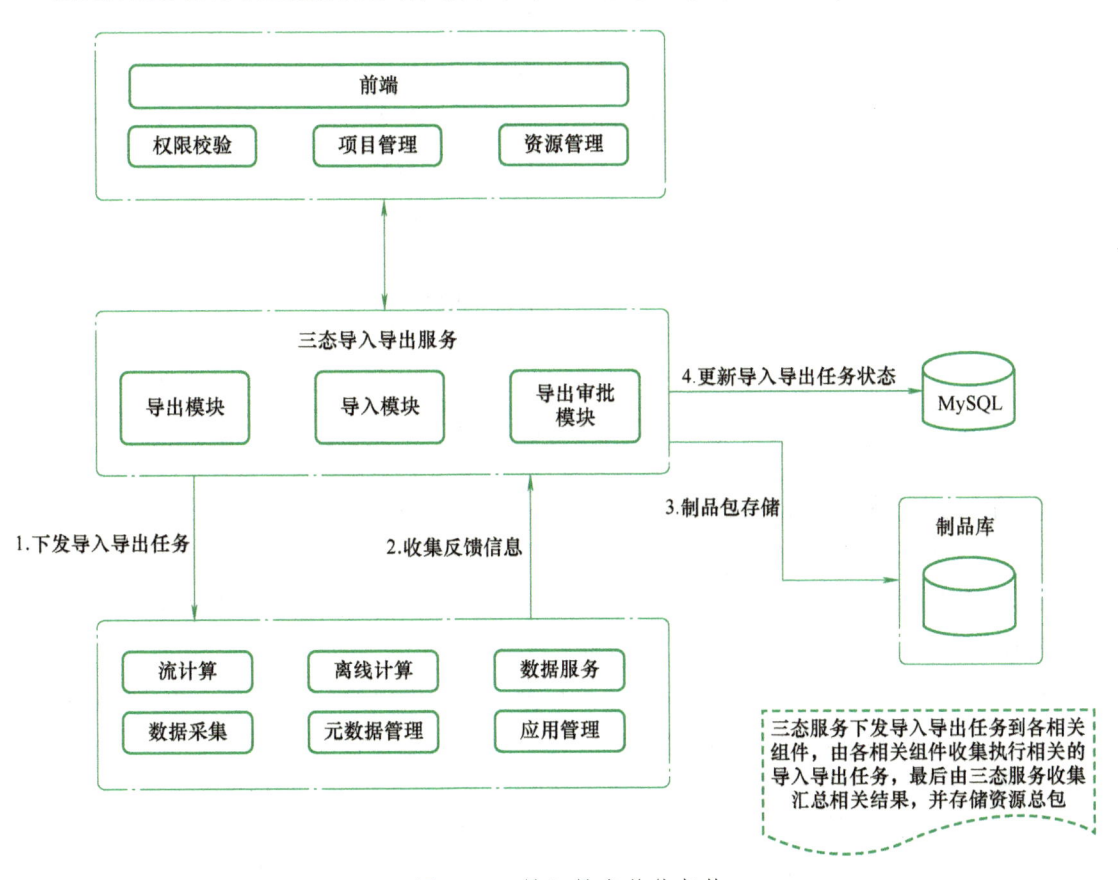

● 图 12-3 导入导出整体架构

以导出为例，介绍这个架构的主要流程。

1）三态服务接收到用户请求后，下发通知给各个组件，让它们打包各自的制品内容。
2）各个组件的制品内容完成后，发送给三态服务。
3）三态服务将相关组件的制品打包合并后保存到制品库中。
4）打包完成，更新任务状态。

导入的逻辑类似，这里不再赘述。

以导出时序图为例介绍一下导出的详细逻辑，如图 12-4 所示。

1）用户在界面选择要导出的作业类型（选择组件）以及勾选要导出的数据。

● 图 12-4 导出时序图

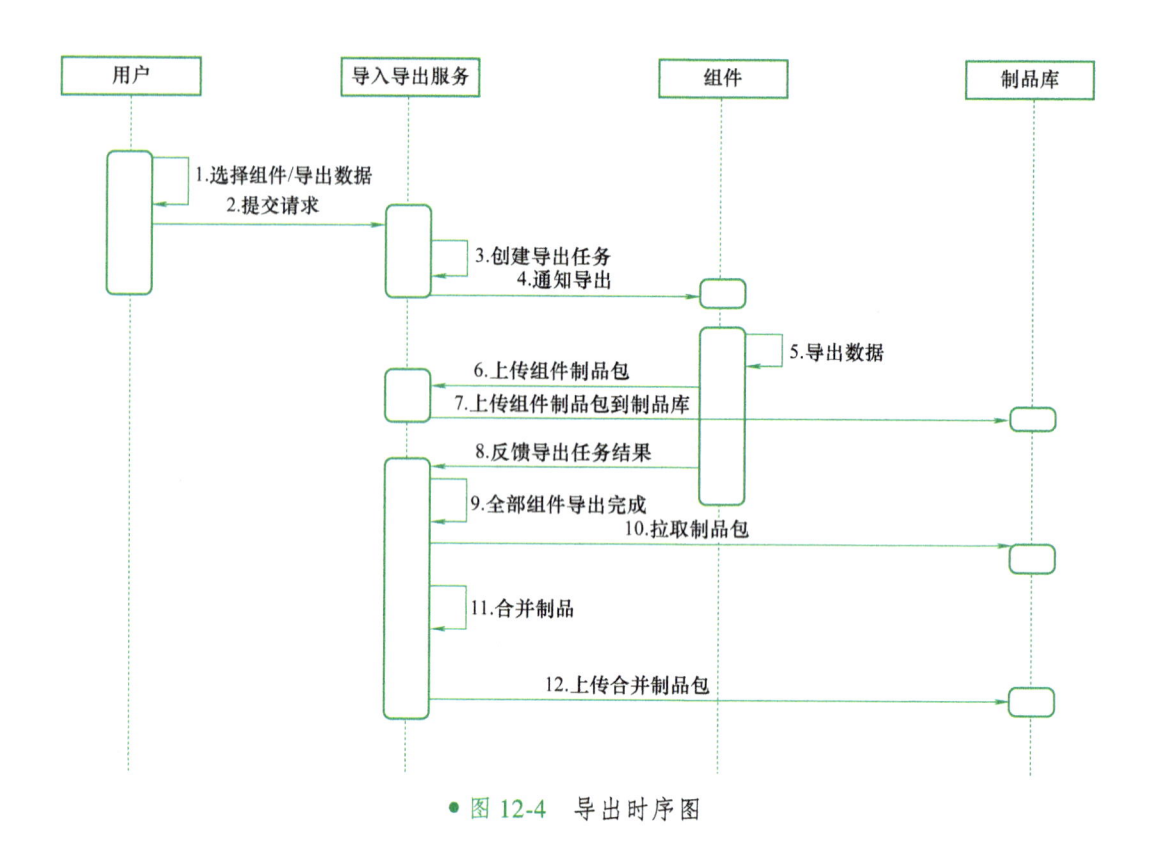

2）用户提交请求到导入导出服务。

3）导入导出服务创建导出任务。

4）通知相关组件开始导出数据。这里采用异步的逻辑，导入导出服务只是通知各组件开始导出，不需要等到导出完成。

5）各组件开始导出数据。这里采用并发的逻辑，各个组件同时导出数据，并且每个组件内部，也可以采用多线程的方式将作业分批并发导出。

6）各个组件将导出的数据发送给导入导出服务。

7）导入导出服务将收到的组件制品内容保存到制品库，这里解耦各个组件和制品库的依赖。

8）如果各个组件全部制品导出完成，则调用导入导出服务通知导出结果。

9）导入导出服务每收到一次组件反馈的结果，就查询判断一下是否全部组件已完成导出。

10）在全部完成后，导入导出服务从制品库中获取所有组件的导出内容。

11）将所有内容合并成一个制品包。

12）上传合并制品包到制品库。

12.3.2 方案要点

这个方案有以下几个要点。

1. 是否引入消息队列实现异步

团队主要考虑的是，三态导入导出属于低频操作，三态的用户场景决定了无须保证单次导入导出的事务性，一旦失败，待问题解决后重新操作即可。并且引入消息中间件会增加架构的复杂度，增加给客户部署的成本。基于以上考虑，团队决定简单地使用 HTTP 请求来回交互以实现消息通知和回调。

2. 导入导出过程中组件导出失败时的处理逻辑

首先要求在处理导入导出任务时，保证各组件内任务的幂等性，如导入时针对已存在的数据，根据组件所处场景定制策略进行覆盖或者跳过处理。因此，在遇到失败场景时，解决问题之后重新触发即可。

3. 如何确保最终导入或者导出的数据是完整的

各组件在刚开始导入或者导出数据的时候，先做一次查询，将要覆盖的数据量发送给导入导出服务，在导入导出完成的时候，再做一次统计，将两次数据做比对，即可确认整个导入导出操作的数据是否完整。

12.4 本章小结

总体来说，整个方案基本满足了投产部署的技术工具层面的需求，并且在成本、架构高可用和易用性之间取得一个较好的平衡，是一个性价比不错的方案。

这个方案放到市面上其实并不具备通用性，因为市面上很多开发大数据应用的公司，都会把代码放在常规的程序中，所以投产部署流程和一般的流程差不多，而作者所在的公司已经将整个大数据平台打造成一个类似低代码开发环境的平台，自然就需要一个自研的部署工具。

虽然解决方案不能通用，但是解决思路是一样的。随着 AI 的发展，大数据作为 AI 的供给侧，势必会越来越重要。大数据应用多了，就需要更多的研发工作量。而对于平台的低代码化改造可以极大地降低大数据研发成本，相信会有越来越多的公司采用这种思路，到时候，也要解决投产部署的问题，而本章就可以作为一个参考。

这个方案的缺点也有很多，这里再次总结一下。

1）各组件需要保证导入导出的幂等性，这无形中增加了组件开发、维护成本。

2）在数据完整性校验上，仅依赖文件名和 MD5，一旦知道规则，就可绕开校验，严格来说，应该再加入非对称密钥以对文件做进一步的签名校验。

3）在导入导出失败重试方面，因为现有粒度较粗，只能进行整体重试，所以可以进一步考虑在明细任务粒度上进行失败重试。

4）导入导出整体过程的监控和问题排查相关的功能较少，投产部署过程中出现问题时排查的效率不够高。

5）本方案只是简单地涉及导入导出层面，其实部署相关的流程也很重要，只是因为不同公司的流程各有差异，本章只介绍一下技术上通用的内容，流程管理相关的内容尽量不涉及。

本章内容就此结束，希望对读者未来做大数据投产部署提供一定的参考价值。

PART 5
第 5 部分

综合应用场景

第 13 章 流批一体

13.1 流批一体业务背景

这次的需求是一个第三方支付营销活动的数据的分析处理。某企业在推广第三方支付,推出多项营销活动,如首次开通第三方支付账号的用户,可以获得一定金额的支付红包,红包金额可以在合作商户分多次使用。该企业希望能对各项营销活动的数据进行分析,以便于优化调整营销策略。具体的数据分析需求包括:

1) 实时统计各营销活动开展情况,分别从渠道、机构、商户、客户等不同维度,统计当天 0 点以来的红包发放总次数、发放总金额、消费总次数、消费总金额、新开户客户数等指标,每 1 分钟更新一次统计结果。

2) 每小时统计一次各营销活动从活动开始到当前时点的开展情况,分别从渠道、机构、商户等不同维度,统计从活动开始到当前时点参与客户总数、红包发放总次数、发放总金额、消费总次数、消费总金额等指标。

这家企业第三方支付存量客户为 5000 万个,签约商户为 500 万个,同时开展的营销活动有十几个,每天新增发放红包约为 10 万个,存量账户交易明细为 2 亿条,每天新增账户交易明细约为 200 万条。数据会实时从业务系统通过数据库 binlog 增量同步方式采集并存储到 Kafka 集群,日终业务系统也会以批量数据文件方式每天卸载增量数据。

13.2 流批一体初步架构

13.2.1 场景问题解决思路

现在分析这个场景。从上面的场景可以分析出 3 个需求,第一个是实时处理需求,第二个是 1 小时一批的微批,第三个是每天的日终批。在实现时,需要考虑以下几个问题。

1) 如何实现每天 0 点到当前时刻的实时统计并每分钟更新一次结果?
2) 如何将实时流数据转换成批量数据并以 1 小时一批的频率进行汇总统计?
3) 如何解决实时处理链路可能因某些原因导致的结果不准确问题?

接下来针对以上 3 个问题进行详细讨论。

1. 每分钟数据链路

这家企业需要每隔 1 分钟更新一次 0 点以来的交易统计结果，且日增量只有约 200 万条数据，因此可以通过 Flink 作业，采用 CUMULATE 窗口聚合来实现。CUMULATE 窗口可以看作一个特殊的滚动窗口，区别在于，在窗口期内，CUMULATE 窗口会根据用户定义的步长，每个步长都触发一次窗口计算，直至达到窗口结束时间为止。

例如，要统计渠道维度消费总次数、消费总金额，可以采用如下 Flink SQL 来实现。

```sql
SELECT
    window_start,
    window_end,
    activity,
    channel_id,
    COUNT(*) AS cnt,
    SUM(amount) AS totalAmt
FROM TABLE (
    CUMULATE(
        TABLE tx,
        DESCRIPTOR(ts),
        INTERVAL '1' MINUTE,
        INTERVAL '1' DAY))
GROUP BY
    window_start,
    window_end,
    activity,
    channel_id
```

统计结果数据可以输出到 Kafka 并由下游系统消费后展示到相应的业务系统中，也可以输出到 MySQL 中，由相应的业务交易系统定时查询后展示。由于 Kafka 不支持随机读取，因此这个系统采用了 MySQL。相关数据链路如图 13-1 所示。

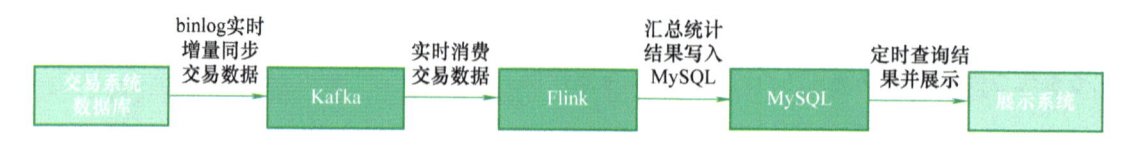

交易系统数据库 —binlog实时增量同步交易数据→ Kafka —实时消费交易数据→ Flink —汇总统计结果写入MySQL→ MySQL —定时查询结果并展示→ 展示系统

● 图 13-1　每分钟更新的数据链路

2. 每小时微批数据链路

业务系统只提供两种供数方式：实时数据库 binlog 同步和每天日终批数据文件。想要每小时统计一次，就必须想办法将实时流数据转换成批量数据，和原有批量数据一起加工。作者公司在这个系统中使用的批处理引擎是 Hive，因此可以通过 Flink 以微批的方式将实时流数据写入 Hive 中，然后配置定时调度，每小时执行一批 Hive 作业，进行指标统计。

由于统计的是活动开始到当前时点的指标，而很多活动会持续数月甚至一两年，因此 Hive 作业涉及的数据量可能达到几亿条，需要对 Hive 作业进行优化。可以把统计指标分为以下两类。

一类是可以增量计算的指标，如消费总次数、消费总金额。可以通过历史汇总的指标值，加上当前批次增量数据汇总的指标值，来获得活动开始到当前时点的指标，这样可以大大减少作业的计算量，降低作业时间。

另一类是不可增量计算的指标，如参与活动的客户数。一个客户只要参与活动，不管收到多少红包、消费多少次，就只算是一个客户。因此需要对活动开始以来的所有明细数据根据客户标识去重后统计总数。这类指标需要对所有明细进行计算，数据量大，耗时较长。以参与活动的客户数统计为例，可以采用如下 Hive SQL 来实现。

```sql
INSERT OVERWRITE TABLE index_report PARTITION(ReportTime)
SELECT
    t.activity,
    '参与活动的客户数' AS indexType,
    ${job.batch.date} AS ReportDate,
    ${job.batch.time} AS ReportTime,
    COUNT(DISTINCT user_id) AS cnt
FROM
    txTbl t
    JOIN activity_dim a ON t.activity_id = a.activity_id
WHERE
    t.data_date >= a.start_date
    AND t.ts <= ${job.batch.time}
GROUP BY
    t.activity
```

其中 ${job.batch.date} 和 ${job.batch.time} 为调度批次中预定义的变量，分别对应当前批次统计的业务日期和时点。

当前批次的统计完成后，把结果同步到 MySQL 数据库。对于增量计算的指标，负责展示的业务系统在 MySQL 查询时将历史汇总值和当前时点对应批次的汇总值进行累加，得到活动开始到当前时点的指标值；对于非增量计算的指标值，则直接从 MySQL 查询，无须二次处理。相关数据链路如图 13-2 所示。

● 图 13-2　每小时微批数据链路

3. 流数据对比修正

金融机构对数据准确性要求高，实时处理链路可能会出现某些异常情况，导致实时统计结果有误。例如在 Flink 流处理过程中，采用事件时间处理时，部分数据可能因为延迟而被丢弃，导致统计结果有误。业务可以容忍偶尔异常导致的实时统计结果在可接受范围内的误差，但相关数据需要在日终进行修正。不仅因为日间 1 小时批的汇总统计会用到历史统计结果，还因为部分数据涉及监管报送，必须保证数据准确性。那么如何解决这个问题呢？

从根本上来说，还是应该从引发实时处理链路结果异常的原因着手，尽可能地修复相关问题。例如，作者曾经遇到过系统使用的数据库 binlog 增量同步工具产品本身缺陷导致的丢数，在产品修复相应缺陷后，问题也就解决了。本章的重点不在于解决实时处理链路的数据一致性问题，因为可能产生数据不一致的原因有很多，不再展开描述。本章关注的是，当实时处理链路发生异常后，如何对处理结果进行修正，这也是同时涉及流数据和批数据的系统最常面临的问题之一。

要对数据进行修正，可以有以下两种方式。

1）识别实时处理链路是否存在异常，可以通过日终运行批处理作业，统计相同指标，比对流处理结果和批处理结果之间是否存在差异。若存在差异，则用批处理结果覆盖流处理结果，或者更新存在差异的记录。

2）通过日终运行批处理作业，统计相同指标，直接用批处理结果覆盖流处理结果。

第一种方式需要对流数据和批数据进行比对，会带来更多的计算开销，但好处是能够识别出两者之间存在的差异，有利于分析当前流处理存在的问题，进而有针对性地解决问题；并且当两者数据一致时，无须调整流数据。第二种方式无须承担数据比对的开销，整体执行时间更短，但无法感知流、批数据可能存在的差异。

本系统最终选择第一种方式，因为绝大多数情况下，流处理和批处理结果是一致的，且识别出差异有利于解决引发差异的问题，使系统的准确性更高。相关数据链路如图 13-3 所示。

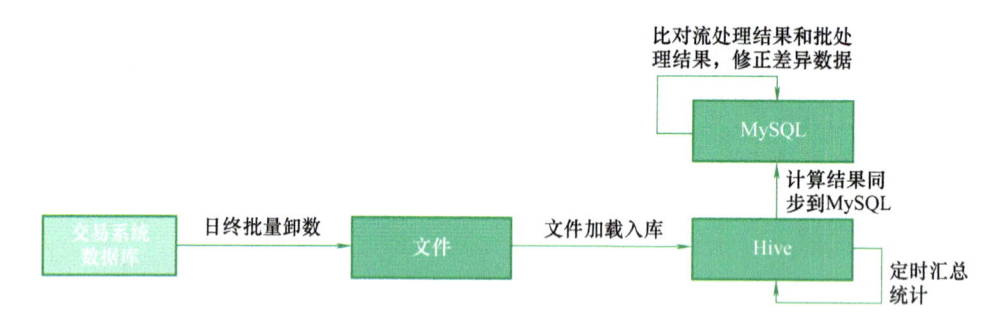

● 图 13-3　流数据和批数据对比修正数据链路

13.2.2　架构方案

最后，将这 3 个问题的解决方案整合起来，可以得到这个场景的整体架构，如图 13-4 所示。

这里可以看到：

1）通过将流数据转化成批数据，可满足每小时汇总统计需要，能够有效地提升数据时效性，使得原本按天执行的批处理能够提升到按小时处理，甚至更短的时间间隔。

2）通过将批数据和流数据进行比对，并修正流处理结果，能够更好地保证系统整体的数据准确性，并可识别潜在的异常问题。同时也可以作为流处理链路的一个备份，当流处理链路异常时，在一定程度上可满足数据处理的需要，如监管报送。

这就是通过流批数据融合的方式来实现的"流数据和批数据一体",其本质是充分发挥两者的优势,将流数据的高时效和批数据的准确性有机结合起来,满足业务场景的需要。从架构上来讲,这种流批数据融合的方式也是大家所熟知的 Lambda 架构。在此,作者也简要介绍一下 Lambda 架构。

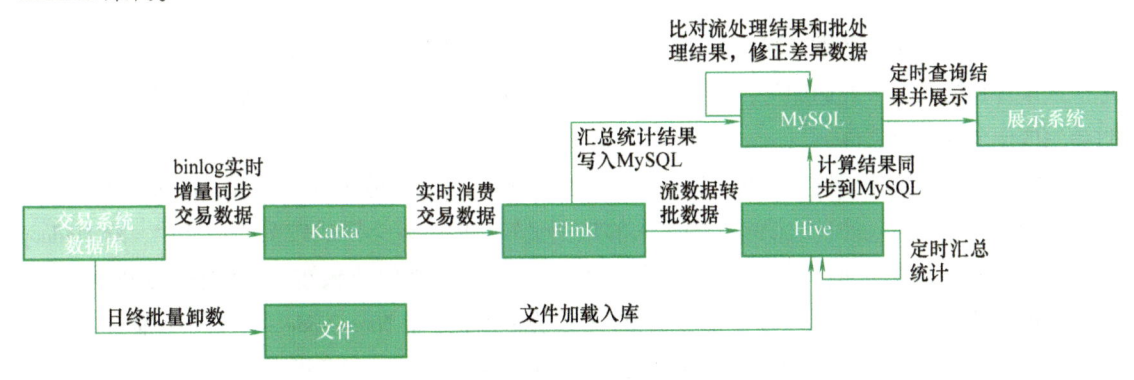

● 图 13-4 初步流批一体架构

13.2.3 Lambda 架构

如图 13-5 所示,Lambda 架构是一种用于大规模数据处理的设计模式,它的目标是通过结合批量处理和实时处理的方式来提供高性能与可靠性。它由 Nathan Marz 在 2011 年提出,核心思想是将数据处理流程分为批处理层和流处理层、合并层,每个层负责不同的数据处理任务。

● 图 13-5 本场景的 Lambda 架构

批处理层主要用于离线处理大规模数据集。它通过批处理作业来处理原始数据,如数据清洗、转换、聚合等。这些批处理作业可以在固定的时间间隔内运行,如每天或每周,以处理历史数据。批处理层的优势在于它可以处理大量的数据,但对于实时数据的处理存在一定的延迟。

与批处理层相对应的是流处理层,它用于处理实时数据流。流处理层接收实时数据流,并根据需要对数据进行处理和分析。这个层通常使用流处理技术来实时处理和分析数据。流处理层的优势在于它可以提供低延迟的数据处理和分析,适用于对实时数据作出快速反应的场景。

Lambda 架构的第三个组成部分是批量和实时的合并层,它用于将批处理层和流处理层的结果进行合并与处理,以提供一致和完整的数据视图。合并层通常会将批处理层和流处理层的结果进行聚合、去重与校验,以确保数据的一致性和准确性。

通过 Lambda 架构,系统可以同时处理历史数据和实时数据,并将它们合并成一个完整的数据视图。这使得数据分析和决策支持系统能够获得全面与准确的数据,同时也能够快速响应实时数据的变化。

13.2.4 存在的问题

在实际实施过程中，这种方案存在如下几方面的问题。

1. 小文件问题

许多批处理系统的数据存储在 Hadoop 文件系统或者对象存储上，这类文件的特点是不支持任意位置读写和修改，只能追加写，甚至有些是不能追加写的。因此批处理系统通常在每批次写入时会生成一个或多个文件。

在实时流数据转化成批数据时，Flink 是微批写入的，如每 5 分钟写入一批，每次写入的数据可能很少，但每天写入的批次很多。当写入的数据量较小时，就会形成较多的小文件，给 Hadoop 文件系统带来较大的负担。在 Hadoop 文件系统中，默认的文件块大小为 128MB，通常把小于 100MB 的文件称为小文件。每一个文件的元数据都需要在 NameNode 的内存中维护，由于 NameNode 的内存空间有限，大量的小文件会给 NameNode 带来较大的负担。

大量的小文件也会给批处理引擎带来较大的负担。大量的小文件会导致 map 数量激增，需要更多的资源去执行，浪费大量的资源，严重影响性能。在 reduce 阶段，也可能会有大量的数据需要传输和处理，同样可能会影响性能。

2. 流数据和批数据间的差异带来的转换成本

源系统产生的数据通常有两种：一种是事实表，一般只有插入操作；另一种是维表，除了插入操作以外，还可能有更新或删除操作。对于事实表，流数据和批数据一般是一致的。但对于维表，源系统提供的批数据通常是快照数据，即日终卸数时刻数据库的快照；而流数据采集的是数据库所有增量变化数据，相同主键在同一天内的多次更新操作都会被同步到流数据中。在这种情况下，流数据和批数据是存在较大差异的。在批处理中，要使用这样的流数据，还需要进行一层转换。

这种转换可以有两种方式，取决于对数据的使用方式。一种是将流数据根据主键分组并按时间排序取最新的一条记录，从而求得等价于批数据的快照；另一种是在批处理系统中维护一张最新快照的表，依次在该表上执行每条流数据对应的增、删、改操作，更新该表。

3. 部分批处理系统不支持更新、删除

在上文中说到的第二种转换方式，需要批处理系统能支持数据的更新和删除，但有些批处理系统是不支持更新和删除的，或者对更新和删除的支持性能不理想。以 Hive 为例，默认不支持更新和删除，若要支持则必须开启事务功能，且会重写整个分区，实际应用的性能是不理想的。

4. 同时使用两种处理引擎带来的开发和维护成本

在使用流批数据融合的方式时，需要使用流处理和批处理两种引擎，开发人员需要掌握两种引擎的编程模型和 API，运维人员需要熟悉两种引擎的管理和维护，这些都给系统整体实施带来更高的成本。

5. 数据冗余存储

流处理层和批处理层各存一份数据，这里有许多数据是相同、冗余的，这给系统带来更大

的开销和维护成本。另外，流数据转化为批数据的过程，也需要相应的计算资源和时间的开销。

为了解决上述问题，业界在不断探索中推出了许多新的技术。这些技术在不同层面解决或缓解了这些问题。接下来探讨什么是"流批同写一张表"、如何实现流批同写一张表、它能解决哪些问题。

13.3 流批同写一张表的架构

13.3.1 什么是流批同写一张表

流批同写一张表就是使用相同的一份存储，同时满足流处理和批处理的需要，实现"流数据和批数据一体"。

那么如何才能实现流批同写一张表呢？需要解决以下几个问题。

1）小文件问题。

2）如何支持更新和删除操作？

3）如何支持流引擎和批引擎的读写？

随着近几年数据湖的发展，诞生了 Hudi、Iceberg、Delta Lake 等开源数据湖解决方案，以解决数据湖实施过程中对大规模、多来源数据的组织和管理问题。但随之诞生的这几项技术，也恰好能解决上述流批同写一张表的问题，满足流批同写一张表的需求。

13.3.2 技术选型

Hudi、Iceberg 都是用于构建可靠、可管理的大规模数据湖的开源项目。它们都提供了类似的功能，但在实现细节和生态系统支持方面有所不同。

Hudi 专注于增量数据处理和实时数据流。它提供了用于数据更新、插入和删除操作的基于时间的存储，以及可插拔的索引和列式存储优化。它还提供了用于数据快照和增量处理的时间轴概念。它支持多种数据格式和存储后端，如 HDFS、Amazon S3 等。它提供了用于实现数据一致性、事务和并发控制的机制，并支持基于 Spark、Flink、Hive 的大规模数据处理和查询。

Iceberg 专注于数据版本控制和数据模式演化。它提供了类似于 Git 版本控制系统的概念，允许数据湖中的数据集具有不同版本，并支持时间旅行查询和回滚。它还提供了 Schema Evolution 功能，可以在不中断现有数据查询的情况下修改数据集的表结构。它同样支持多种数据格式和存储后端，如 HDFS、Amazon S3 等。它提供了事务性写入、数据一致性和并发控制功能，以及可插拔的元数据存储和查询。

由于 Delta Lake 与 Spark 深度绑定，对 Flink 的支持较弱，且 Delta Lake 在国内的使用较少，因此本章只对比 Hudi（基于 0.12 版本）和 Iceberg（基于 0.14 版本），见表 13-1。

表 13-1 Hudi 和 Iceberg 的对比

对比项	技术	
	Hudi	Iceberg
读时合并	支持	0.13 版本支持
分区演进	不支持	支持修改分区字段
数据预合并	支持，可以根据主键进行全局或分区范围内的预合并	不支持
文件合并	自动执行	手动执行
数据清理	自动执行	手动执行
聚簇	支持 Linear、Z-order、Hilbert 等空间优化策略	不支持
表结构变更	支持增加列、删除列、修改字段类型、重命名列（仅 Spark 引擎）	支持增加列、删除列、修改字段类型、重命名列
引擎支持	支持 Spark、Flink 读写，支持 Hive、Trino、Presto 读	支持 Spark、Flink、Hive、Trino 读写，支持 Presto 读
社区活跃度	高	中

目前 Hudi 和 Iceberg 在国内的应用广泛，两者各有优缺点，并且在功能差异上，也都在相向而行，不断补齐对方有的优秀功能。作者以满足流批同写一张表需求为出发点，从以下几个方面详细对比这两个项目。

1. 数据读写能力

数据读写能力是支持更新和删除操作的关键。Hudi 和 Iceberg 都是通过重写数据文件，或者在读时合并更新前后数据的方式来支持更新和删除操作的。因此，采用什么样的方式来维护这些文件以支持更新和删除操作，会直接影响数据的读写性能。写时复制（Copy-On-Write）方式，在执行更新或删除操作时，会重写包含需要更新或删除行数据的数据文件。这种方式可以提升下游读取数据的性能，但会大大增加写入耗时。读时合并（Merge-On-Read）方式，在执行更新或删除操作时，不会对原数据文件进行操作，而是以追加的形式写入到另一个文件中，在读取时进行合并操作以获取正确的结果。这种方式保证了上游数据插入、更新和删除的性能，但对读取速度会有影响。得益于 Hudi 的自动文件合并（Compaction）功能，在读时合并方式下，追加的文件会不断合并到原始文件中，从而大大降低对读取速度的影响；而 Iceberg 则不具备这种自动合并的能力。

数据预合并能力也是流批同写一张表中需要的关键能力。回顾 13.2.4 节中提到的"流数据和批数据间的差异带来的转换成本"的问题，流数据采集的是增量变化数据，相同主键在同一天内可能会有多条更新记录。除了数据存储端要支持更新以外，还有一个重要的因素需要考虑，那就是流数据可能存在乱序问题。乱序会导致数据不一致，而 Hudi 提供的数据预合并能力，能够根据指定排序字段对数据进行预合并，确保用户查询到的是最新数据，从而解决了乱序问题；Iceberg 则不具备这种能力。

2. 表服务能力

表服务能力指的是对表数据和元数据进行管理与维护的能力，包括文件合并、数据清理、聚簇、索引等。Hudi 提供了自动异步小文件合并的能力，能够解决流数据写入时产生的大量小文件问题。它还支持自动异步过期数据清理和元数据归档，避免了数据的膨胀。Iceberg 在文件合并和数据清理上，都只提供相应的 API，需要由用户自己定时调用相关接口来执行。Hudi 支持使用 Linear、Z-order、Hilbert 等空间优化策略异步重写分区数据，以提升数据的查询性能；Iceberg 暂时没有相关功能。

3. 引擎支持情况

流批同写一张表的关键之一在于所用数据，流处理引擎能读写，批处理引擎也能读写。延伸来看，也需要查询引擎能读，以便满足数据服务的需要。目前业界用得较多的流处理引擎有 Flink 和 Spark Streaming，批处理引擎有 Spark、Hive。Hudi 支持 Spark 和 Flink 的读写，但对 Hive 引擎则只支持读数据；Iceberg 则略强于 Hudi，它支持 Spark、Flink、Hive、Trino 的读写。在查询引擎上，两者都支持 Trino 和 Presto。

4. 社区活跃度

坦率来讲，目前 Hudi 和 Iceberg 都还不够成熟，还有许多功能等待开发，也有不少缺陷需要修复。一个活跃的社区有利于项目未来的发展，也有利于企业的使用。在使用过程中，如果遇到问题，能及时和社区进行沟通，找到解决方案；对于新功能，可以参与到社区的开发中，或贡献给社区，使自己企业内部二次开发的版本和社区保持同步，对系统的长远发展是有利的。目前 Hudi 项目的社区活跃度相较于 Iceberg 更高，特别是在国内，较多国内厂商深度参与了 Hudi 的开发。

在经过一段时间的调研和思考后，作者所在的公司决定使用 Hudi 作为流批一体的统一存储技术。

13.3.3 Hudi 原理介绍

1. 两种表类型

Hudi 提供了两种表类型供用户使用，这两种表类型在保存数据和查询数据时采用不同的方式处理，这使得它们在读写性能上各有优劣，适用于不同的场景。

1) Copy-on-Write（COW）表：在每次更改表记录时都会创建一个新的版本，对旧版本不做任何修改。这种表类型的优点是查询性能好，因为它只需要读取最新的数据版本。

2) Merge-on-Read（MOR）表：在更改表记录时会创建一个增量提交文件，然后在查询时将增量数据合并进去。这种表类型的优点是它可以快速地进行更改操作。

2. 写数据过程

对于 COW 表，每次数据更改操作都会生成一个新的版本。这是通过在数据写入时，创建一个新的 parquet 文件来实现的。对于数据的插入，Hudi 将数据写入新的 parquet 文件。对于数据的更新，Hudi 首先使用索引查找要更新的记录的位置，然后对包含这些记录的 parquet 文件进行重新写入，以生成新的版本。对于数据的删除，Hudi 也是通过查找并生成不包含被删除记录的新的 parquet 文件来实现的。

对于 MOR 表，更改操作都会生成增量数据。对于数据的插入，Hudi 将数据写入新的 log 文件。对于数据的更新，Hudi 使用索引查找要更新的记录的位置，然后将更新记录写入 log 文件。对于数据的删除，Hudi 会将一条特殊的删除记录写入 log 文件，然后在后续的查询或合并操作中，使用这条删除记录来忽略被删除的记录。

3. 读数据过程

对于 COW 表，每次写操作都会产生新的版本数据，因此数据读取过程相对简单。Hudi 使用文件系统中的最新提交或压缩文件的数据版本进行读取。它根据 Hudi 的元数据来确定数据版本，然后直接从文件系统中读取这些数据。COW 表的查询性能往往更好，因为数据的最新版本都在一个地方，无须合并或处理增量。

对于 MOR 表，读取过程要复杂一些。因为 MOR 表同时保存了基线数据（base 文件，Parquet 或 ORC 文件）和增量数据（log 文件、Avro 格式），所以在读取数据时，需要将这两部分数据进行合并。对于简单的查询，如读优化查询，可以只读取基线数据。对于复杂的查询，如时间旅行查询，则需要读取并合并基线数据和对应时间范围内的增量数据。Hudi 提供了 Compaction 的表服务来定期地将增量数据和基线数据进行合并，以提高查询性能。

13.3.4 架构方案

使用流批同写一张表的方式，可以实现图 13-6 所示流批一体架构。

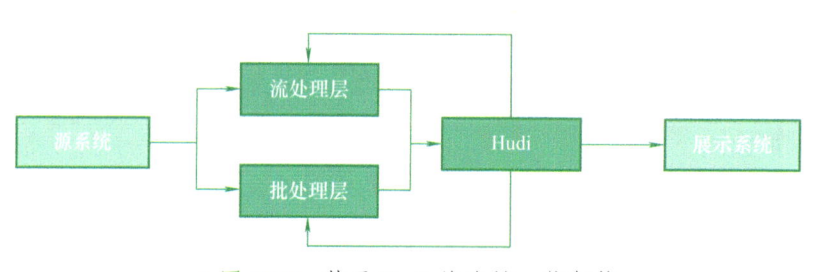

● 图 13-6 基于 Hudi 的流批一体架构

1）流处理层从源系统实时采集增量数据，通过流处理作业将原始数据、加工结果数据持久化到 Hudi，时效可达亚分钟级，可满足准实时处理、微批处理和批处理的需要。

2）批处理层从源系统接收日终批数据文件，加载到 Hudi 中，与前一日流处理写入的原始数据进行比对并修正，确保原始数据的准确性。同时，根据需要可以执行与流处理相同的加工逻辑，将加工结果与流处理加工结果进行比对并修正，确保加工数据的准确性。流和批的原始数据写在同一张表，加工结果数据也写在同一张表。当然，批处理数据与流处理数据比对并修正这个步骤是可选的，可以根据应用场景决定是否执行，如对于用户行为埋点数据，多数情况下只有流数据，没有批数据；批处理数据与流处理数据比对并修正是基于批处理数据准确这一假设前提的，如果存在其他情况，则无须执行该处理。

3）流处理层可以基于 Hudi 表数据进行流式消费，满足准实时处理的需要。

4）批处理层可以基于 Hudi 表数据进行批量加工，满足微批处理和批处理的需要。

回到本章的场景上，第三方支付营销活动数据分析处理的方案可以调整为如图 13-7 所示的架构。

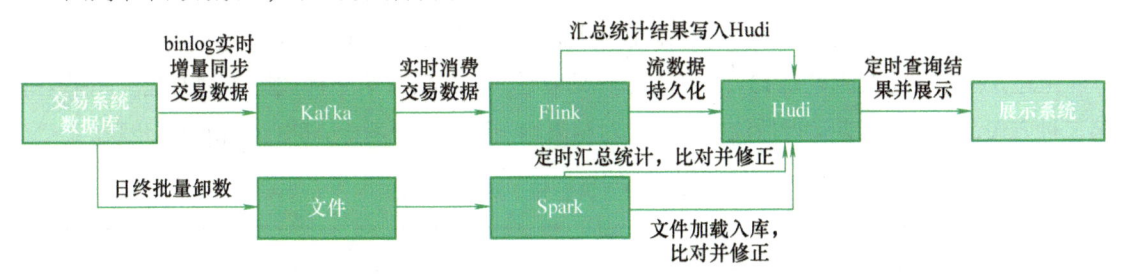

• 图 13-7　本场景初步引入 Hudi 的架构

13.3.5　要点和技术难点

1. 如何管理 Hudi 元数据

首先需要澄清一个概念，此处想管理的元数据为 Hudi 表的表结构、分区信息及其相关的表属性。这是为了让 Spark、Flink 等不同引擎便于获取 Hudi 表的这些信息，以便能在其引擎内部创建逻辑表来读写 Hudi 表。而 Hudi 社区中提到的元数据范围则更广，还包含了文件列表以及每次的提交历史等信息，而这些信息不在这次讨论范围内。

为了能让在不同引擎使用的元数据保持一致，系统需要有一个地方集中存储这些信息。作者通过数据管理组件来实现这一目标，并通过该组件实现 Hudi 表的权限管理，如图 13-8 所示。

1）应用通过数据管理组件创建 Hudi 表，并调用 Hudi 相关接口在 HDFS 上创建 Hudi 表。

2）通过在 HDFS 上应用 Kerberos 认证和 Ranger 鉴权，控制每个 Hudi 表所在 HDFS 目录的权限，以实现对 Hudi 表的权限管理。

3）Flink 和 Spark 作业在读写 Hudi 表时，从数据管理组件获取表的元数据信息，实现对 Hudi 表的数据读写。

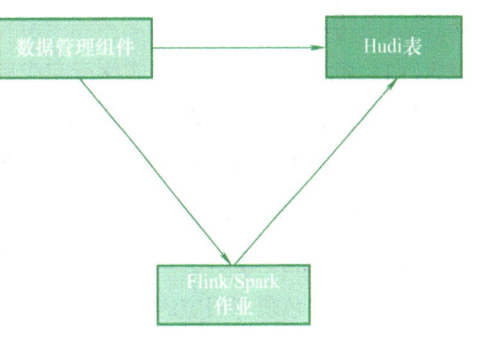

• 图 13-8　通过数据管理组件管理 Hudi 表权限

2. 如何修正流数据

如果系统假设批数据是正确的，并且需要用批数据与流数据进行比对和修正，则可以采用如下 3 种方式执行。

（1）直接分区覆盖

不进行数据比对，将批数据直接覆盖流数据，如用 insert overwrite 的方式将日终批量数据覆盖前一日接收的流数据。

（2）简单比对后分区覆盖

进行简单的数据比对，如比对记录数 count(*)，或基于某一个数值型列进行汇总后比对，如 sum(txAmt)。如果结果存在差异，则通过 insert overwrite 方式覆盖。

（3）差集补数

对批数据和流数据进行整体比对，求出差集后，将差集更新到 Hudi 表中。

上述 3 种方式的对比见表 13-2，从实际情况来看，一般采取第一种或第二种方式。如果采取第二种方式，且经过长期运行后流批数据比对结果均一致，则可考虑省略比对和修正步骤。

表 13-2 修正流数据 3 种方式对比

对比项	方式		
	直接分区覆盖	简单比对后分区覆盖	差集补数
处理耗时	中。只需要整个分区覆盖	低。从长期来看，绝大多数情况下流、批数据是一致的，可以不需要执行分区覆盖	高。流批数据比对耗时较长
资源消耗	中	低	高
数据准确性	高	中。对于简单的 count、sum 比对，即使结果相同，也存在数据不一致的可能	高

3. 如何处理迟到数据

由于流数据的特性，数据可能存在乱序和延迟，因此，在流批同写一张表的方案中，可能会出现以下两种情况。

（1）批处理任务执行中或执行完成后有迟到数据

第一种情况是批处理任务执行中或执行完成后，有迟到的流数据到来。以日终批处理任务为例，假如 00:01 时某个批处理任务开始执行，它将读取 Hudi 表前一天的数据进行加工。在 00:02 时，有部分属于昨天的流数据到来，又写入了 Hudi。这种情况下，批处理任务运行的结果是错误的，因为它可能少读取了 00:02 时写入的迟到数据。如果业务不能容忍批处理任务这种情况下的数据错误，则必须有相应的机制能识别这种情况并触发批处理任务重跑。

解决方案如图 13-9 所示，在写入流数据的 Flink 作业中增加相关处理逻辑。

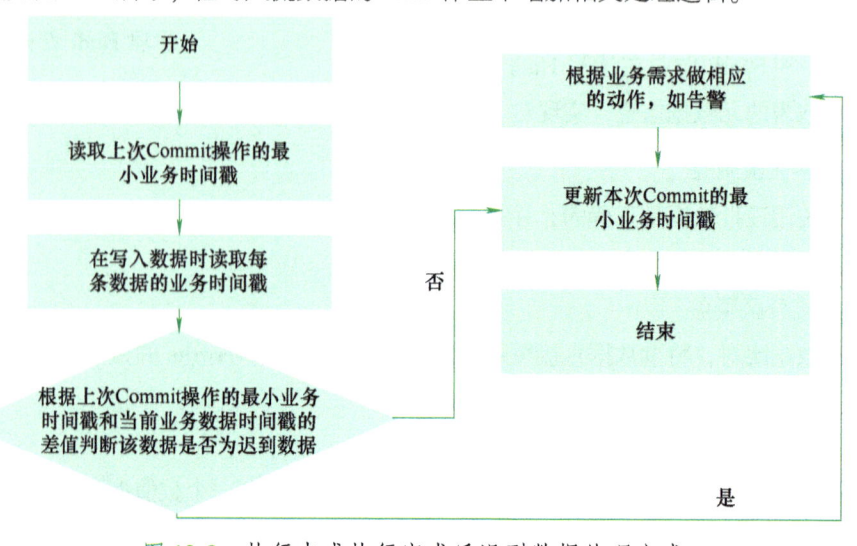

● 图 13-9 执行中或执行完成后迟到数据处理方式

（2）比对和修正完成后有迟到数据

第二种情况是批处理数据与流处理数据比对并修正完成后，有迟到的流数据到来。此处假设应用的场景需要进行批流数据比对并修正的步骤。仍然以日终批处理任务为例，假如 00:01 时日终批数据文件到来，系统开始执行批数据和前一日流数据的比对并修正的作业。在 00:02 时有部分属于昨天的流数据到来，又写入了 Hudi。这种情况下，可能会因为迟到的流数据的写入，而导致前一天的 Hudi 表数据又和原本预期的修正后结果不一致。

解决方式如图 13-10 所示，在采用分区覆盖方式进行批补流时，在 Spark 待覆盖分区数据准备好后，先更新表属性 write.precombine.min（可以写入的最小 precombine 值）为前一日日终时间；同时 Flink 实时写入链路在 StreamWrite 算子进行 flush 过程中获取表属性 write.precombine.min 最新值，判断待写入数据 precombine 字段值是否大于 write.precombine.min 值，若大于，则写入，否则视为批补流迟到数据并丢弃。差集补数方式的解决方法与之类似。

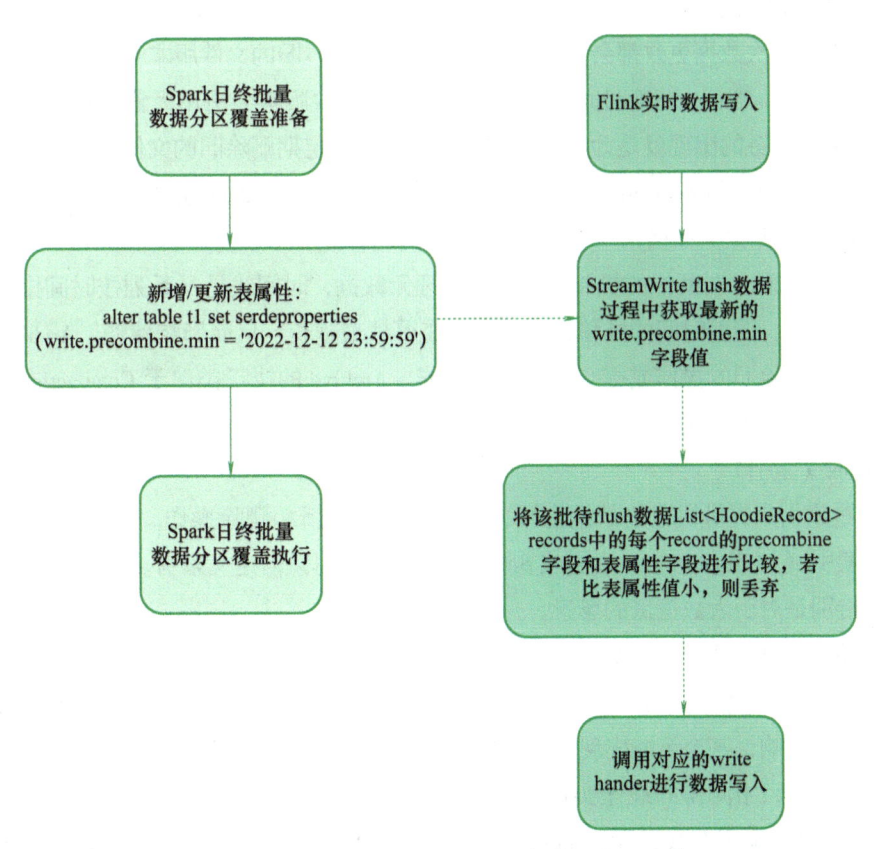

● 图 13-10　比对和修正后迟到数据处理方式

4. 如何管理表服务

Hudi 提供了一系列表服务来提升 Hudi 表在写入和查询时的性能，不同的表服务有不同的触发条件和不同的作用，如何合理地管理这些表服务，会直接影响 Hudi 表的读写性能。下面先简要介绍一下常用的表服务。

（1）Compaction（压缩，即文件合并）

在 Hudi MOR 表中，数据通常以增量方式存储，即将新的数据更改（如新的插入或更新）存储在独立的文件中，而不是直接修改原始文件。这种方式可以提高写入性能，但会产生大量小文件。Compaction 服务的出现就是为了解决这个问题，它会将多个小文件合并成一个大文件，以提高存储效率和查询性能。在 Hudi MOR 表中，Compaction 可以同步进行（即在写入数据时立即执行，完成后才算是写入完成），也可以异步进行（在写入客户端另起线程按一定条件周期性触发执行），还可以离线进行（另起一个任务单独执行，如 Spark 或 Flink 作业）。

（2）Clustering（数据聚簇）

Clustering 服务用于优化数据的物理布局，以提高查询性能。具体来说，Clustering 会将数据按照某种模式（如按照某个列的值）重新排列，并将重新排列后的数据存储在新的文件中。这种方式可以提高特定类型查询（如按某个列的值进行过滤）的性能。

（3）Clean（数据清理）

在 Hudi 中，每次数据更改都会生成一个新的文件版本，旧的文件版本会被保留下来以提供增量查询和数据恢复。然而，随着时间的推移，这些旧的文件版本会占用大量的存储空间，且影响查询性能。Clean 服务的出现就是为了解决这个问题，它会定期删除旧的文件版本，以释放存储空间。Clean 的执行类似于 Compaction，也可以有同步、异步、离线 3 种方式。

（4）Archive（元数据归档）

Hudi 通过一个称为时间线的机制来存储和管理元数据，时间线是一系列按时间排序的操作或提交的列表。然而，随着时间的推移，时间线会变得越来越长，从而影响性能。Archive 服务会定期清理时间线，删除旧的操作或提交，以提高性能。Archive 的执行类似于 Compaction，也可以有同步、异步、离线 3 种方式。

（5）Index（索引）

Hudi 通过索引来提供快速的数据查找，特别是对于更新和删除操作。在 Hudi 中，可以选择使用内置的索引（如 Bloom Filter 索引或 Simple 索引），也可以自定义索引。Hudi 的索引可以提高查询性能，特别是对于大数据量的场景。

Hudi 提供了众多的表服务，但目前为止，Hudi 仍只是以客户端 JAR 包的形式存在，没有以独立进程的形式存在。相关的表服务大多在客户端线程中执行，当数据量较大时，会对 Flink 实时作业有很大的性能影响，甚至可能出现内存溢出。这种情况下应当以离线任务方式周期性执行表服务。作者在实际项目中测得的最佳实践：Flink 单个 Slot 为 1C4G，单记录大小为 1KB 的情况下，QPS 小于 2000 时，采用在线异步 Compaction、Clean、Archive 的方式，大于等于 2000 时，则采用离线 Compaction、Clean、Archive 的方式。采用离线 Compaction、Clean、Archive 时，可采取每 30 分钟执行一次的策略。Clustering 服务则采用每天日终针对前一天分区执行离线 Clustering 的策略。

使用离线方式运行表服务，需要有一个独立部署的表服务管理中心，来提供对所有表服务计划和执行的管理功能。由于涉及离线作业的周期执行，因此表服务管理中心还需要依赖调度组件的能力。相关架构如图 13-11 所示。

```
Flink/Spark      Hudi表服务       调度组件         离线表服务
写入作业     →    管理中心    →              →
```

● 图 13-11　Hudi 表服务架构

表服务管理中心相关设计要点：根据 Flink/Spark 作业写入 Hudi 的 QPS 判断是否使用离线表服务。为简化判断逻辑，QPS 可以根据业务情况提前确定。关联 Flink/Spark 写入作业，执行如下操作。

1）在作业上线时生成相关表服务的离线作业，并注册到调度组件。
2）在作业启动时，启动相关离线表服务的调度翻牌。
3）在作业停止时，停止相关离线表服务的调度翻牌。
4）在作业下线时，删除相关离线作业。

13.3.6　待解决的问题

Hudi 仍处在快速发展中，许多功能还有待完善，这其中就有一些对流批同写一张表的实现存在影响，会限制部分场景的使用。这些也是未来需要解决的问题，具体包含如下几个方面。

1）Flink 不支持多作业并行写 Hudi 表。目前 Spark 引擎通过 OCC 乐观并发控制机制实现了多个 Spark 作业并行写同一张表的能力，而 Flink 写 Hudi 目前不支持 OCC，也没有其他并发控制机制。因此同一时刻不能有多个 Flink 作业写同一张表。

2）Flink 和 Spark 不支持写同一张表的相同分区。由于 Flink 写 Hudi 目前不支持 OCC，因此当 Flink 和 Spark 写同一个文件组的时候会出现异常。所以 Flink 和 Spark 不支持写同一张表的相同分区，或者写同一张非分区表。

3）Hudi 当前还不支持跨多表的 ACID 事务，在批处理场景中可能受限。

目前在使用流批同写一张表的方案时，在应用场景上还需要规避上述问题。这些问题对应的需求也在 Hudi 社区未来的路线图中。

13.3.7　使用效果

利用流批同写一张表的方式，流批一体初步架构的 4 个问题迎刃而解。

1）实时流数据转化成批数据带来的小文件问题：Hudi 提供小文件自动合并功能。

2）流数据和批数据间的差异带来的转换成本：流数据和批数据存储在同一张表中。流数据持久化的过程，也是转化为批数据的过程，利用 Hudi 的更新、删除能力和数据预合并能力，无须额外成本即可完成流数据转化。

3）部分批处理系统不支持更新、删除：Hudi 提供行级更新和删除能力。

4）数据冗余存储：流数据和批数据存储在同一张表中，不需要流、批各存一份，没有冗余存储。

现在 "同时使用两种处理引擎带来的开发和维护成本" 的问题还没有得到解决，这是下一节要讨论的内容。

13.4 处理层面的流批一体

实现处理层面的流批一体，可能是目前业界提到更多的目标，大家希望流处理和批处理能用同一个引擎来实现，用同一套接口来开发，同时满足流处理和批处理的需要。由此，也能带来以下诸多好处。

1）减少开发和维护成本：开发人员只需要掌握一种编程模型和 API，就可以在流处理和批处理之间无缝切换与迁移代码，缩短了学习曲线，减少了开发成本；运维人员只需要熟悉一种引擎的管理和维护，减少了学习和维护成本。

2）统一计算口径：相同的开发接口和处理引擎，使开发人员在流处理和批处理间可以采用相同的口径进行计算，避免产生不一致的结果。

3）统一结果输出和集成：可以将实时数据流和批量数据的处理结果统一输出到相同的存储与目标系统中，简化了结果集成和后续分析。

13.4.1 技术选型

流处理和批处理一体高度依赖处理引擎本身的能力。由于流处理本身的特性，通常流处理和批处理一体基于流处理引擎来实现，如 Flink、Beam 等。这些引擎提供了统一的数据处理模型，支持流处理与批处理的语义和操作，以及对实时数据流和批量数据的高性能处理能力。

本节作者选取业界使用较为广泛或有代表性的 3 个开源项目 Flink、Spark、Beam 进行分析对比。

Flink 在早期版本就支持流处理和批处理用同一个引擎来运行。得益于 Flink 的流处理模型，它将批处理看作特殊的流处理，因此两者在底层使用的是相同的处理机制，可以用一套运行时来处理。但早期版本中，Flink 处理流数据和批数据使用的接口却是两套不同的接口，流处理使用 DataStream 接口及其衍生的 Table API 和 SQL，批处理使用 Dataset 接口及其衍生的 Table API 和 SQL。开发人员依然需要使用两套不同的接口来开发流处理和批处理作业。随着版本的不断演进，Flink 将流处理和批处理接口统一作为一个重要特性持续改进。从 Flink 1.15 版本开始，Dataset 接口已经被移除，流处理和批处理统一采用 DataStream 接口及其衍生的 Table API 和 SQL 来开发与运行，在接口层面实现了流处理和批处理一体。

Spark 对流处理的支持经历了两个阶段。第一个阶段是 Spark 1.× 时代，它提供了 Spark Streaming 组件。Spark Streaming 的核心是微批处理模型，它将输入的数据流切分成小的批次，然后使用 Spark 引擎进行处理。虽然 Spark Streaming 的延迟相对较高，但它充分利用了 Spark 引擎的优点，如容错能力强、可进行复杂的数据操作等，并凭借 Spark 强大的影响力使其得到广泛使用。随着 Flink 的兴起，Flink 凭借其高吞吐、低延时、强大的状态管理能力逐步取代了 Spark Streaming。随后 Spark 在 2.× 时期（第二个阶段）推出了 Spark Structured Streaming，它是一个新的流处理框架，提供了一种高级的抽象——DataFrame 和 Dataset，使得开发者可以用声明式的方式进行流处理。与 Spark Streaming 相比，Structured Streaming 更加易用和强大，它支持事件时间处理、水印以及复杂的 SQL 查询。此外，Structured Streaming 支持连续处理模式，可以实现更低的延迟。因此，本节使用 Structured Streaming 进行对比。

Beam 是一个开源的统一数据处理框架，它提供了一种模型，使得开发者可以用相同的代码处理批处理和流处理的数据。Beam 的核心是一套转换操作，包括 ParDo、GroupByKey、Window 等，这些操作都是在一个抽象的数据集（PCollection）上进行的。Beam 的设计理念是能够在多种数据处理引擎上运行，如 Flink、Spark、Google Cloud Dataflow 等，这样可以在不同的环境和场景中，根据需要选择最合适的引擎。

下面将 Flink（基于 1.14 版本）、Spark（基于 3.1 版本）和 Beam（基于 2.32 版本）进行简单的对比，见表 13-3。

表 13-3 Flink、Spark、Beam 的对比

对比项	技术		
	Flink	Spark	Beam
数据处理接口	支持使用 DataStream API、Table API、SQL 开发流处理作业和批处理作业	支持使用 Streaming DataFrames 与 Streaming Datasets 开发流处理作业和批处理作业	其本身就是一套流处理和批处理统一的编程模型
数据处理引擎	支持流处理和批处理	支持流处理和批处理	其本身不提供引擎，但支持运行在许多流批一体引擎上，包括 Flink、Spark
Connector	较多	一般	最多，不依赖底层执行引擎，但性能可能不如执行引擎自带的 Connector
SQL 表达能力	很强	强，在流处理上较弱	强，但会受底层执行引擎影响
状态管理	提供完善的状态管理机制	仅有简单的状态管理	只提供 API，具体状态管理能力取决于底层执行引擎
生态	较丰富	最丰富	依赖底层执行引擎
社区活跃度	高	高	中

目前 Flink 和 Spark 在国内的应用都十分广泛，两者各有优势，并且生态圈也在不断扩大；Beam 相对小众，但它在统一流批数据处理这块的理念上，处于最前沿。作者从满足处理层面流批一体的需求为出发点，从以下几个方面重点对比这 3 个项目。

1. 统一的数据处理接口

统一的数据处理接口有助于减少开发成本，统一计算口径。如果业务系统既要用流处理进行实时加工，又想在日终通过批处理方式处理相同的业务逻辑来检验实时加工结果的正确性，那么开发人员使用统一的数据处理接口，则不需要重复开发作业逻辑，仅需要简单修改数据输入来源和输出数据源，就可实现流处理和批处理间的切换。在统一数据处理接口方面，Flink、Spark 和 Beam 支持用相同的接口开发流处理和批处理功能。在 SQL 的表达能力上，Flink 和 Beam 要比 Spark 更完善，Spark 主要是在对流处理相关 SQL 的表达能力上要比前两者弱，如 Flink SQL 支持 CUMULATE 窗口累加、支持 CDC 数据、支持流表和流表关联，这些 Spark 当前都不支持。Beam 无

论是 API 还是 SQL，在执行时都受底层执行引擎的约束。目前还没有任何一套引擎能完整支持 Beam 编程模型所定义的能力。因此，虽然 Beam 编程模型在支持流处理和批处理接口上很完善，但却无法得到完整实现。

2. 统一的处理引擎

统一的处理引擎有助于降低维护成本。运维人员只需要维护一套引擎，而不是两套。Flink 和 Spark 都支持用一套引擎支持流处理和批处理。而 Beam 本身不提供引擎，但它支持运行在许多流批一体引擎上，包括 Flink、Spark、Google Cloud Dataflow 等。Flink 引擎在流处理上的能力更完善，性能也更好。从计算模型上来讲，Flink 从一开始就设计为真正的流处理引擎，批处理只是流处理的一个特例。因此，Flink 可以更自然地处理时间（如事件时间和处理时间）和状态，更好地处理复杂的事件驱动的应用程序，如窗口操作和复杂事件处理。Spark 最初是设计为批处理系统的，后来添加了 Spark Streaming（微批处理模型）和 Structured Streaming（连续处理模型）。尽管 Spark 在处理批处理和流处理任务时可以共享代码，但在处理时间、状态、窗口等方面可能不如 Flink 灵活和准确。这种计算模型也为 Flink 在流处理中提供了更低的延迟和更高的吞吐量。而 Spark 引擎则在批处理上略为占优，特别是在处理大数据批处理任务上性能更好，有较多优化策略。从未来发展趋势来看，流处理带来的实时性的优势会让数据更好地体现出业务价值。因此如果只选择一套引擎，作者认为整体上 Flink 会更占优。

3. Connector 和生态

Flink、Spark、Beam 本身只对数据进行处理，而不存储数据。因此在处理数据前后，都需要和外部存储系统进行交互。这种交互通过 Connector 来实现。对 Connector 的支持情况会影响到在实际业务场景中的落地。虽然这些项目都支持自定义 Connector，但原生的 Connector 对于开发者来讲意味着更低的开发成本、更快见成效。Beam 在三者中提供的原生 Connector 最多。这些 Connector 是由 Beam 框架提供的，不依赖于底层执行引擎，但性能可能不如执行引擎自带的 Connector。Flink 提供的原生 Connector 也较为丰富，大体上可以覆盖流处理和批处理场景常用的存储系统；Spark 则相对少些。

生态也是选择一项技术时的重要考量，特别是在大数据领域。Spark 的生态系统非常完善，是三者中最丰富的，它包括 Spark SQL、MLlib、GraphX、SparkR 等组件，以及大量的第三方集成。Flink 的生态系统也在不断发展，包括 Flink CEP、Flink ML、Alink 等，但其在机器学习和图计算领域的相关能力与 Spark 还有些差距。Beam 本身是一套流批一体编程模型，它的生态依赖于底层执行引擎。

综上，在经过一段时间的调研和思考后，作者所在的公司决定使用 Flink 作为流批一体的统一引擎。

13.4.2 流批处理一体架构方案

在 13.3 节"流批同写一张表"的基础上，结合处理层面流批一体的方式，可以使用如下流批一体的架构来实现本章提出的业务场景，如图 13-12 所示。

• 图 13-12　基于 Flink 和 Hudi 的流批一体

在这个架构下，每小时定时汇总统计和流批数据比对并修正，以及日终批文件加载入库和流批数据比对并修正，都可以使用 Flink 来实现。解决了前述方案中"同时使用两种处理引擎带来的开发和维护成本"的问题。

这个架构也同时满足了"流数据和批数据保存在同一张表"，因此，也不一定要使用 Hudi。如果数据层面采用"流批数据融合"的方式，也可以实现处理层面的流批一体。比如本章的业务场景也可以用如下架构方案实现处理层面的流批一体，但如此仍有部分"13.3.1 流批数据融合"节所述的问题需要解决。相关架构如图 13-13 所示。

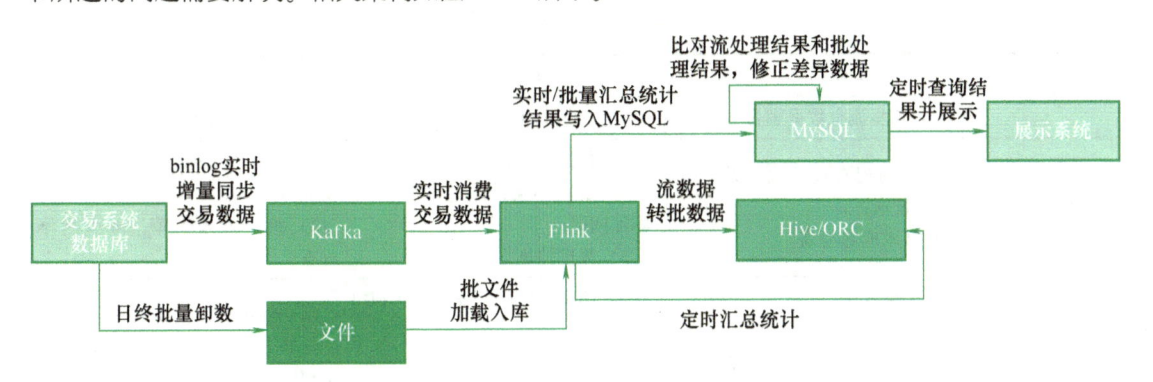

• 图 13-13　去掉 Hudi 的流批处理一体架构

接下来介绍一下业界常说的 Kappa 架构。

13.4.3　关于 Kappa 架构

Kappa 架构也是一种用于大规模数据处理的设计模式，它的目标是简化数据处理流程并提供低延迟的实时数据处理能力。它是由 JayKreps 在 2014 年提出的，作为 Lambda 架构的一种替代方案。它的设计思想基于流处理的概念，即将所有数据都作为无界流进行处理，而不需要区分批量处理和实时处理。

在 Kappa 架构中，数据流通过一个可靠的分布式流处理系统进行实时处理和分析。数据流可以包含各种类型的数据，包括实时数据、历史数据和数据变更事件。与 Lambda 架构不同，Kappa 架构中不需要维护独立的批处理层和流处理层。所有的数据处理都是通过流处理系统进行的，使得数据处理流程更加简化和高效。这种架构模式能够实现低延迟的数据处理，使企业能够更快地响应实时数据的变化。

Kappa 在简化了系统架构的同时，也存在一些挑战。首先，由于所有的数据都是通过流处理系统进行处理的，如果出现流处理系统故障或需要对处理逻辑进行修改，可能会对整个数据处理流程产生影响。其次，对于历史数据的处理可能相对复杂，因为 Kappa 架构主要关注实时数据的处理，对历史数据的回溯和重处理可能需要额外的工作。

另外，本章探讨的是企业级的流批一体架构，针对部分业务场景和系统，使用 Kappa 架构可能是足够的。但是针对企业级范围内的系统，则无法单纯依赖仅由流处理所构建起来的 Kappa 架构，因为从技术生态、硬件成本等多个角度来看，都离不开批处理。

13.5 选择什么样的流批一体架构方案

13.5.1 3 种流批一体架构方案对比

前面作者介绍了 3 种架构方案，从上文描述来看，这几种方案的优缺点都较为明显，详细对比见表 13-4。

表 13-4 3 种流批一体架构方案对比

对比项	方案		
	初步流批数据融合	流批同写一张表	处理层面的流批一体
优点	1）复用现有技术栈，无须引入新的技术； 2）技术成熟度高	1）数据统一存储； 2）解决小文件问题和更新、删除问题； 3）流批数据无须转换	1）统一流批处理接口，减少开发成本； 2）统一处理引擎，减少运维成本
缺点	1）架构复杂； 2）数据冗余存储； 3）两套引擎的开发和维护成本高	1）两套引擎的开发和维护成本高； 2）Hudi 自身还有部分关键功能待完善	用一种引擎来同时完成批处理和流处理，无法在所有场景下都做到性能最优
适用范围	对现有技术栈无须大幅调整的情况	期望着眼于长期发展，构建流批统一存储的情况	从企业的软硬件和人力成本的角度来看，用一套引擎的总体成本更低的情况

总结如下。

1）流批数据融合的方案适用于无须对企业现有技术栈和架构进行较大调整的场景，基于现有技术进行整合即可实现业务目标。

2）流批同写一张表的方案则解决了诸多流批数据融合的方案存在的问题，带来了许多好处，从长远来看，优势明显。但它需要引入 Hudi 这项新技术，并围绕 Hudi 来构建流批统一存储，对企业现有整体架构有较大调整，实施成本较高。

3）单一的处理引擎，无法在所有的场景下都做到性能最优，但是可以降低开发、运维成本。

孰优孰劣，还需看企业自身情况。读者可以从存量流处理和批处理规模、人员技能、软硬件成本、中短期目标和长期目标等各个维度出发，结合企业自身实际情况，选择合适的方案。另外，对于大企业而言，由于存在大量的存量系统，以及短、中、长期规划，因此几种方案并存也是很正常的。

13.5.2 流批一体是否会取代流处理或批处理

在架构层面上，是否要通过流批一体的方式来融合流处理和批处理呢？针对这个问题，作者还是从数据存储和处理两个方面来分析。

1. 数据存储

从数据层面来看，这个问题可以转化成是否要实现流数据和批数据统一存储。统一存储存在两种形式，一种是上文介绍的流批同写一张表；另一种是流数据和批数据使用相同的存储介质，但没有写在同一张表。两者的差异在于业务场景上是否需要流批数据写同一张表。对于绝大多数企业，两种场景都是存在的，一般都会有流数据和批数据两种形式，且在部分场景中需要两者写在同一张表以实现数据层面的流批一体，如本章的业务场景；在部分场景中，则只需要以批处理的方式处理批数据，或者只需要以流处理的方式处理流数据。

那么针对纯流处理场景或纯批处理场景，是否要使用流批统一存储呢？答案可能是否定的。Hudi 数据写入可见的时效性是秒级或者亚分钟级的。使用 Flink 引擎写 Hudi 时，是在 checkpoint 完成时执行 commit 操作的，通常 checkpoint 的触发间隔是在数秒到数十分钟之间；而加工数据的性能（性能依赖处理引擎，此处是指基于 Flink 或 Spark 查询 Hudi 的性能），从作者基于 TPC-DS 基准测试的情况来看，Hudi 性能是优于 Hive 的，但要弱于传统的 MPP 数据仓库。在纯流处理场景中，如果处理结果数据写入 Hudi，那么端到端的响应时间无法满足毫秒级时效性要求；在纯批处理场景中，如果对性能有较高的要求，或者批处理作业的规模较大，则使用传统的 MPP 数据仓库的处理时间更短，硬件资源消耗更低。因此从实际情况来看，针对纯流处理的场景和纯批处理的场景，从目前的技术角度来看，使用流批统一存储不是最优的。

2. 处理

这个问题也可以理解为是否要用统一引擎来处理流作业和批作业。这个可能更多地要从成本的角度考虑。统一引擎带来的是开发成本和运维成本的降低，但可能会导致硬件成本上升。作者在 13.4 节中已有论述，此处不再展开讨论。对于存在大量批处理作业的企业，在纯批处理场景中使用传统的 MPP 数据仓库的整体成本更低；对于批处理作业规模较小的企业，使用统一存储则可能整体成本更低。从当前业界情况来看，多数企业还是批处理作业的规模要远大于流处理作业。

综上，作者认为，在纯流处理的场景中使用传统的流处理引擎和存储；在纯批处理的场景中使用传统的 MPP 数据仓库和存储；在同时需要流处理和批处理的场景中，使用流批一体。三者有机结合的方法是更符合多数企业数据线架构的方案，如图 13-14 所示。

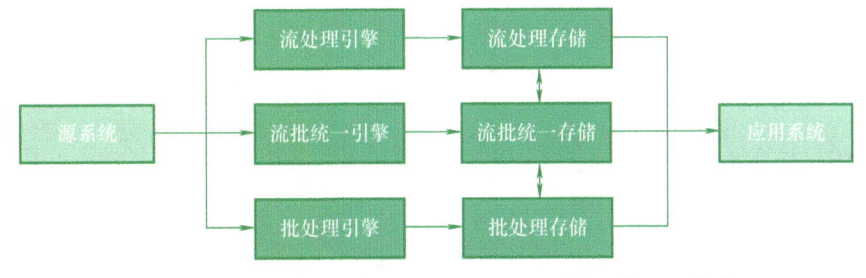

● 图 13-14 纯流处理、纯批处理、流批一体混用架构

13.6 本章小结

作者所在的公司最初采用流批数据融合的 Lambda 架构方案，采用 Flink 实时写，利用 Hive 每小时统计一次各营销活动从活动开始到当前时点的开展情况，在一开始千万级明细数据量的情况下，半小时左右能完成十几个营销活动近百个指标的加工统计。当明细数据增长到 2 亿条以上时，小文件问题、流批数据差异带来的转换成本等问题逐渐变得严重，需要 2 小时以上才能完成所需指标的加工。在转变到流批同写一张表的架构方案后，通过 Flink 实时写、Spark 每小时查询 Hudi 进行指标加工的方式，对于 2 亿多数据量、十几个营销活动近百个指标的加工统计，能在 1 小时以内完成，比原先的架构方案提升时效 50% 以上。目前，公司正处在处理层面的流批一体的实验观察阶段，未来将根据实施过程中积累的经验、遇到的问题不断优化调整，用最符合企业自身情况的架构方案满足业务需要（出于数据安全考虑，文中所述部分场景和数据进行了脱敏处理）。

本章通过一个第三方支付营销活动数据的分析处理的业务场景，引出了对流批一体的介绍，并通过逐步演进的 3 种架构从不同层面阐述了对流批一体的理解。数据层面的流批一体包含两种形式，一种是流批数据融合，旨在通过复用现有技术栈，融合流数据和批数据来实现流批一体的业务场景；另一种是流批同写一张表，即通过用同一份数据同时满足流处理和批处理需要的方式，来减少数据冗余、减少小文件问题、支持更新和删除操作等。处理层面的流批一体使用统一的编程模型和处理引擎，使得开发人员可以使用相同的编程模型和 API 来处理实时数据流与批量数据，并简化开发和维护的复杂度；运维人员只需要维护一套处理引擎，可减少运维成本。针对多种不同的流批一体实现方式，结合企业自身实际情况，选择合适的方案才是最优的流批一体方案。最后，本章探讨了流批一体、纯流处理和纯批处理之间的关系，三者有机结合的方法是更符合多数企业数据线架构的方案。

第 14 章 数据湖应用

14.1 什么是数据湖

在金融大数据处理体系中,数据湖是必不可少的组成部分。关于什么是数据湖,业界有很多定义。如图 14-1 所示,通俗地讲,如果将数据比作大自然中不同源头、不同种类的水,最终都会汇入江河湖海,那么数据湖就是一种集中化的数据存储方式,能够汇集海量、多个来源、多种类型的数据。

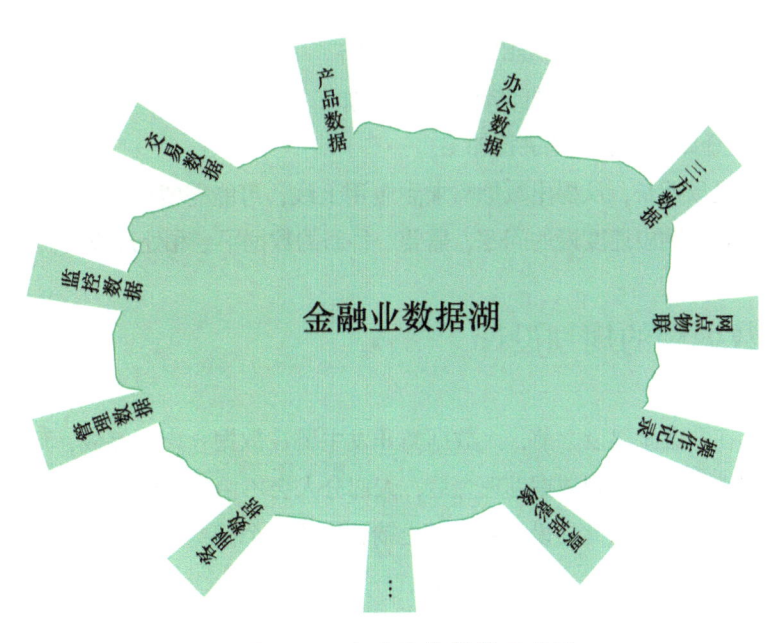

● 图 14-1 金融业数据湖示意图

数据湖除了存储数据以外,还要具备一定的数据加工处理能力,可以实现对各类数据的"粗加工"和"细加工",为数据挖掘(类似自来水的净化过程)或数据仓库(生产瓶装饮用水)提供基础能力。因此,数据湖是前述技术的一个综合体。

由于数据湖涉及的领域非常广,包含技术、数据、管控等方方面面,因此本章将重点介绍数据湖规划和建设过程中的一些方法与注意事项,期望与读者分享数据湖的实战经验。同时会结合业界的一些案例,帮助读者拓宽思路,能够更深入地理解数据湖的场景。至于数据湖的一些理论和定义,市面上有很多专业图书和材料,读者可以结合学习,本书不再做重点描述。

14.2 为什么要建设数据湖

在金融业，一般是先有数据仓库再有数据湖。数据仓库技术从 2000 年左右起步，经过二十几年的发展，相关理论和技术都非常成熟，一直是大数据分析最重要的平台。而数据湖在 2010 年左右兴起，最初是硬件厂商为了推广其大数据存储产品，后面逐渐赋予数据湖更多期望，以解决数据仓库无法解决的问题。例如，在数据湖未建设之前，数据开发人员如果需要使用某个数据，则会在数据仓库已有的数据目录中查找，如果数据已经在数据仓库中存在，则可以直接使用。但是数据仓库的建设思路是"应用驱动"，往往新的应用建设时会缺失大量数据，按照数据仓库的建设方式，需要一套烦琐的流程：

1）向数据仓库提出数据需求，要求数据仓库接入数据。
2）数据仓库评估需求。
3）数据仓库向源系统发出供数需求。
4）源系统评估供数需求。
5）源系统与数据仓库协商数据接口、供数周期等。
6）数据仓库开发入仓作业，包括清洗、检核、加工等。
7）应用从数据仓库中获取数据进行加工。

以上流程复杂且周期长，从提出数据需求到应用上线，可能需要一个月或更长时间。为了解决数据仓库数据不全、响应速度慢的问题，需要一种新的数据平台和处理模式。

14.3 数据湖的规划设计

前面提到过，在数据湖建设之前，大数据类开发主要在数据仓库上完成，形成了一定的思维和开发方式上的惯性。在接触到数据湖理念后，大部分人会不由自主地思考"数据湖和数据仓库的区别与关系"这个问题。因此在设计数据湖之前，作为一个架构师，要深入理解两者之间的区别与关系。

14.3.1 数据湖和数据仓库的区别与关系

数据湖需要具备与数据仓库不一样的能力，概括起来是两个关键词：数据驱动、原汁原味。这包括两层意思，一是数据采集不再是按照数据仓库的"应用驱动"模式，即只有当明确数据的需求后才将数据采集进数据仓库，而是先将数据纳入数据湖，来应对将来可能的使用，当然，数据湖的此种方式也是在存储成本逐渐降低的大背景下才能实现的；二是数据存储加工不再按照数据仓库的模式进行标准化和深度加工整合，而是更加强调存储和处理原始数据，减少数据仓库汇总加工带来的整合模型难以理解、加工链路长等问题。数据湖以数据的原始形态存储数据，对数据模型没有预先定义，在使用时再进行选择和组织数据，这种方式是在大数据计算能力逐渐提升

第 14 章 数据湖应用

的支撑下才能实现的。数据仓库和数据湖的比较如图 14-2 所示。

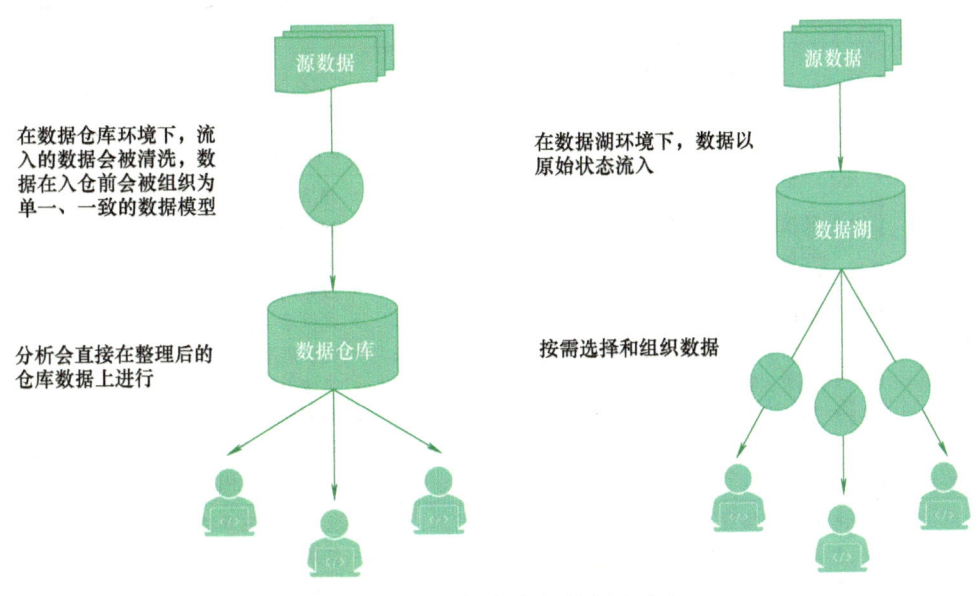

在数据仓库环境下,流入的数据会被清洗,数据在入仓前会被组织为单一、一致的数据模型

分析会直接在整理后的仓库数据上进行

在数据湖环境下,数据以原始状态流入

按需选择和组织数据

● 图 14-2 数据仓库与数据湖比较

因此,数据湖的出现除了业务场景的需要以外,更多还是因为技术的发展(存储成本降低和算力的提升),从而构建的一种新型数据处理模式。

表 14-1 列出了更加详细的对比指标,协助理解两者之间的差异。在数据湖设计时应避免与数据仓库的冲突,实现数据仓库和数据湖的协同发展。

表 14-1 数据仓库与数据湖特性比较

比较项	技术	
	数据仓库	数据湖
数据模型	● 写入前建模(Schema on write) ● 数据存储前需要定义模型 ● 数据集成前需要做大量工作 ● 数据的价值提前明确	● 读取时建模(Schema on read) ● 数据存入后按需建模 ● 敏捷、简单的数据集成 ● 数据的价值尚未明确
数据处理	● 一般采用 ETL(提取、转换、加载)的模式,即在数据入仓前,必须先进行清洗和转换 ● 数据加载较慢,但保证数据是准确和一致的	● 一般采用 ELT(提取、加载、转换)的模式,即数据首先入湖,在进行分析时再按需进行转换 ● 可以快速摄取大量的原始数据
扩展能力	可扩展到中到大的容量,成本中等	低成本扩展到极大容量
访问方法	标准 SQL 接口或 BI 接口	应用程序、类 SQL 系统和大数据分析工具
访问性能	经过预先清洗和组织,访问较快	数据量较大,一般较慢
负载类型	支持批处理(离线),支持数百个用户并发执行交互式分析	支持批处理和流处理(实时),支持大数据查询
数据	● 清洗过的数据 ● 结构化数据	● 原始数据、精加工后的数据 ● 结构化、半结构化数据
灵活性	较低,适合已知的、特定的场景	极高,可适应各种不同的数据类型和分析需求

· 213

(续)

比 较 项	技 术	
	数 据 仓 库	数 据 湖
成熟度	成熟	发展中
成本效率	高效使用 CPU 或 I/O，成本高	以非常低的成本高效使用存储和计算能力
优势	• 转换一次，多次使用 • 容易消费数据 • 快速响应 • 成熟的治理 • 提供多数据源的企业级数据视图 • 干净、安全的数据 • 高并发 • 操作集成	• 经济存储大量数据 • 容易消费数据 • 快速响应 • 成熟的治理 • 提供单一企业级数据视图 • 可扩展至数千台服务器 • 可使用任何工具 • 数据到达就可立即分析 • 从单一存储中使用结构化和非结构化内容 • 敏捷建模，用户定义模型、应用和查询
缺点	• 耗时、昂贵 • 难以开展交互查询和数据探索 • 只有结构化数据	• 大数据生态系统复杂性高 • 如果组织、管理不善，则数据将失去可见性 • 大数据技能要求较高

14.3.2 数据湖架构规划

为保证数据湖规划的合理性、先进性，要重点考虑如下几个问题。

（1）如何获取多样化数据

对于实时数据采集与批量数据采集，采集的数据源种类包含（传统或国产）数据库、行为数据、消息中间件、网络、文件等，被采集的数据结构包括结构化、半结构化、非结构化数据。

（2）存储什么数据

存储的对象数据包括实时数据、批量数据，在数据湖全生命周期中，针对数据各个阶段的不同需求，提供较为合适的存储技术（如 HDFS、对象存储等），实现读/写效率、存储成本等多因素的综合考量。

（3）数据如何加工

包括实时数据处理、批量数据处理等场景下的数据加工。

（4）如何访问分析

实现数据湖应用对数据湖数据的访问分析。

如图 14-3 所示，一个典型的金融数据湖功能架构可以划分为以下几个模块，包括数据获取、数据存储、数据处理、访问分析和数据管理。

（1）数据获取

数据获取层提供多种数据类型的接入方式，可以使用各种不同的工具和技术来实现不同类型的数据采集，将数据源的数据导入数据湖。概括来讲，数据获取主要有两类技术：批量采集和实时采集。数据可以来自各种源，包括传统数据库、结构化文件、半结构化文件、非结构化文件等。

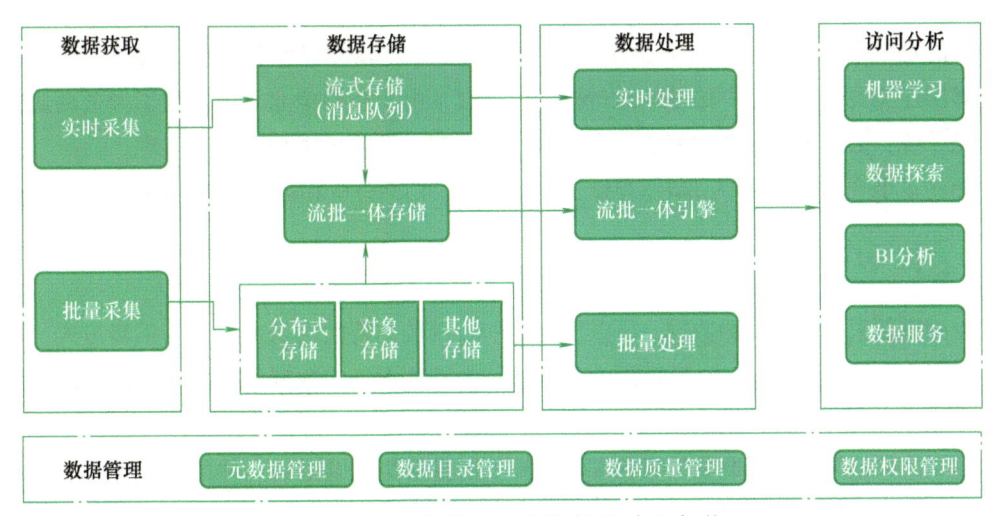

● 图 14-3　典型的金融数据湖功能架构

（2）数据存储

采集后的数据需要根据数据类型存储在一个或多个存储引擎中。常见数据存储方式包括：对于批量采集的数据，一般使用 Hadoop 文件系统（HDFS）、对象存储等类型存储；对于实时采集的数据，一般使用 Kafka 作为存储。在这两类存储引擎之外，逐渐出现了流批一体的存储格式（如 Hudi、Iceberg 等），可以同时支持流处理和批处理数据。这些存储服务能够处理大规模的数据，并支持高效的数据访问。

（3）数据处理

数据湖要具备一定的数据加工能力，实现对存储的批量数据或实时数据进行加工处理。对数据湖中的数据进行处理和分析，以便挖掘出有价值的信息。在流批一体数据融合的趋势下，流批一体引擎也逐渐成为数据湖需要具备的能力。

（4）访问分析

数据湖要提供简单的方法来探索和分析大量数据，因此它应提供灵活的数据访问方式，以满足不同的数据分析需求。访问分析主要满足数据科学、机器学习等需求，用于数据湖中的数据探索，以及发现新的模式和趋势，同时还要具备通过 BI 工具或数据服务为业务人员或开发人员提供数据的能力。

（5）数据管理

数据湖中包含大量不同格式和来源的数据，要确保数据湖的最大效用，需要进行有效的数据管理，包括确保用户找到他们需要的数据，对数据湖中的数据进行清理和验证，以确保它们的准确性和完整性。这包括元数据管理、数据权限管理等内容。

14.4　数据湖的技术选型

数据湖的建设涉及大量技术，对于图 14-3 所示的功能架构，每个部分都可以通过开源技术或自主研发来实现。特别是对于数据获取、数据存储、数据处理和访问分析 4 个部分（对于数据管理，更多的是根据企业自身情况通过自研实现），目前开源软件已经有了相对成熟的技术可供选择，能够快速实现一个数据湖的基本运行框架。不过，由于金融企业之前使用了大量商业软件来构建信息系统，因此部分组件功能需要借助商业软件外围工具（如 OGG）来实现。

下面将逐个介绍数据获取、数据存储、数据处理、访问分析和数据管理的技术选型思路。

14.4.1 数据获取

数据湖需要采集多样化的数据，所以需要根据应用数据特性提供多样化的采集方式。数据采集的主要困难在于如何实现各种数据源的采集，其中需要覆盖的数据源类型众多，包括（传统或国产）数据库、行为数据、消息中间件、网络、文件等。

数据湖的数据采集包括批量采集和实时采集。批量采集主要是以文件的方式，按一天一批或者一天多批的方式获取各个源系统数据；实时采集主要是以数据流的方式，按实时或者准实时的方式获取各个源系统产生的数据。

批量采集技术在金融业的应用相对成熟，在各金融企业建设数据仓库时期就基本完善了，效率、准确性、稳定性都比较高。所以批量采集可以沿用已有方案，只需要将数据湖与已有的批量采集技术体系对接。从技术角度来讲，批量采集技术主要基于文件传输技术，如基于 SFTP 实现数据推送、数据拉取、传输状态监控、一致性保证、加解密等功能，另外，在保证数据高效传输的同时，可满足数据的一致性、安全等非功能要求。

实时采集要考虑的数据源种类众多，包括数据库、数据文件、应用埋点等各类型数据源，此外，埋点的客户端种类也较多，包括网页、移动 APP、小程序等，所以实时采集技术相对复杂。

接下来介绍一下可采用的技术。

1. 商业化数据采集复制工具

数据湖的源系统种类众多，如果条件允许，可以选用商业化产品，保证数据湖的构建速度。商业化采集工具通常有较强的数据采集功能和自动化的数据流程。商业化工具经过了严格的测试和验证，具有较高的稳定性和可靠性，可以保证数据采集过程的稳定性。此外，商业化工具通常提供技术支持和培训服务，可以解决用户在使用过程中遇到的问题和困难，并提供技术指导和建议，加快建设速度。金融业常见的商业化数据采集复制工具有 Oracle GoldenGate、IBM CDC、DSG SuperSync 等。

（1）Oracle GoldenGate

Oracle GoldenGate 是一种功能强大的数据集成和复制工具，由 Oracle 公司开发，主要用于 Oracle 数据库的实时数据获取。它可以捕获源数据库的变更数据并将其传递到目标数据库，以实现数据的实时同步和复制。

Oracle GoldenGate 的工作原理基于数据捕获、数据转换和数据传输 3 个步骤。

1）数据捕获：OGG 从源数据库中捕获变更数据，包括插入、更新和删除等操作。它可以通过多种方式进行数据捕获，包括数据库日志文件、数据库触发器和数据库 API 等。

2）数据转换：OGG 对捕获的数据进行转换和过滤，以满足目标数据库的需求。例如，它可以将源数据库中的数据类型转换为目标数据库中的数据类型，或者根据规则过滤掉一些不需要的数据。

3）数据传输：OGG 将转换后的数据传输到目标数据库中，以实现实时的数据同步和复制。它可以通过多种方式进行数据传输，包括网络传输和文件传输等。

Oracle GoldenGate 的核心组件如下。

1）Extract：负责从源数据库中捕获变更数据，并将其写入 Trail 文件中。

2）Trail：Trail 文件是 OGG 的数据存储格式，用于存储捕获的变更数据。

3）Replicat：负责将 Trail 文件中的数据转换为目标数据库可以理解的格式，并将其传输到目标数据库中。

4）Manager：管理 OGG 的配置和运行状态，包括启动和停止 Oracle GoldenGate 进程、监控 Oracle GoldenGate 的运行状态等。

（2）IBM CDC（Change Data Capture）

CDC 是由 IBM 公司开发的一个跨不同数据库的实时数据复制工具，在金融业中主要用于 IBM 产品（如大型机系统运行的 Db2），它通过读取源数据库的日志获取变化的数据，并经过适当的转换将数据复制到数据目标中，以实现数据的实时同步。除了支持 Db2 以外，还支持 Informix、Oracle、SQL Server 和 Sybase 等。CDC 的工作原理是基于数据捕获、数据解析和数据传输 3 个主要步骤。

1）数据捕获：CDC 通过监视源数据库的日志文件或数据库 API 来捕获变更数据，包括插入、更新和删除等操作。

2）数据解析：CDC 将捕获的变更数据解析为目标数据库可以理解的格式，并进行转换和过滤，以满足目标数据库的需求。例如，它可以将源数据库中的数据类型转换为目标数据库中的数据类型，或者根据规则过滤掉一些不需要的数据。

3）数据传输：CDC 将转换后的数据传输到目标数据库中，以实现实时的数据同步。它可以通过多种方式进行数据传输，包括网络传输和文件传输等。

IBM CDC 的核心组件如下。

1）Capture：负责从源数据库中捕获变更数据，并将其写入队列中。

2）Apply：负责将队列中的变更数据解析为目标数据库可以理解的格式，并将其应用到目标数据库中。

3）Control Center：管理 CDC 的配置和运行状态，包括启动和停止 CDC 进程、监控运行状态等。

（3）DSG SuperSync

DSG SuperSync 是迪思杰（DSG）公司开发的一种数据同步和复制工具，是国产数据采集复制工具的典型代表，可以实现不同数据库之间的数据同步和复制。它支持多种数据库，包括 Oracle、SQL Server、MySQL、PostgreSQL 等。

DSG SuperSync 可以捕获源数据库的变更数据，并实时将其传递到目标数据库，以实现数据的实时同步和复制。其基本的模块组件如下。

1）解析模块：负责从数据库的数据文件、日志文件中分析出全量数据、增量数据，将其封装成统一数据流格式文件（DSG 独有数据格式文件），并兼容数据发送、分发功能。

2）抽取模块：与数据库进行交互，先导出表的数据结构，再导出表数据，并且封装成数据流格式文件，按需存储到本地或直接发送到目标端。可根据参数调整全量抽取导出的并发度及存量抽取具体的表、具体表的条件数据。全量抽取结束后自动进入增量抽取，通过监控数据库的归档日志实时进行日志抽取、解析，按照提交顺序（如交易提交顺序）封装为数据流格式文件，按需存储到本地或直接发送到目标端。

3）发送模块：负责将解析模块分析完成并封装好的数据流文件直接通过 TCP/IP 网络协议传输到灾备端，以供目标端软件使用，当网络不通时，自动把数据流文件缓存到缓存目录中，并且当网络恢复时自动断点续传到目标端；根据实际需求对数据进行多路分发，分发到不同平台的异种目标库中。

商业化数据采集复制工具的成熟度高，技术支持服务好，比较适合大型金融企业等的建设思路。但是，商业化工具较难实现定制化开发，特别是对于数据湖复杂的采集场景，往往无法对特殊场景进行特性化开发。

1）例如在实际项目研发中，经常需要对源系统数据进行转换，但是 OGG 提供的转换函数较少，无法在数据复制过程中实现复杂的转换；在某些情况下，可能无法很好地处理复杂的数据转换或数据过滤操作。这可能需要使用其他工具或自定义脚本来处理数据。

2）CDC 对一些数据库类型的支持不完整，处理某些数据类型或数据结构时难度较大，在很多情况下，都无法直接基于其工具进行定制化开发，增加了系统实现的复杂度。

3）DSG 产品的复杂度和学习成本较高，需要大量专业化配置才能充分发挥其能力，因此需要采购其技术支持服务。然而，商业化采购费用以及售后服务费用往往较高。在集成部署难易程度方面，商业产品都有客户端软件，不方便与其他系统集成或者进行云化部署，特别是同时采集的数据库比较多时，需要部署多个客户端，客户端的高可用需要应用自己实现。

2. 开源软件采集工具

（1）Flume

Flume 是由 Apache 基金会开发的一款分布式、可靠、可扩展的大数据采集工具，用于将大量的数据从各种数据源采集到数据存储系统中。Flume 支持从多种数据源中采集数据，包括文件、日志、消息队列、数据库等。

Flume 基于事件驱动的架构，主要由以下 3 个核心组件组成。

1）Source（数据源）：负责从数据源中采集数据，并将其传递到下一级组件中。

2）Channel（通道）：负责缓存采集到的数据，以便后续处理和传输。

3）Sink（目标）：负责将数据传输到目标存储系统中，如 Hadoop、HBase、Kafka 等。

Flume 的工作流程如下，Source 从数据源中采集数据，并将其传递到 Channel 中，Channel 缓存采集到的数据，并将其传递到 Sink 中，Sink 将数据传输到目标存储系统中。

Flume 具备高可靠性、扩展性和灵活性。Flume 具有高可靠性，可以保证数据的完整性和一致性。Flume 支持横向扩展，可以通过添加更多的节点来处理更多的数据。并且，Flume 提供了灵活的配置选项和可扩展的插件机制，可以根据需要进行自定义配置和扩展。

在实际应用中发现，Flume 也存在一些不足，需要通过其他方式避免或解决。例如 Flume 采用了缓存的方式来处理数据，因此处理速度较慢，不适合实时性要求较高的场景。此外 Flume 学习成本较高，因为它具有较多的配置选项和插件，学习如何正确地配置和使用它们需要一定的时间与经验。

（2）Logstash

Logstash 是一个开源的数据采集引擎，由 Elastic 公司开发和维护。它可以从各种数据源采集数据，并将其转换、过滤和传输到目标存储系统中，如 Elasticsearch、Redis、Kafka 等。

Logstash 支持多种数据源，包括文件、日志、消息队列、数据库等，同时支持多种数据格式，包括 JSON、CSV、XML 等，可以自动解析和转换这些数据格式，支持多种处理和过滤操作。同时支持多种处理和过滤操作，包括数据清洗、数据转换、数据合并、数据过滤等。此外，Logstash 还支持插件机制，可以通过添加更多的插件来扩展其功能。

在使用过程中，需要注意 Logstash 的一些不足，如由于 Logstash 对系统资源的消耗较高，需要较高的硬件配置。同时类似 Flume，Logstash 也有较多的配置选项和插件，学习成本相对较高。

3. 自研采集工具

在商业和开源软件均无法满足要求的情况下，自行研发采集工具也是一个很好的选择。例如在金融业，对于一些数据的获取，无法通过数据库、日志等方式，可以通过开发数据采集 SDK 或 Agent 代理，完成复杂的采集任务。

采集工具开发的技术门槛不高，但是要实现一个产品级的工具，需要从架构层面整体规划。重点考虑以下几点：

1）定义简洁的接口，特别是开发 SDK 的时候，要提供简单、易用的接口让用户实现数据采集功能，定义好接口参数和返回值格式，如 get_text、get_image 等获取数据的接口，以及 submit 等提交采集数据的接口。

2）封装采集逻辑，在接口内部封装好各种数据采集的通用逻辑，如网页采集、API 调用采集等，屏蔽请求、解析页面等复杂逻辑，让接口易于使用。

3）支持自定义开发，开发的工具要支持自定义采集规则、解析方式等，便于针对不同数据源进行定制。可以设计配置文件，给用户提供定制的提取规则。

4）支持多种开发语言，如 Java、Python、Golang 等，因为自定义开发的组件可能要嵌入到上游系统中，以适应上游系统复杂的环境，提高兼容性和跨平台技术能力。

5）提供数据处理功能，能够在采集过程中对数据进行清洗、转换和格式化，可以设计管道来自定义数据处理流程，处理结果存储到数据库或以指定格式输出。在处理过程中，可以使用缓存来提高采集效率，如请求结果缓存、代理 IP 地址池等。由于数据采集的运行环境复杂，对于网络请求异常、服务故障等问题也要重点考虑，保证采集的稳定性和容错性。

数据获取技术的选择并不是多选一的关系，因为上游数据需求复杂，单单靠一两种技术并不能满足业务的需求。

14.4.2　数据存储

数据湖存储需要将各种类型和格式的数据存储在一个统一的存储池中，以便进行分析、挖掘和应用。数据湖存储通常以分布式文件系统为基础，如 Hadoop 的 HDFS、Amazon S3 等。在数据湖存储引擎的设计和构建过程中,要重点考虑以下几个方面。

1)多种数据格式支持:数据湖需要支持存储结构化数据(关系数据库数据)、半结构化数据(日志、JSON 等)和非结构化数据(文本、图片、视频等)。

2)可扩展的存储:随着采集数据量的增长,需要的存储容量也会不断增加。存储系统要能够水平扩展,通过增加服务器节点来扩充存储能力。同时,要考虑采用热、冷、归档存储层次结构。

3)元数据管理:数据存储过程中要建立元数据目录,记录每项数据的业务含义、格式、来源等元信息,使之更具有组织性,以免"数据湖"变成"数据沼泽",难以管理和访问。

4)支持业界标准工具的访问:如基于 HDFS、Hive、HBase 等成熟技术构建数据湖的存储引擎,便于使用 Hadoop 技术栈、Spark 等技术进行访问和加工。

5)安全性与权限控制:数据湖存储的数据繁杂、众多,对敏感数据要进行充分识别,同时要对敏感数据进行加密,实现细粒度的访问权限控制,保证数据安全。

总之,数据湖要存储"原汁原味"的数据,保留原始数据的完整性和一致性,适应各种类型和格式的数据的存储要求,利用标准工具搭建安全、可扩展、可管理的存储系统,并且支持多种数据处理和分析工具,便于在日后进行分析和处理。

在金融行业,数据湖存储主要使用 HDFS 或对象存储。HDFS 是 Hadoop 技术栈最核心的存储技术,与 Hadoop 众多技术结合较好,所以大部分企业采用 HDFS 作为数据湖的主体存储技术。对象存储作为云原生存储技术,拓展性好,吞吐量大,但因为其缺乏计算能力,访问效率不及 HDFS,所以更多用于数据湖冷数据的存储。

两种存储的特性对比见表 14-2。

表 14-2 HDFS 和对象存储特性对比

特 性	存 储 HDFS	对 象 存 储
存储模型	文件级别的存储,提供层级的文件系统	对象级别的存储,提供扁平的地址空间
数据访问	通过 Hadoop 的 API 或 HDFS Shell 命令	通过 HTTP/HTTPS 基于 RESTful API
适合的数据类型	主要用于大规模数据处理,适合大文件存储	非结构化数据,如图片、视频、日志文件等
扩展性	非常易于扩展,可以存储 PB 级别的数据	非常易于扩展,可以存储 PB 级别的数据
数据安全和冗余	提供数据冗余,通过复制到其他节点提供容错能力	通常在多个物理位置提供数据冗余,提供自动的数据复制和备份
成本	需要购买和维护硬件设备,但 Hadoop 软件本身是开源的	取决于具体实现,可能是一次性购买硬件设备,或者使用云服务按需付费
管理和设置	通常需要专业的 Hadoop 管理员进行管理和维护	取决于具体实现,可能需要更多的设置和管理工作

在存储格式上,为了提高结构化数据湖的效率,提供更好的数据管理和查询能力,以及保证数据质量和一致性,可以引入 Hudi、Iceberg、Delta Lake 引擎。Hudi 和 Iceberg 的开发社区发展迅速,Delta Lake 在国内生态较为一般。所以在规划技术选型时,常用的有 Hudi、Iceberg、Hive,它们的简单对比见表 14-3。

表 14-3 数据湖存储引擎比较

特 性	存储引擎		
	Hudi	Iceberg	Hive
存储格式	列式/行式	列式	行式/列式
批量读取效率	一般	高	一般
实时更新	支持	有限支持	不支持
ACID 事务	支持	支持	有限支持
数据演变	支持	支持	有限支持
兼容性	Hive、Spark 等	Spark 等	Hive、Spark 等
时间旅行	支持	支持	不支持

考虑到 Hudi 对实时场景的支持度最高，作者采用 Hudi 作为数据湖实时数据及流批一体数据存储引擎，将 Hive 作为批量持久化数据存储引擎，方便客户已有应用的访问与对接。

对于非结构化数据，如图像、文本文件、音频文件和视频文件，存储技术相对固定，主流存储包括前面提到的对象存储和 HDFS。因为对象存储可以存储任意格式和大小的数据，每个对象通过唯一的 ID 进行访问，以及高扩展性（PB 级别）、低成本，所以它已经成为数据湖最常用的非结构化数据存储方式。此外，还可以使用 NoSQL 数据库，如 HBase、MongoDB 等，存储非结构化数据。NoSQL 数据库不需要使用对数据进行预先定义的模式，具有高性能、高可扩展性的特点。

以上非结构化数据存储可以单独使用，也可以合并使用。作者所在的团队在数据湖架构中，将原始的非结构化文件（如日志文件）存储在对象存储中，并长期保存。同时将文件抽取并转换为专有格式后存储在 HDFS 中以应对高效存储和分析。NoSQL 数据库还用来存储一些需要高频访问的半结构化数据。

14.4.3 数据处理

数据湖中的数据多样，因此在构建数据湖过程中要提供灵活、丰富的计算引擎来进行各类数据的加工，包括批处理、流处理、机器学习、图分析等。常用的数据处理框架包括 Hadoop、Spark、Flink、Presto 等。

按照前面数据湖的设计，数据处理分为实时数据处理和批量数据处理两种方式。实时数据处理技术有 Storm、Spark Streaming 和 Flink，简单对比见表 14-4。

表 14-4 实时数据处理技术对比

特 性	实时数据处理技术		
	Storm	Spark Streaming	Flink
实时性	真实时	微批处理	真实时
容错	有限支持	支持	支持
状态管理	需要自己实现	支持	支持
处理模型	仅流处理	流处理和批处理	流处理和批处理

（续）

特　性	实时数据处理技术		
	Storm	Spark Streaming	Flink
生态系统	一般	非常丰富	丰富
处理复杂度	适合简单的流处理任务	适合复杂的流处理任务	适合复杂的流处理任务

通过对比能够看到，Flink 在实时数据处理领域有突出的优势，建议优先选择它作为实时数据处理的技术引擎。

目前主流批量数据处理技术包括 MapReduce 和 Spark。MapReduce 是 Hadoop 的核心组件，用于处理大规模数据，它可以将计算任务分为两个阶段：Map 阶段和 Reduce 阶段，每个阶段都可以实现在集群中的节点上并行处理。MapReduce 适合处理大规模的批处理任务，但因为每个阶段的结果都需要写入磁盘，所以处理效率不高。

Spark 是一个用于大规模数据处理的计算框架。与 MapReduce 相比，Spark 的一个重要优势是支持内存中的计算，这使得它在迭代计算和交互查询等任务上有很高的效率。此外，Spark 提供了丰富的 API，支持 SQL 查询、流处理和机器学习等多种数据处理任务。MapReduce 和 Spark 的简单对比见表 14-5。

表 14-5　批量数据处理技术对比

特　性	批量数据处理技术	
	MapReduce	Spark
处理速度	慢（磁盘 I/O）	快（内存计算）
易用性	一般（Java API）	高（支持 Java、Scala 和 Python 等多种语言）
功能丰富程度	有限（主要是批处理）	非常丰富（批处理、流处理、SQL、机器学习等）
容错	高（数据复制）	高（数据复制，RDD 的 Lineage 信息）
生态系统	非常丰富	非常丰富

从上述对比中也可以很清晰地看出，Spark 作为数据湖批量数据处理技术方案是更为合适的。

14.4.4　访问分析

业务多样性使数据分析很难形成类似 Flink 或 Spark 的统一框架，可以根据业务特点选择合适的技术来访问数据湖。并且，由于数据湖的建设大多晚于很多应用，因此数据湖需要适配大量已存在的数据应用的用数模式，不太可能因为新建数据湖而导致原有数据应用迁移改造。所以，在设计此部分的时候，应通过应用驱动，尽量让应用使用较低的成本去访问数据湖，并保证数据湖的访问效率。

数据湖的访问分析工具或技术非常多，下面介绍几种。

1）SQL 查询工具：SQL 查询是一种常见的数据分析方法，很多数据湖上的数据处理引擎都支持 SQL 查询。因此，可以使用一些 SQL 查询工具（如 Presto、Trino 等）来查询数据湖中的数据。

2）可视化工具：可视化工具可以帮助用户更直观地理解数据，从而更容易发现数据中的模式和趋势。常用的可视化工具包括 FineBI、FineReport、Tableau、Power BI 等。

3）在线分析处理（OLAP）工具：OLAP 工具可以帮助用户对数据进行多维分析，以便更深入地了解数据。常见的 OLAP 工具包括 Apache Kylin、Apache Druid 等。

4）机器学习或深度学习工具：利用 Jupyter Notebook 等交互式工具或自动化建模（AutoML）工具，基于 TensorFlow 和 PyTorch 等技术框架，以数据湖丰富的数据为基础，深度挖掘数据深层的价值。

综上所述，基于数据湖的访问分析工具，可以根据自己的需求和数据湖中的数据特点选择适合自己的工具或技术。在实际设计中，在满足数据湖应用丰富多样的数据访问分析方式的基础上，需要做一定的技术收敛，减少学习和运行维护成本。

14.4.5 数据管理

相较数据仓库，数据湖湖中的数据更加分散、无序、不规则，因此，需要实施数据质量管理和治理，确保数据的准确性和完整性。否则数据湖很可能会成为"数据沼泽"，浪费大量存储和计算资源。所以，当数据从采集进入数据湖的时候，就要进行元数据、数据目录、数据质量和数据权限等管理。不过，以上数据管理只是基本的能力，如果需要充分发挥数据湖的潜能，还需要在数据权属关系、数据定义，以及数据的标记和供给方面进行管理，来实现数据的"可见""可理解"和"可用"。

1. 元数据管理

元数据管理应该包括数据采集的信息管理（如数据来源、创建时间、格式等）、元数据流转信息管理、元数据应用信息管理以及相关的管理流程等，从而可以形成后续的企业级数据资源目录与全链式数据流通追踪，实现对企业数据资源的清晰掌握和数据流通全流程的监控，满足数据资源完整性管理及应用的需求。目前业界并没有较好的开源组件来实现通用的元数据管理，不过，元数据管理系统并不复杂，研发重点在于确定元数据管理的范围（哪些数据集需要管理、哪些数据集需要跟踪），设计适合的元数据模型。建立完整的数据元数据描述，实现统一的元数据存储，以及快速的查找功能，更好地提供给上层应用使用。

2. 数据目录管理

数据湖中的数据量庞大，要让数据不被淹没，就需要维护好数据目录。数据目录作为一个元数据的集合，与数据管理和搜索工具相结合，帮助用户便捷地找到所需数据，并作为可用数据的清单，提供信息来评估数据的预期用途。数据目录包含业务术语表关联、标签管理、数据分类、数据来源等信息，帮助用户更好地管理和理解数据，了解数据旅程，包括其来源、沿袭和转换。通过建立索引并将数据连接到有关质量、可信赖性和使用的定义，帮助用户确定哪些数据适合使用，此外，通过数据目录可以预览样本数据。

3. 数据质量管理

数据质量管理通过对数据湖中的数据进行质量检查来保证数据的质量和准确性。因此，应该定期对数据湖中的数据进行清理和验证，以确保它们的准确性和完整性。数据质量管理的重点应该放在数据质量规则定义、数据质量检核策略、控制管理流程、数据质量分析等上面。建立完整的数据质量管理体系，包括数据质量规则定义、控制管理流程和手段、元数据管理机制等，以确保数据质量的持续提高和有效管理。提高数据的可靠性和可信度，为业务决策提供更有价值的数据支持。在设计实现方面，可遵循以下步骤。

1）确定标准：根据业务需求和数据使用场景，确定数据质量的标准，包括数据的完整性、准确性、一致性、时效性等方面。

2）设计规则：根据确定的数据质量标准，设计相应的数据质量检测规则。这些规则可以包括数据格式检查、数据值范围检查、数据关联性检查等。

3）质量监控：建立数据质量监控流程，包括确定监控对象、设置监控规则、执行监控流程、反馈监控结果等步骤。

4）实施质量检查：利用 ETL、Great Expectations 等技术工具，对数据湖中的数据进行质量检查，发现并纠正数据质量问题。

5）质量改进：针对发现的数据质量问题，采取相应的改进措施，如数据清洗、数据校验等，提高数据质量。

6）质量报告：定期生成数据质量报告，展示数据质量的改进情况和成果。

综上所述，想要实现数据湖上的数据质量管理，需要从设计、实施、监控、改进、报告等多个方面进行考虑和规划，最终目标是提高数据的可靠性和可信度，为业务决策提供更有价值的数据。

4. 数据权限管理

数据湖中可能包含敏感信息，因此必须进行数据权限管理。数据湖的数据权限管理需要综合考虑数据的机密性、完整性和可用性，采用合适的访问控制策略和安全措施，确保只有合法的用户可以访问数据湖中的数据。

数据湖上的数据权限管理可以从模型设计、API 开发、流程建立、工具开发、监控审计等多个方面进行规划。

1）数据权限模型：根据业务需求和数据使用场景，确定数据权限模型。常见的权限模型包括基于角色的访问控制（RBAC）和基于声明的访问控制（ABAC）。在 RBAC 中，权限授予特定的角色，角色再分配给用户。在 ABAC 中，权限根据用户的属性、上下文和资源进行授予。

2）数据权限 API：为了方便应用集成和管理数据权限，数据湖要提供数据权限的 API。这些 API 可以基于用户、角色、组织、资源等不同维度进行授权，还要考虑数据资源的批量授权。

3）数据权限管理工具：由于不同的存储计算引擎在用户认证体系和权限管理上存在着差异，如在用户认证体系上，Hive、Spark 等开源引擎的用户模型可能是 LDAP，在权限管理上，Hive、Spark 需要借助 Ranger 等技术，而像 Hudi、Iceberg 等技术到目前为止还没有完整的权限控制，因此，一方面要将不同引擎的用户认证体系映射至同一套用户体系来解决用户识别问题，另一方面，通过数据湖统一权限校验机制，解决不同引擎权限数据一致性和互通问题，从而使不同引擎访问湖上数据时有统一的权限校验机制。所以，在管理工具开发中，不但要在数据湖的存储和计算引擎中实现数据权限的控制逻辑，还要在数据访问时进行实时的权限验证，方便数据库管理员对数据权限进行集中管理和操作。

4）数据权限监控：设计和开发数据权限管理使用的监控与审计功能，以便及时发现和处置异常、违规的权限等行为。

第 14 章 数据湖应用

14.5 数据湖的整体架构

14.5.1 技术架构

作者在建设金融数据湖时使用的主要技术栈如图 14-4 所示。

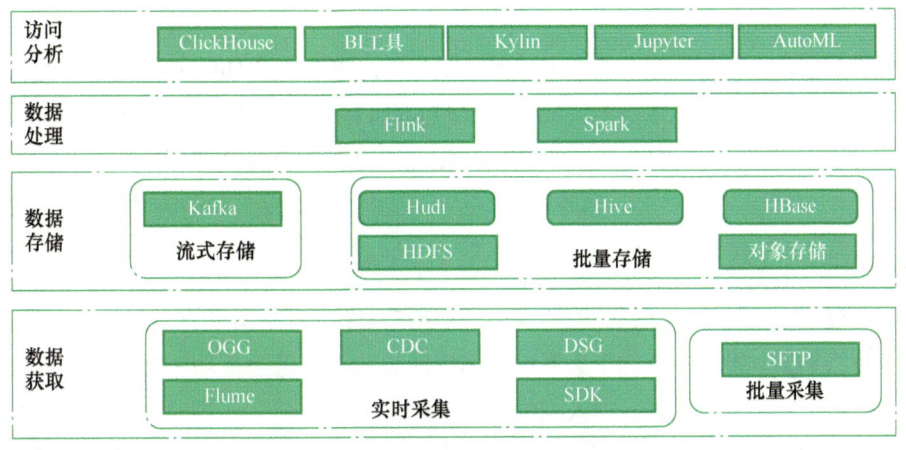

```
访问分析:  ClickHouse   BI工具   Kylin   Jupyter   AutoML
数据处理:              Flink            Spark
数据存储:  Kafka        Hudi       Hive         HBase
          流式存储     HDFS       批量存储      对象存储
数据获取:  OGG    CDC    DSG              SFTP
          Flume         SDK              批量采集
                 实时采集
```

● 图 14-4　金融数据湖的主要技术栈

14.5.2 数据链路介绍

数据湖的技术繁多，数据链路复杂，如图 14-5 所示，为方便读者理解，下面通过一个典型的案例来说明数据湖的具体运作过程，包括如何"入湖""加工"以及对外提供服务。

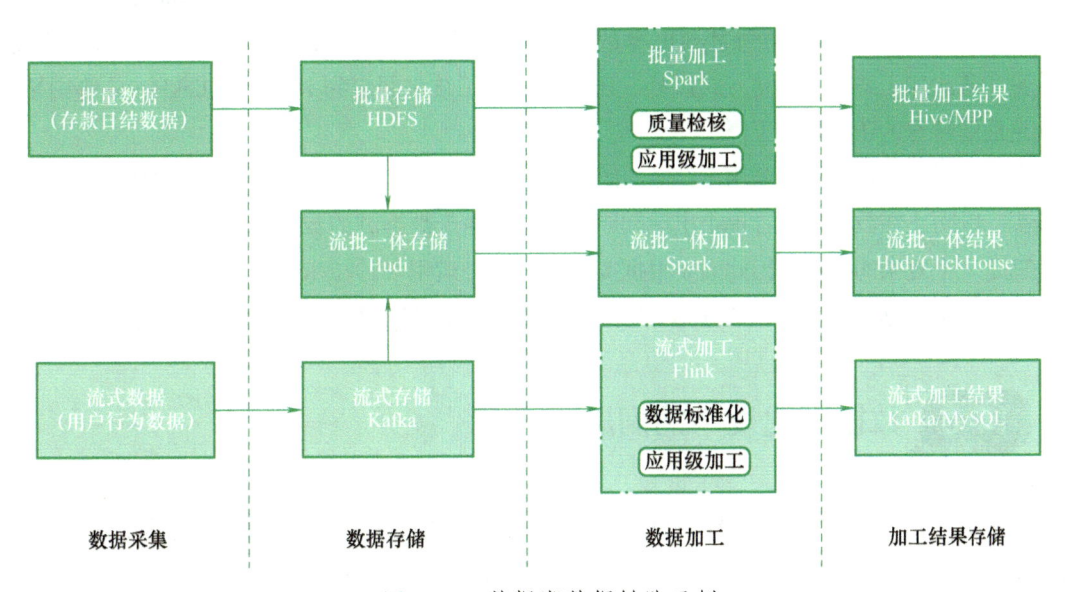

```
批量数据              批量存储         批量加工Spark          批量加工结果
(存款日结数据)  →    HDFS       →    质量检核         →    Hive/MPP
                                     应用级加工
                       ↓
                   流批一体存储       流批一体加工          流批一体结果
                   Hudi         →   Spark            →   Hudi/ClickHouse
                       ↑
流式数据              流式存储         流式加工Flink          流式加工结果
(用户行为数据)  →    Kafka       →   数据标准化        →    Kafka/MySQL
                                     应用级加工

数据采集            数据存储          数据加工             加工结果存储
```

● 图 14-5　数据湖数据链路示例

1. 数据采集

每日上游系统会向数据湖提供大量数据，批量数据以文件的形式通过文件传输工具入湖（如银行系统的每日存款交易数据，在晚上进行批处理后，会将结果文件发送给数据湖），而流式数据以消息事件的方式发送到数据湖（如客户在手机银行的点击流，会通过前端埋点程序获取，然后发送到数据湖的指定位置）。

2. 数据存储

对于批量数据，一般先直接存储在 HDFS 文件系统，然后通过 Hive 外部表或内部表的方式进行登记管理；对于流式数据，数据湖会建立统一的 Kafka 消息池，通过划分不同的 Topic 来接收和暂存数据。对于支持"流批一体"引擎的数据湖，流式数据和批量数据还可以通过 Hudi 等格式进行存储。

3. 数据加工

数据加工过程比较复杂，一般分为两大类，一类是公共加工，如数据质量检核和数据标准化，另一类是应用级加工。批量数据加工会通过数据管理的数据质量检核功能对数据进行检核，流式数据加工会进行一些标准化操作，如入湖的消息队列格式的统一、一些异常值的处理等，以此保证后续应用加工数据的质量。之后可以进行应用级加工，根据自身业务规则提取数据湖中的数据并加工成相应结果。流批一体的处理也类似，如通过 Spark 自动构建增量数据、数据回放等功能，构建实时数据湖，进行更复杂的业务规则加工。

4. 加工结果存储

数据湖加工结果数据根据应用的特点存储在不同的存储引擎上，如批量加工的结果可以存放到 Hive 或 MPP 上，供数据仓库进一步处理。对于流式加工的数据，一般会 Sink 到应用自身的 Kafka 消息队列，或直接存储到 MySQL 等数据库中供后续访问。流批一体处理的结果除了支持上述批量和流式加工结果的存储方式以外，还可以将加工结果回流到 Hudi 或 ClickHouse 等引擎中，以满足后续特殊的访问和加工需求。

在金融行业，数据湖主要用于存储原始业务数据的系统，建议在数据湖中的数据处理应该尽可能少，以防止在数据处理过程中出现问题。不过，由于数据湖的数据量和应用场景众多，其数据处理是一个复杂的过程，因此需要根据实际情况综合运用多种技术和工具来处理数据，并有效地管理和维护数据，更好地将数据湖中的数据转化为"资产"，提升业务效果和创新能力。

14.6 数据湖建设中的问题

在金融业，数据湖发展时间比数据仓库要短，也没有完整的方法论和标准化的工具及技术作为支撑，因此在建设数据湖的过程中，遇到的困难会比较多，常见问题如下。

1. "数据湖"建成了"数据沼泽"

当越来越多的数据接入到数据湖中时，没有体系化地跟踪和管理这些数据。当各种各样的数据接入进数据湖中时，它们的格式、质量都不一样，加之缺乏有效检查、清理和重组数据的工具，只是期望以后可以发掘些什么，可没多久人们就会忘记那里有什么，使得这些数据很难创造价值。为解决此问题，需要制定严格的数据治理策略，如通过数据湖管理平台，加强数据质量管理，实现元数据管理、访问控制和审计机制等，并根据数据湖的使用情况不断优化，以适应不断变化的数据需求和业务需求。

2. 缺乏建模的方法论和工具

由于数据湖的开放性，一般缺少数据建模过程，因此导致不同的业务系统在使用数据湖的时候，似乎每一项工作都要从头开始，数据和代码都很难重用。而数据仓库会花费大量时间进行建模，而正是有了这些建模过程，使得数据仓库中的数据可以共享和重用。因此数据湖也要根据应用情况考虑建模，减少数据应用的复杂度和工作量。

3. 缺乏自助分析工具

数据湖中的数据量大，数据类型多样，全部理解和运用这些数据，难度非常大。一般情况下，数据工程师或开发人员创建一个整理后的数据集，把这个数据集交付给业务用户，以便他们使用熟悉的工具进行数据分析。但是这种方法限制了更多人参与到数据探索中，降低了数据湖的价值。因此，需要在数据访问分析层提供更加多样化的自助式工具，让不同层次的数据分析人员都能参与其中，寻找自身熟悉或认为价值最大的数据。

4. 只用一个数据湖搞定一切

从架构上来讲，人们会对在一种存储上保存所有数据的想法很期待，然而，数据湖包含多种类型数据，而且随着技术的发展，会有更多的存储方式，数据湖的存储很难做到统一。因此，数据湖要考虑对多种存储库联合访问功能，而不是在一个地方存储。

要解决以上问题，技术是一方面，更重要的是做好数据湖的规划，实现上游源系统、数据湖和下游应用的协同联动，在统一的数据治理框架下，运用管理手段和技术手段来解决。

14.7 本章小结

数据湖的架构介绍到此结束。自数据湖上线至今，存量数据约为 50PB，其中 2/3 为结构化数据，1/3 为非结构化数据，日增量近 10TB，接入 300 多个业务系统的 3 万多张表，其中实时接入系统近 100 个，效果达到预期。

如图 14-6 所示，数据湖有效补充了传统数据仓库的能力短板，数据仓库的价值集中体现在"已知"区域，特别是结构化和可信的数据，而数据湖的价值集中体现在"未知"区域，如原始数据、非结构化数据等，并更多应用于探索性分析。随着数据湖的潜在商业价值的提升，业界不断优化数据湖技术以支持更多的场景，包括自助服务数据访问、流计算等。随着数据湖演变为多用途平台，与数据仓库的数据和功能不断重叠，它逐渐演化成为"湖仓一体"（Lakehouse）的形态，使企业可以构建完整的数据治理体系，支持更加复杂的应用场景。

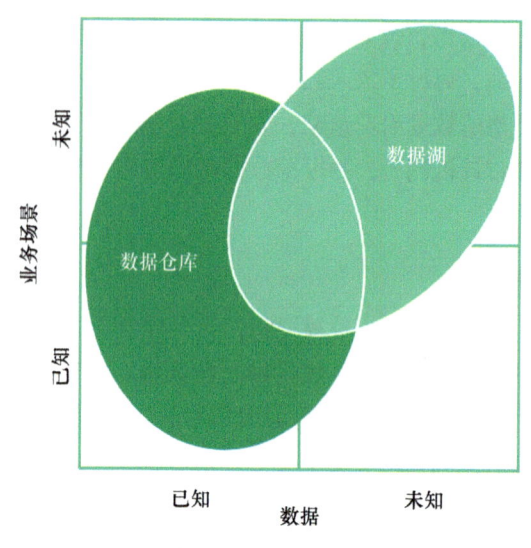

● 图 14-6 数据湖和数据仓库的关系与区别

另外，数据湖典型的海量源数据存储库支持广泛、灵活和无偏的数据探索，这是数据挖掘、统计学、机器学习和其他分析技术所必需的，这使得数据湖成为构建数据分析挖掘环境的理想选择。

第 15 章 建设自主可控的信创大数据平台

前面的章节介绍了多个大数据的场景，也提到过大数据平台的概念，本章探讨的问题是，当需要将所有大数据研发相关的工具或者系统集成为一个大数据平台，并通过一个平台解决前面所有业务场景问题时，应该怎么做？

本章并不是单纯从技术层面介绍如何将各种大数据技术集成为一个平台，这些相信读者很容易从网上查询到相应的知识，比如，如何将 Flume 与 Hive 集成？本章主要根据作者建设大数据平台的经验，分享架构思路。

15.1 建设大数据平台的业务背景

15.1.1 为什么要建设大数据平台

如果读者是一个喜欢钻研技术的人，在实现一个需求场景前，打算先把市面上所有的大数据技术栈研究透彻，而后找出一个最适合的技术栈，那么可以搜索一下硅谷某机构发布的 Big Data Landscape，如图 15-1 所示，就会发现，市面上可以选择的技术栈实在太多了。

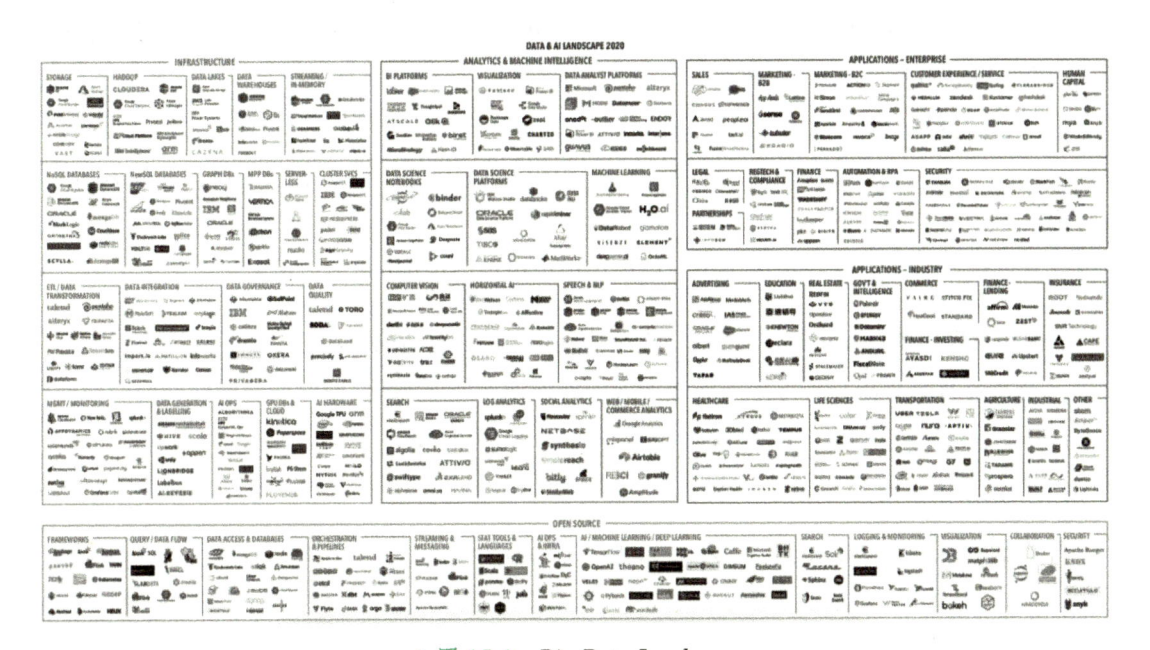

● 图 15-1 Big Data Landscape

为什么说只要公司建设大数据到一定阶段,一定会将公司的大数据系统和工具平台化?原因如下。

1)难以招聘到既精通数据采集的技术栈,又精通离线计算、实时计算的人才。例如,本书总共罗列了十几个场景,想要找到精通所有这些场景的人,几乎是不可能的。

2)从成本的角度来说,不可能建设一个每个人都精通多种大数据技术的大数据研发团队,因为人力成本较高。

3)从个人技术成长的角度来说,大数据开发并不总是要解决各种技术栈的问题,除了维护大数据技术栈的系统和基础设施以外,日常更多的工作就是研究数据结构,编写调试 SQL 类语句(Flink SQL、Hive QL),这和写代码的体验还有些差别,有人希望写代码写到 60 岁,但是应该没有人会想写 SQL 写到 50 岁。

4)对于大数据的建设,要解决的一个基本问题就是去掉数据孤岛。大数据不同的场景使用的主要技术并不一样,如果不将相关技术集成打通,则会在技术层面出现数据孤岛,到时候不是治理数据,而是需要先治理技术。

以上就是建设大数据平台的原因。

15.1.2 建设大数据平台的架构需求

作者所在的团队在打造大数据平台时,公司的要求是,在技术上,要基于云计算和业界前沿技术,结合信创背景,提供业界领先的大数据处理能力,在业务上,要结合金融应用场景,屏蔽技术细节,提供一站式开箱即用的数据加工分析平台,实现多层次、多类型的服务模式,涵盖大数据存储、采集、计算、开发、分析、展现的各个环节,实现"人人参与大数据价值挖掘、人人享受大数据成果"的普惠大数据应用模式。

上面只是目标的概述,看起来比较抽象。最终团队成员集中在一起,充分讨论多次后,梳理出来的需求目标如下。

1. 统一门户

将各个技术栈集成为一个平台,基础需求包括元数据、用户、功能权限、监控统一管理,并且提供一个统一的门户。

2. 功能复用

在前面所有场景的技术栈中,重复功能全部复用,不重复造轮子。

3. 屏蔽技术复杂度

尽可能屏蔽大数据技术栈的复杂度,降低用户上手使用门槛。

4. 云原生

引入容器、微服务等架构,以提高平台资源利用率。

5. 信创

建设的大数据平台能够完全兼容全信创的环境。

15.1.3 待解决的架构问题

基于大数据平台的需求，分解下来，架构层面需要研究解决如下问题。

1. 组件划分以及各组件设计思路

任何一个系统设计初期，都要划分功能模块，也就是将组成整个大数据平台的元件罗列出来。分解出所有组件之后，则需要考虑每个组件的设计思路，包括组件内部功能的分层、技术架构以及各组件之间的协同交互。

2. 如何适配信创

这包括要使整个平台在信创国产化环境下运行，需要考虑和解决的问题。

接下来将逐一展开讨论。

15.2 组件划分及设计

15.2.1 组件划分

从要实现的场景出发，划分出所有组件。这里可直接参考本书前几章介绍的场景：

1）数据采集。
2）数据离线处理。
3）数据流式处理。
4）数据服务。
5）数据加速。
6）元数据管理。
7）数据安全管理。
8）数据质量管理。
9）作业调度。
10）计算资源管理。
11）三态投产。

以上场景可以分为下列两类。

1）数据采集、数据离线处理、数据流式处理和数据服务是面向大数据开发人员的独立场景，可以分割成纵向组件。

2）元数据管理、数据安全管理、数据质量管理、作业调度、计算资源管理、三态投产是上面每个组件都会用到的功能，可以分割成横向组件。

数据加速不算一个独立场景，而是基于纵向组件的应用，因此这里不做分类。如果阅读了"三态投产"那一章，读者会注意到，还有一个可视化组件，因为可视化并不是大数据才会用到的工具，普通业务应用也会有数据可视化的需求，所以本书并没有独立的章节介绍它。

除了以上两类自研的组件以外，还有一类存储计算组件，它基于市面上开源系统搭建，所有组件共享使用，如数据库、中间件、存储系统等。另外，还有一些通用的、任何一个大型平台都会具备的功能，如用户管理、功能菜单管理、权限管理、项目应用管理、租户管理，这些可以直接划入横向组件，这里就统称为平台管理。

组件划分如图 15-2 所示，存储计算层并没有罗列出所有相关软件，平台设计完成后，集成的存储计算软件可以根据需求进行添加。

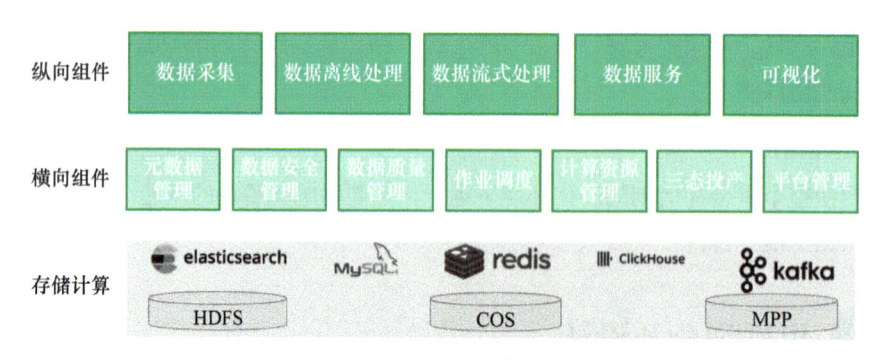

● 图 15-2 大数据平台组件划分

15.2.2 各组件设计思路

在各个组件划分完成后，接下来讨论一下各组件的设计思路。

1. 容器化

所有的横向和纵向组件都实现了容器化部署，并且做了一些约定，示例如下。

（1）部署文件

因为 Helm 一般会把所有组件绑定在一起进行部署，而作者经常需要只更新部分组件的部分服务，所以要求项目组使用 Kubernetes 原生的 YAML 文件来部署。

（2）配置传递

如果容器内的配置文件需要根据实际部署环境动态调整，则要求能够通过环境变量来传递，如对于 MySQL 的连接串、账号和密码，在 Spring Boot 项目内可以修改 application-k8s.yml 文件，如图 15-3 所示。

● 图 15-3 修改 application-k8s.yml 文件

在 Kubernetes 中，可以通过 ConfigMap 或者 Secret 来传递环境变量，未设置环境变量时使用默认值。

（3）服务暴露与调用

提供给 Kubernetes 内部访问的应用，使用 ClusterIP 类型的 service 暴露服务；提供给 Kubernetes

集群外部使用的应用，使用 NodePort 类型的 service 或者使用 Ingress。集群内部服务调用统一使用 service 名称。

（4）数据持久化

如果组件有持久化存储的需求，则优先使用 NAS 存储。每台 Kubernetes 主机都会挂载一个 NFS 共享存储卷，默认访问路径为/nfs，在 YAML 文件里使用 hostpath 映射到容器内即可。

（5）健康检查与恢复

每个应用都要配置 readiness 就绪探测和 liveness 存活探测两种方式来对应用进行健康检查，并保证应用异常后能自动恢复。

（6）配额限制

为避免某个应用因存在 bug 而导致主机资源被耗尽，从而影响其他应用的正常使用，要求配置容器的 request 和 limit。

（7）容器日志

标准输出日志和标准错误日志通过控制台输出，由容器平台统一收集到 ELK 存储，应用日志统一保存在容器内的/home/ap/[组件名称]/[微服务名称]/logs 目录，通过添加 sidecar（可使用 Fluentd）采集到 ELK 统一存储。

2. 微服务化

每个组件都是由多个服务组成的，项目组最终决定直接基于 Spring Cloud Kubernetes 实现微服务架构，架构图如图 15-4 所示。

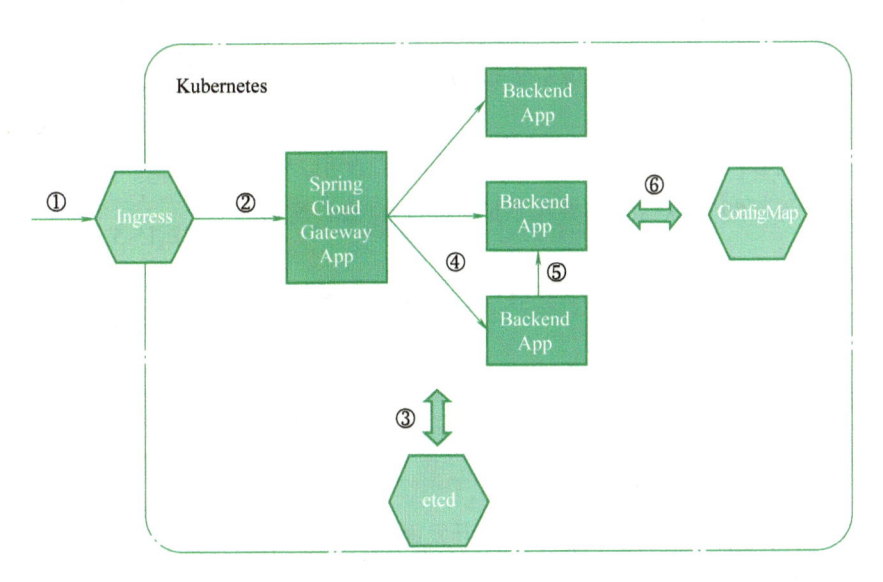

• 图 15-4　基于 Spring Cloud Kubernetes 实现微服务架构图

（1）统一入口

所有的入口请求先发送到 Kubernetes 集群中的 Ingress。

(2）网关

Ingress 把所有的后台请求转发给一个基于 Spring Cloud Gateway 构建的网关应用服务。

(3）服务注册发现

所有的后台应用服务都基于 Kubernetes 的 service 部署，因此也注册到 Kubernetes 内置的 etcd 中。

(4）网关请求转发

网关完成认证鉴权等操作后，将请求根据 URI 和各个后台服务注册的 service 名，转发到对应的后台应用服务。

(5）后台服务互相调用

后台服务之间是彼此依赖的，也是依据 Kubernetes service 将请求发送到对应的后台服务。

(6）配置同步

通过 spring-cloud-starter-kubernetes-config，将 Kubernetes 的 ConfigMap 与 Spring Cloud Config 结合起来，达到在 Java 代码中快捷使用配置参数的效果。

3. 开发面和运行面

一般来说，大数据开发人员会在本地开发和配置作业，连接到开发环境的大数据集群进行调试，调试没问题之后部署到测试环境中开始运行测试。

为了屏蔽技术复杂度，以及提供一站式开箱即用的体验，大数据平台将每个纵向组件上面的功能都划分为两层：开发面以及运行面，如图 15-5 所示。

开发面提供以下两个功能。

1）将大数据开发人员在本地环境中进行的所有开发配置工作线上化。

2）屏蔽技术细节，提供可视化的开发配置环境，让用户可以通过拖拽和 UI 界面配置去完成原来在本地环境上的编码配置工作。

● 图 15-5　开发面和运行面

大数据开发人员完成开发面的工作以后，将作业提交到运行面，运行面提供如下功能。

1）自动申请资源。

2）自动部署运行作业所需的组件，如 Flink 等。

3）自动调度运行作业。

4）提供监控运维作业的功能。

如果在运行面上发现作业存在问题，则在开发面上修改。

这里有以下两个注意事项。

1）这里提到的开发面和运行面与前面所说的三态是不一样的，开发面与运行面可以解决开发和调试运行的问题，三态可以解决同样的作业在不同环境的运行面上测试运行的问题。

2）并不是每个纵向组件都有独立的运行面功能，大部分纵向组件的运行面功能都是依托作业调度组件实现的。

15.2.3 组件间协同

下面以离线计算组件为例，如图 15-6 所示，介绍一下各个组件之间是如何协同的。

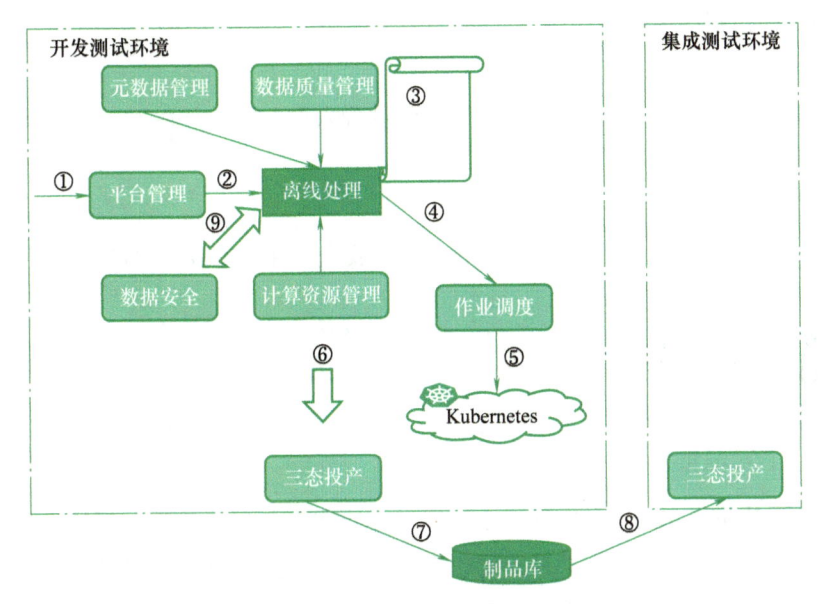

• 图 15-6 组件间协同示例

（1）用户登录

在用户登录到大数据平台时，所有的认证、鉴权，以及找到用户所在租户及能够操作的项目等一系列工作都由平台管理组件完成。

（2）进入离线处理的开发面

用户进入离线处理的开发面，可以开始做离线作业的开发。

（3）离线开发

在离线开发的过程中，有如下几个关键点。

1）需要查询选择要操作的数据库源、表、字段等，这些数据将从元数据管理组件中获取。

2）在开发批作业的过程中，会使用检核的算子，这些算子将从数据质量管理组件中获得。

3）在开发批作业的过程中，会查询选择本项目可以使用的资源组，这些将从计算资源管理组件中获得。

4）在完成批作业的开发后，可以提交作业，生成版本。

5）离线处理组件生成运行这些作业所需安装部署的软件镜像。

（4）提交运行

离线处理组件将作业信息提交给作业调度组件。

（5）任务调度

作业调度组件根据作业的资源组配置，在 Kubernetes 集群中对应的资源组部署该作业的软件镜像，并监控运维作业运行。

（6）三态导出

如果在本环境中测试通过，则将通过三态投产组件导出制品包。

（7）制品传输

将制品包保存到制品库中。

（8）三态导入

将制品包复制到下一个测试环境，通过三态组件导入作业，并且在下一个测试环境中进行下一阶段测试。

（9）安全控制

大数据研发人员在平台上的所有操作，都由数据安全组件确保数据的安全。

15.3 信创适配

15.3.1 什么是信创

当前形势下，发展信创产业，实现自主研发和自主可控，构建自主创新技术体系刻不容缓。近年来我国针对信创产业出台了一系列支持政策，要逐步建立自己的 IT 底层架构和标准，形成自有开放生态。通俗来讲，信创就是在核心芯片、基础硬件、操作系统、中间件、数据服务器等领域实现国产替代。如图 15-7 所示，信创产业主要包括以下 4 个部分。

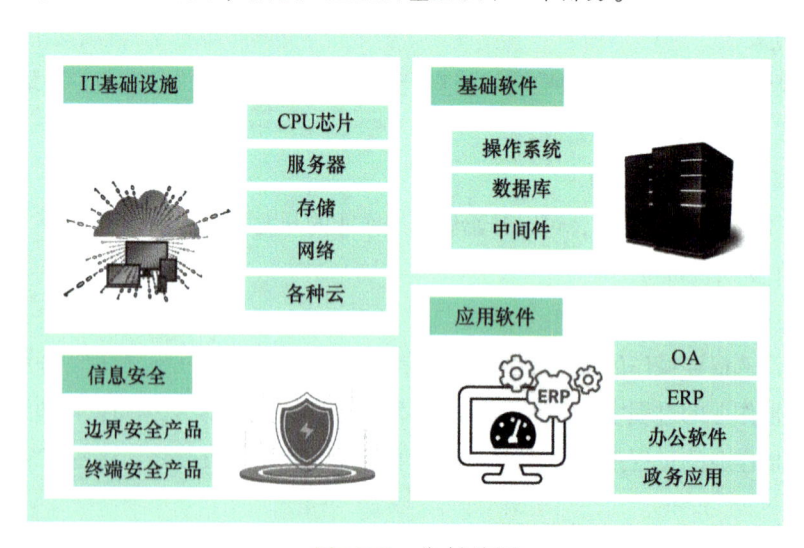

● 图 15-7 信创范围

1）IT 基础设施：CPU 芯片、服务器、存储、网络、各种云等。
2）基础软件：操作系统、数据库、中间件等。
3）信息安全：边界安全产品、终端安全产品等。
4）应用软件：OA、ERP、办公软件、政务应用等。

其中，国产化芯片是信创产业的根基，没有 CPU 的安全可控，整个信创产业就是无根之木、无源之水。操作系统在 IT 国产化中扮演着承上启下的重要作用，承接上层软件生态和底层硬件资源。操作系统、数据库、中间件则提供了信创产业的基本模块，为上层的应用生态的发展提供必要基础保障。

15.3.2 信创环境适配常见问题

国产化芯片、操作系统、数据库、中间件和容器云为大数据平台的基础架构提供了基础保障，然而相比其他应用软件，大数据平台使用的技术组件比较繁杂，需要针对信创技术栈实现从底层到上层的一体化适配改造。接下来，将从芯片、操作系统、数据库、中间件、容器云维度，分别描述一下大数据平台的信创环境适配。

1. 芯片

Intel、AMD 两大巨头领跑全球通用 CPU（桌面、服务器）市场，国内的芯片行业经过 20 年的发展，产生了以中科龙芯、天津飞腾、海光信息、上海申威、上海兆芯、华为鲲鹏等为代表的国产 CPU，并且产品的性能逐年提高，应用领域不断扩展。

在信创市场，飞腾、鲲鹏和龙芯三家目前为主导。相较于飞腾和龙芯，鲲鹏具备"端边云算力同构"的优势，在典型主频下，SPECint Benchmark 评分超过 930，超出业界标杆 25%；同时，能效比优于业界标杆 30%，因此更加适用于大数据计算场景。

鲲鹏 CPU 基于 Armv8 架构，处理器核、微架构和芯片均由华为自主研发设计。与 Arm 服务器天然兼容，无须移植即可直接运行。但是鲲鹏 CPU 的 Arm 架构使用的是 RISC 指令集，而 Intel、AMD 使用的是 CISC 指令集，受限于 CPU 市场的引导，目前很多大数据组件对 CISC 提供了直接的支持，但是对 RISC 指令集的支持并没有那么完善。例如，列式存储数据库 ClickHouse 虽然可以在任何具有 x86_64、AArch64 或 PowerPC64LE CPU 架构的 Linux、FreeBSD 或 Mac OS X 上运行，但是官方预构建的二进制文件通常针对 x86_64 进行编译，并利用 SSE 4.2 指令集，因此，除非另有说明，支持它的 CPU 的使用将成为额外的系统需求。如果要在不支持 SSE 4.2 或 AArch64、PowerPC64LE 架构的处理器上运行 ClickHouse，就需要通过适当的配置调整从源代码构建 ClickHouse。

2. 操作系统

据 2021 年的统计，在服务器操作系统领域，Linux 服务器操作系统的市场占有率达到 79.1%，行业开源服务器操作系统市场中，CentOS 与 RHEL 所占份额较高。但近几年，随着国产操作系统的技术提升和生态建设推进，国产操作系统在 Linux 市场上的占有率不断提升。尤其是在 2020 年红帽公司宣布将在 2021 年 12 月 31 日和 2024 年 6 月 30 日分别终止对 CentOS 8 与 CentOS 7 的服务支持以后，由于停止更新维护服务意味着缺失了对后续漏洞的修复，导致 CentOS 的安全性大打折扣。

最新数据显示，目前国产操作系统形成了麒麟、统信两大巨头。根据赛迪顾问统计，在国产操作系统领域，银河麒麟操作系统稳居 2021 年中国 Linux 操作系统市场第一，连续 11 年在中国 Linux 市场占有率保持第一。银河麒麟操作系统存在如下优势。

· 237

1）CPU架构同源支持：同源构建支持飞腾、龙芯、鲲鹏、申威、兆芯、海光六大国产平台以及Intel或AMD CPU；内核、核心库和桌面环境等所有组件基于同一套源代码构建。

2）自主平台优化：针对不同自主CPU平台在内核等多层面优化增强；传统应用支撑优化。通过优化，实现在国产平台上性能领先同类产品。

3）内生本质安全：基于自主软硬件、密码技术，实现内核与应用一体化的内生本质安全体系；自研内核安全执行控制机制KYSEC、多策略融合的强制访问控制机制；支持国密算法、可信计算等安全技术。

4）云底座能力：具备容器化特性；容器lib-shim-v2方案支持；提供高性能、强安全特性的IaaS底座——银河麒麟高级服务器操作系统（Host）V10；提供功能完备、稳定易扩展的银河麒麟服务器虚拟化系统V10。

5）可管理性：支持在线升级及动态内核补丁等便捷管理特性；支持内核性能分析工具；提供方便迁移、释放用户运维压力的银河麒麟掌动系统管理平台。

6）高可用性：多技术实现高可用，包括负载均衡、网卡绑定、存储多路径；国际电信运营级CGL 5.0认证；提供多集群统一监控、智能迁移配置的银河麒麟高可用集群软件V10。

虽然国产化操作系统取得了长足的进步，但是与CentOS庞大的开源社区的历史沉淀相比，麒麟操作系统在底层系统库存在缺失的情况，虽然另外提供了官方的yum源，但是也存在着软件支持不足、版本落后和更新缓慢的情况。需要在软件的信创适配过程中进行必要的底层库编译补充，以及开源软件更新。

```
###添加 Kylin Linux Advanced Server 10 - os repo yum repo
[ks10-adv-os]
name = Kylin Linux Advanced Server 10 - Os
baseurl=http://update.cs2c.com.cn:8080/NS/V10/V10SP1/os/adv/lic/base/aarch64/
gpgcheck=0
enable=1
```

3. 数据库

以往OLTP数据库的市场被国外商业或者开源数据库Oracle、MySQL、SQL Server垄断，OLAP数据库被Oracle数据仓库、Teradata、Greenplum等集群数据库占领。但是，最近几年，由于政策扶持、国产化和数字化转型带动需求增长，国内数据库厂商迅猛发展，市场版图快速扩张，产品和技术走向成熟，如图15-8所示。截至2020年，传统关系型国产数据库的市场份额上升至7.1%，公有云部署模式的国产数据库的市场份额达32.7%。成熟多样的数据库让企业能够针对不同的应用场景做出更加匹配的数据库选型。

表15-1中对比了几款在"软服之家"热度排名靠前的国产数据库，为读者进行技术选型提供一些参考。值得注意的是，为了数据库的推广，国产数据库虽然在很大程度上与MySQL或Oracle保持了语法上的兼容，但是由于在底层技术架构上存在差异，因此为了充分发挥国产数据库的性能，还需要在一定程度上修改数据库的数据模型和DQL语法，以期得到更好的效果，而不能一味地遵循原有的数据建模和依赖底层数据库的兼容性。

第 15 章 建设自主可控的信创大数据平台

• 图 15-8　国内外数据库产业图谱

表 15-1　典型国产数据库对比

特 征	数 据 库					
	TiDB	openGauss	OceanBase	TDSQL	GoldenDB	PolarDB
开源	是	是	是	否	否	否
分布式	是	否	是	是	是	是
系统架构	中心化	单机/主从	非真正去中心化，因为有 OBProxy	中心化	中心化	中心化
定位 HTAP	是	否（OLTP）	是	否（OLTP）	否（OLTP）	否（OLTP）
兼容性	MySQL	PostgreSQL	MySQL 或 Oracle	MySQL	MySQL	MySQL 或 PostgreSQL
读写分离	是	否	是	是	是	是
存算分离	是	否	否	是	是	是
存储引擎	KV+列式	行式+列式	PAX 行列混存	行式	行式	行式
提交机制	2PC	1PC	Paxos+2PC	2PC	1PC+自动回滚补偿	2PC
并发控制	乐观锁、悲观锁、MVCC	悲观锁、MVCC	悲观锁、MVCC	悲观锁、MVCC	悲观锁、MVCC	悲观锁、MVCC
副本一致性	Raft	日志复制	Paxos	基于 binlog 同步复制	基于 binlog 同步复制	Parallel Raft

4. 中间件

中间件是位于平台（硬件和操作系统）和应用之间的通用服务，这些服务具有标准的程序接口和协议。它可以为处于上层的应用软件提供运行与开发环境，封装不同应用系统的 API，为应

·239

用提供统一标准接口，使应用的开发、运行与操作系统解耦，屏蔽底层的技术细节差异，确保应用的独立性。因此，中间件是基础软件不可或缺的部分。虽然已出现一些国产中间件，如已经走向 Apache 开源社区的组件，包括阿里的 RocketMQ、Nacos，东方通的应用服务器中间件 TongWeb、消息中间件 TongLINK/Q，但是其他大部分组件与开源社区提供的开源中间件相比，在推广度和成熟度上都有一些差距。而且，即使是国内软件厂商提供的开源中间件，也没有针对国产化芯片和国产化操作系统进行针对性的适配，这就导致在信创适配过程中，不可避免地需要对中间件进行针对性的改造。根据中间语言的特点，可以将其分为以下两类。

（1）解释型语言类

典型的解释型语言有 Java、Python。使用这些语言的中间件依赖虚拟机的适配程度，与 CPU 架构和操作系统的相关性不大，不需要在代码层面进行特殊改造。但是部分解释型语言会调用底层的库，比如 java native 方法，NumPy 需要检查操作系统对动态链接库的支持，必要时会对源码进行编译安装以生成动态链接库。

（2）编译型语言类

典型的编译型语言有 C、C++ 和 Go。相比解释型语言，由编译型语言编写的程序迁移到国产化环境就比较复杂，重新编译后才能运行，如图 15-9 所示。

源码 main.c → 预处理 → 预编译文件 main.i → 编译 → 汇编代码 main.s → 汇编 → 目标文件 main.o → 链接 → 可执行文件 main

● 图 15-9　编译流程

因此，为了适配国产化环境，以作者所在的团队使用的某款 MPP 数据库为例进行介绍，如图 15-10 所示，可能涉及汇编指令的重写、内联函数的重写，以及替换第三方依赖库。

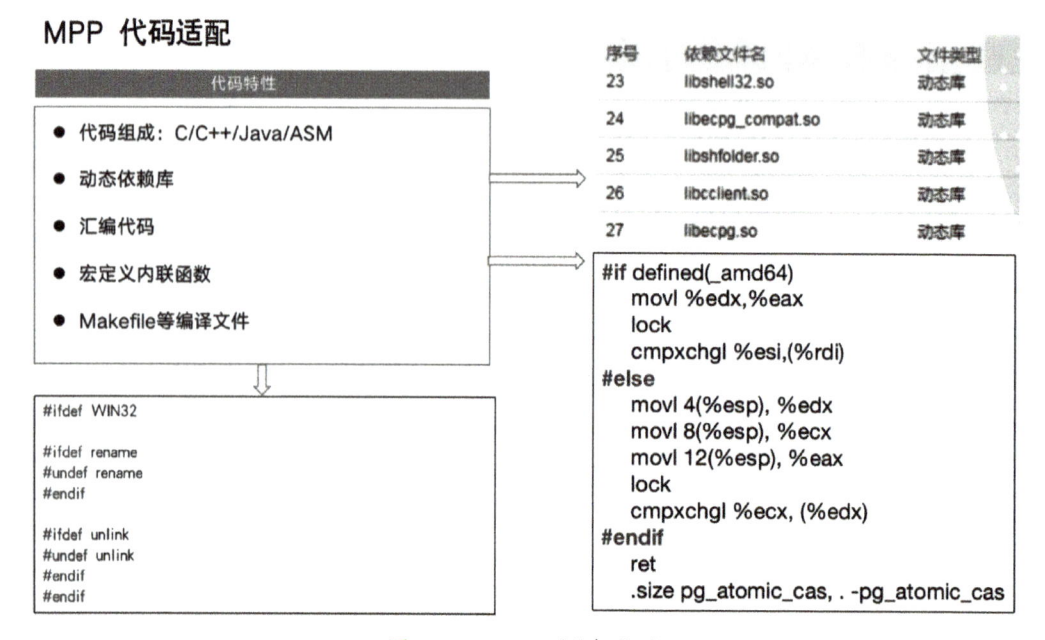

MPP 代码适配

代码特性：
- 代码组成：C/C++/Java/ASM
- 动态依赖库
- 汇编代码
- 宏定义内联函数
- Makefile 等编译文件

序号	依赖文件名	文件类型
23	libshell32.so	动态库
24	libecpg_compat.so	动态库
25	libshfolder.so	动态库
26	libcclient.so	动态库
27	libecpg.so	动态库

```
#if defined(_amd64)
    movl %edx,%eax
    lock
    cmpxchgl %esi,(%rdi)
#else
    movl 4(%esp), %edx
    movl 8(%esp), %ecx
    movl 12(%esp), %eax
    lock
    cmpxchgl %ecx, (%edx)
#endif
    ret
    .size pg_atomic_cas, .-pg_atomic_cas
```

```
#ifdef WIN32

#ifdef rename
#undef rename
#endif

#ifdef unlink
#undef unlink
#endif
#endif
```

● 图 15-10　MPP 国产化适配

5. 容器云

容器化技术对大数据平台起到了举足轻重的作用。截至 2022 年年底，阿里云、腾讯云仍稳居国内 IaaS 公有云市场前两位，华为云依靠其高增长态势，跃升至国内 IaaS 公有云市场的第三位。基于国内信创的需求，阿里云、腾讯云、华为云的容器云在不同程度上适配了信创的芯片和操作系统，实现了信创环境的容器化技术栈。

作者所在的公司采用的是自研的容器云平台。容器云的国产化需要介绍的内容比较多，这里就不展开详述了。下面简要说一下容器云平台的功能。

不管采用哪种容器云，其底层都是将以 Kubernetes 为代表的容器技术作为基础的管理平台。容器云平台主要包含以下几个功能模块。

1）基础设施管理：平台以统一多集群管理为核心，可对接稳定快速的物理机服务器、云环境下的云主机创建 Kubernetes 集群。支持多集群管理、全局配置、系统监控告警、平台数据备份等主要功能，对系统组件等监控告警友好支持。

2）存储管理：支持在集群维度对存储卷和持久卷的全局配置及管理，各集群之间的存储资源相互隔离。通过 CSI 插件可以调用底层 CBS、CFS 并创建存储卷，为 Pod 提供存储资源，并且通过对整个平台的存储资源做精细化的配置，可完善产品原生 Kubernetes 支持能力，增加产品存储扩展能力。

3）网络管理：平台通过增强 CNI 网络插件可以为 Pod 分配与节点同网段的 IP 地址，实现 Pod 网络直通，减少传统 Kubernetes 上的 NAT 流量损失。该网络插件在云环境下支持为 Pod 分配单独的虚拟网卡或共享网卡；在物理机环境下基于 SRIOV 技术支持为 Pod 分配单独的虚拟网卡。

4）多维度监控与运维中心：支持集群、节点、服务等各种资源不同指标的监控告警与多种告警方式，以及日志管理、操作审计等多方位的运维管控。

5）多租户管理：具备丰富的权限体系，支持分级设置配额、授权集群等，最小操作粒度的权限控制，保证多层级不同角色间资源共享且互相隔离，充分保证资源的安全性。

15.3.3 适配工作

从上文可以了解到，信创适配不是一个单一的技术问题，而是一个系统性问题，涉及底层芯片、操作系统、上层基础技术组件、大数据业务组件，以及在平台上开发的应用作业，因此需要统筹和系统整合，如图 15-11 所示，将大数据平台的信创改造分为 4 层，通过逐层适配的方式实现完全的信创技术改造，下面的几层都是上一层的基础，而上一层的投产又会反过来验证其下几层的信创改造成果。

1. IaaS 信创适配

IaaS 信创适配主要通过搭建信创软硬件环境来提供计算、存储、网络等基础硬件资源，并在这些基础硬件设施之上部署和运行各种软件。国产化设备的选型除了考虑芯片本身的性能、兼容性等技术问题以外，还需要考虑设备的供货能力、未来发展的趋势，甚至国际环境等。作者所在的公司以鲲鹏为主、飞腾为辅的方式进行信创环境的搭建。在大数据场景下，鲲鹏芯片在性能和兼容性上更有优势，但是仍会在适配鲲鹏设备的条件下，选择部分飞腾芯片作为辅助和备案。在国产化操作系统上，相比其他操作系统，麒麟操作系统已经在鲲鹏、飞腾处理器上完成了适配，并且具有比较好的云底座能力。麒麟操作系统适配了大量的第三方底层组件，并定期专门进行维护和升级，为上层大数据基础组件的适配提供了比较稳定的支持。

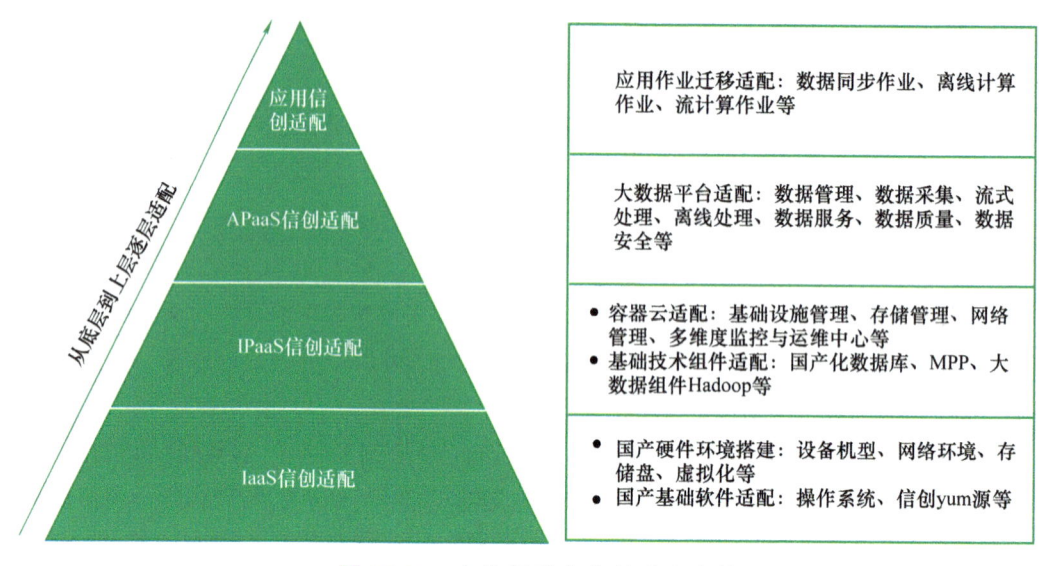

从底层到上层逐层适配

- 应用信创适配
  - 应用作业迁移适配：数据同步作业、离线计算作业、流计算作业等
- APaaS信创适配
  - 大数据平台适配：数据管理、数据采集、流式处理、离线处理、数据服务、数据质量、数据安全等
- IPaaS信创适配
  - 容器云适配：基础设施管理、存储管理、网络管理、多维度监控与运维中心等
  - 基础技术组件适配：国产化数据库、MPP、大数据组件Hadoop等
- IaaS信创适配
  - 国产硬件环境搭建：设备机型、网络环境、存储盘、虚拟化等
  - 国产基础软件适配：操作系统、信创yum源等

● 图 15-11 大数据平台信创适配分层

2. IPaaS 信创适配

在使用鲲鹏/飞腾芯片+银河麒麟国产化操作系统搭建的IaaS信创基础硬件设施上，实现IPaaS层容器云和大数据基础技术组件的信创适配，为上层大数据平台的搭建提供集成环境和基础技术支持。在IPaaS层的适配过程中，除了要根据信创环境芯片的指令集对底层基础技术组件进行重编译，解决技术组件对操作系统动态链接库版本依赖问题以外，由于信创环境底层硬件的性能差异，还需要对组件进行非功能测试，了解性能差异，为上层大数据应用在方案可研的时候提供数据参考。表15-2罗列了一些常用大数据组件的信创改造中的主要工作。

表 15-2 大数据平台 IPaaS 层适配工作

基础技术组件	主语言类型	功能适配	非功能测试
MPP	编译型语言	代码重编译，解决编译过程中的动态链接（libxml2.so.2、libpgport.so）问题。功能与互联网技术栈一致	与互联网技术栈相比，同等资源类型下，性能为互联网技术栈的90%
ClickHouse	编译型语言	代码重编译，解决信创环境SSE 4.2指令集缺失问题。功能与互联网技术栈一致	与互联网技术栈相比，由于没办法使用加速指令集，同等资源类型下，性能为互联网技术栈的50%~60%
Kafka	解释型语言	不需要重新编译，只需要解决安装部署过程中的库缺失问题。功能与互联网技术栈一致	与互联网技术栈相比，同等资源类型下，性能为互联网技术栈的70%
Elasticsearch	解释型语言	不需要重新编译，只需要解决安装部署过程中的库缺失问题。功能与互联网技术栈一致	与互联网技术栈相比，同等资源类型下，性能为互联网技术栈的70%

(续)

基础技术组件	主语言类型	功能适配	非功能测试
HBase	解释型语言	不需要重新编译，只需要解决安装部署过程中的库缺失问题。功能与互联网技术栈一致	与互联网技术栈相比，同等资源类型下，性能为互联网技术栈的 70%
Spark	解释型语言	不需要重新编译，只需要解决安装部署过程中的库缺失问题。功能与互联网技术栈一致	与互联网技术栈相比，同等资源类型下，性能为互联网技术栈的 60%~70%
Flink	解释型语言	不需要重新编译，只需要解决安装部署过程中的库缺失问题。功能与互联网技术栈一致	与互联网技术栈相比，同等资源类型下，性能为互联网技术栈的 60%~70%
Hive	解释型语言	不需要重新编译，只需要解决安装部署过程中的库缺失问题。功能与互联网技术栈一致	与互联网技术栈相比，同等资源类型下，性能为互联网技术栈的 60%~70%
Ambari	解释型语言	不需要重新编译，只需要解决安装部署过程中的库缺失问题。功能与互联网技术栈一致	与互联网技术栈相比，同等资源类型下，性能为互联网技术栈的 90%

3. APaaS 信创适配

APaaS 层信创改造的主要目标是完成大数据平台组件（数据管理、离线计算、实时计算等）的国产化适配。它在技术上与 IPaaS 层类似，根据语言类型的不同选择是否重新编译并部署；它与 IPaaS 层不同的是，IPaaS 层的技术组件在适配完成以后，其版本就相对固化了，除非有重大漏洞需要进行修复升级，其他大部分情况下是不用更新的，然而 APaaS 层业务组件需要跟随业务的发展进行迭代更新，所以如果将信创技术栈和互联网技术栈分开进行开发迭代管理，那么信创技术栈就很难满足业务发展的要求。

基于以上原因，对 CI/CD 流程进行了改造，将平台代码和环境打包依赖的代码进行了解耦，实现了一次开发迭代，两个版本的代码同时上线测试，使得大数据平台层能够紧跟业务的发展。具体流程如图 15-12 所示。

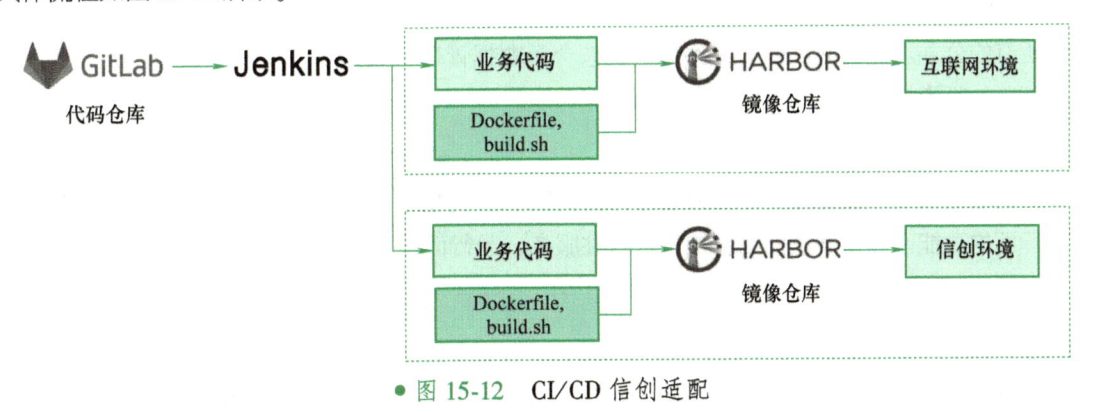

● 图 15-12 CI/CD 信创适配

4. 应用信创适配

由于在 IPaaS 层和 APaaS 层进行了大量的平台封装与环境解耦，应用的作业基本上可以实现信创环境无缝迁移，因此应用作业的信创适配更多的是对 IaaS 层、IPaaS 层、APaaS 层的一次信创迁移的验证。只有实现应用作业的无感迁移，才能逐步将生产环境中运行的作业迁移到信创环境，实现生产环境的完全信创自主可控。

15.4 整体架构

大数据平台整体架构如图 15-13 所示。

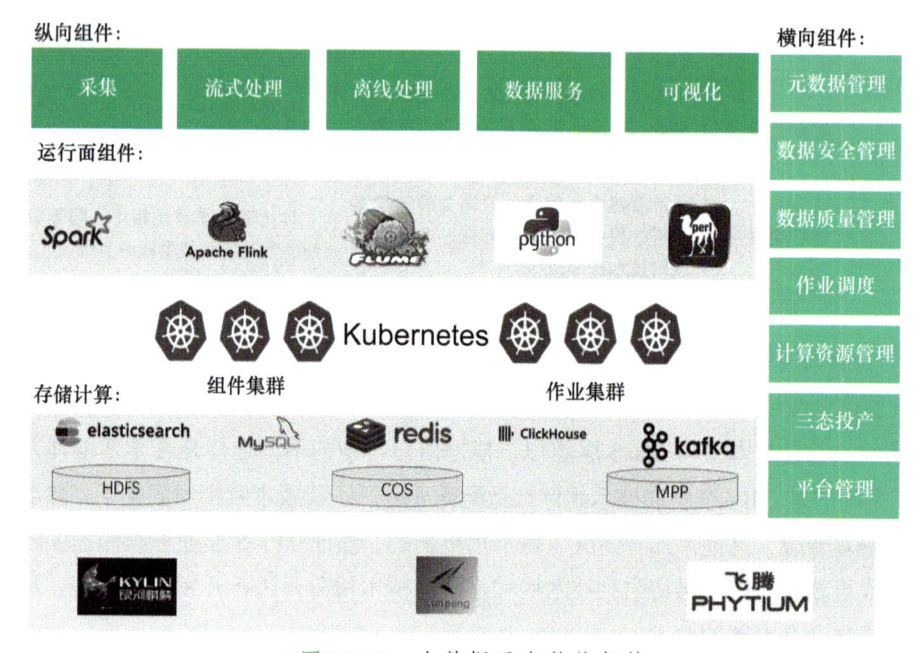

● 图 15-13　大数据平台整体架构

下面将整个架构分为几个层面进行介绍。

1. 横向组件

所有的公共功能都放在横向组件当中，包含元数据管理、数据安全管理、数据质量管理、作业调度、计算资源管理、三态投产和平台管理功能。

2. 纵向组件

包括数据采集、流式处理、离线处理、数据服务、可视化等功能。纵向组件自身包含开发面和运行面的功能。开发面里面的服务都是常驻服务，运行面里面的服务只有作业运行的时候才会部署运行。

3. 运行面组件

运行面组件依托于 Kubernetes 的能力，在不运行的时候，以镜像文件或者 Dockerfile 形式存在；当被作业调度启动的时候，则会在容器集群里面对应的命名空间动态部署并运行。

4. 容器集群

容器集群主要分为两种，一种是运行平台本身的组件，这些都是常驻服务；另一种则是运行各个纵向组件中的运行面组件，属于动态运行，并且每个组件的每个作业所能使用的资源都是有控制的。

5. 存储计算层

所有的数据都会保存在这一层，每种存储都会被元数据管理组件当作数据源管理。之所以叫存储计算层，是因为有些数据库自身是带有计算能力的，如 Elasticsearch、Kafka 等，而不是像 HDFS、COS 那样自身只有存储功能。

6. 芯片和操作系统

所有的组件都适配了麒麟 V10 操作系统，并且适配了鲲鹏、飞腾两种 CPU。

15.5 本章小结

为了控制大数据研发成本，更有效率地发挥大数据研发人员的能力，以及提升数据管理和处理的能力，规模稍大一些的公司都会考虑将各种大数据工具系统集成为一个平台；并且，随着国际形势的发展，需要实现技术的突破，实现核心技术自主可控。基于当前大环境背景，信创应运而生。

市面上有很多大数据平台，要解决的问题和产品能力大同小异，主要区别在于功能设计和体验，并且因为建设过程中重视的业务场景不同，这些功能设计和体验最终都很难统一。因此也不会出现像 Kubernetes、Spring Cloud 这种一个技术场景让一个产品一家独大的情况。

本章介绍了大数据平台的建设思路，以及适配信创的一些技术要点，希望对读者在建设大数据平台或者理解大数据平台架构的时候有一定的参考意义。

第 16 章 大数据发展趋势与未来规划

大数据技术经过半个多世纪的发展，技术框架和数据治理模式已经逐渐成熟，特别是摩尔定律的逐渐失效，基于传统计算模式及开发方式的大数据技术很难实现重大突破。但是随着社会的数字化进程加快，数据规模将持续扩大，数据种类更加多样，大数据应用场景也将越来越复杂。大数据技术除了继续呈现百花齐放的特点以外，还将更加注重与其他领域技术的融合，从而实现大数据技术向更深、更广的方向发展。

16.1 大数据领域新技术的发展

16.1.1 新型数据存储与计算架构

传统的数据湖和数据仓库逐渐无法满足大规模结构化或非结构化数据处理的要求，大数据存储计算技术将向着分布式、更加弹性和高效的方向发展，以适应多样化数据处理需要。大数据存储技术会在成本更低、更高性能、更高可靠性方面有所进步，云存储、对象存储等会成为主流存储模式，内存存储、光存储、DNA 存储等新型存储技术也会广泛应用。在数据计算方面，数据向量化计算将成为一个趋势。传统基于火山模型的数据计算引擎存在重复性执行多、反序列化代价高、数据局部性差等问题，从而造成加工执行效率低。未来向量化技术将会得到大规模运用，在确保传统应用加工计算模式不做大的变化的前提下，将原来一次计算一个元组的形式转换为一次计算多个元组的向量化计算，实现批量读取和处理，减少重复运算，提高了执行效率。特别是涉及大量计算的 OLAP 场景，此种方式能够充分发挥底层硬件的能力。

16.1.2 实时数据处理技术

实时数据处理技术将成为各行业的关键需求，个人在消费、出行等方面需要实时获取个性化信息；企业需要实时监控业务数据，快速做出决策。特别是 5G、6G 技术的发展，使各种设备互联更加便捷，实时数据处理技术的应用更加广泛，以支持海量实时数据的高效计算和分析。因此，实时流数据加工将逐渐取代传统的批量加工模式，发挥技术上"快"的特长，消除"准"的短板，将大数据处理的时效性提升到一个新的高度。

16.1.3 数据治理和安全隐私保护技术

在数据要素资产化的背景下，大数据技术将在数据安全与隐私保护方面取得更多突破，传统

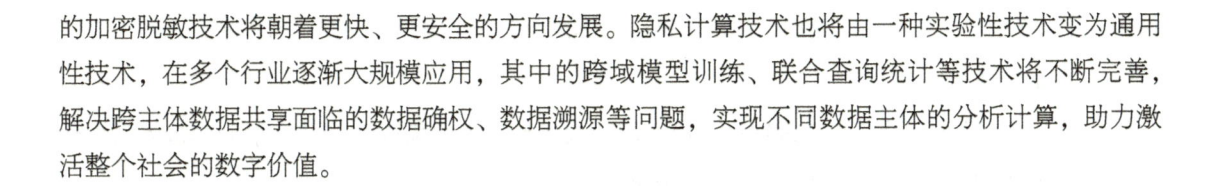

的加密脱敏技术将朝着更快、更安全的方向发展。隐私计算技术也将由一种实验性技术变为通用性技术，在多个行业逐渐大规模应用，其中的跨域模型训练、联合查询统计等技术将不断完善，解决跨主体数据共享面临的数据确权、数据溯源等问题，实现不同数据主体的分析计算，助力激活整个社会的数字价值。

16.2 大数据与其他技术领域的融合发展

如图 16-1 所示，在这个多变量的时代，大数据技术不再是单点触发，而是要进行多领域、多赛道相互交织和融合。大数据自身技术体系以及与人工智能、区块链等技术的融合，将对数据的运用方式产生颠覆性转变。这种融合创新使得 IT 业不再像过去那样只提供简单的服务，数据融合技术的不断发展，可以帮助企业和用户提高大数据决策效率与管理水平。

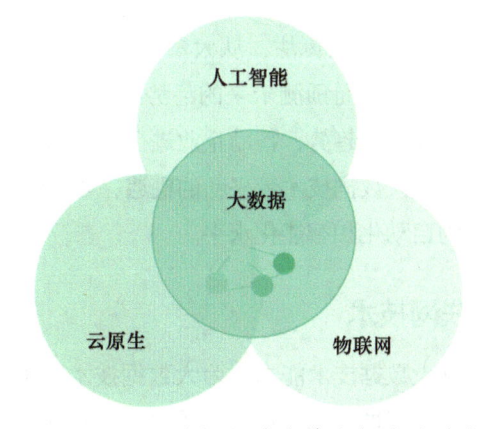

● 图 16-1 大数据与其他技术领域的融合

16.2.1 大数据技术领域内部融合

大数据生态技术众多，如 Hadoop、MPP、Spark、Flink、ClickHouse 等。随着业务场景的日益复杂，必然要求多种技术能够高效协作，因此这些技术之间会有更高的融合度，向更加统一的大数据平台演进。例如，通过一些底层技术的打通（Connector 技术），实现 MPP 直接访问 HDFS 文件、Flink 直接访问 ClickHouse 等；多种技术使用统一的数据存储格式实现不同存储引擎间的数据共享和交换，如 MPP 和 Hive 使用 Apache Parquet 存储格式。另外，不同的大数据技术可以共享数据处理算法和框架，以便于实现更高效和准确的数据加工。通过对技术的串接，形成平台化统一服务，提供更加丰富和易用的功能，提高整个生态系统的效率和性能，降低用户学习和使用成本，也可以促进大数据技术的发展和创新。

16.2.2 大数据与人工智能技术

人工智能技术的发展为大数据提供了更高效、智能化的处理和分析手段，如果说大数据是人工智能的"灵魂"，那么人工智能会成为大数据的终极"出口"。未来，大数据可以借助人工智能技术这个"外挂",在自动化处理、数据分析、数据预测等技术领域产生革命性的创新。

1. 自动化处理技术

使用人工智能算法清洗和整理数据,自动识别大量数据中的模式和规律,帮助分析人员更快地发现数据中的价值信息,减少人工处理的时间和成本,使大数据分析更加智能化。

2. 数据分析技术

传统的大数据分析方法主要针对结构化数据,而人工智能技术使得非结构化的文本数据得到了更有效的挖掘和分析。例如,使用 DeepSeek 等大模型技术将复杂的数据分析操作转化为易于理解的自然语言,从而使数据更易使用,更加智能地提升大数据分析可视化水平。通过将人工智能技术与大数据分析方法相结合,可以在各种领域实现更高效的数据挖掘和知识提取,如可以通过对财经新闻、报告和社交媒体数据进行实时分析,为投资决策提供智能建议。

3. 数据预测技术

利用人工智能技术可以通过模式识别算法,从大量的数据中自动识别出潜在的模式和规律,发现数据中的未知模式和隐藏关系,进而预测未来的趋势和结果。例如,在市场营销领域中,人工智能技术可以预测产品销售量和市场趋势,帮助企业进行更好的决策和规划。

总之,人工智能技术的发展为大数据技术带来新的机遇,如广泛应用于大数据的存储、管理、分析等环节,提升大数据技术的自动化和智能化水平。

16.2.3 大数据与物联网技术

物联网技术能够补充和提升大数据技术能力,为大数据技术提供更加广泛的应用场景。在数据采集方面,物联网的特殊数据类型扩大了大数据的采集范围;在数据加工方面,物联网设备收集到的大量数据往往存储在不同的设备中,物联网技术能够使大数据分析更全面地处理多样化数据集,更好地进行整合以及分析其特征和规律,使其更加完善、高效和精准;在数据安全方面,物联网技术可以补充数据安全的数据传输和存储方案,更加有效地保护数据的隐私和安全,带来更加智能化和高效的应用。

16.2.4 大数据与云原生技术

云原生技术能够增强大数据的处理能力和创新能力。首先,云原生技术能够实现资源的动态调度和分配,提高资源的利用率和弹性,从而提高大数据应用程序的效率和灵活性;其次,云原生高度解耦的架构特点非常适合大数据技术,使数据采集、数据处理、数据分析等不同的服务模块独立演进和扩展,提高应用程序的可维护性和可扩展性,更加高效和灵活地响应业务需求;再次,云原生容器化技术可以使大数据组件部署和运维更加便捷,并具备轻量级、可移植等优点,保证大数据技术组件能够运行在不同的云环境中;最后,利用云原生提供自动化运维服务,可以实现自动化部署、测试、监控能力,降低运维成本,提高大数据应用程序的可靠性和稳定性。

综上,未来大数据技术会更加多元化、智能化和易用化,通过多种技术的交叉融合,能够形成更加强大的技术体系和工具,提供更加先进、高效的技术解决方案。

16.3 技术人员的应对措施

在以上技术发展趋势下，无论是程序员、架构师还是技术管理者，都要持续学习新的技术，除了拓展大数据领域自身的数据存储、数据处理、数据挖掘技术深度以外，还要掌握人工智能、物联网、区块链等技术，提升自身的技术广度。除了技术能力以外，思维和实践能力也至关重要。

16.3.1 创新思维和跨界思维

创新是驱动技术进步的关键。大数据领域技术繁多，开发人员要培养创新思维，敢于尝试新技术和新方法，让自己始终处于技术前沿，以应对各种挑战。同时，技术研发人员要关注其他领域的技术发展，如人工智能、物联网等，并尝试将这些技术与大数据技术相结合，以实现更高效、智能的数据处理和分析。

16.3.2 持续学习的态度

学习不止在于知识获取，更重要的是一种全面提高的态度。

大数据领域的技术和工具的更新速度较快，开发人员需要保持对新技术的关注和学习，保持对基本原理和技术的了解，有助于更快地适应新技术。在学习过程中，要具备一定的技术广度和深度，这样既能在需要时快速切换技术栈，又能在特定领域发挥专业优势。除了学习理论知识以外，更重要的是要在实践中更好地理解技术的优缺点和适用场景，通过开源项目或实际项目等方式积累经验。总之，只有不断学习，才能适应技术变化，成为优秀的技术人才。

16.3.3 关注技术的业务价值而不是技术本身

技术最终还是为业务服务的。大数据技术开发人员要懂得关注业务需求，学会站在业务的角度思考问题。大数据研发需要深入理解业务场景，这样才能更好地选择合适的技术。技术人员需要与拥有不同技术背景和经验的同事进行协作，并通过交流和合作解决问题，包括产品经理、运营人员等，听取他们的需求和意见，理解业务需求，将技术方案转化为易于理解和执行的计划。大数据技术应用范围很广，研发人员要拓宽自己的业务知识面，理解各领域的数据处理流程和方式，这有助于研发人员在各个应用场景下进行技术创新。

除此之外，无论是大数据还是其他技术领域从业者，想要从一名普通程序员成长为合格的架构师或者高级技术管理人员，除了掌握必备的技术能力以外，还要具备一些不可缺少的通用技能，包括：充分理解公司的整体业务和发展战略，能够在技术领域提供建议和方案；具备技术统筹能力，提高技术灵活性和适应性，能够进行跨业务的技术融合；具备较强的技术服务意识，理解自己的责任是提供高质量的技术服务而非技术本身，围绕业务需求来设计技术解决方案，而非仅凭技术发展动向；有能力引入和驾驭新技术，通过新技术实现业务创新，并避免新技术带来无法适应的"死角"。总之，新时代的大数据技术人员既要关注技术本身，又要理解应对灵活的业务需求；既要注重技术进步，又不能忽略整体协同；既要持续关注前沿技术，又要以实践为导向。

16.4 大数据开发中的几个误区

下面介绍大数据开发中的几个误区,如图 16-2 所示。

● 图 16-2 大数据开发中的几个误区

16.4.1 重"技术"不重"业务"

大数据技术的开发需要与业务紧密结合。大数据技术的开发不是一项孤立的技术工作,而是要与业务需求紧密结合。技术人员由于长时间专注于技术领域,对业务的了解会相对较少,可能会过于关注技术细节,而忽视了业务方面的考虑,导致设计开发的成果无法满足业务要求。因此,要有意识地与业务人员加强沟通,从业务角度出发提高技术方案的可行性和实用性。此外,不能一味地追求技术上的完美和通用,应采取渐进的开发方式,根据业务需求不断演进和调整。在技术决策的时候,优先考虑业务目标而非技术因素,多关注业务体验和反馈,不断改进技术产品,提高业务满意度。总之,在开发大数据技术时,必须与业务紧密结合进行技术开发和应用,"以技术驱动业务创新,以业务体现技术价值",提高项目的质量和成功率。

16.4.2 重"继承"不重"创新"

在金融大数据技术开发中,要处理好"继承"与"创新"的关系,继承可以借鉴之前的经验和技能,保证项目的进度,避免重复"造轮子"。但是只依赖继承、缺少创新则很难满足当前时代的发展要求。因此,开发人员要深入了解问题和需求,确定何时继承、何时创新。如果说继承为开发提供了宝贵的指导,那么创新则为提高项目的质量和竞争力打开了一扇大门。开发人员要注意学习新的技术和理论,在开发过程中勇于尝试新的技能和方法,不断更新和优化技术架构或算法模型,这样才能在新的环境中实现个人能力的突破。

16.4.3 重"功能"不重"非功能"

在大数据技术开发中,除了关注功能开发以外,还要特别注意非功能的开发,因为无数次教训表明，当数据超过一定量级时，原来看似合理的技术功能会出现重大问题。如果对大数据技术领域的非功能要求考虑不周，则可能会导致性能不佳、易出故障、安全性不足、难以维护等问题，从而降低软件的质量和用户体验。所以，在软件设计中就要考虑好非功能需求，如可维护性、可扩展性、安全性、可靠性等，这些需求虽然不直接涉及功能实现，但对于软件的质量和用户体验至关重要。在开发过程中，技术人员可以使用专用工具来解决非功能问题，如使用性能分析工具来识别瓶颈，并进行优化。这可以帮助评估软件在这些方面的表现，并检测潜在的问题。当然，最终的效果还是要在真实的业务场景下进行验证，这样才能得到更加准确和全面的非功能结果。

16.4.4 技术上重"深度" 不重"广度"

大数据的技术领域众多，在软件开发中，不仅要在其中某一个领域有所深入，也需要广泛学习和了解其他领域。如果过于关注自己擅长的技术而忽略其他技术的学习和运用，则可能会导致技术视野狭窄，解决问题的思路单一。而且，专注一个领域很难培养跨领域的思维和知识迁移能力，这在当前快速变化的技术环境下，会限制技术发展和适应能力，甚至由于技术视野受限，很难成为团队的技术重心和推动者，对个人技术成长和事业发展都不利。因此，技术人员应该不断学习多个领域的技术，以扩展自己的技能，参与多领域的项目，了解不同领域的技术特点，既要专精自己擅长的技术，又要拓宽知识面和视野，培养跨领域的思维和知识迁移能力，进行有效的技术思维链接，以提高自己的适应性和竞争力。在当今这个时代，这种均衡的技术能力是高级技术人员必备的职业发展素质。

后 记

本书从金融大数据场景出发，详细介绍了包括数据采集、加工、分析、安全、监控等在内的全链路技术，以及"湖仓一体""流批一体"等大数据处理框架的构建，并对如何开展信创国产化工作进行了探讨。通过学习，读者可以更全面地理解大数据处理的全流程，掌握其中的关键技术，在实际开发过程中能够灵活运用。

此外，本书还结合多年的项目实战和团队培养经验提出了技术人员的成长建议。作为大数据研发技术人员，要持续学习，不断拓展自己的知识领域，探索新的技术和工具，提高技术与业务的结合应用能力，适应不断变化的业务场景。同时，还要始终保持谦虚和开放的态度，借鉴其他技术领域的经验和思想，全面提升自己的技能水平，更好地应对各种挑战，为自身职业发展创造更大的可能性。

阅读完本书并不意味着大数据技术学习之旅的结束，而应该是一个新的开始。读者可以结合本书内容，在工作中实践、总结。做一名技术研发人员不易，成为一名大数据技术专家更加不易，希望读者能够通过所学知识，更好地驾驭技术，用自己的技能、热情和智慧在新时代的大数据浪潮中脱颖而出，实现人生目标。

最后，感谢你对本书的支持与厚爱，我们深知自己水平有限，书中难免存在不足之处，欢迎你随时提出宝贵意见和建议。在大数据开发的道路上，愿我们同行，共创辉煌！